2026

사회복지사 1급 핵심요약집

전 과목 무료동영상

예문사

STEP 1 카페 접속

NAVER 카페 한끝사 에 접속합니다.

STEP 2 카페 가입

가입하기를 클릭하여 카페에 가입합니다.

STEP 3 도서 인증

교재 내 닉네임 기재란에 자필로 카페 닉네임을 적은 후
도서 제목과 닉네임이 모두 보이도록 사진을 찍어
등업 게시판에 인증합니다.

STEP 4 강의 수강

도서 인증이 완료되면 카페에서
저자 직강 무료동영상 강의를 수강할 수 있습니다.

NAVER 카페 한끝사 바로가기

예문사 사회복지사 1급

수험생들의 생생한 합격 후기

지니**님

정말 간절히 쓰고 싶던 합격 후기를 쓰게 해주신 노민래 교수님께 정말 감사드립니다. 교수님 아니었으면 저는 내년 시험을 또 준비하고 있었을 거예요ㅜㅜ

교수님 강의는 **비전공자인 수강생들도 이해**할 수 있도록 **하나하나 예시를 들어서 설명**해 주시는 스타일이신데, 내용을 잘 암기할 수 있도록 도움까지 주셔서 쉽게 이해하며 암기할 수 있었습니다. 저의 합격 Tip은 **강의를 들을 때마다 바로바로 작은 노트에 정리**를 해서 그날 배운 내용들은 내 것으로 만들려는 노력을 하였습니다.

삼 남매를 키우고 있는 아줌마라 포기하고 싶을 때가 많았는데 설거지를 하거나 운전할 때도 계속 강의를 들으니 익숙하지 않거나 이해가 되지 않았던 내용들이 귀에 들리기 시작하면서 공부가 재밌어지는 신비한 일이 일어나기도 했었습니다. 노민래 교수님 책과 강의를 통해 반복적으로 들으시고 공부를 하신다면 합격은 우리 모두의 것이 될 것입니다!!!

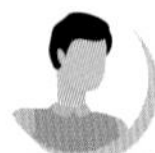

루*님

저는 사회복지 석사를 2003년에 마치고 무려 20년만에, 노민래 교수님의 강의를 들으며 1급 시험 준비를 시작했습니다. 초반에는 '할 수 있을까?'라는 비관론적 사고를 했었는데, 교수님의 열정적인 강의를 듣다 보면 '나도 합격할 수 있겠구나'하는 생각이 든답니다. 교수님의 교재를 중심으로 공부했는데, **중요한 부분을 외우기 쉽게 알려주시기 때문에 교수님이 하라는 대로 하면 됩니다.** 본인의 **노하우를 아낌없이** 수강생들에게 전해주시거든요. 제 경우는, 1교시 시험과목인 조사론은 **아는 것만 더 확실하게** 외웠고, 모르는 것은 과감히 포기했습니다. 남들이 어렵다는 법제론은 외우면 되니까 달달 외웠더니 점수도 잘 나왔습니다.

이제 1급 자격증으로 더 당당하게 업무에 임할 수 있습니다. 노민래 교수님, 감사합니다!

kq****님

사회복지사 시험이 너무 광범위해서 어떻게 효율적으로 공부해야 쉽고 빠르게 합격할 수 있을까 많은 고민을 했는데 예문사 사회복지사 책을 사면 **강의도 무료**인데 **꼭 공부해야 할 것들만 짚어** 줘서 너무 만족했습니다! 덕분에 합격도 했습니다. 너무 감사합니다!!

1달 완성

학습 계획표

DAY	구분	학습 키워드
1	1영역 인간행동과 사회환경	인간발달의 기초, 정신역동이론
2		행동주의이론, 인지이론, 인본주의이론, 학자별 통합이론
3		인간성장과 발달단계, 사회체계에 대한 이해, 사회환경에 대한 이해
4	3영역 사회복지 실천론	사회복지실천의 이념 및 철학, 가치와 윤리, 사회복지실천 현장과 사회복지사 역할
5		사회복지실천의 관점, 관계론, 면접론
6		사회복지실천의 과정(과정론), 사례관리
7	1, 3영역 복습	
8	4영역 사회복지 실천기술론	사회복지설천의 정체성, 사회복지실천모델
9		가족
10		집단, 기록
11	5영역 지역사회 복지론	학자별 지역사회 정의, 지역사회복지의 정의, 지역사회복지 역사, 지역사회실천이론
12		지역사회복지실천모델, 사회복지사의 역할과 기술, 지역사회복지실천의 과정
13		지방분권화와 지역사회복지, 지역사회복지 추진 및 재편, 지역사회복지운동
14	4, 5영역 복습	
15	6영역 사회복지 정책론	사회복지정책의 개요, 사회복지정책의 역사
16		사회복지정책 관련 이론 및 사상
17		사회복지정책의 분석틀
18		빈곤과 공공부조, 사회보장론
19	8영역 사회복지 법제론	사회복지법의 개요, 사회보장법
20		사회복지사업법, 아동복지법, 노인복지법, 장애인복지법, 가족복지법
21		사회보험
22		공공부조
23	6, 8영역 복습	
24	7영역 사회복지 행정론	사회복지행정, 사회복지행정의 역사, 사회복지행정의 기초이론
25		사회복지서비스 전달체계, 사회복지조직의 구조, 리더십, 사회복지조직의 인적자원관리
26		기획, 재정관리, 마케팅, 프로그램 평가, 사회복지법인 및 사회복지시설 재무 · 회계 규칙
27	2영역 사회복지 조사론	과학, 사회복지조사 방법의 형태와 절차, 사회조사방법의 기본 개념
28		척도구성, 측정의 타당도와 신뢰도, 표본설계, 단일사례연구
29		실험조사설계, 자료수집, 질적 연구와 양적 연구
30	7, 2영역 복습	
31	총정리	

사회복지사 1급

핵심요약집

전 과목 무료동영상

카페 닉네임

Preface

시험을 준비하는 수험생들에게

사회복지사가 담당하는 클라이언트는 생각보다 많고, 사회복지사는 자신의 삶을 위한 직업이 아닌 타인을 위해 희생해야 하는 직업이기에 많은 사회복지사들이 소진에 빠지고 있습니다. 타인을 위해 자신의 삶을 희생하기 위해서는 자기 자신을 먼저 사랑해야 합니다. 그래야만 타인을 사랑할 수 있습니다.

휴머니즘과 열성만 있으면 사회복지사가 될 수 있다고 생각하는 사람들이 있습니다. 하지만 사회복지사는 휴머니즘과 열성만으로 되는 자리가 아닙니다. 많은 지식과 기술이 필요한 자리입니다.

부족한 자원을 활용하여 많은 욕구를 가진 클라이언트에게 합리적이고 공정한 방법을 통하여 자원을 재분배해야 하기 때문에 반드시 전문성을 입증해야 합니다. 결국 사회복지사는 누구나 할 수 있는 일이 아니라 전문적 기술과 지식, 열정, 봉사, 사랑, 가치 등을 겸비한 멀티플레이어가 되어야만 할 수 있습니다. 사회복지사는 사회복지전담공무원보다 사회복지정책과 법을 더 많이 알고 있어야 클라이언트를 도울 수 있고 지도점검에도 대처할 수 있습니다.

최근 1년에 10만 명이 자격증을 취득할 정도로 사회복지사 2급의 무분별한 배출로 인하여 많은 문제가 발생하고 있습니다. 이럴 때일수록 사회복지사 1급 자격증은 더욱 빛을 낼 수 있습니다.

사회복지사 1급 시험은 8과목으로 나누어져 있고 8과목 모두 공부하려면 많은 시간이 필요하며, 시험에서는 통합적이고 유기적인 문제들이 자주 출제되고 있습니다. 따라서 자주 출제되고 있는 부분을 집중적으로 공부해야 합니다.

사회복지사 1급 시험을 준비하기 위해서는 우선 기본서를 충실하게 학습하여 이론을 정립한 후에 기출문제의 특징을 파악해야 합니다. 짧은 시간에 준비하는 것보다는 여유 있게 준비하는 것이 유리합니다. 하지만 공부를 하다 보면 시간은 늘 부족할 수밖에 없습니다.

본 도서는 단기간에 사회복지사 1급 합격을 위하여 기본서에서 시험에 꼭 나오는 핵심이론만 뽑아 압축 정리하여, 중요한 내용을 쉽고 빠르게 학습할 수 있도록 구성하였습니다. 또한 최근 7개년 출제경향을 분석하여 주요 키워드로 선별하였고, 출제회차를 표기하여 중요도를 파악할 수 있도록 하였습니다.
아무것도 하지 않으면 아무 일도 일어나지 않는다는 말이 있습니다. 부정적인 생각은 하지 말고 자신을 믿고 끝까지 완주한다면 좋은 결과가 있을 것입니다. 모든 수험생 여러분을 응원합니다!

저자 노민래

Information

사회복지사 1급 시험 개요

1. 자격명 : 사회복지사 1급

2. 관련 부처 : 보건복지부

3. 시행기관 : 한국산업인력공단

4. 도입 목적

사회복지에 관한 소정의 전문지식과 기술을 가진 자에게 사회복지사 자격을 부여하고 이들에게 복지업무를 담당하도록 함으로써 아동 · 청소년 · 노인 · 장애인 등 보호가 필요한 사람들에게 전문적이고 체계적인 복지서비스를 제공하기 위하여 도입됨

※ 시행관련 법령 : 「사회복지사업법」 제12조 및 동법 시행령 제3조 제2항

5. 응시 자격

- 「고등교육법」에 따른 대학원에서 사회복지학 또는 사회사업학을 전공하고 석사학위 또는 박사학위를 취득한 자
  ※ 시행연도 2월 말일까지 학위를 취득한 자 포함
- 「고등교육법」에 따른 대학에서 보건복지부령이 정하는 사회복지학 전공교과목과 사회복지관련 교과목을 이수하고 학사학위를 취득한 자
  ※ 시행연도 2월 말일까지 학위를 취득한 자 포함
- 법령에서 「고등교육법」에 따른 대학을 졸업한 자와 동등 이상의 학력이 있다고 인정하는 자로서 보건복지부령으로 정하는 사회복지학 전공교과목과 사회복지관련 교과목을 이수한 자
  ※ • 시행연도 2월 말일까지 동등학력 취득자 포함
  • 학점인정은 시행연도 2월 말일까지 등록 완료된 학점까지만 인정
- 외국의 대학 또는 대학원(단, 보건복지부장관이 인정한 대학 또는 대학원)에서 사회복지학 또는 사회사업학을 전공하고 학사학위 이상을 취득한 자로서 맨 위의 두 항목의 자격과 동등하다고 보건복지부장관이 인정하는 자
- 다음에 해당하는 자로서 사회복지사 2급 자격증을 취득한 자 중에서, 그 자격증을 취득한 날부터 시험일까지의 기간 동안 1년(2,080시간) 이상 사회복지사업의 실무경험이 있는 자
  ① 「고등교육법」에 의한 전문대학에서 보건복지부령이 정하는 사회복지학 전공교과목과 사회복지관련 교과목을 이수하고 졸업한 자
  ② 법령에서 「고등교육법」에 전문대학을 졸업한 자와 동등 이상의 학력이 있다고 인정하는 자로서 보건복지부령이 정하는 사회복지학 전공교과목과 사회복지관련 교과목을 이수한 자

③ 종전의 「사회복지사업법」(법률 제14923호로 개정되기 전의 것을 말한다)에 따라서 사회복지사 3급 자격증을 취득한 이후 3년 이상 사회복지사업의 실무경험이 있는 자

※ 자세한 사항은 반드시 해당 연도 시행계획 공고 참고 요망

6. 결격사유

- 피성년후견인
- 금고 이상의 형을 선고받고 그 집행이 끝나지 아니하였거나 그 집행을 받지 아니하기로 확정되지 아니한 사람
- 법원의 판결에 따라 자격이 상실되거나 정지된 사람
- 마약 · 대마 또는 향정신성의약품의 중독자
- 「정신건강증진 및 정신질환자 복지서비스 지원에 관한 법률」 제3조 제1호에 따른 정신질환자. 다만, 전문의가 사회복지사로서 적합하다고 인정하는 사람은 제외

7. 수행직무

- 사회복지 프로그램의 개발 및 운영
- 시설 거주자의 생활지도 업무
- 사회복지를 필요로 하는 자에 대한 상담 업무 등

8. 최종합격자 발표

- 매 과목 4할, 전 과목 총점의 6할 이상 득점한 자를 합격예정자로 결정
- 필기시험에 합격하고 응시자격 서류심사에 통과한 자
- 사회복지사 1급 합격예정자에 대해서는 한국사회복지사협회에서 응시자격 서류심사를 실시하며, 심사결과 부적격 사유에 해당되거나 응시자격서류를 정해진 기한 내에 제출하지 않은 경우 합격예정을 취소함
- 최종합격자 발표 후라도 제출된 서류 등의 기재사항이 사실과 다르거나 응시자격 부적격 사유가 발견된 때에는 합격을 취소함

Information

사회복지사 1급 시험 정보

1. 시험 일정

원서접수 기간		시험 시행일
정기접수	빈자리 접수	
12월 초	1월 초	1월 2~3째 주 토요일
합격예정자 발표	응시자격 서류제출	최종합격자 발표
2월 중	2~3월 중	3월 중

① 원서접수 기간 중에는 24시간 접수 가능하며, 접수기간 종료 후에는 접수 불가
② 빈자리 접수는 환불기간 종료 후, 환불(취소)로 발생한 수용인원 범위 내에서만 선착순으로 접수되므로 사정에 따라 조기에 마감될 수 있으며 이 기간에는 취소 및 환불 불가
③ 자세한 사항은 큐넷 사회복지사 1급 홈페이지(www.q-net.or.kr/site/welfare) 참고
④ 합격예정자는 필기시험 합격자에 해당

2. 시험 시행지역

전국 12개 지역(서울, 강원, 부산, 경남, 울산, 대구, 인천, 경기, 광주, 전북, 제주, 대전)

3. 시험 시간 및 시험 과목

- 시험 구성

시험 과목 수	문제 수	배점	총점	문제 형식
3과목(8영역)	200문제	1점/1문제	200점	객관식 5지 택1형

- 시험 과목 및 시험 시간(일반수험자 기준)

구분	시험 과목	세부영역	입실 시간	시험 시간
1교시	사회복지기초 (50문항)	• 인간행동과 사회환경(25문항) • 사회복지조사론(25문항)	09 : 00	09 : 30~10 : 20 (50분)
휴식 시간 10 : 20 ~ 10 : 40(20분)				
2교시	사회복지실천 (75문항)	• 사회복지실천론(25문항) • 사회복지실천기술론(25문항) • 지역사회복지론(25문항)	10 : 40	10 : 50~12 : 05 (75분)

구분	시험 과목	세부영역	입실 시간	시험 시간
휴식 시간 12 : 05 ~ 12 : 25(20분)				
3교시	사회복지정책과 제도(75문항)	• 사회복지정책론(25문항) • 사회복지행정론(25문항) • 사회복지법제론(25문항)	12 : 25	12 : 35~13 : 50 (75분)

① 시험관련 법령 등을 적용하여 정답을 구하여야 하는 문제는 시험 시행일 현재 시행 중인 법령을 기준으로 출제함

② 수험자는 매 과목 시험 시간표와 입실 시간을 반드시 확인하여 차질이 없도록 함

③ 응시편의 제공 대상자는 일반 수험자의 1.2~1.7배 시간 연장

4. 취득 방법

필기시험에 합격하고 응시자격 서류심사에 통과한 자를 최종합격자로 발표하며, 최종합격자에 대해서는 한국사회복지사협회에서 응시자격 서류심사, 신원조회 실시 후 자격증 교부

5. 2025년 주요 변경 사항

- 사후 환불률 확대 : 응시 수수료 접수취소 기간 종료 후 수험자가 공단에서 정한 사유에 해당되어 환불신청을 한 경우, 환불률 50%에서 100%로 확대
- 신분증 인정범위 확대 : 모바일 신분증 발급기관 확대 및 종류의 다양화에 따라 모바일 신분증 인정범위 확대(모바일 공무원증 및 모바일 국가보훈등록증 등 추가 인정)
- 간편결제 도입 : 원서접수 시 수수료 납부방법으로 간편결제(카카오페이, 네이버페이 등) 도입

6. 통계자료

사회복지사 1급					
연도	대상(명)	응시(명)	응시율(%)	합격(명)	합격률(%)
2020년	33,787	25,462	75.4	8,388	32.9
2021년	35,598	28,391	79.8	17,158	60.4
2022년	31,016	24,248	78.2	8,753	36.1
2023년	30,528	24,119	79.0	9,673	40.1
2024년	31,608	25,458	80.5	7,633	29.28
2025년	32,445	25,305	77.9	9,830	38.8

Features

이 책의 특징

최근 7개년 출제경향
과목별 최근 7개년 기출분석 자료를 통해 어떤 주제가 출제비중이 높은지 확인하여 중요주제에 더 집중할 수 있습니다.

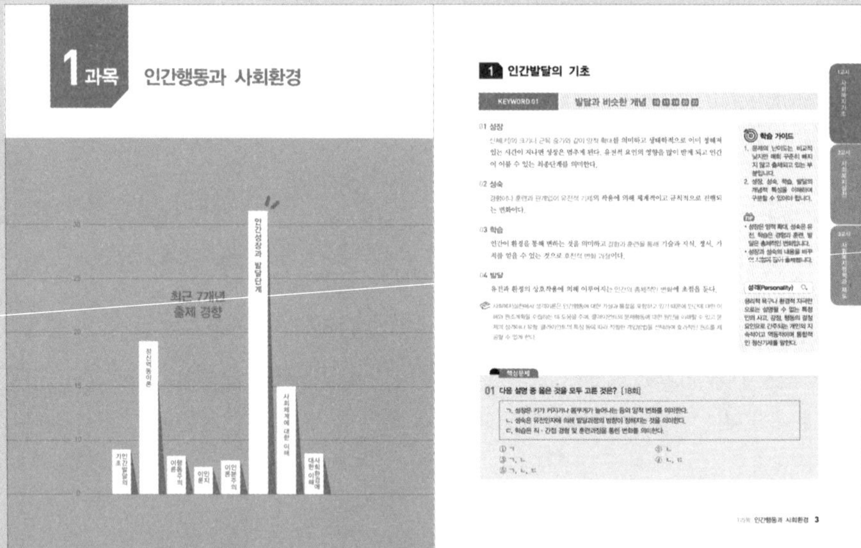

핵심이론 및 핵심문제
시험에 꼭 나오는 핵심이론만 뽑아 압축 정리하여 중요한 내용을 쉽고 빠르게 학습할 수 있고, 이어지는 핵심문제를 통해 이론을 점검할 수 있습니다.

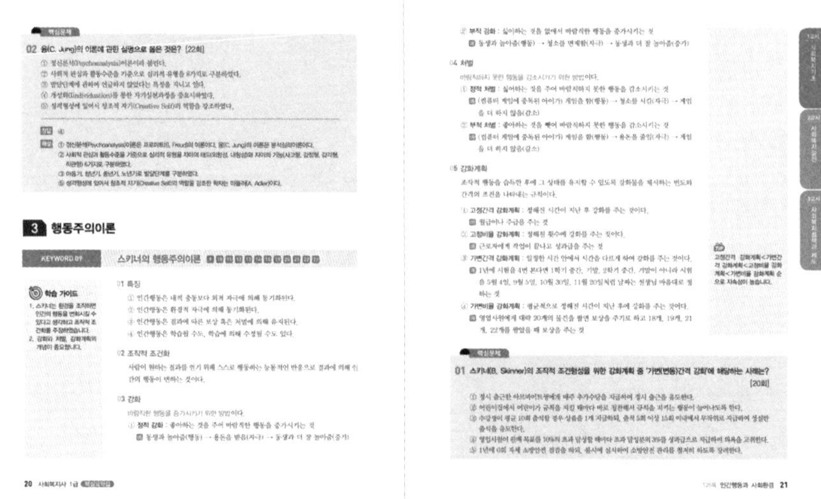

학습 가이드, TIP, 용어설명

학습방향을 돕는 학습 가이드, 보충설명을 위한 TIP, 참고, 용어설명을 담았습니다. 또한 중요개념은 별색으로 별도 표기하였습니다.

빈출문제

빈출문제를 풀고 해설을 공부함으로써 실력을 한 번 더 점검하고, 자주 출제되는 유형을 파악할 수 있습니다.

Contents

차 례

1교시 사회복지기초

1과목 인간행동과 사회환경

2교시 사회복지실천

3과목 사회복지실천론

4과목 사회복지실천기술론

3교시 사회복지정책과 제도

6과목 사회복지정책론

7과목 사회복지행정론

8과목 사회복지법제론

1교시

사회복지기초

1과목 | 인간행동과 사회환경
2과목 | 사회복지조사론

1 과목 인간행동과 사회환경

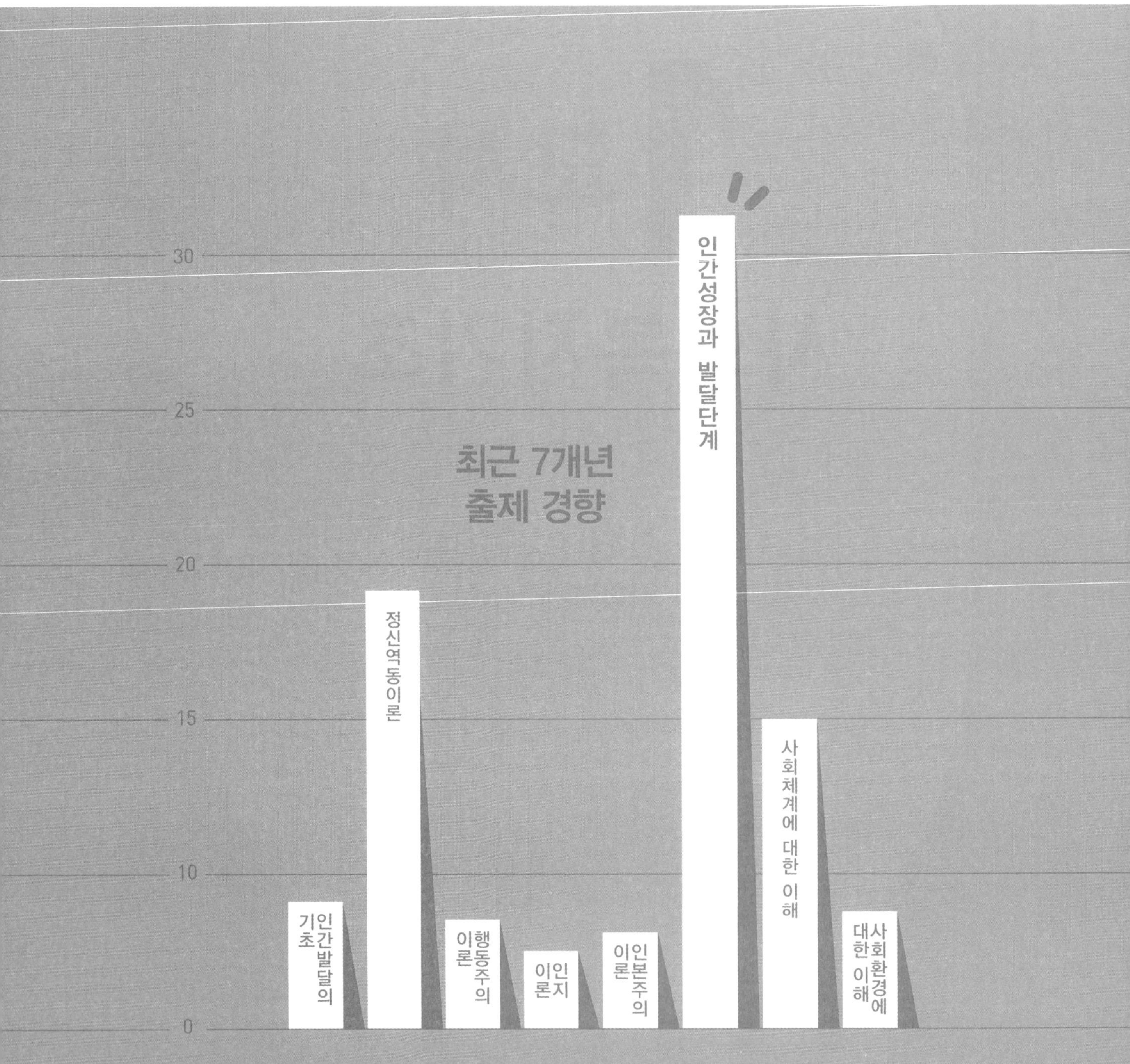

1 인간발달의 기초

KEYWORD 01 발달과 비슷한 개념 10 11 18 20 23

01 성장

신체(키)의 크기나 근육 증가와 같이 양적 확대를 의미하고 생태학적으로 이미 정해져 있는 시간이 지나면 성장은 멈추게 된다. 유전적 요인의 영향을 많이 받게 되고 인간이 이룰 수 있는 최종단계를 의미한다.

02 성숙

경험이나 훈련과 관계없이 유전적 기제의 작용에 의해 체계적이고 규칙적으로 진행되는 변화이다.

03 학습

인간이 환경을 통해 변하는 것을 의미하고 경험과 훈련을 통해 기술과 지식, 정서, 가치를 얻을 수 있는 것으로 후천적 변화 과정이다.

04 발달

유전과 환경의 상호작용에 의해 이루어지는 인간의 총체적인 변화에 초점을 둔다.

사회복지실천에서 성격이론은 인간행동에 대한 가설과 통찰을 포함하고 있기 때문에 인간에 대한 이해와 원조계획을 수립하는 데 도움을 주며, 클라이언트의 문제행동에 대한 원인을 이해할 수 있고 문제의 성격이나 유형, 클라이언트의 특성 등에 따라 적절한 개입방법을 선택하여 효과적인 원조를 제공할 수 있게 한다.

학습 가이드

1. 문제의 난이도는 비교적 낮지만 매회 꾸준히 빠지지 않고 출제되고 있는 부분입니다.
2. 성장, 성숙, 학습, 발달의 개념적 특성을 이해하여 구분할 수 있어야 합니다.

TIP

- 성장은 양적 확대, 성숙은 유전, 학습은 경험과 훈련, 발달은 총체적인 변화입니다.
- 성장과 성숙의 내용을 바꾸어 시험에 많이 출제됩니다.

성격(Personality)

생리적 욕구나 환경적 자극만으로는 설명될 수 없는 특정인의 사고, 감정, 행동의 결정요인으로 간주되는 개인의 지속적이고 역동적이며 통합적인 정신기제를 말한다.

핵심문제

01 다음 설명 중 옳은 것을 모두 고른 것은? [18회]

ㄱ. 성장은 키가 커지거나 몸무게가 늘어나는 등의 양적 변화를 의미한다.
ㄴ. 성숙은 유전인자에 의해 발달과정의 방향이 정해지는 것을 의미한다.
ㄷ. 학습은 직 · 간접 경험 및 훈련과정을 통한 변화를 의미한다.

① ㄱ
② ㄴ
③ ㄱ, ㄴ
④ ㄴ, ㄷ
⑤ ㄱ, ㄴ, ㄷ

정답 ⑤

해설 • 성장 : 신체의 크기나 근육 증가와 같은 양적 확대
• 성숙 : 유전적 기제의 작용에 의해 체계적이고 규칙적으로 진행되는 변화
• 학습 : 경험과 훈련을 통해 기술과 지식, 정서, 가치를 얻을 수 있는 것으로 후천적 변화 과정

02 인간발달 및 그 유사개념에 관한 설명으로 옳지 않은 것은? [20회]

① 성장(Growth)은 시간의 경과에 따라 나타나는 양적 변화이다.
② 성숙(Maturation)은 환경과의 상호작용에 의한 사회적 발달이다.
③ 학습(Learning)은 경험이나 훈련의 결과로 나타나는 행동변화이다.
④ 인간발달은 유전과 환경의 상호작용 결과이다.
⑤ 인간발달은 상승적 변화와 하강적 변화를 모두 포함한다.

정답 ②

해설 환경과의 상호작용에 의한 사회적 발달은 사회화이다. 성숙은 경험이나 훈련에 관계없이 유전적 기제의 작용에 의해 체계적이고 규칙적으로 진행되는 변화이다.

KEYWORD 02 인간발달의 원리 9 10 12 13 14 15 16 17 18 19 20 21 22 23

학습 가이드

1. 다양한 인간발달의 원리가 출제되고 있으므로 꼭 암기가 필요합니다.
2. 출제빈도가 높은 만큼 비슷한 문제들이 출제되므로 이론을 충실하게 공부하는 것이 좋습니다.

01 개인차

사람의 발달과정은 비슷하지만 환경과 유전적인 영향을 받기 때문에 속도가 일정하지 않고 개인차가 있으며 연령이 증가하면서 개인차는 더욱 심해진다.

02 점성원리

성장하는 모든 것은 기본 계획안을 가지고 기본 계획안으로부터 각 부분이 발생하며, 각 부분의 전체가 완전한 기능을 할 때까지 우세해지는 특정한 시기이다.

03 최적의 시기

인간은 발달하는 데 있어 최적의 시기가 있는데 이러한 최적의 시기는 사람마다 다르게 나타난다.

04 통합과 분화의 과정

발달은 분화의 과정인 동시에 통합의 과정으로, 전체에서 부분으로 분화되고 분화된 측면들은 통합되어 하나를 형성한다.

05 유전과 환경의 상호작용

인간이 발달할 때에는 유전과 환경의 영향을 받는데 유전이나 환경 한쪽의 영향을 받는 것이 아니라 두 요인의 상호작용에 의해 발달하게 된다. 처음에는 유전적 영향을 받고 시간이 지날수록 환경의 영향을 받는다.

06 일정한 순서와 방향성

상부에서 하부로, 중심에서 말초로 발달하는 것처럼 큰 것에서 작은 것으로 순서는 바뀌지 않고 일정한 방향에 따라 진행된다.

07 연속적 과정

발달은 특정시기(출생 후부터 24개월, 청소년기)에는 급격한 발달이 이루어지지만 전 생애에 걸쳐 나타나는 연속적인 과정으로 개인차가 나타난다.

08 불가역성

최적의 시기를 놓치면 발달에 문제가 생겨 이후에 회복하기가 어렵다.

09 기초성

어린 시절의 성장발달은 이후 발달에 결정적인 영향을 미치는 기초가 된다. 즉, 어린 시절의 성장발달을 기초로 발달하게 된다.

10 상호 관련성

환경과 유전은 관련이 없어 보이지만 상호 간에 밀접한 관련성을 가지고 발달이 이루어진다.

11 연령이 증가하면 발달을 예측하기 어려움

어린 시절 행동은 예측이 가능하지만 시간이 지날수록 예측하기가 어려워진다.

기초성

인생의 초기발달이 일생을 결정하는 기초가 되며, 그만큼 어릴 때의 발달이 중요하다는 것을 의미한다. 인생 전체를 볼 때 어린 시절의 발달이 나머지 일생에 지대한 영향을 미친다는 원리이다.

TIP

시험에서는 인간발달의 원리가 자주 바뀌어서 출제되며, 20회 시험에서는 사례로 출제된 만큼 변형문제에도 대비해야 합니다.

핵심문제

01 동갑 친구들 A~C의 대화에서 알 수 있는 인간발달의 원리는? [20회]

- A : 나는 50세가 되니 확실히 노화가 느껴져. 얼마 전부터 노안이 와서 작은 글씨를 읽기 힘들어.
- B : 나는 노안은 아직 안 왔는데 흰머리가 너무 많아지네. A는 흰머리가 거의 없구나.
- C : 나는 노안도 왔고 흰머리도 많아. 게다가 기억력도 예전 같지 않아.

① 발달에는 개인차가 있다.
② 발달의 초기단계가 일생에서 가장 중요하다.
③ 발달은 학습에 따른 결과이다.
④ 발달은 분화와 통합의 과정이다.
⑤ 발달은 이전의 발달과업 성취에 기초하여 이루어진다.

정답 ①

해설 A, B, C는 모두 중년으로 노화가 진행되고 있으나 A는 노안이 있고, 흰머리는 없다. B는 노안은 없는데 흰머리가 많다. C는 노안도 왔고 흰머리가 많으며 기억력이 좋지 않다. 이를 통해 A, B, C 모두 노안과 흰머리, 기억력의 진행상황이 모두 다르다는 것을 알 수 있다. 즉, A, B, C의 발달에 차이가 나타난다.

02 **인간발달에 관한 설명으로 옳은 것은?** [22회]

① 긍정적 · 상승적 변화는 발달로 간주하지만, 부정적 · 퇴행적 변화는 발달로 보지 않는다.
② 순서대로 진행되고 예측 가능하다는 특징이 있다.
③ 인간의 전반적 변화를 다루기 때문에 개인차는 중요하지 않다고 본다.
④ 키 · 몸무게 등의 질적 변화와 인지특성 · 정서 등의 양적 변화를 모두 포함하는 개념이다.
⑤ 각 발달단계에서의 발달 속도는 거의 일정한 것으로 알려져 있다.

정답 ②

해설 인간발달은 상부에서 하부로, 중심에서 말초로 순서는 바뀌지 않고 일정한 방향에 따라 진행되고 영아기, 유아기 등의 어린 시절 행동들을 예측할 수 있다.
① 긍정적 · 상승적 변화뿐아니라 부정적 · 퇴행적 변화도 발달로 본다.
③ 인간의 전반적 변화를 다루기 때문에 개인차는 중요하다. 똑같은 발달과정을 거치지만 환경과 유전적인 영향을 받기 때문에 속도는 일정하지 않고 개인마다 다르게 나타난다.
④ 키 · 몸무게는 양적 변화를 의미하고 인지특성 · 정서 등은 질적 변화를 의미한다. 발달은 양적 변화와 질적 변화 모두 포함하는 개념이다.
⑤ 각 발달단계에서의 발달 속도는 일정하지 않으며 개인차가 나타난다.

KEYWORD 03 인간발달이론의 유용성과 사회복지실천의 기여

11 12 13 14 15 17 19 21 22 23

학습 가이드

1. 발달이론의 사회복지실천의 유용성은 암기하지 않아도 이해하면 풀 수 있는 내용이므로 여러 번 읽어보는 것을 추천합니다.
2. 인간발달이론의 유용성과 사회복지실천에 기여한 문제가 꾸준히 출제되고 있는 만큼 대비해야 합니다.

01 발달단계에 따른 클라이언트의 욕구와 문제를 파악할 수 있다.

02 특정 발달단계에서 나타나는 특징적 발달 요인을 이해할 수 있다.

03 전 생애에 걸쳐 일어나는 안정성과 변화의 과정을 이해할 수 있다.

04 이전 발달단계의 결과가 다음 단계에 미치는 영향을 파악할 수 있다.

05 개인적인 발달상의 차이를 파악할 수 있다. 즉, 개인의 성장 과정에서 나타나는 문제의 원인을 이해하는 데 도움을 준다.

06 생활주기를 순서대로 정리할 수 있는 준거 틀을 제공할 수 있다.

07 발달을 구성하는 다양한 신체 · 심리 · 사회적 요인을 파악할 수 있다.

08 다양한 연령층의 클라이언트를 이해할 수 있는 기반을 제공한다.

09 개인 적응과 부적응의 판단 기준이 된다.

10 모든 연령 계층의 클라이언트와 일할 수 있는 기반이 된다.

11 생애주기에 따른 변화와 안정 요인을 이해하게 된다.

12 발달단계별 욕구에 따른 사회복지제도의 기반을 제공한다.

TIP
비슷한 내용의 지문들이 자주 출제되고 있으므로 유추할 수 있는 능력이 필요합니다.

핵심문제

01 인간발달이론과 사회복지실천에 관한 설명으로 옳지 않은 것은? [21회]

① 다양한 연령층의 클라이언트와 일할 수 있는 토대가 된다.
② 발달단계별 욕구를 기반으로 사회복지서비스를 개발할 수 있다.
③ 발달단계별 발달과제는 문제해결의 목표와 방법 설정에 유용하다.
④ 발달단계별 발달 저해 요소들을 이해하는 데 유용하다.
⑤ 인간발달이론은 문제 사정단계에서만 유용하다.

정답 ⑤

해설 인간발달이론은 문제 사정단계뿐 아니라 자료수집 단계에서도 중요하다.
Tip 지문에서 "~만"으로 끝나는 지문들은 틀린 지문으로 봐도 무방하다.

02 인간발달이론이 사회복지실천에 미친 영향으로 옳지 않은 것은? [22회]

① 스키너(B. Skinner) 이론은 행동결정요인으로 인지와 정서의 중요성을 이해하는 계기를 제공하였다.
② 융(C. Jung) 이론은 중년기 이후의 발달을 이해하는 데 도움을 제공하였다.
③ 에릭슨(E. Erikson) 이론은 생애주기별 실천개입의 기반을 제공하였다.
④ 프로이트(S. Freud) 이론은 인간행동의 무의식적 측면을 심층적으로 분석할 수 있는 기반을 제공하였다.
⑤ 매슬로우(A. Maslow) 이론은 인간의 욕구를 파악할 수 있는 근거를 마련하였다.

정답 ①

해설 스키너는 행동주의 이론을 주장한 학자로 인간행동은 인지와 정서보다는 환경의 자극에 의해 동기화되고, 행동에 따르는 강화에 의해 전적으로 결정된다고 보았다.

2 정신역동이론

KEYWORD 04 프로이트의 정신분석이론 10 11 13 16 19 20 21 23

학습 가이드

1. 프로이트의 정신분석이론은 매회 출제되고 있는 만큼 꼭 암기가 필요한 부분입니다.
2. 발달단계뿐 아니라 지형학적 모델, 구조적 모델의 종류도 구분할 수 있어야 합니다.
3. 안나 프로이트의 방어기제 이론과 중복되어 출제되기도 합니다.

01 지형학적 모델

① 의식
- ㉠ 자신의 행동이나 경험을 느끼거나 의식할 수 있는 상태이다.
- ㉡ 정신세계에서 작은 한 부분이다.
- ㉢ 관심대상에서 벗어나게 되면 더 이상 의식되지 않는다.

② 전의식
- ㉠ 의식과 무의식을 연결하는 중간단계이다.
- ㉡ 집중을 하면 의식화될 수 있다.

③ 무의식
- ㉠ 미래의 무한한 가능성의 원천이다.
- ㉡ 정신내용의 대부분을 차지한다.

02 구조적 모델

① 원초아
- ㉠ 가장 원초적인 부분으로 본능의 저장소이며 쾌락의 원칙이다.
- ㉡ 의식화될 수는 없지만 일생에 거쳐 일어난다.

② 자아
- ㉠ 행동과 생각을 통제하는 조정자의 역할 및 현실의 원칙이다.
- ㉡ 대부분 전의식에 속하지만 의식, 전의식, 무의식 세 부분을 모두 가지고 있다.

③ 초자아
- ㉠ 현실보다는 이상, 쾌락보다는 완벽을 추구한다.
- ㉡ 사회적 규범이나 법, 도덕으로 구성되고 일부는 부모가 아이에게 전달하는 사회의 가치와 관습으로 구성한다.

초자아

- 양심 : 마음의 도덕적 가르침, 벌을 통해 발달하는 것으로 자아가 죄책감을 느끼도록 작용, 처벌적 측면
- 자아이상 : 긍정적인 이상형, 이상을 통해 발달하는 것으로 자아가 긍지를 느끼도록 작용, 보상적 측면

03 심리성적 발달단계

① 구강기
- ㉠ 빨고, 깨물고, 삼키는 데 만족감을 느낀다.
- ㉡ 주 양육자와의 관계가 중요하다.

② 항문기
- ㉠ 배변활동을 통하여 만족감을 느낀다.

㉡ 항문 공격적 성격은 무모하고 무질서하며 반항적이고 지저분한 성격이다.
㉢ 항문 보유적 성격은 고집이 세고, 복종적이며, 인색하고 지나치게 청결한 성격이다.

③ 남근기
㉠ 자신의 성기를 만지면서 만족감을 느낀다.
㉡ 남아는 엄마 사랑, 오이디푸스 콤플렉스로 인하여 거세불안을 경험한다.
㉢ 여아는 아빠 사랑, 엘렉트라 콤플렉스로 인하여 남근 선호사상이 생긴다.

④ 잠복기
㉠ 리비도가 어느 한 부분에 정착되어 있지 않은 시기이다.
㉡ 이성친구보다는 동성친구에게 관심을 둔다.

⑤ 생식기
㉠ 리비도가 이성친구에게로 향한다.
㉡ 성적 충동이 가장 왕성하다.

04 리비도

본능적인 성적 에너지이다.

 리비도

삶의 본능인 에로스(Eros)뿐만 아니라 죽음의 본능인 타나토스(Thanatos)까지 포함한다.

05 정신결정론

인간의 행동은 우연히 일어나는 것이 아니라 과거와 연결되고 반드시 원인이 있어 발생한다는 것이다.

06 자유연상

의식에 떠오르는 모든 것을 이야기하도록 하는 방법이다.

07 훈습

저항이나 전이가 왜 나타나는지 분석하여 클라이언트에게 알려 주어 저항이나 전이를 극복할 수 있도록 도와주는 것으로 이 과정을 반복한다.

본능

- 삶의 본능(Eros) : 생명을 유지 · 발전시키고 사랑하게 하는 본능(예: 성욕, 식욕, 수면욕 등)
- 죽음의 본능(Thanatos) : 생물체가 무생물체로 환원하려는 본능

TIP

- 융의 분석심리이론과 프로이트의 정신분석이론은 상당히 유사하여 혼동하기 쉬우므로 차이, 특히 리비도와 무의식에 관한 내용을 구분해야 합니다.
- 정신분석이론은 폐쇄체계이고, 에릭슨의 자아심리이론은 개방체계입니다.
- 프로이트 정신분석이론은 인간행동과 사회환경뿐 아니라 사회복지실천기술론에서도 출제되고 있으므로 개념과 기법을 꼭 암기해야 합니다.

핵심문제

01 프로이트(S. Freud)의 심리성적 발달단계에 관한 설명으로 옳은 것은? [19회]

① 남근기 : 동성 부모에 대한 동일시의 기제가 나타나는 시기이다.
② 항문기 : 양육자와의 상호작용과정에서 최초로 갈등을 경험하는 시기이다.
③ 구강기 : 자율성과 수치심을 주로 경험하는 시기이다.
④ 생식기 : 오이디푸스 · 엘렉트라 콤플렉스가 강해지는 시기이다.
⑤ 잠복기 : 리비도(Libido)가 항문부위로 집중되는 시기이다.

정답 ①

해설 ② 양육자와의 상호작용과정에서 최초로 갈등을 경험하는 시기는 구강기이다.
③ 자율성과 수치심을 주로 경험하는 시기는 항문기이다.
④ 오이디푸스 · 엘렉트라 콤플렉스가 강해지는 시기는 남근기이다.
⑤ 리비도(Libido)가 항문부위로 집중되는 시기는 항문기이다.

02 프로이트(S. Freud)의 정신분석이론에 관한 설명으로 옳은 것은? [21회]

① 인간이 가진 자유의지의 중요성을 강조하였다.
② 거세불안과 남근선망은 주로 생식기(Genital Stage)에 나타난다.
③ 성격구조를 원초아, 자아, 초자아로 구분하였다.
④ 초자아는 현실원리에 지배되며 성격의 실행자이다.
⑤ 성격의 구조나 발달단계를 제시하지 않았다.

정답 ③

해설 ① 인간이 가진 자유의지의 중요성을 강조한 이론은 인본주의 이론이다.
② 거세불안과 남근선망은 주로 남근기에 나타난다.
④ 초자아는 도덕적인 측면이 강하며 현실보다는 이상, 쾌락보다는 완벽을 추구하고 자아의 기능을 관찰 · 평가하는 마음의 부분이다. 현실원리에 지배되며 성격의 실행자는 자아이다.
⑤ 성격의 구조나 발달단계로 구강기, 항문기, 남근기, 잠복기, 생식기로 구분하였다.

KEYWORD 05 안나 프로이트의 자기방어기제 9 10 12 15 16 17 18 22

 **학습 가이드**

1. 안나 프로이트는 방어기제 뿐 아니라 불안에 대한 정의를 잘 기억해야 합니다.

01 방어기제(Defense Mechanism)의 특징

① 불안으로부터 자신을 보호하기 위하여 무의식적으로 사용하는 것이다.
② 정신적 갈등의 원천을 왜곡, 대체, 차단하기 위해 사용하는 것이다.
③ 자아가 불안에 대처할 때 사용하는 심리적인 기제이다.
④ 불안을 감소시킬 뿐 아니라 긍정적인 결과도 나타나 정상적인 사람들도 사용한다.

⑤ 매번 사용하는 것이 아니라 필요한 시기에 선택해서 사용한다.
⑥ 방어기제를 자주 사용하는 것은 자아가 약하다는 것을 의미한다.

2. 방어기제에서는 반동형성, 퇴행, 억압, 승화, 투사 등이 자주 출제되고 있습니다.
3. 각 방어기제의 정의를 암기하고 변형되어 나오는 지문에 예시를 이해해야 합니다.

02 방어기제 종류

① **반동형성** : 받아들일 수 없는 욕구, 생각, 충동 등을 반대되는 감정으로 표현하는 것이다.
② **퇴행** : 심한 스트레스나 좌절을 당하면 이전 단계로 되돌아가는 것이다.
③ **억압** : 현실에서 받아들이기 힘든 생각, 감정, 사고, 기억 등을 무의식 속에 집어넣는 것이다.
④ **승화** : 사회적으로 용납될 수 없는 행동을 용납될 수 있도록 만드는 것이다.
⑤ **부정** : 고통스러운 현실을 부정하여 불안으로부터 자신을 보호하는 것이다.
⑥ **해리** : 성격의 일부가 자아를 벗어나 각각의 독립된 기능을 수행하는 것이다.
⑦ **투사** : 자신이 받아들일 수 없는 충동, 행동을 남의 탓으로 돌리는 것이다.
⑧ **보상** : 자신의 부족한 점을 보충하기 위해 다른 것을 발전시키는 것이다.
⑨ **전치** : 자신보다 덜 위험한 대상으로 옮기는 것이다.
⑩ **신체화** : 심리적 갈등으로 인하여 신체의 증상으로 나타나는 것이다.

불안 : 위험에 가까이 있다는 신호를 자아가 느끼는 것

핵심문제

01 받아들일 수 없는 자신의 욕망이나 충동을 타인에게 돌리는 방어기제는? [18회]

① 전치
② 억압
③ 투사
④ 합리화
⑤ 반동형성

정답 ③

해설
① 전치 : 자신보다 덜 위험한 대상으로 옮기는 것이다.
② 억압 : 현실에서 받아들이기 힘든 생각, 감정, 사고, 기억 등을 무의식 속에 집어넣는 것이다.
④ 합리화 : 받아들일 수 없는 현상에 대한 그럴듯하게 변명을 하는 것이다.
⑤ 반동형성 : 받아들일 수 없는 욕구, 생각, 충동 등을 반대되는 감정으로 표현하는 것이다.

02 방어기제와 그 예시로 옳지 않은 것은? [22회]

① 합리화(Rationalization) : 지원한 회사에 불합격한 후 그냥 한 번 지원해본 것이며 합격했어도 다니지 않았을 것이라 생각한다.
② 억압(Repression) : 시험을 망친 후 성적발표 날짜를 아예 잊어버린다.
③ 투사(Projection) : 자신이 싫어하는 직장 상사에 대해서 상사가 자기를 싫어하기 때문에 사이가 나쁘다고 여긴다.
④ 반동형성(Reaction Formation) : 관심이 가는 이성에게 오히려 짓궂은 말을 하게 된다.
⑤ 전치(Displacement) : 낮은 성적을 받은 이유를 교수가 중요치 않은 문제만 출제한 탓이라 여긴다.

정답 ⑤

해설 전치(Displacement)는 자신보다 덜 위험한 대상으로 옮기는 것으로, 엄마한테 혼난 아이가 동생에게 화풀이하는 것이다. 낮은 성적을 받은 이유를 교수가 중요치 않은 문제만 출제한 탓이라 여기는 것은 투사(Projection)이다.

KEYWORD 06 에릭슨의 심리사회이론 10 11 12 13 14 15 16 17 18 19 20 21 22

 **학습 가이드**

1. 에릭슨의 인간발달 8단계의 특징과 자아특질을 암기해야 합니다.
2. 프로이트와의 비교 문제도 출제되고 있으므로 프로이트의 정신분석이론과의 차이점을 구분해야 합니다.

위기

인간의 각 발달단계마다 사회는 개인에게 어떤 심리적인 요구를 하는데 이를 위기라고 하고 위기를 극복하느냐에 따라 성격이 발달한다.

환경 속의 인간

인간을 이해하기 위해서는 인간의 심리내적 특성 이외에 환경 또는 상황까지 고려해야 한다는 것으로, 이중적 관점으로서 사회복지사의 전문직을 강조하였다.

01 점성원리

성장하는 모든 것은 기본 계획안을 가지고 기본 계획안으로부터 각 부분이 발생하며, 각 부분에서부터 전체를 이루게 될 때까지 우세해지는 특정한 시기이다.

02 자아 정체감

본인이 자기 자신을 아는 것으로 타인이 나에 대해 아는 모습과 자신이 알고 있는 것이 일치되어야 한다.

03 인간은 합리적이고, 논리적이며, 창조적인 존재이다.

04 인간행동은 의식할 수 있는 수준에서 자아에 의해 동기화된다.

05 발달단계는 외부 환경에 의해 중요해지는데, 대처 · 적응하는 과정에 중점을 둔다.

06 심리사회이론의 8단계

① 1단계(영아기) – 신뢰감 대 불신감
- ㉠ 양육자의 따뜻한 사랑을 받게 되면 신뢰감이 형성되고 희망이 생긴다.
- ㉡ 사랑을 받지 못하면 불신감이 형성되고 공포가 생긴다.

② 2단계(유아기) – 자율성 대 수치심
- ㉠ 부모가 아이의 행동이나 의사를 저지하지 않고 인정해준다면 아이는 사회에 잘 적응하면서 자율성이 발달한다.
- ㉡ 부모가 아이의 행동이나 의사를 저지하게 되면 자율성이 통제되고 수치심과 의심이 생긴다.

③ 3단계(아동전기~학령전기) – 주도성 대 죄의식
- ㉠ 아이는 새로운 기술을 배우고 생산적인 움직임을 보이며 어떤 일에 대하여 계획을 세우거나 목표를 설정하여 실행하려는 주도성이 생긴다.
- ㉡ 부모가 아이가 스스로 어떤 일을 하는데 기회를 주지 않거나 계속 통제를 하게 되면 체념, 불안, 죄의식이 발달한다.

④ 4단계(아동후기~학령후기) – 근면성 대 열등감

㉠ 아이가 노력하여 인정을 받게 되거나 어른들이 지지적이면 근면성이 향상된다.

㉡ 과제를 수행하지 못하거나 학습에 실패하고 노력을 인정받지 못할 경우 열등감이 생기게 된다.

⑤ 5단계(청소년기)~정체감 대 정체감 혼란

㉠ 자신의 역할에 대하여 직면하게 되면서 자아정체감을 확립하려고 한다.

㉡ 사회의 요구, 어린 시절의 불행한 경험, 현재의 사회환경으로 인하여 자아정체감의 혼란이 생기기 쉽다.

⑥ 6단계(성인기) – 친밀감 대 고립감

㉠ 성적인 것 이상으로 누군가와 연합하는 능력인 친밀감이 발달한다.

㉡ 친밀감을 형성하지 못하면 타인과 접촉이 없고 타인을 거부하게 되며 낮은 자존감이 형성되면서 고립감이 발달된다.

⑦ 7단계(중년기) –생산성 대 침체

㉠ 자녀를 양육하는 것뿐 아니라 다음 세대가 살아갈 수 있도록 사상을 전수하는 것을 통해 생산성이 발달된다.

㉡ 생산성이 발달하지 못하면 타인이 아닌 자신만을 위한 삶을 살기 때문에 거절이나 이기주의가 생겨 침체감이 생긴다.

⑧ 8단계(노년기) – 자아통합 대 절망

㉠ 자신의 삶이 사회에 잘 적응했다고 생각할 경우에는 자아통합을 하게 된다.

㉡ 자아통합에 실패하게 되면 자신의 삶을 다시 시작하고 싶지만 남은 시간이 얼마 없다는 것을 알고 절망에 빠지게 된다.

07 발달단계

시기	발달단계	자아특질	나이	프로이트와 비교
영아기	신뢰감 대 불신감	희망	출생~18개월	구강기
유아기	자율성 대 수치심	의지	18개월~3세	항문기
아동전기	주도성 대 죄의식	목적	3~6세	남근기
아동후기	근면성 대 열등감	능력	6~12세	잠복기
청소년기	정체감 대 정체감 혼란	성실	12~20세	생식기
성인기	친밀감 대 고립감	사랑	20~35세	–
중년기	생산성 대 침체	배려	35~65세	–
노년기	자아통합 대 절망	지혜	65세 이후	–

TIP

기법보다는 발달단계에 대한 내용이 자주 출제되고 있는 만큼 발달단계의 순서와 사회적 위기에 초점을 두고 학습해야 합니다.

08 프로이트와의 차이점

프로이트	에릭슨
폐쇄체계	개방체계
생물학적 힘인 본능에 강조	심리 · 사회적 측면 강조
원초아에 의해 지배	자아에 의해 지배
성격은 초기 아동기에 형성	성격은 전 생애를 통해 형성
과거 중시	과거+미래 중시
성격 형성은 부모의 영향	성격 형성은 사회적 · 문화적 배경 강조
초기 외상은 성인이 된 후 병리성을 띰	초기 외상은 극복 가능하고 극복을 통해 성장
강력한 성적 · 공격적 충동에 의해 추진	성적 충동은 약하고 사회적 충동이 강함

핵심문제

01 에릭슨(E. Erikson)의 이론으로 옳지 않은 것은? [21회]

① 개인의 성격은 전 생애를 통하여 발달한다.
② 청소년기의 주요 발달과업은 자아정체감 형성이다.
③ 각 단계의 발달은 이전 단계의 발달을 토대로 이루어진다.
④ 성격발달에 있어서 환경과의 상호작용이 중요하다고 본다.
⑤ 학령기(아동기)는 자율성 대 수치와 의심의 심리사회적 위기를 겪는다.

정답 ⑤

해설 학령기(아동기)는 근면성 대 열등감의 심리사회적 위기를 겪는다. 자율성 대 수치와 의심의 심리사회적 위기를 겪는 시기는 유아기이다.

02 에릭슨(E. Erikson)의 심리사회적 발달단계 위기와 성취 덕목(Virtue)이 옳게 연결된 것은? [22회]

① 근면성 대 열등감 – 성실(Fidelity)
② 주도성 대 죄의식 – 목적(Purpose)
③ 신뢰 대 불신 – 의지(Will)
④ 자율성 대 수치심과 의심 – 능력(Competence)
⑤ 정체감 대 정체감 혼란 – 희망(Hope)

정답 ②

해설 **에릭슨(E. Erikson)의 심리사회적 발달단계 위기와 자아특질**

- 영아기 : 신뢰감 대 불신감 – 희망
- 유아기 : 자율성 대 수치심과 의심 – 의지력
- 아동 전기 : 주도성(솔선성) 대 죄의식 – 목적
- 아동 후기 : 근면성 대 열등감 – 능력
- 청소년기 : 자아정체감 대 자아정체감 혼란 – 성실성
- 성인기 : 친밀감 대 고립감 – 사랑
- 중년기 : 생산성 대 침체 – 배려
- 노년기 : 자아통합 대 절망 – 지혜

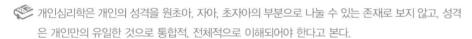

KEYWORD 07 아들러의 개인심리이론 9 10 11 13 15 16 19 20 22 23

01 특징

① 인간을 전체적 · 통합적으로 보며 하나의 통합된 유기체로 인식한다.
② 인간은 목표를 향해 움직이는 창조적이고 책임감 있는 능동적인 존재이다.
③ 생애초기의 경험이 성인기에 많은 영향을 준다.
④ 사회적 관심은 개인의 심리적 건강을 측정하는 유용한 척도이다.
⑤ 출생순위, 가족의 크기는 개인의 성격발달과 생활양식에 영향을 준다.

개인심리학은 개인의 성격을 원초아, 자아, 초자아의 부분으로 나눌 수 있는 존재로 보지 않고, 성격은 개인만의 유일한 것으로 통합적, 전체적으로 이해되어야 한다고 본다.

02 열등감

인간이 모두 가지고 태어나는 것으로 어떤 문제에 대하여 적응하지 못하거나 해결할 수 없을 때 생긴다.

03 우월에 대한 추구

열등감을 극복하려고 하는 노력하는 것을 의미한다.

04 가상적 목표

개인의 궁극적인 목적은 현실에서 검증하거나 확인할 수 없는 것으로 불가능한 목적이다.

05 사회적 관심

자신이 속한 사회에 대한 소속감, 타인에 대한 감정이입 등과 같이 공동의 목적을 이루기 위해 실행하는 노력을 의미한다.

06 창조적 자아

인간은 스스로 자신의 삶을 만들 수 있는 능력과 자유를 가진 존재로, 인생의 목표를 추구하는 방법을 결정한다.

학습 가이드

1. 아들러는 다른 정신분석 이론가들과 달리 발달단계를 제시하지 않았다는 것을 기억해야 합니다.
2. 아들러의 개념뿐 아니라 출생순위와 생활양식에 대한 내용을 기억해야 합니다.

인간은 우월성 추구를 통해 열등감을 이겨내고 보상을 받게 됩니다.

07 생활양식

개인이 살아가면서 자신만이 가지고 있는 습관, 행동, 해석, 태도 등을 의미하며 5세까지 발달되고 시간이 지나면 생활양식은 변하지 않는다. 생활양식은 지배형, 획득형, 회피형, 사회적 유용형으로 나뉜다.

유형	활동수준	사회적 관심	특징
지배형	높음	낮음	사회적 인식이나 관심이 거의 없다.
획득형	중간	낮음	다른 사람에게 의존하여 욕구를 충족한다.
회피형	낮음	낮음	실패를 두려워하여 인생과업으로부터 도피한다.
사회적 유용형	높음	높음	자신과 타인의 욕구를 충족시키고 과업을 달성하기 위해 타인과 협력한다.

08 출생순위

첫째 자녀	• 부모의 사랑을 혼자 독차지하고 동생이 태어나면서 부모의 사랑이 줄어들어 폐위된 왕이나 쫓겨난 황제에 비유한다. • 동생보다 권위에 대해 확실히 인지하고 규칙이나 규범을 중요시한다.
중간 자녀	• 손위 형제를 이기기 위해 자신을 훈련시켜 경쟁심이 강하다. • 어렸을 때부터 형을 이겨야 한다는 부담감으로 인한 노력으로 성공한 사람이 많다.
막내 자녀	• 부모의 사랑과 관심을 독차지하며 동생이 없기에 사랑을 빼앗기는 경험을 하지 않는다. • 자신보다 힘이 센 형제들과 함께 있어 독립심이 부족할 수 있고 열등감을 경험하기가 쉽다.
외동 자녀	• 의존성이 강하고 다른 형제와 경쟁을 한 적이 없기에 자기중심적이다. • 받는 것에 익숙하고 관심을 받지 못할 경우에는 대인관계에 어려움이 생길 수 있다.

핵심문제

01 아들러(A. Adler)의 개인심리이론에 관한 설명으로 옳지 않은 것은? [20회]

① 지배형 생활양식은 사회적 관심은 낮으나 활동수준이 높은 유형이다.
② 개인이 궁극적으로 추구하는 목적은 가상적 목표이다.
③ 인간은 목적론적 존재이다.
④ 아동에 대한 방임은 병적 열등감을 초래할 수 있다.
⑤ 사회적 관심은 선천적으로 타고나는 것이어서 의식적인 개발과 교육이 필요하지 않다.

정답 ⑤

해설 사회적 관심은 의식적인 개발과 교육이 필요하다. 사회적 관심은 자신이 속한 사회에 대한 소속감, 타인에 대한 감정이입 등과 같이 공동의 목적을 이루기 위해 실행하는 노력을 의미하며, 인간은 자신의 이익을 포기해서라도 사회적 이익을 얻기 위해 노력하는 본능이 있다고 믿었다. 특히 사회적 관심은 선천적으로 타고나지만 어머니와 학교교육, 아동기의 경험을 통해서 후천적으로도 발달할 수 있다.

02 아들러(A. Adler)의 이론에 관한 설명으로 옳은 것은? [22회]

① 성격은 점성원리에 따라 발달한다.
② 개인의 창조성을 부정한다.
③ 무의식적 결정론을 고수하고 있다.
④ 유전적 · 환경적 요인의 중요성을 배제한다.
⑤ 인간을 목표지향적 존재로 본다.

정답 ⑤

해설 아들러(A. Adler)는 우월에 대한 추구(인간이 목적을 갖게 하는 동기)의 개념을 주장하면서 목표지향적 존재로 보았다.
① 점성원리는 에릭슨(E. Erikson)의 개념이다.
② 아들러는 개인의 창조성을 긍정한다. 아들러(A. Adler)의 개념 중 창조적 자아는 환경, 경험, 지각 등으로 인하여 스스로 자신의 삶을 만들 수 있는 능력이 있으며 자유가 있는 존재이다.
③ 무의식적 결정론을 고수하고 있는 학자는 프로이트(S. Freud)이다.
④ 아들러는 인간의 성격형성에 영향을 주는 것으로 생활양식과 출생순위 등을 주장하면서 유전적 · 환경적 요인의 중요성을 인정한다.

KEYWORD 08 융의 분석심리이론 11 12 13 15 16 17 18 19 20 21 22

01 기본가정

① 인간의 정신 또는 성격은 부분들의 집합이 아니라 하나의 전체이다.
② 인간의 행동은 무의식과 의식의 상반되는 두 힘에 의해 동기화된다.
③ 인간의 행동은 과거에 영향을 받지만 미래와 가능성에 의해 조정된다.

 학습 가이드

1. 융의 기본가정뿐 아니라 개념의 다양한 기법들을 알고 있어야 합니다.

2. 프로이트의 기본 개념과 비슷한 무의식과 리비도의 차이점을 알고 있어야 합니다.
3. 아니마와 아니무스가 자주 바뀌어 출제되고 있습니다.

④ 인간은 선천적인 것을 표현하지만 시간이 흐를수록 후천적 경험에 의해 다르게 나타난다.

⑤ 개인은 독립되어 있는 존재가 아니라 역사적으로 연결되어 있다.

02 원형

인류 역사를 물려받은 정신으로 집단 무의식을 구성하고 보편적으로 존재하는 인류의 가장 원초적인 행동유형이다. 대표적인 원형으로는 페르소나, 음영, 아니마, 아니무스가 있다.

03 페르소나

외부에 보여지는 자신으로 개인이 사회에 보이는 얼굴이다.

04 음영

인간이 가지고 있는 어둡고 사악한 측면을 의미하고 자기와 반대로 부정적인 의미를 포함한다.

05 아니마

남성의 여성적인 측면을 의미한다.

06 아니무스

여성의 남성적인 측면을 의미한다.

07 자기

성격의 모든 요소들이 전체를 이루려는 무의식적 원형이다.

08 자아

의식의 중심부에 있으면서 의식을 지배하는 것으로 인간의 외부와 내부에 연결된다. 자기 자신에 대한 의식뿐 아니라 외부에 대한 지각도 포함된다.

09 개인무의식

과거의 경험을 바로 의식할 수는 없지만 노력하면 의식할 수 있다.

10 집단무의식

개인의 경험이나 기억에 의해 형성되는 것이 아니기 때문에 의식화할 수 없으나 모든 인간의 공통된 오랜 경험에서 형성된 잠재적 이미지의 저장고이다. 신화나 민속, 예술을 통해 확인이 가능하지만 직접적으로 의식되지는 않는다.

11 리비도

인생 전반에 작용하는 생활 에너지를 의미한다.

12 콤플렉스

여러 감정으로 이루어진 무의식 속의 관념덩어리이다.

13 개성화

한 개인의 의식이 다른 사람으로부터 분리되는 것으로 무의식적인 내용을 의식화하는 과정이다.

14 프로이트와의 차이점

구분	프로이트	융
발달단계	청소년기까지 5단계로 구성	노년기까지 4단계로 구성
리비도	성 에너지	생활 에너지
본능	성적, 공격적 본능	종교, 역사, 문화적 배경
발달	어린시절의 경험	전 생애에 걸친 후천적 변화
정신세계	무의식, 전의식, 의식	의식, 무의식(개인, 집단)

TIP

- 의식과 무의식을 구분한 학자는 프로이트와 융입니다. 융은 무의식을 개인무의식과 집단무의식으로 구분하였고 프로이트는 무의식과 전의식, 의식으로 구분하였습니다.
- 리비도를 주장한 학자는 프로이트와 융입니다. 융은 리비도를 생활 에너지로, 프로이트는 리비도를 성 에너지로 구분하였습니다.

핵심문제

01 융(C. Jung)의 이론으로 옳은 것을 모두 고른 것은? [21회]

ㄱ. 무의식을 개인무의식과 집단무의식으로 구분하였다.
ㄴ. 그림자(Shadow)는 인간에게 있는 동물적 본성을 포함하는 부정적인 측면이다.
ㄷ. 페르소나(Persona)는 개인이 외부세계에 보여주는 이미지 혹은 가면이다.
ㄹ. 남성의 여성적 면은 아니무스(Animus), 여성의 남성적 면은 아니마(Anima)이다.

① ㄱ, ㄴ
② ㄷ, ㄹ
③ ㄱ, ㄴ, ㄷ
④ ㄱ, ㄴ, ㄹ
⑤ ㄱ, ㄴ, ㄷ, ㄹ

정답 ③

해설 아니무스는 여성의 남성성을 의미하고, 아니마는 남성의 여성성을 의미한다.

02 융(C. Jung)의 이론에 관한 설명으로 옳은 것은? [22회]

① 정신분석(Psychoanalysis)이론이라 불린다.
② 사회적 관심과 활동수준을 기준으로 심리적 유형을 8가지로 구분하였다.
③ 발달단계에 관하여 언급하지 않았다는 특징을 지니고 있다.
④ 개성화(Iindividuation)를 통한 자기실현과정을 중요시하였다.
⑤ 성격형성에 있어서 창조적 자기(Creative Self)의 역할을 강조하였다.

정답 ④

해설 ① 정신분석(Psychoanalysis)이론은 프로이트(S. Freud)의 이론이다. 융(C. Jung)의 이론은 분석심리이론이다.
② 사회적 관심과 활동수준을 기준으로 심리적 유형을 자아의 태도(외향성, 내향성)와 자아의 기능(사고형, 감정형, 감각형, 직관형) 6가지로 구분하였다.
③ 아동기, 청년기, 중년기, 노년기로 발달단계를 구분하였다.
⑤ 성격형성에 있어서 창조적 자기(Creative Self)의 역할을 강조한 학자는 아들러(A. Adler)이다.

3 행동주의이론

KEYWORD 09 스키너의 행동주의이론 9 10 11 12 13 14 15 19 20 21 22 23

학습 가이드

1. 스키너는 환경을 조작하면 인간의 행동을 변화시킬 수 있다고 생각하고 조작적 조건화를 주장하였습니다.
2. 강화와 처벌, 강화계획의 개념이 중요합니다.

01 특징

① 인간행동은 내적 충동보다 외적 자극에 의해 동기화된다.
② 인간행동은 환경적 자극에 의해 동기화된다.
③ 인간행동은 결과에 따른 보상 혹은 처벌에 의해 유지된다.
④ 인간행동은 학습될 수도, 학습에 의해 수정될 수도 있다.

02 조작적 조건화

사람이 원하는 결과를 얻기 위해 스스로 행동하는 능동적인 반응으로 결과에 의해 인간의 행동이 변하는 것이다.

03 강화

바람직한 행동을 증가시키기 위한 방법이다.

① **정적 강화** : 좋아하는 것을 주어 바람직한 행동을 증가시키는 것
예 동생과 놀아줌(행동) → 용돈을 받음(자극) → 동생과 더 잘 놀아줌(증가)

② **부적 강화** : 싫어하는 것을 없애서 바람직한 행동을 증가시키는 것

예 동생과 놀아줌(행동) → 청소를 면제함(자극) → 동생과 더 잘 놀아줌(증가)

04 처벌

바람직하지 못한 행동을 감소시키기 위한 방법이다.

① **정적 처벌** : 싫어하는 것을 주어 바람직하지 못한 행동을 감소시키는 것

예 (컴퓨터 게임에 중독된 아이가) 게임을 함(행동) → 청소를 시킴(자극) → 게임을 더 하지 않음(감소)

② **부적 처벌** : 좋아하는 것을 뺏어 바람직하지 못한 행동을 감소시키는 것

예 (컴퓨터 게임에 중독된 아이가) 게임을 함(행동) → 용돈을 줄임(자극) → 게임을 더 하지 않음(감소)

05 강화계획

조작적 행동을 습득한 후에 그 상태를 유지할 수 있도록 강화물을 제시하는 빈도와 간격의 조건을 나타내는 규칙이다.

① **고정간격 강화계획** : 정해진 시간이 지난 후 강화를 주는 것이다.

예 월급이나 주급을 주는 것

② **고정비율 강화계획** : 정해진 횟수에 강화를 주는 것이다.

예 근로자에게 작업이 끝나고 성과급을 주는 것

③ **가변간격 강화계획** : 일정한 시간 안에서 시간을 다르게 하여 강화를 주는 것이다.

예 1년에 시험을 4번 본다면 1학기 중간, 기말, 2학기 중간, 기말이 아니라 시험을 5월 4일, 9월 5일, 10월 30일, 11월 20일처럼 날짜는 선생님 마음대로 정하는 것

④ **가변비율 강화계획** : 평균적으로 정해진 시간이 지난 후에 강화를 주는 것이다.

예 영업사원에게 대략 20개의 물건을 팔면 보상을 주기로 하고 18개, 19개, 21개, 22개를 팔았을 때 보상을 주는 것

고정간격 강화계획<가변간격 강화계획<고정비율 강화계획<가변비율 강화계획 순으로 지속성이 높습니다.

핵심문제

01 스키너(B. Skinner)의 조작적 조건형성을 위한 강화계획 중 '가변(변동)간격 강화'에 해당하는 사례는? [20회]

① 정시 출근한 아르바이트생에게 매주 추가수당을 지급하여 정시 출근을 유도한다.
② 어린이집에서 어린이가 규칙을 지킬 때마다 바로 칭찬해서 규칙을 지키는 행동이 늘어나도록 한다.
③ 수강생이 평균 10회 출석할 경우 상품을 1개 지급하되, 출석 5회 이상 15회 이내에서 무작위로 지급하여 성실한 출석을 유도한다.
④ 영업사원이 판매 목표를 10%씩 초과 달성할 때마다 초과 달성분의 3%를 성과급으로 지급하여 의욕을 고취한다.
⑤ 1년에 6회 자체 소방안전 점검을 하되, 불시에 실시하여 소방안전 관리를 철저히 하도록 장려한다.

정답 ⑤

해설 ①은 고정비율 강화계획이다.
②는 연속적 강화이다.
③은 가변비율 강화계획이다.
④는 고정비율 강화계획이다.

02 스키너(B. Skinner)의 이론에 관한 설명으로 옳지 않은 것은? [22회]

① 강화계획 중 반응률이 가장 높은 것은 가변비율(Variable-ratio) 계획이다.
② 정적 강화물의 예시로 음식, 돈, 칭찬 등을 들 수 있다.
③ 인간행동은 예측가능하며 통제될 수 있다고 본다.
④ 인간의 창조성과 자아실현을 강조한다.
⑤ 부적 강화는 바람직한 행동의 빈도를 증가시키는 데 초점을 둔다.

 ④

해설 스키너(B. Skinner)는 인간행동은 환경의 자극에 의해 동기화되고, 행동에 따르는 강화에 의해 전적으로 결정된다고 보아 환경의 영향이 중요하다고 생각하였다. 인간의 창조성과 자아실현을 강조한 학자는 로저스(C. Rogers)이다.

KEYWORD 10 반두라의 사회학습이론 9 11 13 14 16 17 18 19 21 22

 **학습 가이드**

1. 반두라의 관찰학습이 시험에 자주 출제되고 있으므로 관찰학습과정을 꼭 암기해야 합니다.
2. 자기효능감의 형성요인과 같이 변형문제가 출제되는 만큼 이론에서 파생되는 문제도 대처해야 합니다.

01 특징

① 내적 사건과 외적 환경자극이 상호작용하여 인간의 행동이 결정된다.
② 상호결정론
기질적 요인들과 상황적 요인들이 상호 의존하여 행동의 원인이 되는 것으로 환경자극뿐만 아니라 신념, 기대와 같은 요인도 인간의 행동방식에 영향을 준다.

02 모방

자신이 직접 경험하지 않고도 타인의 행동으로 인하여 변화할 수 있는 것이다.

03 자기효능감

자신의 행동을 책임지거나 통제할 수 있다고 믿는 믿음으로 성취경험, 대리경험, 언어적 설득, 정서적 각성에 의해 형성된다.

04 관찰학습과정

주의집중과정		기억과정		운동재생과정		동기화과정
모방하기 위해서는 보는 것으로는 부족하여 모델에게 주의나 관심을 집중	⇨	모델로부터 배운 것을 장기간 기억	⇨	기억을 행동으로 전환	⇨	동기부여가 되면 모델의 행동을 수행

TIP
관찰학습과정 중 기억과정은 보존과정과 같은 의미입니다.

핵심문제

01 반두라(A. Bandura)의 사회학습이론의 주요 개념으로 옳지 않은 것은? [21회]

① 모델이 관찰자와 유사할 때 관찰자는 모델을 더욱 모방하는 경향이 있다.
② 자신이 통제할 수 있는 보상을 자신에게 줌으로써 자기 행동을 유지시키거나 개선시킬 수 있다.
③ 학습은 사람, 환경 및 행동의 상호작용에 의해 이루어짐을 강조한다.
④ 조작적 조건화에 의해 행동은 습득된다.
⑤ 관찰학습은 주의집중과정 → 보존과정(기억과정) → 운동재생과정 → 동기화과정을 통해 이루어진다.

정답 ④

해설 조작적 조건화(조건형성)는 스키너의 이론이다. 반두라의 사회학습이론은 대리적 조건화(조건형성)로 불린다.

02 반두라(A. Bandura)의 이론에 관한 설명으로 옳은 것을 모두 고른 것은? [22회]

ㄱ. 개인의 신념, 기대와 같은 인지적 요인을 중요시하였다.
ㄴ. 대리적 강화(Vicarious Reinforcement)의 중요성을 강조하였다.
ㄷ. 자기효능감을 높이는 가장 효과적인 방법으로 대리적 경험을 제시하였다.
ㄹ. 외부로부터 주어지는 강화의 중요성을 강조하는 자기강화(Self Reinforcement)의 개념을 제시하였다.

① ㄱ
② ㄴ
③ ㄱ, ㄴ
④ ㄴ, ㄷ, ㄹ
⑤ ㄱ, ㄴ, ㄷ, ㄹ

정답 ③

해설 ㄷ. 반두라는 자기효능감을 높이는 방법으로 직접적 성취경험, 대리적 경험, 언어적 설득, 정서적 각성 등을 제시하였고, 가장 효과적인 방법으로 직접적 성취경험을 제시하였다.
ㄹ. 자기강화는 자신이 통제할 수 있는 보상을 자기 스스로에게 줌으로써 자신의 행동을 유지하거나 변화시키는 과정을 의미하는 것으로 외부로부터 주어지는 강화가 아니라 내적인 행동평가 기준을 갖는다.

4 인지이론

KEYWORD 11 피아제의 인지발달이론 9 10 11 12 13 14 15 16 18 19 20 21 22 23

 학습 가이드

1. 인간 발달단계인 유아기(전조작기), 아동기(구체적 조작기), 청소년기(형식적 조작기)의 내용과 중복되므로 꼭 암기해야 합니다.
2. 전조작기의 타율적 도덕성과 자아중심성, 구체적 조작기의 자율적 도덕성과 탈중심화와 같이 비교될 수 있는 내용이 많으므로 명확히 구분할 수 있어야 합니다.

인지능력

사람들에게 마음으로 무엇인가를 하게 만드는 인간의 모든 성격 또는 특성을 말한다.

01 특징

① 인간은 환경에 능동적으로 적응하는 존재이다.
② 인지발달은 개인과 환경의 상호작용에서 이루어지는 적응과정이다.
③ 인지발달은 동화기제와 조절기제를 활용하여 환경에 적응하는 것이다.
④ 의사결정과정에서의 의식적인 사고과정을 중요시한다.
⑤ 아동은 능동적인 학습자로서, 성인의 직접적인 가르침 없이도 인지구조가 발달한다.

02 도식

외부의 사물을 인지하고 대응하기 위해 사용하는 기본적인 반응의 틀이다.

03 적응

감각에 주어지는 환경의 정보를 수동적으로 받아들이기보다는 능동적으로 선택하고 해석하여 자신의 지식으로 받아들이고 자신의 환경을 조절하는 능력이다.

04 동화

이미 경험이나 학습 통하여 형성되어 있는 도식에 맞게 새로운 개념을 이해하는 것이다.

05 조절

기존의 도식으로 새로운 개념이 이해되지 않을 때 도식을 변화시켜 이해하는 것이다.

06 평형화

동화와 조절의 균형을 이루는 것으로 인간은 새로운 경험을 할 경우 불평등한 상태가 될 때 평형상태가 되기 위해 노력한다.

07 조직화

기존의 도식을 새롭게 하거나 비슷한 도식들과 결합하여 좀 더 복잡한 도식으로 변화시킨다.

08 인지발달단계

단계	특징
감각 운동기	• 순환반응 : 빨기, 잡기 등과 같은 감각운동 행동의 반복을 의미한다. • 학습되지 않은 반사로 인하여 환경에 적응한다. • 대상영속성을 확립하는 시기이다. • 반사활동기 → 1차 순환반응 → 2차 순환반응 → 2차 도식의 반응 → 3차 순환반응 → 상징적 표상
전 조작기	• 타율적 도덕성 : 자신 스스로 도덕을 지키는 것이 아니라 타인에 의해 규칙을 지키는 것이다. • 물활론 : 인형에게 먹을 것을 주는 것처럼 모든 사물에는 생명이 있다고 믿고 생명이 없는 것에는 생명을 부여하는 것이다. • 중심화 : 여러 가지 상황에 집중하지 하지 못하고 한 가지 상황에만 집중하여 다른 상황을 무시하는 것이다. • 인공론적 사고 : 사람의 필요에 의해서 세상의 모든 사물들을 만들었다고 믿는 것이다. • 목적론적 사고 : 이 세상에 존재하고 있는 모든 것에 대한 존재의 이유를 찾으려고 하는 것이다. • 자아중심성 : 자신과 타인을 구별하지 못하는 것이다. • 비가역성 : 한쪽으로만 생각할 수 있는 것이다.
구체적 조작기	• 보존의 개념을 획득하여 비논리적인 사고에서 논리적인 사고를 한다. • 동일성 : 더하거나 빼지 않으면 그 본래의 양은 같다는 것이다. • 가역성 : 변화된 물체가 변화된 과정으로 되돌아간다면 예전의 상태로 돌아간다는 것이다. • 보상성 : 크기가 커지거나 높이가 낮아지더라도 본래의 양은 변하지 않는 것을 의미한다. • 서열화 : 많은 종류의 사물을 큰 순서대로 또는 작은 순서대로 크기에 맞게 분류할 수 있는 능력이다. • 탈중심화 : 중심에서 벗어나 다른 면도 고려할 수 있는 능력이다. • 유목화(분류화) : 사물의 특성이 비슷한 것끼리 분류할 수 있는 능력이다. • 자율적 도덕성 : 행동을 하는 데 있어 행동의 결과가 좋은지 나쁜지보다는 행동의 의도가 좋은지 아니면 나쁜지에 따라 달라지는 것이다.
형식적 조작기	• 가설설정이 가능해지고 미래사건에 대해 예측이 가능하다. • 조합적 사고 : 어떤 문제에 직면하면 해결하기 위해 모든 해결책을 동원해 문제를 해결할 수 있는 능력이다. • 가설 연역 추리 : 어떤 문제에 대하여 가설을 설정하고 검증하여 일반적인 원리를 바탕으로 특수한 원리를 논리적으로 이끌어내는 능력이다. • 추상적 사고 : 추상적 개념을 이용하여 논리적인 사고를 할 수 있는 능력이다.

TIP
- 감각운동기 시기에는 대상 연속성이 발달하지 못해 눈에 보이지 않으면 없는 것으로 인지합니다.
- 전조작기 시기에는 자아중심성이 발달하여 모든 것을 자신의 입장에서 생각하고 행동합니다.

핵심문제

01 피아제(J. Piaget)의 인지발달이론에 관한 설명으로 옳은 것은? [21회]

① 전 생애의 인지발달을 다루고 있다.
② 문화적 · 사회경제적 · 인종적 차이를 고려하였다.
③ 추상적 사고의 확립은 구체적 조작기의 특징이다.
④ 인지는 동화와 조절의 과정을 통하여 발달한다.
⑤ 전조작적 사고 단계에서 보존개념이 획득된다.

정답 ④

해설 ① 전 생애의 인지발달을 다루고 있지 않다. 감각운동기, 전조작기, 구체적 조작기, 형식적 조작기 시기로 구분하면서 청소년기까지의 인지발달 단계를 다루고 있다.
② 문화적 · 사회 경제적 · 인종적 차이를 고려하지 않고 모든 인간은 동일한 인지발달 단계를 거친다고 주장하였다.
③ 실제로 경험할 수 없는 사건을 머리로 생각할 수 있는 추상적 사고의 확립은 형식적 조작기의 특징이다.
⑤ 동일성, 가역성, 보상성의 원리를 이해하는 보존개념은 구체적 조작기에 획득된다.

02 피아제(J. Piaget)의 이론에 관한 설명으로 옳지 않은 것은? [22회]

① 인간은 자신과 환경 사이에 조화로운 관계인 평형화(Equilibration)를 이루고자 하는 경향성이 있다.
② 감각운동기에 대상영속성(Object Permanence)을 획득한다.
③ 조절(Accommodation)은 새로운 정보를 접했을 때 기존의 도식을 변경하는 것을 말한다.
④ 구체적 조작기에는 추상적 사고가 가능해진다.
⑤ 보존(Conservation) 개념 획득을 위해서는 동일성, 가역성, 보상성의 원리를 이해해야 한다.

정답 ④

해설 구체적 조작기(7~11세)는 보존의 개념을 획득하여 비논리적인 사고에서 논리적인 사고를 할 수 있게 되는 시기이다. 추상적 개념을 이용하여 논리적인 사고를 할 수 있는 능력인 추상적 사고는 형식적 조작기(12세~성인)에 가능하다.

KEYWORD 12 콜버그의 도덕성 발달이론 11 12 13 17 20 23

학습 가이드

도덕성 발달단계의 특성을 물어보는 문제가 자주 출제되고 있으므로 개념을 잘 정리해 두어야 합니다.

01 도덕성 발달단계

전인습적 수준	1단계 벌과 복종지향	칭찬을 받는지 아니면 벌을 받는지에 따라 행동 여부가 결정되고 착한 행동을 하면 칭찬을 받고 나쁜 행동을 하면 벌을 받을 것이라는 논리이다.
	2단계 욕구충족수단	욕구가 충족이 되는가에 목적을 두고 이익이 생긴다면 옳은 행동이고 이익이 생기지 않는다면 잘못된 행동이라고 생각하고 이익에 따라 행동의 옳고 그름이 결정된다.

인습적 수준	3단계 대인관계 조화	자신과 가까운 사람들에게 인정받으려고 노력한다.
	4단계 법과 질서 지향	정상적인 사회가 유지되기 위해서는 사회규범을 준수하고 법을 잘 지켜야 한다고 생각한다.
후인습적 수준	5단계 사회계약 지향	개인의 가치와 권리가 중요하므로 현재 사회의 모든 법이 정의롭지 않다는 것을 알고 있다.
	6단계 보편적 원리	사회의 법보다 사람이 느끼는 양심의 가책을 더욱 중요하게 생각한다.

TIP

콜버그는 피아제의 타율적 도덕성과 자율적 도덕성을 토대로 도덕성 발달단계를 6단계로 구성합니다.

02 콜버그 이론의 평가

① 도덕적 사고와 도덕적 행동 간에 불일치한다.
② 여성이 남성보다 도덕수준이 낮다는 성차별적 관점을 가진다.
③ 모든 문화권에 보편적으로 적용하기에는 한계가 있다.
④ 남성만을 연구대상으로 삼은 한계가 있다.
⑤ 도덕적 행동에 영향을 미치는 여러 상황적 요인을 고려하지 않았다.
⑥ 상황에 따라 도덕적 퇴행 현상이 나타난다.

핵심문제

01 콜버그의 후인습적 수준의 도덕성에 관한 설명으로 옳은 것은? [17회]

① 일반윤리에 의해 자신의 이익에 따라 행동을 판단한다.
② 개인 상호 간 대인관계의 조화를 바탕으로 행동한다.
③ 인간의 존엄성과 양심에 따라 자율적이고 독립적 판단이 가능하다.
④ 타인중심에서 벗어나 개인의 욕구충족을 위해 행동한다.
⑤ 도덕적으로 옳고 법적으로도 타당할 때 충족된다.

정답 ③

해설 ① 일반윤리에 의해 자신의 이익에 따라 행동을 판단하는 단계는 욕구충족수단 단계이다.
② 개인 상호 간 대인관계의 조화를 바탕으로 행동하는 단계는 대인관계 조화 단계이다.
④ 타인중심에서 벗어나 개인의 욕구충족을 위해 행동하는 단계는 욕구충족수단 단계이다.
⑤ 도덕적으로 옳고 법적으로도 타당할 때 충족되는 단계는 법과 질서 지향 단계이다.

02 콜버그(L. Kohlberg)의 도덕성 발달이론에 관한 설명으로 옳지 않은 것은? [20회]

① 법과 질서 지향 단계는 인습적 수준에 해당한다.
② 피아제(J. Piaget)의 도덕성 발달이론에 기초를 제공하였다.
③ 전인습적 수준에서는 행동의 원인보다 결과에 따라 옳고 그름을 판단한다.
④ 보편적 윤리 지향 단계에서는 정의, 평등 등 인권적 가치와 양심적 행위를 지향한다.
⑤ 도덕적 딜레마가 포함된 이야기를 아동, 청소년 등에게 들려주고, 이야기 속 주인공의 행동에 대한 도덕적 판단과 그 근거를 질문한 후 그 응답에 따라 도덕성 발달단계를 파악하였다.

정답 ②

해설 피아제(J. Piaget)의 도덕성 발달이론에 기초를 제공한 것이 아니라 피아제의 타율적 도덕성과 자율적 도덕성에 영향을 받아 성인기까지 발전시켰다.

5 인본주의이론

KEYWORD 13 로저스의 현상학이론 10 11 12 14 15 18 19 20 21 22 23

학습 가이드

인간에 대한 기본가정이나 현상학이론의 특징, 주요개념이 시험에 자주 출제되고 있습니다.

인본주의이론은 프로이트의 정신분석이론에 반대하여 만들어진 이론입니다.

01 주요개념

① **무조건적 긍정** : 타인에 대하여 아무런 조건 없이 있는 그대로 수용하거나 받아들이는 것이다.
② **자기실현 경향성** : 인간이 자신의 능력을 유지하거나 개발하려고 노력하고 더 능력있는 사람이 되려고 하는 경향이다.
③ **자기** : 개인의 경험 전체에서 부분화된 부분으로 자기 스스로 자신이 누구인가 인식하는 것이다.
④ **현상학적 장** : 개인이 체험하는 주관적 세계를 의식하는 것으로 과거의 행동에 대한 현재의 해석이 개인의 행동을 좌우한다.

02 인간은 기본적으로 신뢰할 수 있으며 개인은 같은 일을 겪더라도 자신의 틀에 근거하여 세계를 이해한다.

03 인간은 자아실현을 위한 잠재력이 있다.

04 인간의 중요성이 강조되면서 사회복지사와 클라이언트의 관계를 중요시한다.

 로저스가 주장하는 클라이언트와의 관계형성

- 일치성 또는 진실성
- 감정이입적 이해와 경청
- 무조건적인 긍정적 관심

05 인간의 자아실현의 경향과 긍정적인 측면을 강조한다.

06 인간은 자유의지를 가진 잠재력 실현을 할 수 있는 존재이다.

07 인간의 주관적인 경험을 존경하고, 선택권을 부여하는 것이다.

08 '지금–여기'에 초점을 둔다.

TIP
인본주의이론에는 긍정적인 내용, 미래지향적인 내용, 주관적인 내용이 포함됩니다.

핵심문제

01 로저스(C. Rogers)의 인본주의이론에 관한 설명으로 옳은 것을 모두 고른 것은? [21회]

ㄱ. 인간의 주관적 경험을 강조한다.
ㄴ. 인간은 자아실현경향을 가지고 있다.
ㄷ. 인간의 욕구발달단계를 제시했다.
ㄹ. 완전히 기능하는 사람은 자신의 경험에 개방적이다.

① ㄱ, ㄹ
② ㄴ, ㄷ
③ ㄱ, ㄴ, ㄹ
④ ㄴ, ㄷ, ㄹ
⑤ ㄱ, ㄴ, ㄷ, ㄹ

정답 ③

해설 로저스는 인간의 욕구 발달(위계)단계를 제시하지 않았다. 욕구 발달(위계)단계를 제시한 학자는 매슬로우이다.

02 로저스(C. Rogers) 이론에 관한 설명으로 옳지 않은 것은? [22회]

① 개인의 잠재력 실현을 위하여 조건적 긍정적 관심의 제공이 중요함을 강조하였다.
② 자기실현을 완성하는 사람의 특성을 완전히 기능하는 사람(Fully Functioning Person)이라는 용어로 제시하였다.
③ 클라이언트에 대한 공감적 이해의 중요성을 강조하였다.
④ 주관적이고 사적인 경험 세계를 강조하였다.
⑤ 인간을 긍정적이며 창조적인 존재로 보았다.

정답 ①

해설 로저스(C. Rogers)는 개인의 잠재력 실현을 위해서 무조건적 긍정적 관심을 주장하였다. 무조건적 긍정적 관심은 타인에 대하여 아무런 조건 없이 있는 그대로 수용하거나 받아들이는 것을 의미한다.

KEYWORD 14 매슬로우의 욕구위계이론 9 10 11 13 14 15 18 19 20 21 23

학습 가이드

1. 매슬로우에 대한 기본적인 개념과 특징을 암기하는 것이 중요합니다.
2. 욕구위계이론의 특징과 인간에 대한 기본과정, 욕구위계를 암기한다면 고득점이 가능합니다.

01 인간의 본성은 선하며 나쁜 환경의 영향에 의해 악하고 파괴적인 성격으로 변한다.

02 인간은 통합된 전체이며 본성은 창조성이다.

03 인간은 선천적으로 자기실현 욕구와 자신을 개발하려는 욕구를 가진다.

04 소수의 인간만 자아실현을 하고 인간의 본성은 선하고 긍정적이다.

05 하위욕구가 실현되어야 상위욕구가 나타난다.

06 욕구충족이 되면 역기능적 문제점들이 회복된다.

07 욕구를 해결하기 위해서 자신이 성장할 수 있도록 동기부여를 한다.

08 욕구위계단계

생리적 욕구	인간의 가장 기본적인 욕구
안전의 욕구	자신의 보호를 의미하며 불안, 공포에서 벗어나고 싶은 욕구
소속과 사랑의 욕구	타인으로부터 사랑을 받고 싶고 소속감을 갖고 싶은 욕구
자존감(존경)의 욕구	사회생활을 통해 명예, 권력, 물질 등의 획득으로 자신의 만족감뿐 아니라 타인으로부터 존경을 받고 싶은 욕구
자기실현의 욕구	어린 시절 원하던 꿈을 이루려는 욕구

09 욕구위계의 특징

① 욕구위계에서 하위에 있는 욕구가 더 강하고 우선적이다.
② 생리적 욕구는 인간의 모든 동기 가운데 가장 강력한 동기이다.
③ 상위욕구는 하위욕구가 일정 부분 충족되었을 때 나타난다.
④ 상위욕구는 전 생애 발달과정에서 후반에 점차 나타난다.
⑤ 상위욕구의 만족은 지연될 수 있다.
⑥ 하위욕구는 생존에 필요하고 상위욕구는 성장에 필요하다.
⑦ 욕구위계 5단계의 다섯 가지 욕구는 동시에 일어날 수 없다고 전제한다.
⑧ 욕구를 충족시키기 위한 행동은 학습에 의한 것이며, 사람마다 차이가 나타난다.

매슬로우와 로저스는 모두 인본주의 학자로 내용이 비슷하므로 매슬로우와 로저스의 이론을 구분할 수 있어야 합니다.

핵심문제

01 매슬로우(A. Maslow)의 이론에 관한 설명으로 옳은 것은? [20회]

① 대부분의 사람들이 자아실현의 욕구를 달성한다.
② 자존감의 욕구는 소속과 사랑의 욕구보다 상위단계의 욕구이다.
③ 인간본성에 대해 비관적인 태도를 갖고 있다.
④ 인간의 성격은 환경에 의해 수동적으로 결정된다.
⑤ 무조건적인 긍정적 관심을 강조하였다.

정답 ②

해설 ① 자아실현의 욕구를 달성하는 사람들은 소수의 사람이다.
③ 인간본성에 대해 선하고, 긍정적인 태도를 갖고 있다.
④ 인간의 성격은 환경에 의해 수동적으로 결정된다고 한 학자는 스키너이다.
⑤ 무조건적인 긍정적 관심을 강조한 학자는 로저스이다.

02 매슬로우(A. Maslow)의 이론으로 옳지 않은 것은? [21회]

① 인간에 대해 희망적이고 낙관적인 관점을 갖는다.
② 자아존중감의 욕구는 욕구위계에서 가장 높은 단계이다.
③ 일반적으로 욕구위계 서열이 높을수록 욕구의 강도가 낮다.
④ 인간은 삶을 유지하려는 동기와 삶을 창조하려는 동기를 가진다.
⑤ 인간은 자아실현을 이루려고 노력하는 존재이다.

정답 ②

해설 매슬로우는 인간을 원래 선한 존재로 인식하면서 자유롭고 자율적이며 합리적이고 창조적인 존재로 보았다. 매슬로우의 욕구 단계는 생리적 욕구, 안전의 욕구, 사랑과 소속의 욕구, 존경(자존감)의 욕구, 자아실현의 욕구 순이다. 하위 욕구가 더 중요하고 하위단계의 욕구가 충족되어야 상위욕구로 올라간다.

6 학자별 통합이론

KEYWORD 15 학자별 통합이론 9 10 11 12 13 14 16 18 20 23

01 정신역동이론

① 프로이트 – 정신분석이론
㉠ 구강기 → 항문기 → 남근기 → 잠복기 → 생식기
㉡ 원초아, 자아, 초자아, 무의식, 의식, 전의식

학습 가이드

인간행동과 사회환경에서 나오는 학자들의 기법과 이론을 물어보는 문제로 학자들의 전체적인 내용을 알고 있어야 하고 기법과 이론을 대입할 수 있어야 합니다.

② 안나 프로이트 – 방어기제이론

승화, 합리화, 억압, 전치, 동일시, 퇴행, 격리, 반동형성, 취소, 내면화, 투사, 부정 등

③ 에릭슨 – 심리사회이론

영아기 → 유아기 → 아동전기 → 아동기 → 청소년기 → 성인초기 → 중년기 → 노년기

④ 아들러 – 개인심리이론

자아의 창조적 힘, 열등감과 보상, 우월을 향한 노력

⑤ 융 – 분석심리이론

㉠ 리비도(영적인 특질을 가진 창조적 생명력), 자기

㉡ 콤플렉스, 페르소나, 아니마, 아니무스, 음영, 원형

02 행동주의이론

① 스키너 – 행동주의이론

외적 자극에 의한 동기화, 보상과 처벌, 강화, 조작적 조건화

② 반두라 – 사회학습이론

㉠ 관찰하는 평가의 중요성, 모델링을 통한 관찰과 모방

㉡ 관찰 : 주의과정 → 보존과정 → 운동재생과정 → 동기과정

03 인지발달이론

① 피아제 – 인지발달이론

㉠ 도식, 조직화, 적응, 평형, 자아 중심성 발달과정

㉡ 감각운동기 → 전조작기 → 구체적 조작기 → 형식적 조작기

② 콜버그 – 도덕성 발달이론

㉠ 전인습적 : 벌과 복종(1단계), 욕구충족(2단계)

㉡ 인습적 : 대인관계(3단계), 법과 질서(4단계)

㉢ 후인습적 : 사회계약(5단계), 보편적 원리(6단계)

04 인본주의이론

① 로저스 – 현상학이론

㉠ 무조건적 긍정적 관심, 지금 여기, 자기(Self) 중요시

㉡ 자기결정권, 개인의 존엄성과 가치

② 매슬로우 – 욕구위계이론

㉠ 행동주의와 정신분석을 부정, 클라이언트와 욕구평가에 활용

㉡ 생리적 욕구 → 안전욕구 → 소속과 사랑의 욕구 → 자존의 욕구 → 자기실현욕구

핵심문제

01 다음 학자와 그의 주요 기법이 옳게 연결된 것은? [20회]

① 반두라 – 행동조성
② 로저스 – 타임아웃
③ 스키너 – 모델링
④ 피아제 – 가족조각
⑤ 프로이트 – 자유연상

정답 ⑤

해설 프로이트의 주요 기법에는 자유연상, 저항, 꿈의 분석, 전이, 역전이, 훈습, 직면 등이 있다.
① 반두라 – 상호결정론, 모방, 자기효능감
② 로저스 – 무조건적 긍정, 자기실현 경향성, 자기, 현상학적 장
③ 스키너 – 조작적 조건형성, 강화, 처벌, 변별자극, 소거, 일반화, 타임아웃, 토큰경제, 체계적 둔감화
④ 피아제 – 도식, 적응, 동화, 조절, 평형화, 조직화

02 학자와 주요 개념의 연결로 옳은 것을 모두 고른 것은? [22회]

ㄱ. 로저스(C. Rogers) – 자기실현 경향성	ㄴ. 벡(A. Beck) – 비합리적인 신념
ㄷ. 반두라(A. Bandura) – 행동조성	ㄹ. 아들러(A. Adler) – 집단무의식

① ㄱ
② ㄱ, ㄴ
③ ㄴ, ㄷ
④ ㄱ, ㄴ, ㄷ
⑤ ㄴ, ㄷ, ㄹ

정답 ①

해설 ㄴ. 비합리적인 신념은 자기 자신이나 타인 혹은 일반에 대하여 절대주의적이고 완벽주의적이며 융통성이 없는 비현실적인 내용으로 엘리스(Ellis)의 개념이다.
ㄷ. 행동조성은 복잡한 행동이나 기술을 학습하는 데 있어 기대하는 반응이나 행동을 학습할 수 있도록 행동을 강화해 점진적으로 만들어가는 것으로 스키너(B. Skinner)의 개념이다.
ㄹ. 집단무의식은 개인의 경험이나 기억에 의해 형성되는 것이 아니기 때문에 의식화할 수 없으나 모든 인간의 공통된 오랜 경험에서 형성된 잠재적 이미지의 저장고로 융(C. Jung)의 개념이다.

7 인간성장과 발달단계

KEYWORD 16 **태내기** 9 10 11 12 13 14 15 16 17 18 19 20 21 22

01 태아관련 질환(유전적 요인)

① 클라인펠터증후군 : 남성에게 나타나는 증후군으로 남성의 특성이 약하고 염색체 이상으로 X염색체를 더 가지고 태어난다. 고환이 작고 남성호르몬이 부족하다.

학습 가이드
태내발달에 영향을 미치는 요소는 시험에 매번 출제되고 있는 부분이니 요인들에 대한 특성은 꼭 암기해야 합니다.

② **터너증후군** : 여성의 염색체 이상으로 2개가 있어야 할 X염색체가 부족하거나 불완전하여 염색체의 모양 이상이 자궁 안에 발생하는 질환이다.

③ **다운증후군** : 23개의 염색체 중에 21번 염색체가 3개 또는 2개로 키가 작고 정신지체를 가지고 있으며 손가락과 발가락이 작다.

④ **혈우병** : 선천적으로 피가 응고되지 않아 나타나는 출혈성 장애이다.

⑤ **페닐케톤뇨증** : 단백질 분해효소가 없어 소변에 페닐피부르산이 함유되어 배출되는 유전적인 질병이다.

02 태아에게 영향을 미치는 요인(환경적 요인)

① 산모의 영양상태
② 산모의 질병
③ 산모의 정서상태
④ 산모의 연령
⑤ 약물중독

03 태아진단검사(임산부 검사)

① **양수검사** : 염색체와 관련된 기형을 알 수 있고 대체로 35세 이상, 임산부인 경우, 쌍둥이를 임신한 경우, 가족력이 있는 경우에 검사를 하게 되고 대체로 다운증후군을 판단하는 기준의 검사를 한다.

② **융모생체표본검사** : 태아가 자궁에 있을 때 유전적인 결함이 있는지 검사하는 방법으로 태아의 기형, 대사질환 등의 산전 이상 유무를 알 수 있고 35세 이상, 가족력이 있는 산모가 대상이다.

③ **초음파검사** : 초음파 장치를 이용하여 태아의 모습을 보는 검사로 태아의 발육상태, 태아의 성별, 태아의 신체 이상 유무 등을 알기 위해 하는 검사이다.

④ **산모혈액검사** : 풍진, 에이즈, 매독, 간염, 빈혈 등의 질병의 감염여부를 혈액을 통해 검사한다.

TIP
기존에 출제되었던 지문들이 비슷하게 출제되는 경향이 있으므로 이론을 공부한 후에 기출문제도 꼼꼼히 공부해야 합니다.

핵심문제

01 태내기(수정~출산)에 유전적 요인으로 인해 발생할 수 있는 장애에 관한 설명으로 옳은 것은? [20회]

① 다운증후군은 지능 저하를 동반하지 않는다.
② 헌팅톤병은 열성 유전인자 질병으로서 단백질의 대사장애를 일으킨다.
③ 클라인펠터증후군은 X염색체를 더 많이 가진 남성에게 나타난다.
④ 터너증후군은 Y염색체 하나가 더 있는 남성에게 나타난다.
⑤ 혈우병은 여성에게만 발병한다.

정답 ③

해설 ① 다운증후군은 언어, 기억, 지적장애 등의 인지적 특징을 가진다.
② 열성 유전인자 질병으로서 단백질의 대사장애를 일으키는 장애는 페닐케톤뇨증이다.
④ 터너증후군은 Y염색체 하나가 더 있는 여성에게 나타난다.
⑤ 혈우병은 대부분 남성에게서 발병한다.

02 다음 중 태내기(수정~출산)에 관한 설명으로 옳지 않은 것은? [22회]

① 배종기(Germinal Period)는 수정 후 수정란이 자궁벽에 착상할 때까지의 시기를 말한다.
② 임신 3개월이 지나면 태아의 성별구별이 가능해진다.
③ 양수검사(Amniocentesis)를 통해서 다운증후군 등 다양한 유전적 결함을 판별할 수 있다.
④ 임신 중 어머니의 과도한 음주는 태아알콜증후군(Fetal Alcohol Syndrome)을 초래할 수 있다.
⑤ 배아의 구성은 외배엽과 내배엽으로 이루어지며, 외배엽은 폐, 간, 소화기관 등을 형성하게 된다.

정답 ⑤

해설 수정 후 3주차에 배판(Embryonic Disk)은 외배엽, 중배엽, 내배엽 3개의 초기 배엽으로 분화된다.

외배엽(Ectoderm)	표피, 손톱, 머리카락, 중추, 말초신경계, 눈의 수정체, 치아 에나멜층, 양막강 형성
중배엽(Mesoderm)	뼈와 치아, 근육, 진피와 결합조직, 심혈관계와 비장, 요로생식계 형성
내배엽(Endoderm)	호흡계와 소화계 안쪽의 상피층과 관련 기관, 인후, 간, 췌장, 요관, 방광, 질의 선세포 형성

KEYWORD 17 영아기(0~2세) 9 10 11 12 13 14 16 17 18 19 21 22 23

01 신생아 반사운동

<table>
<tr><th colspan="2">유형</th><th>내용</th></tr>
<tr><td rowspan="4">생존 반사</td><td>빨기반사</td><td>신생아의 입을 자극하면 무의식적으로 입에 닿는 것 모두 빨려고 하는 행동이다.</td></tr>
<tr><td>탐색반사</td><td>외부자극에 자동으로 반응하며 입 주위에 자극이 생기면 자동적으로 그 자극을 향해 고개를 돌려 찾으려고 하는 행동이다.</td></tr>
<tr><td>눈깜빡거리기 반사</td><td>신생아의 눈에 물체가 다가오면 눈을 깜빡거리는 행동이다.</td></tr>
<tr><td>연하반사</td><td>음식물을 삼키는 행동이다.</td></tr>
</table>

학습 가이드

1. 기존에 출제되었던 지문이 자주 출제되고 있으니 유사한 지문에 대비해야 합니다.
2. 학자들의 영아기 발달단계를 구분할 수 있어야 합니다.

TIP
- 인간이 크게 성장하는 시기는 영아기입니다. 영아기를 제1의 성장기, 청소년기를 제2의 성장기라고 합니다.
- 신생아 반사운동의 유형 중 생존반사와 원시반사의 종류를 잘 구분해야 합니다.

유형		내용
원시반사	걷기반사	영아의 발을 바닥에 닿게 하면 영아는 자연스럽게 한 다리를 들어 올리고 발을 번갈아 짚어 걷는 것과 같은 행동이다.
	파악반사	신생아의 손바닥에 물건을 놓으면 그것을 빼앗기지 않기 위하여 힘을 주어 손을 쥐는 행동이다.
	바빈스키반사	신생아의 발바닥을 문지르면 발가락을 부채처럼 쫙 펴는 행동이다.
	모로반사	갑자기 큰소리를 듣게 되면 무언가를 안는 것과 같이 팔과 다리를 쫙 피는 행동과 머리를 뒤로 젖히는 행동이다.

02 애착

영아와 주 양육자 사이에 형성되는 특수하고 긍정적인 유대관계나 친밀한 정서적 유대감을 의미이다.

03 낯가림

낯선 사람으로 인하여 영아가 긴장을 하거나 큰 소리로 우는 반응을 보이는 것이다.

04 분리불안

친한 사람과의 분리로 인하여 느끼게 되는 분노와 절망을 보이는 것이다.

05 프로이트의 구강기, 에릭슨의 신뢰감 대 불신감, 피아제의 감각운동기에 해당한다.

핵심문제

01 영아기(0~2세)에 관한 설명으로 옳지 않은 것은? [21회]

① 인지발달은 감각기관과 운동기능을 통해 이루어지며 언어나 추상적 개념은 포함되지 않는다.
② 정서발달은 긍정적 정서를 표현하는 것에서 시작하여 점차 부정적 정서까지 표현하게 된다.
③ 언어발달은 인지 및 사회성 발달과 밀접한 관련이 있다.
④ 영아와 보호자 사이에 애착관계 형성이 중요하다.
⑤ 낯가림이 시작된다.

정답 ②

해설 영아기의 정서는 처음에는 기쁨과 슬픔 두 가지 정서로 구분되다가 시간이 지날수록 성인들과 같은 정서와 같이 분화된다. 영아기에는 부정적 정서가 긍정적 정서보다 먼저 발달하게 된다.

02 영아기(0~2세)에 관한 설명으로 옳은 것은? [22회]

① 콜버그(L. Kohlberg) : 전인습적 도덕기에 해당한다.
② 에릭슨(E. Erikson) : 주 양육자와의 "신뢰 대 불신"이 중요한 시기이다.
③ 피아제(J. Piaget) : 보존(Conservation) 개념이 확립되는 시기이다.
④ 프로이트(S. Freud) : 거세불안(Castration Anxiety)을 경험하는 시기이다.
⑤ 융(C. Jung) : 생활양식이 형성되는 시기이다.

정답 ②

해설 ① 전인습적 도덕기는 4~9세로 유아기 시기에 해당한다.
③ 보존(Conservation) 개념이 확립되는 시기는 아동기 시기이다.
④ 거세불안(Castration Anxiety)을 경험하는 시기는 유아기 시기이다.
⑤ 생활양식은 아들러(A. Adler)의 개념으로 5세에 형성되며 유아기 시기이다.

KEYWORD 18 유아기(3~6세) 9 10 11 12 13 14 15 16 17 18 19 20 21 22 23

01 프로이트의 남근기, 에릭슨의 주도성 대 죄의식, 피아제의 전조작기에 해당한다.

학습 가이드

1. 유아기의 특징을 물어보는 문제가 계속 출제되고 있으므로 꼭 암기해야 합니다.
2. 유아기는 피아제의 전조작기와 내용이 중복되므로 함께 암기하는 것이 좋습니다.
3. 학자들의 유아기 발달단계를 구분할 수 있어야 합니다.

02 물활론

모든 사물에는 생명이 있다고 믿고 생명이 없는 것에는 생명을 부여하는 것이다.

03 상징놀이(상징화)

가상적인 대상을 만들어 놀이를 하는 것이다.

04 중심화

한 가지 상황에만 집중하여 다른 상황을 무시하는 것이다.

05 인공론적 사고

사람의 필요에 의해 세상의 모든 사물들을 만들었다고 믿는 것이다.

06 목적론적 사고

세상에 존재하고 있는 모든 것에 대한 존재의 이유를 찾으려고 하는 것이다.

07 자기중심성

자신과 타인을 구별하지 못하는 것이다.

TIP

- 유아기에는 영아기 같이 급격한 발달은 없지만 꾸준히 발달합니다.
- 스스로 계획을 수립할 수 있을 정도로 자아가 발달되고 적극적인 의사표현과 고집스러운 행동이 나타나는 시기입니다.
- 유아기를 가장 중요하게 본 학자는 프로이트입니다.

08 비가역성

한쪽으로만 생각할 수 있는 것이다.

09 타율적 도덕성

타인에 의해 규칙을 지키는 것이다.

10 제1의 반항기

자신과 타인을 구분하면서 반항적인 행동과 자기주장을 하여 자신이 원하는 방식으로 행동한다.

11 성역할

3세에는 성정체감, 4~5세에는 성안정성, 6세에는 성항상성이 형성된다.

핵심문제

01 유아기(3~6세)에 관한 설명으로 옳은 것은? [21회]

① 남아는 오이디푸스 콤플렉스를 경험하고 여아는 엘렉트라 콤플렉스를 경험한다.
② 콜버그(L. Kohlberg)에 의하면 인습적 수준의 도덕성 발달단계를 보인다.
③ 피아제의 구체적 조작기에 해당되며 상징적 사고가 가능하다.
④ 인지발달은 상위개념과 하위개념을 구분하여 완전한 수준의 분류능력을 보인다.
⑤ 영아기에 비해 성장속도가 빨라지며 지속적으로 성장한다.

정답 ①

해설 ② 콜버그(L. Kohlberg)의 인습적 수준(7세 이후)의 도덕성 발달단계는 아동기 시기이다. 유아기 시기에는 전인습적 수준(7세 이전)의 도덕성 발달단계에 해당한다.
③ 피아제의 구체적 조작기는 아동기(7~12세)에 해당되며 유아기는(3~6세) 전조작기에 해당한다.
④ 유아기 시기의 인지발달은 성인과 달리 사건을 정서적 · 주관적으로 파악한다. 상위개념과 하위개념을 구분하지 못한다.
⑤ 영아기에 비해 성장속도가 느려지지만 지속적으로 성장한다.

02 유아기(3~6세)에 관한 설명으로 옳지 않은 것은? [22회]

① 자신의 성을 인식하는 성 정체성이 발달한다.
② 놀이를 통한 발달이 활발한 시기이다.
③ 신체적 성장이 영아기(0~2세)보다 빠른 속도로 진행된다.
④ 언어발달이 현저하게 이루어지는 시기이다.
⑤ 정서적 표현의 특징은 일시적이며 유동적이다.

정답 ③

해설 영아기(0~2세)는 제1의 성장기로 인생에서 가장 급격한 성장이 이루어지는 시기이다.

KEYWORD 19 아동기(7~12세) 9 10 11 12 13 14 17 18 19 21 22 23

01 프로이트의 잠복기, 에릭슨의 근면성 대 열등감, 피아제의 구체적 조작기에 해당한다.

02 탈중심화

중심에서 벗어나 다른 면도 고려할 수 있는 능력이다.

03 유목화(분류화)

사물의 특성이 비슷한 것끼리 분류할 수 있는 능력이다.

04 자율적 도덕성

행동을 하는 데 있어 행동의 결과가 좋은지 나쁜지보다는 행동의 의도가 좋은지 나쁜지에 따라 달라진다.

05 가역적 사고

어떤 변화가 일어났을 때 이것을 이전 상태로 되돌려놓는 것이다.

06 서열화

많은 종류의 사물을 큰 순서대로 또는 작은 순서대로 크기에 맞게 분류할 수 있는 능력이다.

07 보존개념 획득

보존의 개념을 획득하여 비논리적인 사고에서 논리적인 사고를 할 수 있게 되고 동일성, 보상성, 가역성을 이해한다.

08 보존기술, 분류기술, 조합기술 등의 개념적 기술들이 발달한다.

09 키와 몸무게가 증가하고 근육이 성장하면서 전에 겪지 못했던 통증을 경험한다.

10 가족보다는 친구들과 어울리기 시작하여 도당기, 학동기, 학령기 등으로 불린다.

11 또래친구들과 함께 집단을 형성하는데 집단을 짝패나 도당이라고 하고 집단에서는 외모, 성숙도, 운동기술, 학업성취, 지도력에 따라 서열이 형성된다.

학습 가이드

1. 아동기의 특징과 아동기를 의미하는 다른 이름도 암기해야 합니다.
2. 아동기는 피아제의 구체적 조작기와 내용이 중복되니 함께 암기하시면 됩니다.
3. 학자들의 아동기 발달단계를 구분할 수 있어야 합니다.

TIP

아동기를 청소년기나 유아기의 특징과 구분할 수 있어야 합니다.

핵심문제

01 아동기(7~12세)에 관한 설명으로 옳은 것을 모두 고른 것은? [21회]

ㄱ. 제1의 반항기이다.
ㄴ. 조합기술의 획득으로 사칙연산이 가능해진다.
ㄷ. 객관적, 논리적 사고가 가능해진다.
ㄹ. 정서적 통제와 분화된 정서표현이 가능해진다.
ㅁ. 타인의 입장을 고려하지 못한다.

① ㄴ, ㄷ
② ㄱ, ㄴ, ㄹ
③ ㄴ, ㄷ, ㄹ
④ ㄷ, ㄹ, ㅁ
⑤ ㄱ, ㄴ, ㄷ, ㄹ, ㅁ

정답 ③

해설 ㄱ. 제1의 반항기는 유아기(3~6세)이다.
ㅁ. 유아기에는 자신과 타인을 구별하지 못하는 자아중심성으로 타인의 입장을 고려하지 못한다.

02 아동기(7~12세)의 발달에 관한 설명으로 옳은 것을 모두 고른 것은? [22회]

ㄱ. 프로이트(S. Freud) : 성 에너지(리비도)가 무의식 속에 잠복하는 잠재기(Latency Stage)
ㄴ. 피아제(J. Piaget) : 보존, 분류, 유목화, 서열화 등의 개념을 점차적으로 획득
ㄷ. 콜버그(L. Kohlberg) : 인습적 수준의 도덕성 발달단계로 옮겨가는 시기
ㄹ. 에릭슨(E. Erikson) : "주도성 대 죄의식"의 발달이 중요한 시기

① ㄱ, ㄴ
② ㄴ, ㄹ
③ ㄱ, ㄴ, ㄷ
④ ㄱ, ㄷ, ㄹ
⑤ ㄴ, ㄷ, ㄹ

정답 ③

해설 에릭슨(E. Erikson)의 "주도성 대 죄의식"의 발달이 중요한 시기는 유아기 시기이다. 아동기 시기는 "근면성 대 열등감"의 발달이 중요한 시기이다.

KEYWORD 20 청소년기(13~19세) 9 10 11 12 13 14 16 17 18 19 20 21 22 23

학습 가이드

1. 청소년기의 특징과 청소년기를 의미하는 다른 이름도 암기해야 합니다.

01 2차 성장급등기, 성적 성숙이 이루어지는 사춘기, 심리적 이유기, 질풍노도의 시기, 제2의 반항기, 주변인으로 불린다.

02 추상적인 사고가 가능하고 미래의 사건을 예측하는 가설적 · 연역적 사고가 발달한다.

03 개인적 우화

자신은 특별하고 독특한 존재이므로 자신의 감정이나 경험의 세계는 다른 사람과 다르다고 믿는 믿음이다.

04 상상적 청중

자신이 타인에게 집중적으로 관심과 주의의 대상이 되고 있다고 믿는 믿음이다.

05 자아정체감

① **정체감 성취** : 자신의 의사에 따라 자율적으로 의사결정을 하며 직업적 역할을 성공적으로 수행할 수 있는 상태이다.
② **정체감 유예** : 정체감 성취 또는 정체감 혼란 중 어느 방향으로도 나갈 수 있는 가능성이 있는 상태이다.
③ **정체감 유실** : 부모나 사회의 가치관을 자신의 것으로 그대로 선택하므로 위기도 경험하지 않고, 쉽게 의사결정을 내리지만 독립적 의사결정을 하지 못하는 상태이다.
④ **정체감 혼란** : 정체감을 확립하기 위한 노력도 없고 기존의 가치관에 대한 의문도 제기하지 않은 상태이다.

06 프로이트의 생식기, 에릭슨의 자아정체감 대 자아정체감 혼란, 피아제의 형식적 조작기에 해당한다.

청소년의 나이

- 「청소년기본법」상 9~24세 이하
- 「청소년 보호법」상 만 19세 미만, 「아동 · 청소년의 성보호에 관한 법률」상 19세 미만

2. 청소년기는 피아제의 형식적 조작기와 내용이 중복되므로 함께 암기하시면 됩니다.
3. 학자들의 청소년기 발달단계를 구분할 수 있어야 합니다.

TIP

- 청소년기에 나타나는 특징을 암기하고 아동기와 청년기의 특징과 구분해야 합니다.
- 에릭슨은 자아정체감을 찾기 위해 노력하는 청소년기를 가장 중요하다고 하였습니다.

핵심문제

01 청소년기(13~19세)에 관한 설명으로 옳지 않은 것은? [21회]

① 친밀감 형성이 주요 발달과업이다.
② 신체적 발달이 활발하여 제2의 성장급등기로 불린다.
③ 특징적 발달 중 하나로 성적 성숙이 있다.
④ 정서의 변화가 심하며 극단적 정서를 경험하기도 한다.
⑤ 추상적 이론과 관념적 사상에 빠져 때로 부정적 정서를 경험한다.

정답 ①

해설 친밀감 대 고립은 청년기의 심리사회적 위기이다.

02 청소년기(13~19세)에 관한 설명으로 옳지 않은 것은? [22회]

① 신체적 측면에서 제2의 급성장기이다.
② 심리적 이유기의 특징을 보인다.
③ 부모보다 또래집단의 영향력이 커진다.
④ 피아제(J. Piaget)에 의하면 비가역적 사고의 특징이 나타나는 시기이다.
⑤ 프로이트(S. Freud)의 심리성적 발달단계에서 생식기에 해당한다.

정답 ④

해설 피아제(J. Piaget)에 의하면 비가역적 사고의 특징이 나타나는 시기는 유아기이다.

KEYWORD 21 청년기(20~39세) 10 11 14 17 19 20 22 23

학습 가이드

1. 출제율은 낮지만 청소년기와 중년기의 특징과 구분할 줄 알아야 합니다.
2. 에릭슨의 청년기 발달단계를 암기해야 합니다.

TIP

청년기에 가장 중요한 과업은 직업과 결혼입니다.

01 신체적으로 최고조, 일생동안 가장 활발하고 신체적 · 심리적 · 사회적으로 성숙해지는 시기이다.

02 학업을 마치고 집을 떠나 독립하여 성인의 세계로 들어가 사회적 역할을 수행한다.

03 상황적 요인, 개인적 요인, 심리사회적 요인, 경제적 요인 등에 따라 직업을 선택한다.

04 사회의 변화로 인하여 결혼이 늦어지고 결혼을 하지 않으려는 사람이 늘어나고 있다.

05 부모로부터 독립, 직업 준비와 선택, 결혼과 가족, 성적 사회화 등의 사회적 특징이 나타난다.

06 에릭슨의 친밀감 대 고립감 시기에 해당한다.

친밀감의 발달

자신의 정체성을 잃을지도 모른다는 두려움 없이 타인과 개방적이고 지지적이며 조화로운 관계를 형성하는 능력

핵심문제

01 청년기(20~35세)에 관한 설명으로 옳지 않은 것은? [20회]

① 자기 부양 능력을 갖추어야 하는 시기이다.
② 자아정체감 형성이 주요 발달 과제인 시기이다.
③ 부모로부터 심리적, 경제적으로 독립하여 자율성을 성취하는 시기이다.
④ 개인적 욕구와 사회적 욕구 사이에 균형을 찾아 직업을 선택하는 시기이다.
⑤ 타인과의 관계에서 친밀감을 형성하면서 결혼과 부모됨을 고려하는 시기이다.

정답 ②

해설 자아정체감 형성이 주요 발달 과제인 시기는 청소년기이다. 청년기에는 결혼과 직업이 주요 발달 과제이다.

02 청년기(20~39세)에 관한 설명으로 옳은 것은? [22회]

① 에릭슨(E. Erikson)은 근면성의 발달을 중요한 과업으로 보았다.
② 다른 시기에 비하여 경제적으로 안정되어 있고 직업에서도 높은 지위와 책임을 갖게 된다.
③ 빈둥지 증후군을 경험하는 시기이다.
④ 또래와의 상호작용을 통하여 자아개념이 발달하기 시작한다.
⑤ 직업 준비와 직업선택에 대한 의사결정을 하는 시기이다.

정답 ⑤

해설 ① 근면성의 발달이 중요한 과업인 시기는 아동기이다.
② 다른 시기에 비하여 경제적으로 안정되어 있고 직업에서도 높은 지위와 책임을 갖게 되는 시기는 중년기이다.
③ 빈둥지 증후군을 경험하는 시기는 중년기이다.
④ 또래와의 상호작용을 통하여 자아개념이 발달하기 시작하는 시기는 아동기이다.

KEYWORD 22 중년기(40~64세) 9 10 11 12 13 14 16 17 18 19 20 22 23

01 자녀양육과 부모부양으로 샌드위치 세대이다.

02 남성의 경우 남성호르몬인 테스토스테론이 감소하고, 여성의 경우 여성호르몬인 에스트로겐의 감소로 인해 생리적 변화가 생기고 폐경이 되는데 이것을 갱년기라고 한다.

03 오랜 경험으로 통해 획득된 지혜는 문제해결능력을 향상시켜 '지휘하는 세대'로 부른다.

학습 가이드
노년기와 비교하는 문제가 자주 출제되므로 중년기의 특징을 암기하여 노년기와 구분할 수 있어야 합니다.

TIP
- 중년기를 의미하는 샌드위치 세대, 지휘하는 세대, 빈둥지 증후군, 갱년기를 암기해야 합니다.
- 중년기를 가장 중요하게 본 학자는 융입니다. 이 시기에 개성화와 아니마, 아니무스가 나타납니다.

04 중년의 여성은 자녀들을 가정에서 독립시키고 부부만 남아 빈둥지 증후군이 생긴다.

05 융에 따르면, 외부에 쏟았던 에너지를 자기 내부로 돌리며 개성화 과정을 경험한다.

06 새로운 것의 학습능력은 저하되지만 문제해결능력이 향상되어 결정성 지능이 좋아진다.

07 에릭슨의 생산성 대 침체성 시기에 해당한다.

핵심문제

01 중년기(40~64세)에 관한 설명으로 옳은 것은? [20회]

① 펙(R. Peck)은 신체 중시로부터 신체 초월을 중년기의 중요한 발달과제로 보았다.
② 결정성(Crystallized) 지능은 감소하고 유동성(Fluid) 지능은 증가한다.
③ 융(C. Jung)에 따르면, 외부세계에 쏟았던 에너지를 자신의 내부에 초점을 두며 개성화의 과정을 경험한다.
④ 여성은 에스트로겐의 분비가 감소되고 남성은 테스토스테론의 분비가 증가된다.
⑤ 갱년기는 여성만이 경험하는 것으로 신체적 변화와 동시에 우울, 무기력감 등 심리적 증상을 동반한다.

정답 ③

해설 ① 펙(R. Peck)은 신체 중시로부터 신체 초월을 노년기의 중요한 발달과제로 보았다.
② 유동성 지능은 퇴보하기 시작하는 반면, 결정성 지능은 계속 발달하는 경향이 있다.
④ 여성은 에스트로겐의 분비가 감소되고 남성은 테스토스테론의 분비가 감소된다.
⑤ 갱년기는 여성과 남성이 모두 경험하는 것으로 신체적 변화와 동시에 우울, 무기력감 등 심리적 증상을 동반한다.

02 중년기(40~64세)의 설명으로 옳은 것은? [22회]

① 에릭슨(E. Erikson)에 의하면 "생산성 대 침체"라는 심리사회적 위기를 극복하게 되면 돌봄(Care)의 덕목을 갖추게 된다.
② 유동성 지능(Fluid Intelligence)은 높아지며 문제해결능력도 향상될 수 있다.
③ 자아통합이 완성되는 시기로 자신의 삶에 대한 평가를 시도한다.
④ 갱년기 증상은 여성에게 나타나고 남성은 경험하지 않는다.
⑤ 융(C. Jung)에 의하면 남성에게는 아니무스가, 여성에게는 아니마가 드러나는 시기이다.

정답 ①

해설 ② 중년기에는 새롭고 친숙하지 않는 일을 수행하는 능력인 유동성 지능(Fluid Intelligence)은 점점 낮아지고 경험을 통해 습득한 학습 지능인 결정성 지능(Crystalized Intelligence)이 점점 높아져 문제해결능력이 향상될 수 있다.
③ 자아통합이 완성되는 시기로 자신의 삶에 대한 평가를 시도하는 시기는 노년기이다.
④ 갱년기 증상은 여성과 남성 모두에게 나타나며, 다만 남성은 여성에 비해 약하게 나타난다.
⑤ 융(C. Jung)에 의하면 남성에게는 아니마(남성의 여성성)가, 여성에게는 아니무스(여성의 남성성)가 드러나는 시기이다.

KEYWORD 23 노년기(65세 이상) 9 10 11 12 13 14 15 17 18 19 21 23

01 에릭슨의 자아통합 대 절망 시기에 해당한다.

02 죽음에 대한 적응단계

단계	죽음에 대한 반응양상
부정단계	불치병을 인정하지 않고 의사의 오진이라고 생각한다.
분노단계	'왜 나만 죽어야 하는가?'라고 건강한 사람을 원망하며, 주변 사람들에게 화를 낸다.
타협단계	죽음을 받아들이고, 해결하지 못한 인생과업을 해결할 때까지라도 살 수 있기를 기원하며 불가사의한 힘과 타협한다.
우울단계	주변 사람과 일상생활에 대한 애착을 보이고, 이런 것들과 헤어져야 한다는 점 때문에 우울증이 나타난다.
수용단계	죽음 자체를 수용하고, 마음의 평화를 회복하여 임종에 직면한다.

03 노년기에 나타나는 특징

변화	내용
내향성 및 수동성의 증가	내적인 측면에 더 관심을 기울이며 자신의 일을 스스로 해결하기보다는 다른 사람에 대한 의존성이 증가한다.
조심성의 증가	젊은 사람들에 비해 모든 일에 조심하는 경향이 있으며 자신의 일에 대한 정확성을 중시하고 자신감 결여로 확신한 것을 추구한다.
경직성의 증가	기존에 가지고 있던 습관이나 지식을 고수하려고 하기 때문에 학습이나 문제를 해결하는 데 어려움이 있다.
우울성향의 증가	신체적 질병, 배우자 사망, 사회와 가족으로부터 고립 등으로 우울성향이 증가한다.
친근한 사물에 대한 애착증가	자신이 생활하면서 사용한 물건이나 오랫동안 사용해 온 물건에 애착심이 증가한다.
성역할 지각의 변화	남성은 친밀성, 의존성, 관계지향성이 증가하고 여성은 공격성, 자기주장, 자기중심적, 권위주의가 증가한다.
의존성의 증가	노화가 진행될수록 경제적, 신체적, 정서적 의존성이 증가한다.
유산을 남기려는 성향	죽기 전에 자신의 재산, 자녀, 기술, 지식 등을 남기려는 성향이 강하다.

학습 가이드

1. 노년기에 나타나는 특징을 잘 파악해서 중년기와 구분할 수 있어야 합니다.
2. 죽음에 대한 적응 단계와 노년기에 나타나는 특징을 잘 파악해야 합니다.

경직성

고집이라고도 하며, 어떤 문제를 해결하는 데 있어 그 방법이나 행동이 옳지 않거나 이득이 없음에도 자신에게 익숙한 습관적인 태도와 방법을 고수하려는 행동을 의미한다.

핵심문제

01 노년기(성인후기 65세 이상)에 관한 설명으로 옳지 않은 것은? [18회]

① 시각, 청각, 미각 등의 감각기능이 약화되고, 생식기능 또한 점차 약화된다.
② 퀴블러 로스는 인간이 죽음에 적응하는 5단계 중 마지막 단계를 타협단계라고 하였다.
③ 신체변화에 대한 적응, 인생에 대한 평가, 역할 재조정, 죽음에 대한 대비 등이 주요 발달과업이다.
④ 에릭슨은 자아통합을 이루지 못하면 절망감을 느낀다고 보았다.
⑤ 신장기능이 저하되어 신장질환에 걸릴 가능성이 증가하고, 방광이나 요도기능의 저하로 야간에 소변보는 횟수가 증가한다.

정답 ②

해설 퀴블러 로스의 죽음에 대한 적응단계는 부정 → 분노 → 타협 → 우울 → 수용단계로 이루어진다.

02 노년기(65세 이상)에 관한 설명으로 옳지 않은 것은? [21회]

① 주요 과업은 이제까지의 자신의 삶을 수용하는 것이다.
② 생에 대한 회상이 증가하고 사고의 융통성이 증가한다.
③ 친근한 사물에 대한 애착이 많아진다.
④ 치매의 발병 가능성이 다른 연령대에 비해 높아진다.
⑤ 내향성이 증가한다.

정답 ②

해설 생에 대한 회상은 증가하지만 조심성의 증가로 융통성은 증가하지 않는다.

8 사회체계에 대한 이해

KEYWORD 24 사회체계에 대한 이해 9 10 11 12 14 15 16 17 18 19 20 21 22 23

학습 가이드

1. 최근 들어 인간행동과 사회환경 부분의 출제빈도가 높아지고 있고 실천론 및 실천기술론과 연관되어 있으므로 꾸준히 공부해야 하는 부분입니다.

01 일반체계이론

① **체계** : 서로 관련을 맺고 상호 작용하는 부분들로 구성된 집합, 부분들 간에 관계를 맺고 있는 일련의 단위이다.
② **경계** : 다른 체계와 구분하거나 체계의 정체성을 유지하기 위해 필요한 눈에 보이지 않는 테두리이다.
③ **엔트로피** : 외부체계와 교류되지 않아 에너지의 투입이 이루어지지 않는 체계이다.
④ **넥엔트로피** : 외부체계와의 교류를 통해 에너지의 투입이 이루어지는 체계이다.

⑤ **시너지** : 체계 내에서 유용한 에너지의 증가이다.

⑥ **균형** : 외부로부터 새로운 에너지의 투입 없이 현 상태를 유지하려는 속성이다.

⑦ **항상성** : 변화에 저항하고 현 상태를 유지하려는 것으로 비교적 안정적이며 지속적인 평형상태를 유지하기 위한 체계의 경향이다.

⑧ **안정상태** : 체계가 정상적인 기능을 유지할 수 있도록 정보와 자원이 안정적인 흐름을 보이는 것이다.

⑨ **순환적 인과성** : 한 체계에서 일부가 변화하면 그 변화가 다른 모든 부분들과 상호작용하여 나머지 부분들도 변화하게 되는 것이다.

⑩ **홀론** : 한 체계가 상위체계에 포함되는 동시에 하위체계에도 포함되는 것이다.

경계의 기능

체계의 정체성을 규정하고 주위환경과의 내 · 외적 교환을 통제한다.

02 생태체계이론

① 인간과 환경은 분리할 수 없으므로, 이를 동시에 고려해야 한다고 주장한다.

② 인간과 사회환경 사이의 관계를 이해하는 준거 틀을 제시한다.

③ 개인과 환경이 지속적으로 상호작용하는 적응의 과정을 통해 개인–환경 간의 적합성이 획득된다.

④ 개인, 집단, 지역사회 등 다양한 체계에 적용이 가능하다.

⑤ 문제의 원인을 단선적인 인과관계로 파악하는 것이 아닌 인간과 환경 간의 복잡하고 다변화하는 상호연관성에 초점을 둔다.

⑥ **유능성** : 개인과 환경이 효과적으로 상호작용 할 수 있는 능력이다.

⑦ **적합성** : 개인의 적응력이 환경과 얼마만큼 조화를 잘 이루는지의 정도이다.

⑧ **스트레스** : 일상생활에서 자신이 활용할 수 있는 자원이나 능력을 초과한 경우이다.

⑨ **대처** : 스트레스 발생 시 스트레스를 완화하기 위한 행동을 의미한다.

03 브론펜브레너의 생태체계이론

① **미시체계** : 개인과 가장 가까운 환경으로서 가족, 학교, 이웃처럼 직접적인 영향을 주는 체계로 개인의 일생에 가장 큰 영향을 미친다.

② **중간체계** : 두 개 이상의 미시체계 구성된 체계로 서로 연결되어 영향을 미친다.

③ **외체계** : 개인이 직접 참여하거나 관여하지는 않지만 개인에게 영향을 미치는 환경체계로 부모의 직장, 정부, 사회복지기관, 대중매체 등이 포함된다.

④ **거시체계** : 미시체계, 중간체계, 외적 체계 등 모든 체계를 포함한다.

⑤ **시간체계** : 개인의 전 생애에 걸쳐 일어나는 변화와 역사적인 환경을 포함하는 체계로 한 개인이 성장하고 죽음에 이르기까지 경험하게 되는 생활사건을 포함한다.

2. 생태체계(생태학)의 정의인 환경과 인간에 대한 내용과 기본 개념에 대한 문제가 자주 출제되고 있으므로 꼭 암기합니다.

TIP

- 엔트로피는 폐쇄체계에서, 넥엔트로피는 개방체계에서 나타납니다.
- 체계이론의 과정은 투입 → 전환 → 산출 → 피드백 순입니다.

핵심문제

01 체계로서의 지역사회에 관한 설명으로 옳은 것을 모두 고른 것은? [22회]

> ㄱ. 지역을 중심으로 형성된 공동체적 특징을 지닌다.
> ㄴ. 구성원에게 사회규범에 순응하도록 규제하는 사회통제의 기능을 지닌다.
> ㄷ. 사회가 향유하는 지식, 가치 등을 구성원에게 전달하는 기능을 지닌다.
> ㄹ. 외부와 상호작용을 통하여 엔트로피(Entropy) 상태를 유지하는 것이 필요하다.

① ㄱ
② ㄱ, ㄴ
③ ㄱ, ㄴ, ㄷ
④ ㄴ, ㄷ, ㄹ
⑤ ㄱ, ㄴ, ㄷ, ㄹ

정답 ③

해설 엔트로피(Entropy)는 외부체계와 교류되지 않고 에너지의 투입이 이루어지지 않아 유용한 에너지가 감소하는 체계이다. 외부와 상호작용을 하는 것은 넥엔트로피(Negentropy)이다.

02 생태체계이론의 유용성에 관한 설명으로 옳지 않은 것은? [21회]

① 문제에 대한 총체적 이해와 조명을 제공한다.
② 각 체계들로부터 다양하고 객관적인 정보획득이 용이하다.
③ 각 환경수준별 개입의 근거를 제시한다.
④ 구체적인 방법과 기술 제시에는 한계가 있다.
⑤ 개인보다 가족, 집단, 공동체 등의 문제에 적용하는 데 유용하다.

정답 ⑤

해설 생태체계이론은 가족, 집단, 공동체 등의 문제에 적용하는 것보다 개인의 문제에 적용하는 것에 더 유용하다.

03 브론펜브레너(U. Bronfenbrenner)의 생태체계이론에서 다음에 해당하는 개념으로 옳은 것은? [22회]

> • 전 생애에 걸쳐 발생하는 변화와 사회역사적인 환경을 포함한다.
> • 인간의 생에 단일사건뿐 아니라 시간의 경과와 함께 연속적으로 일어나는 사건들이 누적되어 영향을 미친다는 것을 보여주고 있다.

① 미시체계(Micro System)
② 외체계(Exo System)
③ 거시체계(Macro System)
④ 환류체계(Feedback System)
⑤ 시간체계(Chrono System)

정답 ⑤

해설 시간체계(Chrono System)는 개인의 전 생애에 걸쳐 일어나는 변화와 역사적인 환경을 포함하는 체계로 시간에 따라 변화한다. 한 개인이 성장하고 죽음에 이르기까지 경험하게 되는 생활사건을 포함한다.

9 사회환경에 대한 이해

KEYWORD 25 사회환경에 대한 이해 11 12 13 14 15 16 17 20 21

01 문화

① 문화의 특성

㉠ 시대적 상황에 따라 변화하지만 사회마다 공통적인 문화형태가 존재한다.

㉡ 창조된 것이며 학습되는 것이다.

㉢ 세대 간 전승되어 축적되어 간다.

㉣ 보편성과 다양성을 동시에 가진다.

㉤ 사회의 안정과 질서를 위해 문제들을 제거, 조절하는 기능을 수행한다.

㉥ 사회를 구성하는 다양한 부분들이 하나의 전체를 이룬 통합체이다.

② 문화의 개념

㉠ 문화마찰 : 서로 다른 문화를 접촉하면서 각각의 역사나 전통이 문화 차이에서 오는 충돌로 인해 갈등이 발생하는 현상이다.

㉡ 문화변용 : 독립된 문화를 지닌 둘 이상의 문화가 오랜 시간 접촉으로 인하여 한쪽이나 양쪽 모두에 영향을 주어 문화체계가 변화하는 현상이다.

㉢ 문화상대주의 : 문화가 같이 진화하는 것이 아니라 문화마다 독자적인 발전을 하여 우열을 가릴 수 없으므로 서로의 문화를 인정해야 한다는 태도이다.

학습 가이드

1. 문화에 대한 개념, 기능, 특징은 암기할 필요가 있습니다.
2. 최근 집단에 대한 부분이 출제되고 있는데 따로 공부하는 것이 아니라 사회복지실천론, 지역사회복지론과 함께 공부한다면 쉽게 접근할 수 있는 부분입니다.
3. 문화의 한 분야를 물어보는 것이 아니라 사회체계 전체에 대해 물어보는 문제가 출제된 만큼 사회체계 전체를 이해하고 있어야 합니다.

02 다문화

① 다문화사회의 모형

㉠ 차별배제모형 : 경제특구나 수출자유지역과 같은 특정 지역이나 특정 직업(3D)에 한하여 일부 영역 외에는 외국인이나 이민자의 유입을 배제하는 모형이다.

㉡ 동화모형 : 외국인들이 기존에 가지고 있던 문화를 버리고 주류사회의 언어와 문화 등을 받아들여 모든 면이 자국민들과 똑같아야 한다는 모형이다.

㉢ 다문화모형 : 다른 나라의 사람이나 다른 인종을 포용하는 모형으로 다문화모형은 문화다원주의와 다문화주의로 나누어진다.

㉣ 문화다원주의 : 한 사회의 고유 언어와 문화의 정체성을 유지하면서 새로운 문화를 받아들이는 모형으로 기존 문화를 중심으로 다른 문화가 포함되는 것이다.

㉤ 다문화주의 : 한 사회에서 여러 유형의 문화를 수용하여 하나의 문화로 통일시키지 않고 있는 그대로 인정하며 공존하는 모형으로 기존문화와 수용된 문화 간 동등한 관계를 유지한다.

TIP

다문화에 대한 내용이 최근 들어 다시 출제되고 있으므로 다문화에 대한 특성을 파악해야 합니다.

② 베리의 문화적응 모형

㉠ 주변화 : 모국의 문화적 가치와 주류사회와의 관계를 둘 다 유지하지 않는 경우이다.

㉡ 동화 : 모국의 문화적 가치는 유지하지 않은 상태에서 주류사회와의 관계만 있는 경우이다.

㉢ 분리 : 모국과는 강한 유대관계를 지니지만 주류사회와는 관계가 없는 경우이다.

㉣ 통합 : 모국의 문화적 가치를 유지하면서 동시에 주류사회와 관계를 유지하는 경우이다.

핵심문제

01 다문화에 관한 설명으로 옳지 않은 것은? [21회]

① 대표적인 사회문제로 인종차별이 있다.
② 다양한 문화를 수용하고 문화의 단일화를 지향한다.
③ 서구화, 근대화, 세계화는 다문화의 중요성을 표면으로 부상시켰다.
④ 동화주의는 이민을 받는 사회의 문화적 우월성을 전제로 한다.
⑤ 용광로 개념은 동화주의와 관련이 있다.

정답 ②

해설 다문화는 다양한 문화를 수용하고 그 문화를 인정하는 것이지 문화의 단일화를 지향하는 것이 아니다.

02 문화와 관련된 설명으로 옳지 않은 것은? [22회]

① 문화는 인간집단의 생활양식의 총체로 정의할 수 있다.
② 다문화주의는 다양한 문화나 언어를 공유하고 상호 존중하여 적극 수용하려는 입장을 취한다.
③ 베리(J. Berry)의 이론에서 동화(Assimilation)는 자신의 고유문화와 새로운 문화를 모두 존중하는 상태를 의미한다.
④ 문화는 학습되고 전승되는 특징이 있다.
⑤ 주류와 비주류 문화 사이의 권력 차이로 차별이 발생할 수 있다.

정답 ③

해설 동화(Assimilation)는 자신의 고유문화적 가치는 유지하지 않은 상태에서 주류사회와의 관계만 있는 경우이다. 자신의 고유문화와 새로운 문화를 모두 존중하는 상태는 통합(Integration)이다.

베리(J. Berry)의 문화적응모형

- 주변화(Marginalization) : 모국의 문화적 가치와 주류사회와의 관계를 둘 다 유지하지 않는 경우이다.
- 동화(Assimilation) : 모국의 문화적 가치는 유지하지 않은 상태에서 주류사회와의 관계만 있는 경우이다.
- 분리(Segregation) : 모국과는 강한 유대관계를 지니지만 주류사회와는 관계가 없는 경우이다.
- 통합(Integration) : 모국의 문화적 가치를 유지하면서 동시에 주류사회와의 관계를 유지하는 경우이다.

빈출문제로 마무리하기

1과목 인간행동과 사회환경

인간발달이론의 유용성과 사회복지실천의 기여

01 인간발달이론의 유용성으로 옳지 않은 것은? [12회]

① 인간과 환경 간의 상호작용을 파악할 수 있다.
② 일생을 통해 일어나는 변화의 과정을 설명해 준다.
③ 비슷한 연령대의 사람들은 모두 동일한 특성이 있음을 알 수 있다.
④ 개인의 성장과정에서 나타나는 문제의 원인을 이해하는 데 도움을 준다.
⑤ 개인의 발달에 영향을 주는 다양한 신체적, 심리적, 사회적 요인을 이해할 수 있다.

해설 비슷한 연령대의 사람들은 모두 동일한 특성이 있음을 알 수 있는 것이 아니라 개인적인 발달상의 차이를 파악할 수 있다.

학자별 통합이론

02 학자와 그의 주장내용에 관한 설명으로 옳은 것은? [9회]

① 프로이트(S. Freud)는 전 생애를 통한 발달을 주장하였다.
② 스키너(B. F. Skinner)는 인간 내면에 대한 통찰력의 중요성을 과학적 실험으로 제시하였다.
③ 융(C. Jung)은 자기(Self)를 실현할 수 있는 시기를 중년기 이후로 보았다.
④ 반두라(A. Bandura)는 강화와 처벌을 통하여 학습이 가능하다고 주장하였다.
⑤ 에릭슨(E. Erikson)은 가상적 목표(Fictional Finalism)의 중요성을 역설하였다.

해설 ① 에릭슨은 전 생애를 통한 발달을 주장하였다.
② 스키너는 인간행동에 대해 환경의 결정력을 강조하고 있다.
④ 스키너는 강화와 처벌을 통하여 학습이 가능하다고 주장하였다.
⑤ 아들러는 가상적 목표의 중요성을 역설하였다.

융의 분석심리이론

03 프로이트(S. Freud)의 정신분석이론과 구별되는 융(C. Jung)의 분석심리이론의 특징으로 옳지 않은 것은? [10회]

① 인간 행동과 경험의 역동적이고 무의식적 영향을 연구하였다.
② 인간의 성격은 과거의 사건 및 미래에 대한 열망에 의해 형성된다고 보았다.
③ 성격 발달은 전 생애에 걸쳐 이루어지며 후천적으로 변할 수 있다고 보았다.
④ 프로이트의 성적 에너지인 리비도의 개념을 확장시켜 창의적인 생활력으로 보았다.
⑤ 성격의 여러 측면을 통합하여 자기실현을 할 수 있는 인생의 후반기를 강조하였다.

해설 프로이트와 융은 무의식적 영향에 대해 연구하였다. 프로이트는 개인무의식을 연구한 반면에 융은 개인무의식과 집단무의식을 강조하였다. 융의 개인무의식은 프로이트의 개인무의식과 비슷하며, 집단무의식은 개인무의식을 뛰어넘어 환경, 종교, 문화 등이 포함된다.

정답 01 ③ 02 ③ 03 ①

반두라의 사회학습이론

04 반두라(A. Bandura)의 관찰학습의 과정에 해당되지 않는 것은? [11회]

① 주의집중 ② 자기효능평가
③ 운동재생 ④ 동기유발
⑤ 기억

해설 관찰학습은 주의집중 → 기억 → 운동재생 → 동기유발 단계로 진행된다.

매슬로우의 욕구위계이론

05 매슬로우(A. Maslow)의 이론에 관한 설명으로 옳은 것은? [9회]

① 정신분석이론과 행동주의이론으로부터 긍정적인 영향을 받았다.
② 유전적 요소가 성격발달에 미치는 영향을 부정하였다.
③ 인간의 본성은 본질적으로 악하다고 보았다.
④ 상위욕구는 하위욕구가 일정부분 충족되었을 때 나타날 수 있다.
⑤ 자아실현의 욕구는 인간의 모든 동기 가운데 가장 강력한 동기이다.

해설 매슬로우는 상위욕구보다 하위욕구가 중요하고 하위욕구가 충족될 때 상위욕구가 나타난다고 주장하였다.

영아기

06 영아기(0~2세)의 설명으로 옳지 않은 것은? [10회]

① 애착관계에 관심을 가져야 한다.
② 자아개념 및 성격발달의 기초를 형성하는 시기이다.
③ 프로이트(S. Freud)의 구강기, 에릭슨의 유아기, 피아제의 전조작기에 해당한다.
④ 태어난 지 1년 이내 몸무게가 2~3배 정도 증가한다.
⑤ 장난감을 빼앗아 숨겨도 그것을 찾으려고 하지 않는다면 대상영속성의 개념을 획득하지 못한 것이다.

해설 영아기는 피아제의 전조작기가 아닌 감각운동기에 해당한다.

유아기

07 유아기(3~6세)에 관한 설명으로 옳지 않은 것은? [11회]

① 콜버그(L. Kohlberg)의 후인습적 도덕발달단계에 해당하며 타인과 좋은 관계를 맺는 데 치중하는 시기이다.
② 프로이트(S. Freud)의 남근기에 해당하며 이성부모에게 관심을 갖는 시기이다.
③ 피아제(J. Piaget)의 전조작기에 해당하며 상징적 사고가 활발한 시기이다.
④ 에릭슨(E. Erikson)의 주도성 대 죄의식 단계에 해당하며 책임의식이 고취되는 시기이다.
⑤ 융(C. Jung)의 아동기에 해당하며 자아가 형성되는 시기이다.

해설 콜버그의 후인습적 도덕발달단계는 7세 이후에 발달한다.

청소년기

08 청소년기(13~24세)의 특징으로 옳지 않은 것은? [12회]

① 여성보다 남성에게서 섭식장애가 더 많이 나타난다.
② 자아정체감 확립이 주요 발달과업이다.
③ 또래에게 인정받고자 하는 욕구가 강하다.
④ 가설을 통한 연역적 사고와 논리적 추론을 할 수 있다.
⑤ 성적 성숙은 감정 기복과 같은 극단적 정서변화를 가져온다.

해설 섭식장애에는 거식증과 폭식증이 있으며 이는 다이어트에 관심이 많은 여성에게 더 많이 나타난다.

정답 04 ② 05 ④ 06 ③ 07 ① 08 ①

중년기

09 중년기(40~64세)의 설명으로 옳지 않은 것은? [10회]

① 신진대사가 둔화되는 것을 느끼기 시작한다.
② 에릭슨의 친밀감 대 고립감 단계에 해당한다.
③ 기억의 감퇴현상이 나타나지만 문제해결능력은 높아질 수 있다.
④ 사회경제적 활동능력이 최고조에 달하며 높은 성취감을 맛보게 된다.
⑤ 신체적 능력과 건강이 감퇴하기 시작해서 건강에 문제가 나타나기도 한다.

해설 중년기는 생산성 대 침체 단계이고 친밀감 대 고립감 단계는 청년기에 해당한다.

사회체계에 대한 이해

10 사회체계이론에 관한 설명으로 옳은 것은? [14회]

① 인간행동은 단일체계에 의해 결정된다.
② 인간행동을 원인과 결과라는 단선적 관점으로 이해한다.
③ 인간행동은 체계 간에 에너지를 주고받으면서 변화한다.
④ 체계의 한 부분의 변화는 다른 부분에 영향을 미치지 않는다.
⑤ 거시체계는 인간이 가장 밀접하게 상호작용하는 가족, 친구, 학교 등을 포함한다.

해설 ① 인간행동은 생물학적 요소와 사회환경 등 다양한 체계에 의해 결정된다.
② 인간행동을 원인과 결과라는 순환적 관점으로 이해한다.
④ 체계는 순환적 인과성을 가지므로 체계의 한 부분의 변화는 다른 부분에 영향을 미치게 된다.
⑤ 인간이 가장 밀접하게 상호작용하는 가족, 친구, 학교 등을 포함하는 체계는 미시체계이다.

사회체계에 대한 이해

11 다음 제시된 사례와 관계있는 개념은? [11회]

> 이혼 위기에 처한 부부가 상담을 받아 관계가 회복되는 계기를 맞게 되고, 외부 전문가의 도움으로 부부 간의 불화가 개선되고 긴장이 감소되었다.

① 엔트로피(Entropy)
② 넥엔트로피(Negentropy)
③ 시너지(Synergy)
④ 균형(Equilibrium)
⑤ 항상성(Homeostasis)

해설 넥엔트로피는 외부의 에너지가 투입되어 내부의 유용하지 않은 에너지를 소멸시키는 것으로 이혼 위기에 처한 부부가 외부 에너지(상담과 외부 전문가의 도움)로 인하여 유용하지 않은 에너지(부부 간 불화)를 소멸시켰다.

정답 09 ② 10 ③ 11 ②

2과목 사회복지조사론

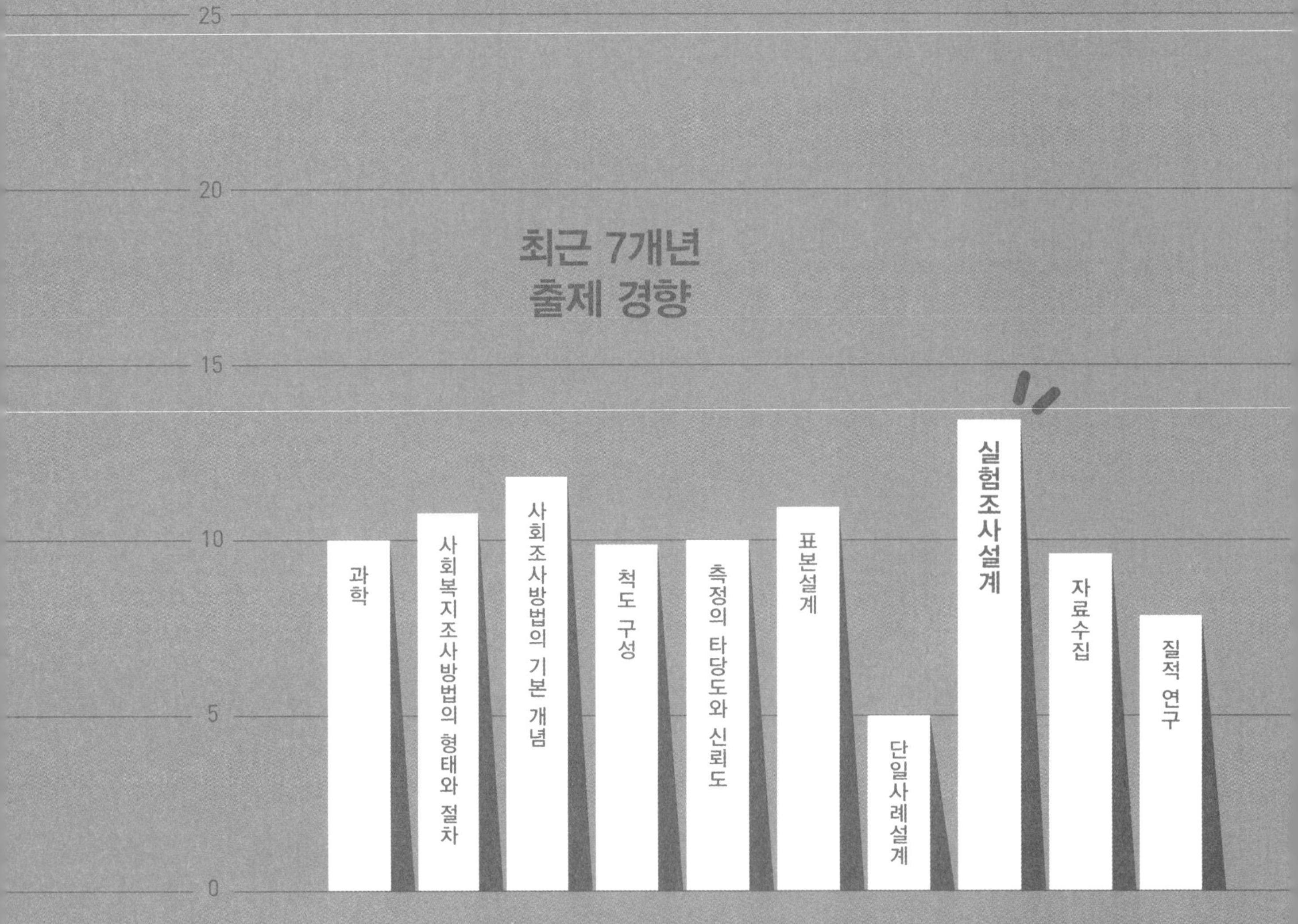

최근 7개년 출제 경향

25
20
15
10
5
0

과학
사회복지조사방법의 형태와 절차
사회조사방법의 기본 개념
척도 구성
측정의 타당도와 신뢰도
표본설계
단일사례설계
실험조사설계
자료수집
질적 연구

1 과학

KEYWORD 01 **과학** 9 10 11 12 15 18 19 20 22

학습 가이드

과학적 방법은 단독으로 출제되기보다는 여러 이론과 함께 출제되고 있습니다.

01 사회과학

인간의 행동을 연구하기 때문에 인과관계에 대한 명확한 결론이 어렵고 관찰자와 관찰대상자를 구분하기 어렵다.

02 과학적 특성

① **논리성** : 논리적 사고의 활동으로 과학적 설명이 이치에 맞아야 하는 것을 의미한다.
② **결과론적 인과성** : 과학의 결과는 100%를 의미하는 것이 아니라 얼마나 확률적인가를 의미한다.
③ **일반적인 것을 추구** : 개개인의 개별적인 현상을 설명하는 것이 아니라 다수를 대상으로 일반적인 것을 추구하는 것을 의미한다.
④ **간결한 것을 추구** : 최소한의 변수를 이용하여 가능한 최대의 설명력을 추구하는 것을 의미한다. 즉, 간결하게 설명하되 많은 내용을 포함하고 있어야 한다.
⑤ **구체성** : 조작화를 통해 검증하고자 하는 개념을 보다 정확히 측정하고 정의하는 것을 의미한다.
⑥ **경험적으로 검증 가능성** : 이론이나 경험에 근거하는 것이 아니라 지식이 현실에서 경험으로 검증이 가능해야 하는 것을 의미한다.
⑦ **간주관성** : 연구에 대한 주관적 동기가 다르더라도 같은 방법의 과학적 연구과정이면 같은 결론을 얻을 수 있는 것을 의미한다.
⑧ **수정 가능성** : 과학은 변하지 않는 것이 아니라 상황, 시대에 따라서 수정이 가능한 것을 의미한다.
⑨ **설명적** : 과학을 통해 수집된 사실을 설명하는 것을 의미한다.
⑩ **재생 가능성** : 표준화된 방법을 사용할 경우 누구나 동일한 결과나 결론이 나올 가능성을 의미한다.
⑪ **객관성** : 많은 사람들이 어떠한 대상의 지식을 습득하는 데 있어서 대상을 같게 인식하고 습득한 지식이 일치하는 것을 의미한다.

간주관성은 주관적 동기, 재생 가능성은 표준화된 방법이 특징입니다.

03 연역법과 귀납법

① 연역법
㉠ 일반적인 사실에서 특수한 사실을 추론해 내는 방법이다.
㉡ 실증주의자들이 주로 사용하며, '가설'을 입증하는 전반적인 과정이다.
㉢ 가설을 입증하여 이론을 증명하는 방법이다.

㉣ 논리적 전개 : '이론 → 가설 → 조작화 → 관찰 → 검증'을 거치는 방법이다.

(논리, 이론, 일반화된 설명, 가설)	모든 사람은 죽는다.
(조작화)	A는 사람이다.
(관찰, 경험)	고로, A는 죽는다.
(검증)	모든 사람은 죽는다는 논리를 검증한다.

② 귀납법

㉠ 관찰에서 시작하여 일반적 원리나 이론을 전개해 나가는 논리적 과정이다.

㉡ 가설을 정하지 않고 스스로 알고 싶거나 관심이 있는 것에서 출발한다.

㉢ 비슷한 행동이 반복되거나 동시에 비슷한 행동이 나오면 추상적 개념이 되어 이론으로 구축된다.

㉢ 논리적 전개 : '주제 선정 → 관찰 → 경험적 일반화(유형 발견) → 이론(임시적 결론)'을 만드는 방법이다.

㉣ 기존의 이론이 없을 때 사용하는 방법으로 얼마나 관찰해야 이론이 되는지 알 수 없다.

(주제)	인간의 죽음을 관찰한다.
(관찰)	A가 죽는 것을 관찰한다.
(유형)	다른 사람이 죽는 것을 관찰한다.
(이론)	그러므로 모든 사람은 죽는다.

TIP

연역법은 이론에서 시작하고 귀납법은 관찰에서 시작합니다.

③ 연역법과 귀납법의 상호관계

분석적인 연역법과 경험적인 귀납법은 상호대립적이 아니라 서로 관련이 있으므로 상호보완적이다. 기존에 이론이 존재할 때는 연역법을 사용하지만 이론이 존재하지 않을 경우에는 귀납법을 사용한다.

핵심문제

01 사회복지조사에 관한 설명으로 옳은 것을 모두 고른 것은? [20회]

ㄱ. 사회복지관련 이론 개발에 사용된다.
ㄴ. 여론조사나 인구센서스 조사는 전형적인 탐색 목적의 조사연구이다.
ㄷ. 연구의 전 과정에서 결정주의적 성향을 지양해야 한다.
ㄹ. 조사범위에 따라 횡단연구와 종단연구로 나뉜다.

① ㄱ, ㄷ
② ㄴ, ㄹ
③ ㄱ, ㄴ, ㄷ
④ ㄴ, ㄷ, ㄹ
⑤ ㄱ, ㄴ, ㄷ, ㄹ

 ①

 ㄴ. 탐색 목적의 조사연구는 어떤 현상에 대하여 사전 지식이 없을 경우 탐색을 목적으로 하는 조사를 말한다.
ㄹ. 횡단연구와 종단연구는 시점에 따른 분류이다.

02 과학적 지식의 특성에 관한 설명으로 옳은 것을 모두 고른 것은? [22회]

> ㄱ. 경험적으로 검증 가능하여야 한다.
> ㄴ. 연구결과는 잠정적이며 수정될 수 있다.
> ㄷ. 연구자의 주관적 가치 판단이 연구과정이나 결론에 작용하지 않도록 객관성을 추구한다.
> ㄹ. 같은 절차를 다른 대상에 반복적으로 적용하여 같은 결과가 나오는지 검토할 수 있다.

① ㄱ, ㄷ
② ㄴ, ㄹ
③ ㄱ, ㄴ, ㄷ
④ ㄴ, ㄷ, ㄹ
⑤ ㄱ, ㄴ, ㄷ, ㄹ

정답 ⑤

 ㄱ. 경험적으로 검증 가능성 : 이론이나 경험에 근거하는 것이 아니라 지식이 현실에서 경험으로 검증이 가능해야 하는 것을 의미한다.
ㄴ. 결과론적 인과성 : 과학의 결과는 100%를 의미하는 것이 아니라 얼마나 확률적인가를 의미한다.
ㄷ. 객관성 : 많은 사람들이 어떠한 대상의 지식을 습득하는 데 있어서 대상을 같게 인식하고 습득한 지식이 일치하는 것을 의미한다.
ㄹ. 간주관성 : 연구에 대한 주관적 동기가 다르더라도 같은 방법의 과학적 연구과정이면 같은 결론을 얻을 수 있는 것을 의미한다.

KEYWORD 02 과학철학 및 패러다임 10 11 13 14 16 17 18 20 21 22

01 실증주의(경험주의)

① 연구의 가치중립성 강조 : 가치나 신념이 없으므로 연구자의 가치나 편향이 개입되어서는 안 된다.
② 경험적인 관찰을 사용(통제된 실험, 표준화된 척도에 의한 측정)하며 구조화된 양적 방법을 고수한다. 보편적으로 적용 가능한 분석도구가 존재한다.
③ 정확성, 일반 법칙화를 강조하므로 적은 수의 표본으로 결과를 일반화하는 것은 무리라고 주장한다.
④ 객관성 : 객관적 실재가 독립적으로 존재한다고 본다.

학습 가이드
꾸준히 출제되고 있는 부분으로 실증주의, 해석주의, 패러다임에 대한 내용을 꼭 암기해야 합니다.

02 후기 실증주의

① 사회를 자연과 같이 관찰에 의한 경험적 검증을 통해 사회의 법칙을 묘사하려는 실증주의에 대한 대안으로 등장하였다.

② **논리적 실증주의** : 경험적으로 검증될 수 있는 경우에만 인정된다고 주장하고 경험적 검증을 위해 주로 관찰에 의존하므로 관찰되지 않은 것의 존재를 간과하는 문제점에 봉착하게 된다.

③ **논리적 경험주의** : 과학의 이론들이 확률적으로 검증되는 관찰에 의해서만 정당화될 수 있다고 주장한다. 유일한 관찰에 의해서는 완전한 진리를 규명할 수 없다는 견해로 진리를 입증하는 대신 진리를 확인하는 것으로 전환하였다.

03 해석주의

TIP
실증주의는 객관성을 인정하고, 해석주의는 주관성을 인정합니다.

① 과학과 과학이 아닌 것을 구분하는 기준은 없으며 인간의 다양한 지적 주장들은 인식론적으로 동등하다.

② 인간행동에 대한 특수한 이유를 설명하여 감정이입적 이해를 얻고자 한다. 즉, 현상에 대한 직접적 이해가 가능하지 않다고 본다.

③ 인간의 주관적 의식을 중요시하여 연구자의 가치나 태도의 활용한다. 즉, 사회적 행위의 주관적 의미에 대한 이해를 강조한다.

04 반증주의

반증
어떤 사실이나 주장이 옳지 아니함을 그에 반대되는 근거를 들어 증명하는 방법이다.

① 관찰증거에 의해 이론이 참임을 밝힐 수는 없지만, 관찰이나 실험의 결과에 의해 어떤 이론이 거짓임을 밝힐 수는 있다고 주장한다.

② 반증할 수 있는 가설이 많을수록 과학은 진보하는 것으로 간주한다.

05 과학혁명

① 패러다임(세상을 보는 눈)은 과학자들이 공유하는 신념, 가치, 기술 등의 총합으로 규정하였다.

② 과학적 진리는 과학 공동체의 패러다임에 의존한다.

③ 과학적 진리는 사회의 성격에 영향을 받는다.

④ 과학은 일정한 방향으로 누진적인 진보를 하지 않고 급진적인 진보를 한다.

⑤ 패러다임의 우열을 비교할 수 있는 객관적 기준은 존재하지 않는다.

⑥ 과학의 진보에는 특정한 패턴이나 구조가 존재한다.
많은 패러다임 중에서 하나의 패러다임(대안적인 패러다임, 혁명적 과학)이 주도권을 잡게 되어, 다수의 과학자가 그것을 공유하고 있는 시기를 정상과학이라고 부른다. 따라서 패러다임의 변화를 점진적인 것이 아니라 혁신적인 것으로 본다.
예 다윈의 진화론, 프로이트의 정신분석학, 아인슈타인의 상대성 원리

핵심문제

01 실증주의의 특징과 가장 거리가 먼 것은? [20회]

① 이론의 재검증
② 객관적 조사
③ 사회현상의 주관적 의미에 대한 해석
④ 보편적이고 적용 가능한 통계적 분석도구
⑤ 연구결과의 일반화

정답 ③

해설 실증주의는 과학과 비과학을 구분하고 사회과학도 자연과학과 같이 실험과 관찰을 통해서 검증된 것만 인정한다. 객관적 조사를 통해 이론을 재검증하고 연구결과의 일반화 가능성을 주장한다.

02 과학철학에 관한 설명으로 옳지 않은 것은? [22회]

① 쿤(T. Kuhn)은 과학적 혁명에서 패러다임 전환을 제시하였다.
② 쿤(T. Kuhn)은 당대의 지배적 패러다임에서 벗어나지 않는 것을 정상과학이라고 지칭하였다.
③ 포퍼(K. Popper)는 쿤의 과학적 인식에 내재된 문제점을 극복하기 위하여 반증주의를 제시하였다.
④ 포퍼(K. Popper)의 반증주의는 연역법에 의존한다.
⑤ 포퍼(K. Popper)는 이론이란 증명되는 것이 아니라 반증되는 것이라고 하였다.

정답 ③

해설 포퍼(K. Popper)의 반증주의는 과학적 이론은 검증될 수 없어도 반증될 수 있다고 보고, 검증 가능한 것만 과학이라고 주장한 논리실증주의에 반기를 들었다. 기존 이론과 상충되는 현상을 찾아 이론을 반증하는 과정을 거쳐 과학이 발달한다고 보았으며, 과학적 인식에 내재된 문제점을 극복하기 위한 것이 아니라 기존의 이론을 반증하기 위해 반증주의를 제시하였다.

2 사회복지조사방법의 형태와 절차

KEYWORD 03 횡단조사와 종단조사 9 10 11 12 13 14 15 16 18 20 22 23

01 횡단조사

① 어느 한 시점에 조사를 하는 것으로 그 시점에 필요한 자료를 얻기 위해 사회현상을 조사하는 것을 의미한다.
② 한 시점에 조사를 하는 것이기 때문에 탐색, 기술, 설명의 목적을 갖는다.
③ **장점** : 종단조사에 비해 시간과 비용을 절약할 수 있고 한 번에 많은 양의 자료를 얻을 수 있다.
④ **단점** : 조사 시점이 지난 후에 변화한 내용은 알 수 없고 시간이 지남에 따라 수집한 자료의 내용이 변경될 수 있다.

학습 가이드
횡단조사와 종단조사를 비교하는 문제와 종단조사의 종류에 대한 특성들을 파악하고 있어야 합니다.

02 종단조사

① 시간적 차이를 두고 여러 번 걸쳐 조사하는 것을 말한다.

② 적어도 2번 이상의 사회현상을 조사하는 것을 의미하고 횡단조사보다 논리적이고 타당도가 높다.

③ **장점** : 횡단조사에 비해 조사대상자의 변화에 대하여 과정과 원인을 파악할 수 있다.

④ **단점** : 시간과 비용이 많이 들고 조사기간 중에 조사 대상자의 탈락의 위험이 있다.

03 종단조사의 종류

① **패널조사**

㉠ 한 집단을 두고 오랜 시간 동안 연속적으로 조사하는 것을 말한다.

㉡ 동일한 집단을 동일한 주제로 조사하는 것을 말하고 시간이 지남에 따라 조사대상자들이 개인적 사정에 의해 줄어드는 문제점이 있다.

㉢ 동일한 질문, 동일한 집단

예 2010년 A씨의 주택 구입 여부 → 2020년 A씨의 주택 구입 여부

② **경향조사(추이, 추세조사)**

㉠ 한 질문을 반복적으로 조사하되 조사할 때마다 대상자가 다른 것을 말한다.

㉡ 동일한 주제를 가지고 조사를 하지만 매번 다른 조사대상자를 조사한다는 점이 패널조사와 다르다.

㉢ 동일한 질문, 다른 집단

예 2010년 1980년생의 주택 구입 여부 → 2020년 1990년생의 주택 구입 여부

③ **동년배조사(동류집단조사, 코호트조사)**

㉠ 동년배 집단을 선정하여 일정한 시간을 두고 조사하는 것을 말한다.

㉡ 같은 시기에 태어나 같은 문화에서 비슷한 경험을 한 사람들을 동년배 집단이라고 한다.

㉢ 매번 같은 대상자를 조사하지 않으며, 집단 안에 있는 다른 대상자로 바뀔 수 있다.

㉣ 동일한 질문, 집단 내 다른 대상

예 2010년에 1980년생 100명에게 주택 구입 여부 → 2011년대에 1980년생에 100명에게 주택 구입 여부

④ **유사 종단적 조사**

종단조사가 어려워 종단조사와 횡단조사를 결합한 방식이다.

TIP

종단조사의 종류에는 패널조사, 경향(추이, 추세)조사, 동년배(동류집단, 코호트)조사가 있습니다. 동의어도 꼭 암기해야 합니다.

핵심문제

01 종단연구(Longitudinal Study)에 관한 설명으로 옳은 것은? [21회]

① 베이비붐 세대를 시간변화에 따라 연구하는 것은 추이연구(Trend Study)이다.
② 일정기간 센서스 자료를 비교하여 전국 인구의 성장을 추적하는 것은 동류집단연구(Cohort Study)이다.
③ 매번 동일한 집단을 관찰하는 연구는 패널연구(Panel Study)이다.
④ 시간에 따른 변화를 가장 정확하게 알려주는 것은 동류집단연구(Cohort Study)이다.
⑤ 일반 모집단의 변화를 시간변화에 따라 연구하는 것은 동류집단연구(Cohort Study)이다.

정답 ③

해설 ① 베이비붐 세대를 시간변화에 따라 연구하는 것은 동년배조사이다. 동년배조사는 시간의 변화에 따른 특정 집단(베이비붐 세대)의 변화를 연구한다.
② 일정기간 센서스 자료를 비교하여 전국 인구의 성장을 추적하는 것은 경향조사이다. 같은 사람을 조사하기에는 조사대상자의 탈락의 위험이 있기에 경향조사로 실시한다.
④ 시간에 따른 변화를 가장 정확하게 알려주는 것은 패널조사이다.
⑤ 일반 모집단의 변화를 시간변화에 따라 연구하는 것은 경향조사이다.

02 다음에서 설명하는 조사유형을 바르게 짝지은 것은? [22회]

ㄱ. 동일한 표본을 대상으로 시간을 달리하여 추적 관찰하는 연구
ㄴ. 일정연령이나 일정연령 범위 내 사람들의 집단이 조사대상인 종단연구

① ㄱ : 경향조사, ㄴ : 코호트(Cohort) 조사
② ㄱ : 경향조사, ㄴ : 패널조사
③ ㄱ : 코호트(Cohort) 조사, ㄴ : 경향조사
④ ㄱ : 패널조사, ㄴ : 경향조사
⑤ ㄱ : 패널조사, ㄴ : 코호트(Cohort) 조사

정답 ⑤

해설 ㄱ. 동일한 표본을 대상으로 시간을 달리하여 추적 관찰하는 연구는 패널조사이다.
ㄴ. 일정연령이나 일정연령 범위 내 사람들의 집단이 조사대상인 종단연구는 코호트조사이다.

KEYWORD 04

윤리문제 10 11 12 13 15 16 18 21 22

 학습 가이드

자주 출제되고 있지만 사회복지조사론에서 가장 쉽게 출제되는 부분으로 여러 번 읽어 이해하면 됩니다.

01 사회복지조사의 윤리성

① 고지된 동의

연구 대상자가 참여하는 연구에 대해서 충분히 알고 스스로 결정할 수 있는 권리가 있느냐에 대한 문제로, 다른 사람에 의해 참여한 것이 아니라 스스로 원해서 연구에 참여할 수 있는 권리이다. 특히 조사 대상자가 신체적 고통이나 사생활 침해, 심리적 스트레스를 받게 되는 경우에는 연구 도중에 연구 대상자가 동의를 철회할 수도 있다.

② 비밀보장

연구를 하면서 대상자에 대해 알게 된 내용을 연구목적이 아닌 다른 곳에 공개하지 않는 것을 의미한다. 단, 비밀보장이 지켜지지 않는 경우로는 법원이 자료를 요청할 때와 같은 특별한 사례의 경우로 문제해결 과정 등에서 발표될 수 있다.

③ 익명성

연구 대상자가 연구에 참여하는 데 있어 신분이 드러나지 않는 것을 의미한다. 조사 연구에서는 연구 대상자가 솔직하고 진실된 답변을 할 가능성이 높아지기 때문에 익명성이 중요하다. 설문을 할 때는 익명성이 보장되지만 면접법에서는 직접 만나야 하기에 익명성이 보장되지 않는다.

④ 보고의 의무

연구에서 얻게 된 정보를 정확하게 보고해야 하며, 부정적인 결과가 나오더라도 왜곡하지 않아야 한다.

02 조사과정에서 윤리성을 유지하기 위한 방법

① 고지된 동의

㉠ 조사 대상자로부터 고지된 동의를 얻는다.

㉡ 판단 능력이 현저히 상실된 조사 대상자의 경우 후견인의 동의를 얻는다.

㉢ 아동대상연구에서 보호자에게 연구참여 동의를 얻어야 한다.

㉢ 연구 참여자에게 연구과정에서 발생할 수 있는 고통을 미리 알리고 사전 동의를 구하였다.

㉤ 조사 과정 중 언제라도 참여를 중단할 수 있음을 사전에 알린다.

㉥ 연구결과의 활용 계획에 대해 미리 알려준다.

㉦ 기관생명윤리위원회의 심사를 통과한 경우 사전에 연구 참여자에게 연구 목적을 밝히지 않을 수 있다.

㉧ 조사자를 보호하기 위해 활용할 수 있다.

② 비밀보장

㉠ 수집된 정보에 대하여 비밀을 유지한다.

㉡ 누구인지 식별할 수 있는 항목을 제거한 후 자료를 공개한다.

③ 익명성

㉠ 조사 대상자의 익명성을 보장한다.

㉡ 조사 참여에 대한 개별 동의서를 사전에 받는다.

④ 보고의 의무

연구결과의 활용 계획에 대해 알려준다.

사회복지실천론의 윤리에 대한 내용과 함께 연관 지으면 쉽게 이해할 수 있습니다.

핵심문제

01 사회조사 과정에서 준수해야 할 연구윤리로 옳지 않은 것은? [21회]

① 참여자의 익명성과 비밀을 보장한다.

② 참여자가 원할 경우 언제든지 참여를 중단할 수 있음을 사전에 고지한다.

③ 일반적으로 연구의 공익적 가치가 연구윤리보다 우선해야 한다.

④ 참여자가 연구에 참여하여 얻을 수 있는 혜택은 사전에 고지한다.

⑤ 참여자의 연구 참여는 자발적이어야 한다.

정답 ③

해설 일반적으로 연구의 공익적 가치가 연구윤리보다 우선할 수 없다. 연구의 공익적 가치가 아무리 높다 하더라도 조사대상자의 비밀보장이나 자기결정권, 사전고지 등이 지켜지지 않는다면 사회조사윤리위원회를 통과할 수 없고 조사연구결과도 퇴색될 수 있다.

02 과학적 탐구에서 제기되는 윤리적 문제에 관한 설명으로 옳지 않은 것은? [22회]

① 어떤 경우라도 연구 참여자 속이기는 허용되지 않는다.

② 고지된 동의는 조사대상자의 판단능력을 고려하여야 한다.

③ 연구자는 기대했던 연구결과와 다르더라도 그 결과를 사실대로 보고해야 한다.

④ 사회복지조사에서는 비밀유지가 엄격히 지켜질 수 없는 상황이 발생할 수 있다.

⑤ 연구자는 개인정보 유출 등으로 인해 연구 참여자에게 피해를 주지 않도록 신중을 기해야 한다.

정답 ①

해설 어떤 경우라도 연구 참여자 속이기가 허용되지 않는 것이 아니라 상황에 따라 달라진다. 연구 참여자의 생명과 관련이 있다면 무엇보다 생명보호가 우선이다.

3 사회조사방법의 기본 개념

KEYWORD 05 변수 9 10 11 12 13 14 15 17 18 19 20 21 22 23

학습 가이드

1. 변수의 종류와 분류, 변수의 개념적 정의와 조작화 등이 출제되고 있습니다.
2. 매개변수와 조절변수 적용이 포괄적인 지문으로 출제되고 있으므로 단순한 이해보다는 관련사항까지 이해하여야 합니다.

변수와 상수

- 변수 : 속성 및 특성을 경험적으로 관찰할 수 있도록 만든 것을 의미한다. 두 가지 이상의 가치를 가지며 변할 수 있다.
- 상수 : 불변의 값을 가지는 변수로 변하지 않는다.

01 기능에 따른 변수

① 독립변수(원인변수, 설명변수, 예측변수)

조사하고자 하는 사건이나 상황을 일으키거나 영향을 미친다고 생각되는 변수를 말한다. 보통 종속변수에 앞에 오며 비교적 구체화하기 용이하고 조사자가 조정하거나 통제할 수 있는 변수를 말한다.

② 종속변수(결과변수, 피설명변수, 피예측변수)

일반적으로 조사의 주제를 말하며, 설명하거나 예측하고자 하는 것을 의미한다. 독립변수의 영향을 받아 일정하게 변화된 결과를 나타내는 기능을 수행하는 변수를 말한다.

③ 매개변수

독립변수의 영향을 받아 종속변수에 영향을 주는 변수로 독립변수에 선행한다. 영향력이 일정한 독립변수와는 달리 종속변수에 보충적 영향을 주는 역할을 하고 독립변수 다음에 위치하면서 종속변수를 좀 더 설명해 주는 매개적 역할을 한다. 독립변수의 결과인 동시에 종속변수의 원인이 된다.

예 낮은 자아존중감(독립변수)은 알코올 중독에 영향을 미치고 알코올 중독(매개변수)은 가정폭력(종속변수)에 영향을 미친다.

④ 외생변수

기존의 독립변수와 종속변수의 관계가 잘못 이해되고 있다는 것을 보여 주는 변수로 독립변수와 종속변수 간 상관관계가 없는데 영향이 있는 것처럼 보이게 하는 변수이다. 독립변수와 종속변수 모두에 영향을 미치는 변수로, 실험연구에서 외생변수를 제거하는 경우 독립변수와 종속변수의 관계는 사라진다.

예 사회복지기관의 예산(독립변수)이 클라이언트의 만족도(종속변수)를 좌우한다고 간주되었지만, 사회복지기관장의 리더십(외생변수)이라는 변수를 고려하면 원래 두 변수의 관계는 사라지게 된다. 실제로는 사회복지기관의 예산이 아니라 사회복지기관장의 리더십이 클라이언트의 만족도와 사회복지기관의 예산 모두에 영향을 준다.

⑤ 억압변수

상관관계가 있는 두 변수와 관계를 맺고 있는 제3의 변수로서 두 변수의 상관관계가 없는 것처럼 보이게 하는 변수를 말한다.

예 교육수준과 소득수준의 두 가지 변수 간에는 인과관계가 없는 것처럼 보일 수 있다. 그러나 연령(억압변수)을 통제하는 경우 교육수준과 소득수준에 인과관계가 나타난다.

⑥ 통제변수

독립변수와 종속변수 간의 관계를 좀 더 정확하게 파악하기 위해서 두 변수 간의 인과관계에 영향을 미칠 수 있는 제3의 변수를 사용하여 통제하는 변수이다.

예 외모(독립변수)에 따라 취업률(종속변수)이 높다는 가정에 제3의 변수인 성별(통제변수)을 통제한 결과 여성의 경우 외모는 취업을 하는 데 영향을 주는 반면 남성의 경우 외모와 취업과는 아무런 관련이 없는 것으로 나타났다. 제3의 변수를 통제하지 않았을 때 외모와 취업률 간에 상관관계가 있었던 것은 여성들은 외모가 예쁠수록 취업률이 높고 남성은 외모와 상관없이 취업률이 낮았기 때문에 외모와 취업간에 상관관계가 있는 것으로 나타났다. 성별을 통제할 경우 여성에게는 상관관계가 있고 남성에게는 상관관계가 없는 것을 알 수 있다.

⑦ 조절변수

독립변수와 종속변수 간 강화시키거나 약화시키는 등 강도를 조절하기 위한 변수이다.

02 속성에 따른 변수

① 명목변수

단순히 분류하기 위해 측정대상의 속성에 부호나 수치를 부여하는 것을 의미한다. 변수의 속성에 그 차이점과 유사점에 따라 범주화하고 사용한 숫자는 변수를 구분하기 위해 사용한 것이기에 대상의 특징이 다른 것을 의미할 뿐 계산은 불가능하다.

예 성별, 인종, 종교, 장애종류, 결혼여부, 직업

② 서열변수

변수의 속성뿐 아니라 서열이나 순위를 매길 수 있고 서열화가 가능하지만 서열의 간격은 동일하지 않다.

예 장애등급, 학점

③ 등간변수

변수의 서열화가 가능하고 등간격으로도 순서화가 가능하다. 서열측정과 달리 등간격은 같지만 절대영점이 없어 계산(+, −)만 가능하다.

예 지능, 온도, 시험점수, 학년

TIP
변수의 종류와 분류는 깊은 내용까지 묻고 있으므로 심도 있게 공부해야 합니다.

④ 비율변수

변수의 서열, 등간격뿐 아니라 절대영점을 가진다. 절대영점이 있어 사칙연산(×, ÷, +, −)이 가능하고 절대영점은 없음(제로)을 의미한다.

예 연령, 무게, 키, 수입, 출생률, 사망률, 이혼율, 가족 수

핵심문제

01 다음 연구과제의 변수들을 측정할 때 ㄱ~ㄹ의 척도유형을 바르게 짝지은 것은? [21회]

> 장애인의 성별(ㄱ)과 임금수준의 관계를 정확하게 파악하기 위해서는 장애유형(ㄴ), 거주지역(ㄷ), 직업종류(ㄹ)와 같은 변수들의 영향력을 적절히 통제해야 한다.

① ㄱ : 명목, ㄴ : 명목, ㄷ : 명목, ㄹ : 명목
② ㄱ : 명목, ㄴ : 서열, ㄷ : 서열, ㄹ : 명목
③ ㄱ : 명목, ㄴ : 서열, ㄷ : 명목, ㄹ : 비율
④ ㄱ : 명목, ㄴ : 등간, ㄷ : 명목, ㄹ : 명목
⑤ ㄱ : 명목, ㄴ : 등간, ㄷ : 서열, ㄹ : 비율

정답 ①

해설 장애인의 성별, 장애유형, 거주지역, 직업종류는 모두 같은 속성끼리 분류한 것이기에 명목변수에 속한다.

02 변수에 관한 설명으로 옳지 않은 것은? [22회]

① 매개변수(Mediating Variable)는 독립변수의 영향을 받아 종속변수에 영향을 미치는 변수이다.
② 통제변수(Control Variable)는 독립변수와 종속변수의 관계에 영향을 줄 수 있기 때문에 통제대상이 되는 변수이다.
③ 독립변수는 결과변수이고 종속변수는 설명변수이다.
④ 조절변수(Moderating Variable)는 독립변수와 종속변수 간의 관계의 강도에 영향을 미칠 수 있다.
⑤ 변수들 간의 관계는 그 속성에 따라 직선이 아닌 곡선의 형태로도 나타날 수 있다.

정답 ③

해설
- 독립변수는 조사하고자 하는 사건이나 상황을 일으키거나 영향을 미친다고 생각되는 변수로 원인변수, 설명변수, 예측변수로도 불린다.
- 종속변수는 독립변수의 영향을 받아 변화된 변수로 결과변수, 피설명변수, 피예측변수로도 불린다.

KEYWORD 06 가설 9 15 16 17 18 21 22 23

01 특성

① 두 개 이상의 변수나 현상 간의 특별한 관계를 검증한 형태로 서술하여 변수 간의 관계를 예측하려는 문장이다.
② 두 개 이상의 변수로 구성되며 변수들 간에 관계를 나타내야 한다(상호 연관성).
③ 경험적으로 검증하기 위해 조작적으로 정의될 수 있어야 한다(검증 가능성).
④ 아직 확정된 이론이 아니기 때문에 확률적으로 표현되어야 한다(추계성).
⑤ 문제를 해결할 수 있어야 한다(문제 해결성).
⑥ 변수들의 관계를 나타내기 때문에 구체적이어야 한다(구체성).
⑦ 연구과정과 결과에 영향을 미쳐야 한다(명확성).
⑧ 표현이 간단명료하여야 한다(명료성).

학습 가이드
가설의 특성과 종류는 포괄적인 지문으로 출제되고 있으므로 전체적인 내용을 심도 있게 공부해야 합니다.

02 종류

① **연구가설** : 2개 이상의 변수 간에 차이가 있다고 예측하는 것으로 독립변수가 종속변수에 영향을 미친다고 가정한다.
예 고등학교 성적이 높을수록 대학성적도 높을 것이다.
② **영가설(귀무가설)** : 2개 이상의 변수 간에 차이가 없음을 예측하는 것으로 독립변수가 종속변수에 영향을 미치지 않는다고 가정한다.
예 고등학교 성적과 대학성적은 무관하다.
③ **대립가설** : 영가설에 대립되는 가설로 영가설이 기각될 때 채택하기 위해 설정한다.

TIP
연구가설의 반증가설은 영가설이고 영가설(귀무)의 반증가설은 대립가설입니다.

03 오류

① **1종 오류** : 영가설이 참인데도 영가설을 기각하는 경우이다(참가설의 기각).
② **2종 오류** : 영가설이 거짓인데도 영가설을 수용하는 경우이다(거짓가설의 수용).

핵심문제

01 영가설에 관한 설명으로 옳은 것을 모두 고른 것은? [21회]

ㄱ. 연구가설에 대한 반증가설이 영가설이다.	ㄴ. 영가설은 변수 간에 관계가 없음을 뜻한다.
ㄷ. 대안가설을 검증하여 채택하는 가설이다.	ㄹ. 변수 간의 관계가 우연이 아님을 증명한다.

① ㄱ, ㄴ
② ㄱ, ㄹ
③ ㄴ, ㄷ
④ ㄱ, ㄷ, ㄹ
⑤ ㄴ, ㄷ, ㄹ

정답 ①

해설 ㄷ. 대안(대립)가설은 영가설의 반증가설이다.
ㄹ. 변수 간의 관계가 우연이 아님을 증명하는 가설은 연구가설이다.

02 영가설(Null Hypothesis)과 연구가설(Research Hypothesis)에 관한 설명으로 옳은 것은? [22회]

ㄱ. 이론적 배경을 가져야 한다.
ㄴ. 변수 간 관계를 가정한 문장이다.
ㄷ. 가설구성을 통해 연구문제가 도출된다.
ㄹ. 창의적 해석이 가능하도록 개방적으로 구성되어야 한다.

① 연구가설은 연구의 개념적 틀 혹은 연구모형으로부터 도출될 수 있다.
② 연구가설은 그 자체를 직접 검정할 수 있다.
③ 영가설은 연구가설의 검정결과에 따라 채택되거나 기각된다.
④ 연구가설은 수집된 자료에서 나타난 차이나 관계가 표본추출에서 오는 우연에 의한 것으로 진술된다.
⑤ 연구가설은 영가설에 대한 반증의 목적으로 설정된다.

정답 ①

해설 ② 가설을 검증할 때에는 연구가설을 검증하기보다는 영가설을 기각시켜 연구가설을 채택하게 된다. 연구가설은 직접 검증할 필요가 없는 반면, 영가설은 직접 검증을 거쳐야 하는 가설이다.
③ 연구가설은 영가설의 검정결과에 따라 채택되거나 기각된다.
④ 수집된 자료에서 나타난 차이나 관계가 표본추출에서 오는 우연에 의한 것으로 진술되는 가설은 영가설이다.
⑤ 영가설에 대한 반증의 목적으로 설정되는 가설은 대립가설이다.

4 척도 구성

KEYWORD 07 척도 9 10 11 12 17 19 20 21 22 23

학습 가이드

1. 척도를 예시에 맞게 적용하는 문제가 출제되어 척도의 종류에 대한 개념을 제대로 이해하고 구분할 수 있도록 공부해야 합니다.
2. 출제율이 가장 높은 리커트 척도의 특징과 장·단점을 확실히 암기해야 합니다.

01 리커트 척도

① 다양한 문항들로 척도를 구성하여 변수를 정확하게 측정한다.
② 측정에 동원된 모든 항목들에 대한 동일한 가치를 부여한다.
③ 양적 조사에 가장 많이 사용되고 단순하며 유용한 척도이다.
④ 각각의 문항은 측정하고자 하는 개념의 속성에 대해 동일한 기여를 한다.
⑤ 내적 일관성 검증을 통해 신뢰도가 낮은 항목은 삭제할 수 있다.

02 거트만 척도

① 개별 문항들을 서열화하는 구성을 취한다.
② 개별 항목들 자체에 서열성이 미리 부여되는 방식을 택한다.
③ 누적 스케일링의 대표적인 형태이다.
④ 문항 수는 20개 이상이어야 하고 문항들끼리는 연관성이 있어야 한다.
⑤ 개념의 특성을 범위나 정도의 차이에 따라 구분하여 순위를 정할 때 사용한다.

03 보가더스 사회적 거리감척도

① 사람들 간의 사회적 관계의 거리를 파악하기 위한 도구로 연속성이 있는 문항들로 구성된다.
② 누적척도 및 서열척도의 한 종류로 관계의 거리를 측정하는 데 유용하다.
③ 사회적 거리는 원근감 표시에 그치기 때문에 친밀감 크기는 나타나지 않는다.

04 서스톤 척도

① 어떤 대상에 대한 설명을 문항으로 만들고 가중치를 부여하여 문항을 나열한 후 체크된 문항의 가중치를 합하여 평균을 내는 척도이다.
② 리커트 척도에 비해 개발하는 데 많은 시간과 노력이 요구된다.

05 의미분화척도(=어의차이척도)

어떤 개념을 평가하기 위해 양 끝에 반대되는 형용사를 배치하여 그 속성의 평가를 내리는 척도이다.

TIP 서열척도
- 좌우 : 리커트 척도
- 상하 : 거트만 척도, 보가더스 사회적 거리감 척도

핵심문제

01 척도 유형에 관한 설명으로 옳지 않은 것은? [20회]

① 리커트 척도(Likert Scale)는 문항 간 내적 일관성이 중요하다.
② 거트만 척도(Guttman Scale)는 누적 척도이다.
③ 서스톤 척도(Thurstone Scale)의 장점은 개발의 용이성이다.
④ 보가더스 척도(Borgadus Scale)는 사회집단 간의 심리적 거리감을 측정하는 데 적절하다.
⑤ 의미분화척도(Semantic Differential Scale)의 문항은 한 쌍의 대조되는 형용사를 사용한다.

정답 ③

해설 서스톤 척도는 척도를 구성하면서 평가가 이루어지기 때문에 객관성이 인정되는 것이 장점이다. 개발이 용이한 척도는 리커트 척도이다.

02 측정에 관한 설명으로 옳지 않은 것은? [22회]

① 측정은 연구대상의 속성에 대하여 일정한 규칙에 따라 숫자나 기호를 부여하는 과정이다.
② 사회과학에서는 개념을 측정하기 위해 특질 자체를 측정하기보다는 특질을 나타내는 지표를 사용하여 간접적으로 측정하는 경우가 많다.
③ 보가더스(Bogardus)의 사회적 거리척도는 등간척도의 한 종류이다.
④ 리커트(Likert) 척도는 각 문항의 점수를 합산하여 전체적인 경향이나 특성을 측정하는 방법이다.
⑤ 측정항목의 수를 많게 하면 신뢰도가 높아지는 경향이 있다.

정답 ③

해설 보가더스(Bogardus)의 사회적 거리감 척도는 누적척도의 한 종류이다. 문항 간의 거리를 알 수 없어 서열척도에 속한다.

5 측정의 타당도와 신뢰도

KEYWORD 08 타당도 11 12 14 15 17 18 19 20 21 22 23

학습 가이드

1. 타당도는 매년 출제되는 것으로 종류와 개념을 정확하게 이해해야 합니다.
2. 신뢰도와 비교하는 문제가 자주 출제되고 있는 만큼 타당도의 종류를 구분할 수 있어야 합니다.

01 타당도

측정하고 싶은 것을 정확히 측정하는 것으로 정확도를 의미한다.

02 타당도의 종류

① 내용타당도(액면타당도)

측정 문항들이 측정하고자 하는 내용을 포함하고 있는지 보는 것이다. 측정도구의 대표성 또는 표본 문항의 적절성을 의미한다.

② 기준(관련)타당도

기존에 사용하고 있는 설문지와 비교하여 새로 만든 설문지와 상관관계를 알아보는 것이다. 주관적인 판단이 아닌 객관적 방법을 통해 타당도를 측정한다. 외부 기준으로 동원된 측정치 자체에 대한 타당도와 신뢰도를 살펴볼 경우 이미 타당도와 신뢰도를 널리 인정받은 측정치를 선택한다.

㉠ 동시적 타당도 : 대상자의 현재 상태를 정확히 파악했는가를 의미하는 것으로 두 개의 측정도구로 측정한 결과를 비교했을 때 상관관계가 높게 나오면 동시적 타당도가 높다고 할 수 있다.

㉡ 예측적 타당도 : 현재 측정한 타당도가 미래의 사건을 예측할 수 있는 정도를 의미한다.

③ 개념타당도(구성체타당도, 구인타당도)

측정해야 할 내용이 포함되었는지 확인하고 그 내용을 경험적으로 검증하는 방법이다. 연구자가 측정하고자 하는 추상적인 개념이 실제로 측정도구에 의하여 제대로 측정되었는지의 정도를 의미한다.

㉠ 이해타당도 : 어떠한 개념을 이해하는 데 있어 타당한가를 측정한다.

㉡ 수렴타당도 : 같은 개념을 상이한 측정방법으로 측정했을 때 측정한 값이 상관관계가 높게 나오는지 확인하는 방법으로 상관관계가 높게 나오면 수렴 타당도가 높다고 할 수 있다.

㉢ 판별타당도 : 다른 개념을 같은 측정방법으로 측정했을 때 측정한 값이 상관관계가 낮게 나오는지 확인하는 방법으로 상관관계가 낮게 나오면 판별 타당도가 높다고 할 수 있다.

사례로 만들어 내는 문제가 출제되는 만큼 종류와 개념뿐 아니라 사례 문제에도 대비해야 합니다.

핵심문제

01 타당도에 관한 설명으로 옳은 것을 모두 고른 것은? [21회]

> ㄱ. 특정 개념에 포함되어 있는 의미를 포괄하는 정도는 내용타당도이다.
> ㄴ. 개발된 측정도구의 측정값을 현재 사용되고 있는 측정도구와 비교하는 것은 동시타당도(Concurrent Valility)이다.
> ㄷ. 예측타당도의 하위 타당도는 기준관련타당도와 동시타당도이다.
> ㄹ. 측정하려는 개념이 포함된 이론체계 안에서 다른 변수와 관련된 방식에 기초한 타당도는 구성타당도이다.

① ㄱ, ㄴ　　② ㄴ, ㄷ
③ ㄷ, ㄹ　　④ ㄱ, ㄴ, ㄹ
⑤ ㄱ, ㄴ, ㄷ, ㄹ

정답 ④

해설 ㄷ. 기준관련타당도의 하위 타당도는 예측타당도와 동시타당도이다.

02 신뢰도와 타당도에 관한 설명으로 옳은 것은? [22회]

① 타당도가 있다면 어느 정도 신뢰도가 있다고 볼 수 있다.
② 신뢰도가 높을 경우 타당도도 높다고 할 수 있다.
③ 요인분석법은 신뢰도를 측정하는 방법이다.
④ 신뢰도는 측정하려고 의도된 개념을 얼마나 정확하게 측정하는가를 나타내는 것이다.
⑤ 주어진 척도가 측정하고자 하는 내용을 담고 있다고 일련의 전문가가 판단할 때 판별타당도가 있다고 한다.

정답 ①

해설 타당도와 신뢰도의 관계 중 타당도가 높으면 반드시 신뢰도도 높다. 즉, 타당도가 있으면 신뢰도가 있다고 볼 수 있다.

② 신뢰도가 높을 경우 타당도는 높을 수도 있고 낮을 수도 있다.
③ 요인분석법은 구성타당도를 점검하기 위한 방법으로 타당도를 측정하는 방법이다.
④ 신뢰도는 측정하고 싶은 것을 반복해서 측정하더라도 같은 값을 얻는 것을 의미한다. 측정하려고 의도된 개념을 얼마나 정확하게 측정하는가를 나타내는 것은 타당도이다.
⑤ 주어진 척도가 측정하고자 하는 내용을 담고 있다고 일련의 전문가가 판단할 때 내용타당도가 있다고 본다. 판별(구성)타당도는 측정해야 할 내용이 포함되었는지 확인하고 그 내용을 경험적으로 검증하는 방법이다.

KEYWORD 09 신뢰도 9 10 11 12 13 14 15 16 17 18 19 20 21 22 23

학습 가이드

1. 신뢰도는 매년 출제되는 개념으로, 종류와 개념을 정확하게 이해해야 합니다.
2. 타당도와 신뢰도의 관계뿐 아니라 신뢰도를 높이는 방법도 정확히 이해해야 합니다.

01 신뢰도

측정하고 싶은 것을 반복해서 측정하더라도 같은 값을 얻는 것으로 일관성을 의미한다.

02 신뢰도 측정도구

① **조사자 간 신뢰도** : 두 명 이상의 조사자가 동일한 측정도구로 측정할 경우 결과가 동일하거나 비슷하면 상관관계가 높다고 할 수 있다.
② **검사－재검사법** : 동일한 검사지를 가지고 동일한 대상자에게 시간 간격을 두고 두 번 검사한 결과를 가지고 비교하는 방법이다. 이때 상관관계가 높으면 신뢰도가 높다고 할 수 있다.
③ **복수 양식법(대안법)** : 두 개의 유사한 설문지를 만들어 차례로 적용하여 신뢰도를 측정하는 방법이다. 검사－재검사법의 단점인 검사 요인과 시간 변화의 문제, 두 번 검사하는 현실적 어려움을 극복할 수 있다.
④ **반분법** : 독립된 측정 도구의 질문을 반으로 나누어 둘로 만든 후 실제로는 측정도구를 그대로 적용하는 것이다. 홀수, 짝수 아니면 1~15번, 16~30번 또는 무작위로 반문하는 방법으로 척도를 만든다.
⑤ **내적 일관성 분석(크론바 알파)** : 반분법의 단점인 개별 문항의 신뢰도를 측정할 수 있는 방법이다. 신뢰도를 떨어뜨리는 문항을 제거함으로써 각 항목의 신뢰도를 높이는 방법이다.

신뢰도의 측정도구는 먼저 만들어진 측정도구의 단점을 보완하여 만들어진 것입니다.

03 신뢰도를 높이는 주요 방법

① 측정도구를 명확하게 구성하여 모호성을 제거해야 한다.
② 측정 항목 수를 충분히 늘리고 항목의 선택범위(값)를 넓혀야 한다.
③ 조사대상자가 알지 못하는 내용에 대해서는 측정하지 않거나 이해할 수 있는 형태로 바꾸어야 한다.
④ 면접자들이 조사대상자를 대할 때 일관성을 유지해야 한다.

04 타당도와 신뢰도의 관계

① 타당도가 높은 측정은 반드시 신뢰도가 높다.
② 타당도가 낮은 측정은 신뢰도가 높을 수도 낮을 수도 있다.
③ 신뢰도가 높은 측정은 타당도가 높을 수도 낮을 수도 있다.
④ 신뢰도가 낮은 측정은 항상 타당도가 낮다.
⑤ 신뢰도가 낮고 타당도가 높은 측정은 없다.
⑥ 타당도는 신뢰도에 대한 충분조건이고 신뢰도는 타당도의 필요조건이다.

(A)

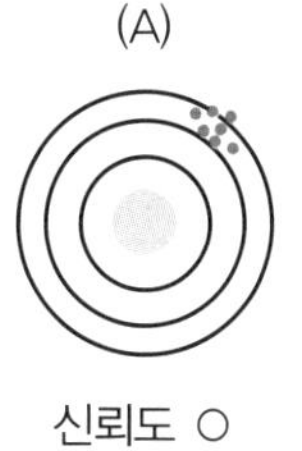

(B)

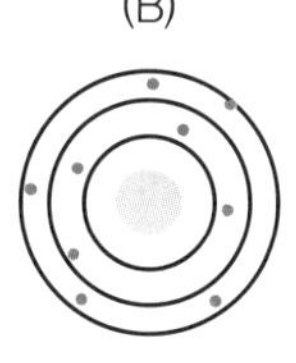

신뢰도 ×
타당도 ×

(C)

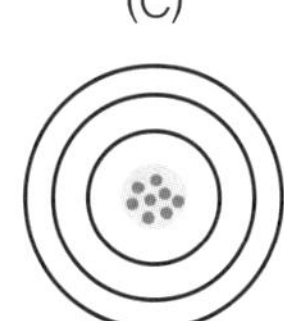

신뢰도 ○
타당도 ○

타당도와 신뢰도

핵심문제

01 신뢰도에 관한 설명으로 옳은 것을 모두 고른 것은? [20회]

> ㄱ. 재검사법, 반분법은 신뢰도를 평가하는 방법이다.
> ㄴ. 신뢰도는 타당도의 필요충분조건이다.
> ㄷ. 측정할 때마다 실제보다 5g 더 높게 측정되는 저울은 신뢰도가 있다.

① ㄱ　　② ㄴ
③ ㄱ, ㄴ　　④ ㄱ, ㄷ
⑤ ㄱ, ㄴ, ㄷ

정답 ④

해설 ㄱ. 재검사법, 반분법뿐 아니라 복수양식법, 내적일관성 분석도 신뢰도를 평가하는 방법이다.
ㄴ. 신뢰도는 타당도의 필요조건이지 필요충분조건이 아니다.
ㄷ. 신뢰도는 일관성 있게 측정하는 것으로 항상 5g 더 높게 측정되면 신뢰도가 있다.

02 내적 일관성 방법에 근거하여 신뢰도를 측정하는 방법으로 옳은 것을 모두 고른 것은? [22회]

ㄱ. 검사-재검사법	ㄴ. 조사자 간 신뢰도
ㄷ. 알파계수	ㄹ. 대안법

① ㄱ　　② ㄷ
③ ㄴ, ㄷ　　④ ㄱ, ㄷ, ㄹ
⑤ ㄴ, ㄷ, ㄹ

정답 ②

해설 내적 일관성 분석(크론바 알파)에 의한 척도의 평가방법으로는 크론바의 알파계수가 있다. 알파계수는 0에서 1 사이의 값을 가지며 높을수록 좋지만 정확한 기준은 없다. 하지만 보통 0.6점 이상이면 신뢰도가 있다고 본다.

6 표본설계

KEYWORD 10 표본설계 9 10 11 12 13 14 15 16 17 18 19 20 21 22 23

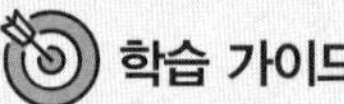

학습 가이드

1. 표집의 용어, 표집유형 모두 매년 출제되고 있고 표본추출에 관한 내용이나 사례를 통한 표집유형에 대해 학습해야 합니다.
2. 표본추출, 표본오차에 대한 정확한 이해와 표집에 대한 종류의 특징도 암기해야 합니다.

TIP

- 확률표집 : 뽑힐 확률이 있다.
- 비확률표집 : 뽑힐 확률이 없다.

01 확률표집

① 단순무작위표집

확률표집에서 가장 기본적인 유형으로 모집단이 뽑힐 확률이 모두 동등하다.

예 번호, 주소 등

② 계통적 표집(체계적, 계층적)

모집단 목록에서 일정한 순서에 따라 매 K번째 요소를 표본으로 추출하는 방법이다. 매 K번째는 무작위 추출을 해야 한다.

③ 층화표집

모집단을 동질적인 층으로 나누고 나눈 층에서 무작위 추출을 하여 표본을 추출하는 방법이다. 층별 결과분석으로 각 층별 비교가 가능하고 조사대상의 표본 추출의 관리가 용이하다.

㉠ 비례층화표집 : 집단의 크기에 맞게 표본의 크기를 정하는 방법이고 모집단의 크기가 작으면 사용하기가 어렵다.

㉡ 비비례층화표집 : 비례층화표집을 하기에는 집단의 크기가 너무 작아 사용할 수 없는 경우에 사용한다.

㉢ 집락(군집)표집 : 여러 개의 집단을 구분하여 하나의 집단을 선택하고 선택된 집단의 하위 집단에서 하나를 무작위로 선택하는 방법이다. 대부분 대규모 조사나 지역을 집락으로 많이 사용하고 선택된 집단에 대해 전수조사를 실시한다.

02 비확률표집

① 편의표집(임의, 우발적)

모집단에 대한 사전정보가 없는 경우 모집단이 극히 동질적이어서 표집 요소들 간에 차이가 없다고 판단되는 경우에 연구자가 쉽게 이용 가능한 대상들을 표본으로 선택하는 방법이다. 시간이 급한 시점에 사용할 수 있다.

② 유의표집(판단, 의도적)

조사자가 충분한 사전지식을 가지고 있고 주관적 판단에 따라 목적달성이 가능하도록 구성요소를 의도적으로 선정하는 방법이다.

③ 할당표집

모집단을 속성에 따라 여러 개의 집단으로 나누고 모집단을 편의대로 할당시켜 표본을 인위적으로 추출하는 방법이다.

④ 눈덩이표집(누적)

처음에 굴리는 눈은 작지만 계속 굴리면 커지는 것처럼 한 명의 대상자로 시작하여 점진적인 방법으로 자료를 모으는 방법이다. 눈덩이표집은 조사대상자를 찾기 어렵거나 민감한 주제를 조사할 때 사용하는 방법이다.

TIP

확률표집의 층화표집은 무작위 표집, 비확률표집의 할당표집은 인위적 표집을 한다는 점이 다릅니다.

03 표집 용어

① 모집단 : 연구대상의 집합체로 전체 대상을 의미한다.

② 모수치 : 모집단의 변수의 값으로 모집단의 특성이다.

③ 표본 : 모집단의 일부이다.

④ 표본추출(표집) : 모집단을 대표하는 표본을 추출하는 과정이다.

⑤ 표집틀 : 표집단위나 분석단위가 될 수 있는 명부로 표집단위의 실제 목록이다.

⑥ 통계치 : 표본에서 얻어진 변수의 값으로 표본조사에서만 통계치가 나타난다.

⑦ 표집단위 : 표본이 추출되는 단위로 분석단위가 된다. 개인이나 집단, 조직이 될 수도 있다.

⑧ 표본오차

㉠ 표본을 추출하는 과정에서 발생하는 오차로서, 모수(모수치)와 표본의 통계치 간의 차이로 표본의 대표성으로부터의 이탈 정도를 의미한다.

㉡ 동일한 조건이라면 표본의 크기가 커질수록 표집오차가 감소한다.

㉢ 표본의 크기가 커질수록 조사과정 및 자료처리 과정에서 비표집오차가 증가할 가능성이 커진다.

핵심문제

01 **표집에 관한 설명으로 옳지 않은 것은? [22회]**

① 의도적 표집(Purposive Sampling)은 비확률표집이다.
② 할당표집(Quota Sampling)은 동일추출확률에 근거한다.
③ 눈덩이표집(Snowball Sampling)은 질적 연구나 현장연구에서 많이 사용된다.
④ 집락표집(Cluster Sampling)은 모집단에 대한 표집틀이 갖추어지지 않더라도 사용 가능하다.
⑤ 체계적 표집(Systematic Sampling)은 주기성(Periodicity)이 문제가 될 수 있다.

정답 ②

해설 동일추출확률에 근거하는 표집은 단순무작위표집(Simple Random Sampling)이다.

02 **다음 사례에 해당하는 표집용어와 관련한 내용으로 옳은 것은? [22회]**

> A종합사회복지관을 이용하는 노인들을 대상으로 노인맞춤돌봄서비스에 관한 설문조사를 위하여 노인 이용자명단에서 300명을 무작위 표본추출 하였다.

① 모집단 : 표본추출된 300명
② 표집방법 : 할당표집
③ 관찰단위 : 집단
④ 표집틀 : 노인 이용자명단
⑤ 분석단위 : 집단

정답 ④

해설 표집틀(표본추출)은 표집단위나 분석단위가 될 수 있는 명부, 즉 표집단위의 실제 목록이므로 노인 이용자명단이다.
① 모집단은 연구대상의 집합체로 전체 대상을 의미하므로 복지관을 이용하는 노인들이다.
② 표집방법은 확률 · 비확률 표집에서 중 선택하는 방법으로 300명을 무작위로 표본을 추출하므로 층화표집이다.
③ 관찰단위는 자료수집의 단위로 복지관을 이용하는 노인들이므로 개인이다.
⑤ 분석단위는 연구의 대상으로 복지관을 이용하는 노인들이므로 개인이다.

7 단일사례설계

KEYWORD 11 단일사례설계 9 10 12 13 14 16 17 18 19 21 22 23

01 단일사례설계의 특징

① 단일사례설계는 실험설계와 다르게 가설을 검증하는 것이 아니라 개입의 효과를 검증하는 방법이다.

② **사례 수** : 평가의 대상은 개인, 가족, 집단, 조직체에 초점을 맞춘 평가로 클라이언트의 독특한 변화를 알 수 있게 한다.

③ **개입 전후의 단계 명확화와 비교** : 클라이언트를 시계열적으로 반복적인 관찰을 통하여 개입 전과 개입 후를 비교하여 개입의 효과를 증명한다. 개입 전의 단계(A)는 기초선 단계이고 클라이언트 관찰을 토대로 문제를 규정하고 규정된 문제를 해결하기 위한 노력은 개입국면(B)이다. 대부분 B로 표시하지만 C, D로도 표시가 가능하다. 그래프를 통해 개입 전과 개입 후를 통하여 개입에 따른 효과를 비교할 수 있다.

④ **반복측정** : 기초선과 개입국면은 몇 회 이상 또는 몇 주 이상 수집기간이 정해져 있는 것은 없지만 시계열적 방법으로 반복측정을 하는 것이 가장 큰 특징이므로 문제나 상황에 대한 충분한 관찰(4주 이상)이 이루어져야 내적 타당도가 향상된다.

⑤ **기초선** : 기초선은 문제행동을 관찰하는 단계로 4주 이상 관찰하고 A로 나타낸다.

⑥ **개입국면** : 기초선에서 나타난 문제행동을 기초로 하여 개입하는 단계로 문제를 해결하기 위한 한 가지 또는 여러 가지 방법을 사용할 수 있고 B로 나타낸다.

학습 가이드

1. 단일사례설계의 특징과 단일사례설계의 다양한 종류의 특징들을 꼭 암기해야 합니다.
2. 사회복지조사론뿐 아니라 사회복지실천기술론에서도 출제되고 있습니다.

02 종류

① **AB설계** : 가장 기본적인 단일사례설계의 방법으로 한 번의 기초선(A)과 한 번의 개입(B)으로 이루어진다. 기초선을 통하여 클라이언트의 문제를 반복적으로 확인하여 파악이 가능하고 문제에 대한 개입이 즉각 이루어지는 유형이다.

② **ABA설계** : 기초선을 보고 문제를 파악한 후에 개입을 하고 효과성을 입증하기 위하여 다시 기초선을 보는 유형으로 AB설계의 단점인 낮은 신뢰도를 보완하기 위해 만들어졌다.

③ **ABAB설계** : 기초선을 보고 문제를 파악한 후에 개입을 하고, 다시 기초선을 보고 다시 개입을 하는 유형으로 두 번의 기초선과 두 번의 개입을 한다. 그러나 문제 개선이 개입의 효과인지 확인하기 위해 기초선을 보기 때문에 윤리적 문제에 빠질 수 있다.

TIP

- 기초선을 보고 개입효과가 없는 경우 ABCD설계까지 가지 않고 ABC설계에서 끝날 수도 있습니다.
- ABA, ABAB, BAB설계에는 개입 후 다시 기초선을 보기 때문에 윤리적 문제가 발생합니다.

④ BAB설계 : 위급한 상황에 기초선 없이 바로 개입하는 설계로 기초선 단계의 자료를 모으지 않고 바로 개입한다. 처음 상태를 알 수가 없기 때문에 문제가 얼마나 개선되었는지는 알 수가 없어 기초선을 보고 다시 개입한다. 그러나 문제 개선이 개입의 효과인지 확인하기 위해 기초선을 보기 때문에 윤리적 문제에 빠질 수 있다.

⑤ ABCD설계 : 기초선을 보고 문제를 파악한 후 개입 후에 개입의 효과를 얻지 못할 때 다른 개입을 하고 효과가 없을 경우 또 다른 개입을 하는 방법으로 다중요소설계라고도 한다. 문제해결이 어떠한 개입의 효과인지 확인할 수 없다.

⑥ 복수 기초선(다중 기초선)설계 : AB조사를 여러 상황, 여러 문제, 여러 사람에게 적용하는 방법으로 상황 간, 문제 간, 대상자 간 복수 기초선으로 이루어진다.

핵심문제

01 단일사례설계에 관한 설명으로 옳은 것을 모두 고른 것은? [21회]

ㄱ. BA설계는 개입의 긴급성이 있는 상황에 적합하다.
ㄴ. ABAC설계는 선행효과의 통제가 가능하다.
ㄷ. ABAB설계는 AB설계에 비해 외부사건의 영향력에 대한 통제력이 크다.
ㄹ. 복수기초선디자인은 AB설계에 비해 외부사건의 영향력에 대한 통제력이 크다.

① ㄱ, ㄴ
② ㄴ, ㄹ
③ ㄷ, ㄹ
④ ㄱ, ㄴ, ㄷ
⑤ ㄱ, ㄷ, ㄹ

정답 ⑤

해설 ㄴ. ABAC설계는 선행효과의 통제가 불가능하다. B(놀이치료)의 효과가 있었는데 개입효과를 보기 위해 다시 기초선을 보고 다시 C(음악치료)로 개입효과를 본다면 기존의 놀이치료의 효과가 음악치료의 효과에 영향을 미칠 수 있으므로 선행효과 통제는 불가능하다.

02 단일사례연구에 관한 설명으로 옳지 않은 것은? [22회]

① 복수의 각기 다른 개입방법을 연속적으로 도입할 수 없다.
② 시계열설계의 논리를 개별사례에 적용한 것이다.
③ 윤리적인 문제가 발생할 수 있다.
④ 실천과정과 조사연구과정이 통합될 수 있다.
⑤ 다중기초선 설계의 적용이 가능하다.

정답 ①

해설 ABCD설계는 기초선을 보고 제1개입 후 개입의 효과가 없을 때 제2개입을 하고 제2개입도 효과가 없을 경우 제3개입을 하는 방법으로 복수의 각기 다른 개입방법을 연속적으로 도입할 수 있다.

8 실험조사설계

KEYWORD 12 실험조사설계 9 10 11 13 14 15 16 17 18 19 20 21 22 23

01 순수실험설계

순수실험설계는 유형 중 내적 타당도를 저해하는 요인을 통제하여 인과관계를 가장 완벽하게 검증할 수 있는 설계이다.

① 통제집단 전후비교설계

㉠ 비교, 조작, 무작위할당 모두가 포함된 비교 설계를 의미한다.

㉡ 무작위할당 방식을 통해 실험집단과 통제집단으로 분리하여 통제한다.

㉢ 실험집단에는 개입을 실시하고 통제집단에는 개입을 실시하지 않는다.

㉣ 실험집단은 개입 전에 사전검사를 실시하고 개입 후에 사후검사를 실시하여 개입의 효과를 보고, 통제집단은 개입을 하지 않을 뿐 실험집단과 같이 사전검사와 사후검사를 비교한다.

㉤ 인과관계를 파악하기 위한 가장 보편적인 방법이다.

② 통제집단 후비교설계

㉠ 통제집단 전후비교설계의 단점인 검사요인을 제거하기 위해 만들어진 방법이다.

㉡ 무작위할당 방식을 통해 실험집단과 통제집단으로 분리하여 통제한다.

㉢ 실험집단에는 개입을 실시하고 통제집단에는 개입을 실시하지 않는다.

㉣ 실험집단과 통제집단 모두 사전검사를 실시하지 않고 사후검사를 통해 개입의 효과를 비교한다.

③ 솔로몬 4집단

㉠ 통제집단 전후비교설계와 통제집단 후비교설계의 단점을 보완하기 위해 만들어진 방법이다.

㉡ 통제집단 전후비교설계와 통제집단 후비교설계를 혼합해 놓은 방법이다.

㉢ 두 개의 실험집단과 두 개의 통제집단으로 이루어지고 개입의 영향을 비교한다.

02 유사(준)실험설계

무작위할당, 비교, 조작 방법에 의해 실험집단과 통제집단을 설정하지 못할 때 사용하는 방법으로 무작위할당, 비교, 조작 방법 중 한 가지 방법이 제외된 상태에서 실험집단과 통제집단의 결과를 비교하는 방법이다.

① 단순시계열설계

통제집단을 설정하기 곤란한 경우 실험집단을 선정하고 3번 이상 사전검사와 사후

학습 가이드

1. 실험조사설계의 종류와 개념을 정확히 구분할 수 있도록 학습해야 합니다.
2. 실험조사설계의 한 종류에 대한 문제가 출제되는 것이 아니라 전체적인 내용을 파악하고 있어야 합니다.

실험조사설계 중 순수실험조사는 통제집단, 무작위배정, 독립변수 조작이 모두 포함되어 있습니다.

검사를 실시한다. 사전검사 후 개입하고 사후검사를 실시하여 사전검사와 사후검사의 합을 비교하여 개입의 효과를 알아내는 방법이다.

② 복수시계열설계

여러 번 반복하여 사전검사 후 개입을 하고 사후검사를 비교하여 개입의 효과를 알아내는 방법이다. 단순시계열설계의 단점을 개선하기 위해 만들어진 방법으로 통제집단을 추가하였다.

③ 비동일통제집단 전후비교설계

통제집단 전후비교설계와 비슷한 방법이지만 무작위할당을 하지 않았다는 점이 다르다. 임의적인 방법으로 실험집단과 통제집단으로 분류하고 사전검사와 사후검사를 통해 개입의 효과를 알아내는 방법이다.

03 전실험설계

비교, 조작, 무작위할당 중 무작위할당에 의해 실험집단과 통제집단이 선정되지 않거나 통제집단을 선정하더라도 동질성이 없다.

① 단일집단 후비교설계(1회 사례연구)

주로 탐색적 연구나 질적 연구에서 많이 활용된다. 통제집단도 무작위할당도 하지 않고 오직 한 번의 개입에 의해 결과를 추론하는 방법이다.

② 단일집단 전후비교설계

개입 전에 사전검사를 실시하고 개입 후 사후검사를 비교하여 개입의 효과를 알아내는 방법이다. 단일사례설계의 AB설계와 유사하고 사회복지현장에서 가장 많이 활용되고 있다.

③ 비동일집단 후비교설계(정태적 집단 비교)

단일집단 전후비교설계와 단일집단 후비교설계의 단점을 보완한 형태이고 통제집단 사후설계에서 무작위할당이 제외된 설계이다. 무작위할당을 하지 않고 사전검사도 하지 않으며 실험집단과 통제집단을 비교하여 개입의 효과를 알아내는 방법이다.

핵심문제

01 다음과 같은 절차로 진행된 유사(준)실험설계의 특징으로 옳지 않은 것은? [20회]

- 우울예방 프로그램에 참여할 하나의 집단을 모집함
- 우울검사를 일정한 간격으로 여러 차례 실시함
- 우울예방 프로그램을 진행함
- 우울검사를 동일한 측정도구를 이용해 일정한 간격으로 여러 차례 실시함

① 통제집단을 두기 어려울 때 사용할 수 있다.
② 검사효과가 발생할 수 없다.
③ 정태적 집단비교설계(Static-group Comparison Design)보다 내적 타당도가 높다.
④ 개입효과는 사전검사와 사후검사 측정치의 평균을 비교해서 측정할 수 있다.
⑤ 사전검사와 개입의 상호작용 효과가 발생할 수 있다.

정답 ②

해설 단순시계열설계는 사전검사를 실시하고 사후검사를 실시하므로 검사효과가 발생할 수 있다.

02 다음에서 설명하는 설계에 해당하는 것은? [22회]

심리상담 프로그램이 시설입소 노인의 정서적 안정감에 미치는 영향을 알아보기 위해 사전설계 없이 A요양원의 노인들을 대상으로 프로그램을 실시하였다. 프로그램 종료 후, 인구사회학적 배경이 유사한 B요양원 노인들을 비교집단으로 하여 두 집단의 정서적 안정감을 측정하였다.

① 비동일통제집단설계
② 정태적 집단비교설계
③ 다중시계열설계
④ 통제집단 사후검사설계
⑤ 플라시보 통제집단설계

정답 ②

해설 비동일집단 후비교설계(정태적 집단비교)는 단일집단 전후비교설계와 단일집단 후비교설계의 단점을 보완한 형태로 통제집단 사후설계에서 무작위할당이 제외된 설계이다. 무작위할당을 하지 않고 사전검사도 하지 않으며 실험집단과 통제집단을 비교하여 개입의 효과를 알아내는 방법이다. 집단 간에 동질성 보장이 어렵고 외부요인의 설명 가능성을 배제하기 어렵다.

KEYWORD 13 내적 타당도 저해요인 9 11 12 13 14 15 16 18 21 22 23

학습 가이드

1. 최근 실험조사의 내적 타당도의 출제빈도가 줄었지만 자주 출제되었던 만큼 내적 타당도의 개념과 종류를 모두 숙지해야 합니다.
2. 내적 타당도의 영향을 주는 요인, 저해요인에 대해 정확한 학습이 필요합니다.

내적 타당도란 연구과정 중 종속변수에서 나타나는 변화가 독립변수의 변화에 의한 것임을 확신할 수 있는 정도를 의미하며 인과관계에 대한 확신의 정도를 말한다. 내적 타당도를 높이기 위해서는 원인변수로서 독립변수 이외의 다른 변수가 결과변수로서 종속변수에 개입할 조건을 통제하여야 한다.

① 성장 요인(성숙 요인)

시간의 경과로 인하여 참여자의 발달적 변화나 성장의 변화로 인하여 결과에 영향을 미치는 것으로 프로그램의 영향으로 인한 변화인지 아니면 성장으로 인한 변화인지 알 수가 없다.

예 아동의 키 크기 운동 프로그램에서 아동이 키 크기 운동을 해 키가 큰 것인지 아니면 시간이 지남에 따라 큰 것인지 알 수 없다.

② 역사 요인(우연한 사건)

조사기간 중 연구자의 의도와 상관없이 역사적 사건으로 인하여 결과에 영향을 미치는 것을 의미한다. 우연한 사건이란 사전검사와 사후검사 사이에 발생하는 통제 불가능한 사건이다.

예 이직을 준비하고 자격증을 취득 후 이직을 하려고 했으나 IMF로 인하여 취직이 되지 않는 경우

③ 선발 요인

프로그램을 실시 후 실험집단과 통제집단의 결과의 차이가 프로그램의 영향이 아닌 집단 선정 시 잘못된 선정으로 인하여 결과에 영향을 주는 것을 의미한다.

예 우울증 프로그램에 우울증 증상이 없는 대상자가 포함된 경우

④ 상실 요인

프로그램에 참여자가 상실됨으로 프로그램 진행에 어려움이 있거나 남은 참여자에게 심리적 영향이 미쳐 결과에 영향을 주는 것을 의미한다.

예 초등학교에서 프로그램을 하고 있는 도중에 대상자가 전학을 가는 경우

⑤ 검사 요인(테스트효과)

사전검사가 사후검사에 영향을 미치는 것을 의미한다. 동일한 대상자에게 두 번 이상의 테스트를 실시하는 경우, 다음 테스트 결과에 미친 영향이다.

예 똑같은 시험지를 시간이 지나 반복 검사한 경우 시험지 내용에 익숙해져 능력과 관계없이 사후검사에 영향을 미치는 경우

⑥ 도구 요인

두 번 이상의 검사를 할 때 검사도구(시험지, 평가자의 기준)에 의하여 영향이 미치는 것을 의미한다.

예 사전검사와 사후검사를 주관식 시험으로 본 경우 채점자의 평가기준이 다른 경우

⑦ 통계적 회귀

사전검사의 극단적인 값이 나온 경우 사후 검사는 사전검사보다 더 좋거나 나쁠 수가 없다는 것을 의미한다.

예 사전검사에서 '매우 좋다', '매우 싫다'를 다 선택한 경우 다음에는 사후검사에서는 '매우 좋다'보다 더 좋은 점수가 나올 수 없고, '매우 싫다'를 선택한 경우 '매우 싫다'보다 더 나쁜 점수가 나올 수 없다.

TIP

통계적 회귀가 사전검사에서 너무 높거나 낮은 극단적인 점수를 나타낸다면 사후검사에서는 독립변수의 효과와 무관하게 평균값으로 수렴하는 경향을 의미합니다.

⑧ 모방

실험집단의 실험 내용이 통제집단에게 전파되어 두 집단 간의 차이가 없어지는 것을 의미한다.

예 A유치원에서는 한글을 가르치고 B유치원에서는 가르치지 않았으나 B유치원에 아이들이 A유치원의 아이들을 만나 한글을 학습하는 경우

⑨ 선택과의 상호 작용

선택의 편의가 있을 때 잘못된 선택으로 인하여 문제가 되는 것을 의미한다.

예 남자 아이들과 여자 아이들의 운동능력을 측정할 때 남자 아이들을 실험집단으로, 여자 아이들을 통제집단으로 설정하고 프로그램 후 사후검사를 했을 경우 남자 아이들의 운동능력이 향상된 것으로 나타난다면 이는 여자 아이들보다 운동능력이 높은 남자 아이들을 선택한 결과일 수 있다.

⑩ 인과관계 방향의 모호함(인과적 시간순서)

독립변수와 종속변수 두 변수 간에 어떤 것이 원인인지 확실하지 않아 인과관계를 결정하지 못하는 경우를 의미한다.

예 금연 프로그램을 완수한 클라이언트가 금연 프로그램을 중도에 포기한 클라이언트보다 금연을 할 확률이 높게 나왔을 때, 금연의 확률이 높게 나온 것이 금연 프로그램을 완수해서 높게 나온 것인지 아니면 금연을 했기 때문에 프로그램을 완수했는지 방향이 모호할 수 있다.

내적 타당도에서는 사례로 출제되는 문제들이 많습니다.

핵심문제

01 조사설계의 내적 타당도와 외적 타당도에 관한 설명으로 옳은 것은? [21회]

① 어떤 변수가 다른 변수의 원인임을 정확하게 기술하는 것이 외적 타당도이다.
② 연구결과를 연구조건을 넘어서는 상황이나 모집단으로 일반화하는 정도가 내적 타당도이다.
③ 내적 타당도는 외적 타당도의 필요조건이지만 충분조건은 아니다.
④ 실험대상의 탈락이나 우연한 사건은 외적 타당도 저해요인이다.
⑤ 외적 타당도가 낮은 경우 내적 타당도 역시 낮다.

정답 ③

해설 내적 타당도는 외적 타당도를 위한 필요조건이지만 충분조건은 아니다. 내적 타당도가 높다고 해서 외적 타당도까지 높은 것은 아니므로 A지역에서 효과가 있다고 해서 B지역에서도 효과가 있는 것은 아니다. 따라서 특정한 지역이나 조건에 한정된 검증은 일반화할 수 없다.

02 내적 타당도 저해요인 중 통계적 회귀에 관한 설명으로 옳은 것은? [22회]

① 프로그램의 개입 후 측정치가 기초선으로 돌아가려는 경향
② 프로그램 개입의 효과가 완전한 선형관계로 나타나는 경향
③ 프로그램의 개입과 관계없이 사후검사 측정치가 평균값에 근접하려는 경향
④ 프로그램 개입 전부터 이미 이질적인 두 집단이 사후조사 결과에서도 차이가 나타나는 경향
⑤ 프로그램의 개입 전후에 각각 다른 측정도구로 측정함으로써 차이가 나타나는 경향

정답 ③

해설 통계적 회귀는 사전검사에서 너무 높거나 낮은 극단적인 점수를 나타냈다면 사후검사에서는 독립변수의 효과와 무관하게 평균값으로 수렴하는 경향이다.

KEYWORD 14 외적 타당도 저해요인 11 12 14 15 19 21

학습 가이드

1. 외적 타당도는 내적 타당도처럼 종류가 많지 않아 암기하기 쉬우므로 꼭 암기하도록 합니다.
2. 외적 타당도 역시 최근 들어 출제빈도가 줄었을 뿐 자주 출제되었던 부분입니다. 내적 타당도와 구분하여 암기하도록 합니다.

외적 타당도란 연구결과에 의해 기술된 인과관계가 연구대상 이외의 경우로 확대 · 일반화될 수 있는 정도를 말한다. 외적 타당도를 높이기 위해서는 확률표집방법으로 연구대상을 선정하거나 표본크기를 크게 하여야 한다.

① 표본의 대표성
㉠ 일반화를 높이려면 연구대상이 모집단을 대표할 수 있어야 한다.
㉡ 표본의 대표성이 떨어지면 외적 타당도가 낮아질 수밖에 없다.

② 조사반응성(호손효과)
㉠ 미국 시카고에 있는 호손공장에서 작업시간, 임금, 휴식시간 등이 생산성에 가장 큰 영향력을 줄 거라 생각하고 실험집단에서 조명의 밝기를 조절하고 조명 밝기를 일정하게 한 통제집단과 비교하였으나 두 집단 모두 성과가 향상되었다. 즉, 작업시간, 임금, 휴식 등과 같은 영향이 아니라 타인이 지켜보고 있어 더 열심히 일을 한 결과였다.
㉡ 조사자가 자신을 관찰하고 있다는 것을 의식해서 평소에 하던 행동이 나오지 않고 다른 행동을 보이는 것을 의미한다. 이런 결과들은 일반화하는 데 어려움이 있다.

예 야간자율학습시간에 잠을 자던 학생들이 선생님이 지켜볼 때는 공부를 하는 경우

③ 플라시보효과(위약효과)

실제로 실험을 하지 않았는데도 그와 유사한 효과를 보는 것을 의미한다.

예 관절염이 있는 두 집단에 한 집단에는 관절염약을, 다른 집단에는 비타민을 주더라도 두 집단 모두 관절염약을 먹었다고 생각하여 관절염이 치유되는 경우

핵심문제

01 외적 타당도를 저해하는 요인으로 옳은 것은? [19회]

① 실험대상의 탈락
② 외부사건(History)
③ 통계적 회귀
④ 개입의 확산 또는 모방
⑤ 연구 참여자의 반응성

정답 ⑤

해설 실험대상의 탈락, 외부사건, 통계적 회귀, 개입의 확산 또는 모방은 내적 타당도 저해요인이다.

02 연구의 외적 타당도를 저해하는 상황으로 옳은 것은? [21회]

① 연구대상의 건강상태가 시간 경과에 따라 회복되는 상황
② 자아존중감을 동일한 측정도구로 사전-사후 검사하는 상황
③ 사회적 지지를 다른 측정도구로 사전-사후 검사하는 상황
④ 실험집단과 통제집단 간 연령 분포의 차이가 크게 발생하는 상황
⑤ 자발적 참여자만을 대상으로 연구표본을 구성하게 되는 상황

정답 ⑤

해설 ①~④ 모두 내적 타당도 재해요인이다.
① 연구대상의 건강상태가 시간 경과에 따라 회복되는 상황은 성장요인의 문제가 생긴다.
② 자아존중감을 동일한 측정도구로 사전-사후 검사하는 상황은 검사요인의 문제가 생긴다.
③ 사회적 지지를 다른 측정도구로 사전-사후 검사하는 상황은 도구요인의 문제가 생긴다.
④ 실험집단과 통제집단 간 연령 분포의 차이가 크게 발생하는 상황은 편향된 선별의 문제가 생긴다.

9 자료수집

KEYWORD 15 자료수집 18 19 20 21 22 23

학습 가이드

1. 자료수집방법에서는 전체적인 조사방법을 물어보는 문항이 출제되고 있고, 특히 설문지법과 관찰법을 비교하는 문제가 자주 출제되고 있습니다.
2. 자료수집방법의 종류에 대해 각각의 정의와 장단점을 학습하여 비교하는 문제에 대처할 수 있어야 합니다.

01 1차 자료수집

① 설문이나 상담, 관찰 등으로 조사자가 직접 자료를 수집하는 방법이다.

② 조사의 목적에 적합한 정확도와 신뢰도, 타당도를 평가할 수 있고 수집된 자료는 필요한 시기에 사용할 수 있다.

③ 자료를 수집하는 데 비용과 시간이 많이 든다.

02 2차 자료수집

① 조사자가 직접 자료를 수집하는 것이 아니라 기존 자료를 조사하여 수집하는 방법이다.

② 정부나 연구소 등의 통계자료를 활용하여 자료를 구하는 데 쉽고 비용이 저렴하다.

③ 시계열적 자료 등 지속적인 수집이 가능하다.

④ 기존 데이터를 활용하여 대규모 사례분석이 가능하고 수정 · 편집해 분석할 수 있다.

⑤ 연구자가 필요한 자료와 일치하지 않거나 없을 수 있다.

03 관찰법

① 주위에서 일어나는 일들에 대한 지식을 얻는 가장 기본적인 방법으로서 시각, 청각과 같은 감각기관을 통하여 현상을 인지하는 기본적인 방법이다.

② 조사대상자의 행동을 현장에서 있는 그대로 포착할 수 있다.

③ 지적 장애인이나 어린아이, 동물처럼 자신의 생각을 말로 표현하지 못하는 경우 유용하다.

④ 장기간의 종단분석이 가능하기 때문에 질적 연구나 귀납법에 적합하다.

⑤ 시간과 비용, 노력이 많이 든다.

⑥ 관찰 내용의 수량화가 어려워 관찰결과는 일반화가 어렵다.

⑦ 조사해야 할 행동을 할 때까지 기다려야 한다.

04 면접법

① 조사자와 조사대상자 간의 상호작용을 통하여 자료를 수집하는 방법이다.

② 같은 환경에서 많은 조사대상자를 조사할 수 있어 면접 환경을 표준화할 수 있다.

③ 조사자와 조사대상자의 대화를 통해 자료를 수집하여 제3자의 참여를 방지할 수 있다.

④ 표정과 대답이 다른 비언어적 행위도 알 수 있다.

⑤ 민감한 질문에 답을 얻지 못할 수 있고, 모든 대상자를 면접할 수 없고, 조사자의 편견이 개입될 수 있다.

⑥ 표준화된 방법을 사용하더라도 일반화가 어렵고 익명성이 부족하다.

05 설문지법

① 질문지를 사용하여 정보를 얻는 방법으로 양적 조사에서 가장 많이 사용된다.

② 표준화된 언어구성, 질문순서, 지시 등으로 상황에 따라 변하지 않는 질문의 일관성을 기할 수 있다.

③ 시간적 여유가 있기 때문에 즉각적으로 대답을 하지 않아도 되고 익명성을 보장받을 수 있다.

④ 설문에 대한 부연설명을 할 수 없고 비언어적 행동도 알 수 없다.

⑤ 무응답처리를 통제할 수 없고 누가 설문했는지 알 수 없다.

06 전화조사법

① 조사자가 조사대상자에게 전화로 질문내용을 묻고 응답을 기록하는 방법이다.

② 조사가 간편하고 전화로 설문하는 것이기 때문에 간편하고 비용도 적게 들고 조사대상자에게는 접근이 용이하다.

③ 짧은 시간을 조사하여 자세한 설명이 필요한 경우 설문하기 어렵다.

④ 응답을 거부하는 경우가 많다.

07 전자조사법

① 홈페이지에서 질문을 하고 조사대상자들로 하여금 질문에 응답하게 하거나 조사대상자에게 메일을 보내 설문을 하고 반송 받는 방법이다.

② 다른 조사방법들에 비해 광범위한 지역을 대상으로 조사할 수 있고 운영비용이 적게 들어간다.

③ 시간과 공간상의 제약이 없고 동영상과 같은 보도자료를 첨부할 수 있다.

④ 운영금액은 적으나 초기에 설문 프로그램을 만드는 데 많은 비용이 들어간다.

08 문헌조사

① 과거에 발생한 사건에 대하여 자료를 수집할 때 그 시기에 조사되어 있어 남아 있는 자료를 통하여 자료를 수집하는 방법이다.

② 과거의 사건에 접근이 가능하여 종단적 분석도 가능하다.

③ 조사자에 대한 주관적 편견이 들어갈 확률이 적다.

④ 자료를 확보하는 데 편향성이 있을 수 있고 이용할 수 있는 자료가 한정적이다.

09 내용분석

① 조사자가 새로운 자료를 수집하는 것이 아니라 기존의 자료를 분석하여 자료를 수집하는 방법이다.

② 시간과 비용이 절약되고 조사자의 주관적 편견이 줄어든다.

③ 시간이 많이 지난 자료는 훼손될 가능성이 있고 기록된 자료만 분석이 가능하다.

핵심문제

01 피면접자를 직접 대면하는 면접조사가 우편설문에 비해 갖는 장점이 아닌 것은? [21회]

① 응답자의 익명성 보장수준이 높다.
② 보충적 자료수집이 가능하다.
③ 대리응답의 방지가 가능하다.
④ 높은 응답률을 기대할 수 있다.
⑤ 조사내용에 대한 심층적 이해가 가능하다.

정답 ①

해설 면접조사는 면접자와 피면접자가 직접 대면을 통해 면접이 이루어지기에 익명성이 부족하다. 익명성 보장수준이 높아 민감한 주제도 조사할 수 있는 것은 우편설문이다.

02 내용분석에 관한 설명으로 옳지 않은 것은? [22회]

① 반응적(Reactive) 연구방법이다.
② 서베이(Survey) 조사에서 사용하는 표본 추출방법을 사용할 수 있다.
③ 연구과정에서 실수를 하더라도 재조사가 가능하다.
④ 숨은 내용(Latent Content)의 분석이 가능하다.
⑤ 양적 분석과 질적 분석 모두 적용 가능하다.

정답 ①

해설 내용분석은 조사자가 새로운 자료를 수집하는 것이 아니라 기존의 자료를 분석하여 자료를 수집하는 방법으로 비반응적 연구방법이다.

Tip 책, 음악, 잡지, 회의록, 학술논문, 신문, 문서, 일기, 편지 등 기록물이 분석대상으로 내용분석은 질적 내용을 양적 내용으로 전환할 수 있고, 연구의 목적에 따라 변수를 측정할 수 있도록 객관적이거나 계량적으로 전환하는 연구방법이다. 또한 조사대상자의 반응성의 문제를 피할 수 있는 2차 자료수집 방법으로 원하는 결과가 나오지 않으면 재조사가 가능하다.

10 질적 연구와 양적 연구

KEYWORD 16 질적 연구와 양적 연구 11 12 13 14 15 16 17 18 19 20 21 22 23

01 질적 연구

① 조사자 자신이 조사도구

척도나 측정도구를 사용하는 것이 아니라 모든 데이터를 조사자가 자연적인 환경으로부터 직접 자료를 수집하여 연구하여 조사자와 조사대상자의 주관성이 개입될 수 있다.

② 주로 작은 규모의 대상자

질적 연구는 대규모집단에는 적용하기 어렵고 대부분 소수집단에 대한 심층 관찰이 주를 이룬다.

③ 귀납적 논리

경험들을 수집하여 그것을 근거로 삼아 잠정적인 이론에 도달하는 귀납법 원리를 선호하고 연구대상자의 구체적 행동을 관찰로 자료를 모아 이론으로 개발한다.

④ 일반화의 한계

소수집단을 심층관찰 하다 보면 관련된 경험들은 그 집단의 독특한 상황이기에 다른 집단까지 일반화하기에는 무리가 있다.

02 질적 연구의 종류

① 근거이론

㉠ 조사과정에서 체계적으로 수집되고 분석된 자료를 비교하여 이론을 도출해 내는 방법이다.

㉡ 귀납적 방법을 통하여 수집된 자료를 근거로 이론이나 가설을 도출해 내는 방법이다.

㉢ 주제가 알려지지 않았고 예측하기 어려운 경우에 유리하고 개념들의 관계를 형성하는 것이 목적이다.

㉣ 코딩

- 코딩이란 질적 연구에서 연구자가 관여하는 기본적인 분석 과정이며, 개방코딩(Open Coding), 축코딩(Axial Coding), 선택코딩(Selective Coding) 등의 기본적인 코딩 유형이 있다.
- 개방코딩(Open Coding)은 근거자료를 이용하여 현상을 적절히 설명할 수 있는 개념을 찾아내고, 유사한 개념들을 묶어 범주화하는 과정을 말한다. 근거자료를 통해 개념을 찾아내어 이름을 붙이고, 유사하거나 의미상 관련이 있다고 생각되는 개념들을 묶어 하위범주로 하여 의미상 관련이 있다고 여

 학습 가이드

양적, 질적 연구방법론을 비교하는 문제가 최근에 자주 출제되고 있어 양적, 질적 연구방법론의 비교를 통해 양적 연구와 질적 연구에 대한 정확한 개념을 이해해야 합니다.

겨지는 하위범주들을 묶어 범주화한다. 즉, 진술내용을 분석단위로 나누고 심층적으로 검토하여 현상을 적절히 설명하는 개념을 찾아 명명하고, 개념들의 유사점을 포괄할 수 있는 하위범주, 범주 등을 찾아낸다.

- 축코딩(Axial Coding)은 범주를 속성과 차원의 수준에서 하위범주로 연결하고 계속 발전시키며 범주의 관련성을 파악하는 것으로, 패러다임에 의한 범주분석과 과정분석이 있다.
  - 인과적 조건(Causal Condition) : 어떤 현상이 일어나게 된 원인이나 조건을 설명해주는 것을 의미

    예 조건부 수급자로서 자활사업에 참여하게 된 인과적 조건
  - 현상(Phenomenon) : 참여자가 일련의 전략을 통해 조절하거나 해결하려는 중심생각이나 사건을 의미

    예 자활사업에 참여하는 과정에서 느끼게 된 현상
  - 맥락적 조건(Contextual Condition) : 현상이 발생하는 구조적 장으로서 작용 · 상호작용(Action/Interaction) 전략이 취해지는 일련의 조건, 특히 장애적 조건 등을 의미

    예 자활사업 참여를 통해 탈수급 의지를 갖게 하는 데 어려움을 느끼게 한 맥락적 조건
  - 중재적 조건(Intervening Condition) : 어떤 현상과 관련된 구조적 상황을 말하며, 주어진 상황 또는 맥락적 조건 속에서 작용 · 상호작용 전략을 촉진하는 방향으로 작용하는 조건을 의미

    예 자활사업 참여 과정에서 탈수급 의지를 갖도록 지지해 준 중재적 조건
  - 작용 · 상호작용(Action Interaction) : 특정하게 인지된 상황들 아래서 현상을 다루고 조절하고 실행하며 거기에 대처하도록 고안된 전략을 의미

    예 탈수급 의지를 갖거나 갖지 않고 자활사업에 참여하면서 적응하기 위해 사용한 전략, 대처방안 등의 작용 · 상호작용
  - 결과(Consequence) : 다양한 작용 · 상호작용 전략을 통해 현상이 조절되면서 나타나는 것을 의미

    예 다양한 작용 상호작용 전략을 통해 참여자에게 나타난 결과 등을 분석
- 선택코딩(Selective Coding)는 범주를 통합시키고 정교화하는 과정으로 분석의 차원을 이론까지 발전시키는 과정이다. 먼저 핵심범주를 결정하고 핵심범주는 다른 범주를 체계적으로 연관시켜 관계성을 확인하여 전체적인 윤곽을 전개한다.

② 사례연구

㉠ 특수한 사건, 현상들에 초점을 두고 연구한 자료를 자세히 기술하는 것이다.

㉡ 사회현상에 대해 깊이 있는 연구를 할 수 있는 방법으로 양적 연구와 함께 사용될 수 있다.

㉢ 개인, 가족, 집단, 지역사회 등 단일사례에 깊이 있게 현상을 분석하여 인간의 행동이나 사회 환경을 이해하는 데 유용하다.

③ 민속지학

㉠ 오랜 기간 같은 문화에서 생활하면서 조사대상자의 삶을 관찰하는 것에 초점을 두는 연구방법이다.

㉡ 그 문화에 살고 있는 사람의 관점에서 연구를 하고 그 문화에 살고 있는 중요한 정보제공자에 의존한다.

㉢ 개인이나 집단의 행동에 대한 이해의 목적을 가지고 자연스럽게 관찰이나 심층면접을 통해 자료를 수집한다.

④ 현상학

㉠ 인간의 모든 현상의 본질을 탐구하고 이해하는 방법으로 주로 대화나 인터뷰를 사용한다.

㉡ 현실 세계에 대한 사람의 주관적 경험과 해석을 강조한다.

㉢ 하나의 개념에 대한 여러 사람의 체험을 의미하며 경험적 체험을 상대성과 주관성이 아닌 모든 사람에 보편화할 수 있는 이치를 밝히는 것이 목표이다.

TIP

질적 연구의 특징과 종류들을 확실히 구분하고 암기해야 합니다.

03 질적 연구의 표집방법

① **기준 표집** : 연구자가 연구목적에 맞게 결정한 기준에 충족되는 사례를 선정하는 표집방법이다.

② **동질적 표집** : 동질적인 사례를 선정하는 표집방법이다.

③ **결정적 사례 표집** : 구체적인 정보를 제공하는 결정적인 사례를 선정하는 표집방법이다.

④ **극단적 사례 표집** : 주제의 현상이 나타나는 사례와 예외적인 사례를 표집하여 현상을 이해하는 방법이다.

⑤ **최대변이 표집** : 적은 수의 다양한 속성을 가진 사례의 표본을 확보하기 위한 표집방법이다.

⑥ **예외사례 표집** : 조사 주제나 유형에 맞지 않는 예외적인 사례를 표집하는 방법이다.

04 양적 연구

① 양적 연구방법은 정량적 연구로서 대상의 속성을 계량적으로 표현하고 그들의 관계를 통계분석을 통해 밝혀내는 방법이다.

② 실증주의적 인식론에 바탕을 두기 때문에 객관성과 보편성을 강조한다.

③ 주로 질문지법(설문지법)이나 실험법 등의 자료수집방법을 사용한다.

④ 사소하거나 예외적인 상황은 배제하여 가설에서 설정한 관계를 확률적으로 규명하려 한다.

⑤ 동일한 연구조건이라면 같은 결과가 산출된다고 보기 때문에 연구자를 교체할 수 있다.

⑥ 관찰자에 관계없이 사물은 보편적으로 실재한다고 본다.
⑦ 결과에 관심을 가지며, 선(先)이론 후(後)조사의 연역적 방법을 주로 활용한다.
⑧ 일반적으로 신뢰도가 높다. 즉, 신뢰성 있는 결과의 반복이 가능하다.
⑨ 연구결과의 일반화 가능성이 높다.

05 혼합 연구방법(Mixed Method)

① 양적 연구와 질적 연구를 통합한 방법이다.
② 양적 연구의 결과에서 질적 연구가 시작될 수 있다.
③ 질적 연구결과와 양적 연구결과는 상반될 수 있다.
④ 두 가지 연구방법 모두에 대한 전문적 지식이 필요하다.
⑤ 연구자에 따라 두 가지 연구방법의 비중은 상이할 수 있다.
⑥ 다양한 패러다임을 수용할 수 있어야 한다.

핵심문제

01 질적 연구에서 일반적으로 사용되는 표집방법이 아닌 것은? [22회]

① 판단(Judgemental) 표집
② 체계적(Systematic) 표집
③ 결정적 사례(Critical Case) 표집
④ 극단적 사례(Extreme Case) 표집
⑤ 최대변이(Maximum Variation) 표집

정답 ②

해설 체계적 표집은 확률표집으로 양적 연구 표집방법이다.

질적 연구의 표집방법
- 기준 표집 : 연구자가 연구목적에 맞게 결정한 기준에 충족되는 사례를 선정하는 표집방법이다.
- 동질적 표집 : 동질적인 사례를 선정하는 표집방법이다.
- 결정적 사례 표집 : 구체적인 정보를 제공하는 결정적인 사례를 선정하는 표집방법이다.
- 극단적 사례 표집 : 주제의 현상이 나타나는 사례와 예외적인 사례를 표집하여 현상을 이해하는 방법이다.
- 최대변이 표집 : 적은 수의 다양한 속성을 가진 사례의 표본을 확보하기 위한 표집방법이다.
- 예외사례 표집 : 조사주제나 유형에 맞지 않는 예외적인 사례를 표집하는 방법이다.

02 질적 연구에 관한 설명으로 옳은 것은? [22회]

① 변수중심의 분석이 이루어진다.
② 논리 실증주의적 관점을 견지한다.
③ 인간행동의 규칙성과 보편성을 중시한다.
④ 모집단을 대표할 수 있는 표본을 추출한다.
⑤ 관찰로부터 이론을 도출하는 귀납적 방법을 활용한다.

정답 ⑤

해설
- 질적 연구는 주로 탐구적인 연구로서 연구자의 직관적인 통찰로 현상의 의미를 해석하고 이해하려는 연구방법으로 귀납법적 방법을 활용한다.
- 양적 연구는 수량적으로 측정할 수 있는 특성을 포함하는 연구문제나 가설에 대해 답하거나 검증하는 탐구방법이다. ①~④는 모두 양적 연구에 대한 설명이다.

빈출문제로 마무리하기

표본설계

01 다음 사례에 해당하는 표집방법은? [12회]

> 서울의 지역사회복지관에 근무하는 종사자의 직무만족도를 조사하기 위하여 설문조사를 실시하였다. 표본은 서울시 각 구별 복지관 종사자 비율에 따라 결정된 인원수를 작위적으로 모집하였다.

① 할당표집
② 군집표집
③ 계통적(Systematic Random) 표집
④ 비비례층화표집
⑤ 눈덩이표집

해설 비율에 따라 구분하는 표집방법에는 할당표집과 층화표집이 있는데, 작위적 방법을 사용하는 표집은 할당표집이고 층화표집은 무작위로 표집을 한다.

과학철학 및 패러다임

02 쿤(T. Kuhn)의 과학철학에 관한 설명으로 옳지 않은 것은? [11회]

① 과학은 일정한 방향으로 누적적 진보를 하지 않는다.
② 과학적 진리는 과학공동체의 패러다임에 의존한다.
③ 과학적 진리는 사회의 성격에 영향을 받는다.
④ 패러다임의 우열을 비교할 수 있는 객관적 기준은 존재하지 않는다.
⑤ 과학의 진보에는 특정한 패턴이나 구조가 존재하지 않는다.

해설 과학의 진보에는 특정한 패턴이나 구조가 존재한다. 많은 패러다임 중에서 하나의 패러다임(대안적인 패러다임, 혁명적 과학)이 주도권을 잡게 되어, 다수의 과학자가 그것을 공유하고 있는 시기를 정상과학이라고 부른다. 패러다임의 변화를 점진적인 것이 아니라 혁신적인 것으로 본다.

윤리문제

03 조사연구의 윤리에 관한 설명으로 옳지 않은 것은? [9회]

① 조사대상자의 익명성을 보장한다.
② 수집된 정보에 대하여 비밀을 유지한다.
③ 동료집단 조언을 통해 편견을 방지한다.
④ 조사대상자로부터 고지된 동의를 얻는다.
⑤ 긍정적인 연구결과를 유도하는 질문 문항으로 구성한다.

해설 조사자가 원하는 결과를 얻기 위해 조사자가 조사대상자를 유도하는 문항으로 구성하면 안 된다.

가설

04 바람직한 가설에 관한 설명으로 옳지 않은 것은? [11회]

① 경험적으로 검증할 수 있어야 한다.
② 정(+)의 관계로 기술되어야 한다.
③ 표현이 간단명료하여야 한다.
④ 이론과 연관되어야 한다.
⑤ 변수 간의 관계를 기술하여야 한다.

해설 긍정적인 방향으로 기술되어야 하고 정(+)의 관계로 기술되지 않아도 된다.

정답 01 ① 02 ⑤ 03 ⑤ 04 ②

변수

05 변수에 관한 설명으로 옳은 것은? [12회]

① 독립변수는 모든 형태의 척도(명목, 서열, 등간, 비율)가 활용될 수 있다.
② 매개변수는 독립변수와 종속변수에게 영향을 미친다.
③ 통제변수는 종속변수와 관련성이 없어야 한다.
④ 조절변수는 독립변수에게 영향을 미친다.
⑤ 종속변수의 수는 외생변수의 수에 따라 결정된다.

해설 ② 매개변수는 종속변수에게만 영향을 미친다.
③ 통제변수는 종속변수에 영향을 주는 제3의 변수를 통제하기 때문에 종속변수와 관련성이 있어야 한다.
④ 조절변수는 종속변수에 영향을 미친다.
⑤ 종속변수의 수는 하나로 분석대상에 따라 결정된다.

신뢰도

06 측정도구의 신뢰도에 관한 설명으로 옳지 않은 것은? [11회]

① 신뢰도는 무작위 오류와 관련이 있다.
② 재검사법을 사용하여 신뢰도를 평가할 경우 측정대상이 동일해야 한다.
③ 측정하고자 의도한 것을 측정하는 능력을 말한다.
④ 크론바 알파(Cronbach's Alpha)는 신뢰도 측정의 대표적 방법이다.
⑤ 측정결과가 일관된 정도를 말한다.

해설 측정하고자 의도한 것을 측정하는 능력은 타당도를 의미한다.

타당도

07 다음에서 사용한 타당도는? [15회]

> 새로 개발된 주관적인 행복감 측정도구를 사용하여 측정한 결과와 이미 검증되고 널리 사용되고 있는 주관적인 행복감 측정도구의 결과를 비교하여 타당도를 확인한다.

① 내용(Content) 타당도
② 동시(Concurrent) 타당도
③ 예측(Predictive) 타당도
④ 요인(Factor) 타당도
⑤ 판별(Discriminant) 타당도

해설 동시적 타당도에 대한 내용이다.

내적 타당도 저해요인

08 실험설계 시 고려해야 할 타당도 저해요인 중 특성이 같은 요인끼리 묶인 것은? [15회]

> ㄱ. 역사(History)
> ㄴ. 성숙(Maturation)
> ㄷ. 표본의 대표성(Sample Representativeness)
> ㄹ. 중도탈락(Mortality)

① ㄴ, ㄷ
② ㄷ, ㄹ
③ ㄱ, ㄴ, ㄷ
④ ㄱ, ㄴ, ㄹ
⑤ ㄴ, ㄷ, ㄹ

해설 표본의 대표성은 외적 타당도 저해요인이고 나머지는 내적 타당도 저해요인이다.

실험조사설계

09 실험설계에 관한 설명으로 옳지 않은 것은? [14회]

① 순수실험설계는 무작위할당을 활용해야 한다.
② 순수실험설계가 준(유사)실험설계에 비해 내적 타당도가 높다.
③ 준(유사)실험설계에는 사전 측정이 있어야 한다.
④ 준(유사)실험설계에는 두 개 이상의 집단이 필요하다.
⑤ 단일집단 사전사후검사설계는 전실험설계이다.

해설 준(유사)실험설계에는 시계열설계, 복수시계열설계, 비동일 비교집단설계로 구분된다. 시계열설계는 실험집단을 3번 이상 조사하기 때문에 통제집단은 필요 없다.

정답 05 ① 06 ③ 07 ② 08 ④ 09 ④

횡단조사와 종단조사

10 **종단적 조사에 관한 설명으로 옳지 않은 것은?** [10회]

① 조사대상을 일정한 시간간격을 두고 2회 이상 관찰하는 조사를 말한다.
② 패널조사는 매 조사시점마다 동일인이 조사대상이 되도록 계획한다.
③ 개인의 노동시장 활동과 같은 장기적 추이를 분석하는 데 활용된다.
④ 경향분석(Trend Analysis)은 매 조사시점에서 조사대상이 동일인이 아니다.
⑤ 1990년대와 2000년대 10대들의 직업선호도 비교는 동류집단(Cohort) 조사이다.

해설 동류집단조사는 같은 집단 속 다른 대상을 조사하는 것으로 1990년대와 2000년대 10대들의 직업선호도 비교는 추이조사이다.

자료수집

11 **서베이(Survey) 조사에 적절한 주제가 아닌 것은?** [14회]

① 신규 프로그램 개발을 위한 주민욕구 측정
② 기초생활 보장제도의 대국민 만족도 측정
③ 틱(Tic) 현상을 가진 아동에 대한 단일사례분석
④ 한국 청소년의 약물남용 실태조사
⑤ 노숙자들의 쉼터 이용 거부원인분석

해설 서베이는 많은 사람들을 조사하는 방법으로 욕구조사나 만족도 조사에 주로 사용된다. 틱 현상은 소수의 특별한 사람만이 가지고 있는 현상으로 서베이 조사에는 적합하지 않다.

단일사례연구

12 **단일사례설계에 관한 설명으로 옳지 않은 것은?** [16회]

① 기초선 국면과 개입 국면이 있다.
② 연구대상과 개입방법은 여러 개가 될 수 없다.
③ 조사연구과정과 실천과정의 통합이 가능하다.
④ 경향과 변화를 파악하도록 반복 관찰한다.
⑤ 통계적 원리를 적용하여 분석할 수 있다.

해설 연구대상과 개입방법은 여러 개가 될 수 있다. 복수기초선은 여러 상황, 여러 문제, 여러 사람에게 적용된다.

자료수집

13 **설문지 문항의 작성방법에 관한 설명으로 옳지 않은 것은?** [13회]

① 이중(Double-Barreled)질문과 유도질문은 피하는 것이 좋다.
② 신뢰도 측정을 위해 짝(Pair)으로 된 문항들은 함께 배치하는 것이 좋다.
③ 응답하기 쉬운 문항일수록 설문지의 앞에 배치하는 것이 좋다.
④ 일반적인 것을 먼저 묻고 특수한 것을 뒤에 묻는 것이 좋다.
⑤ 객관식 문항의 응답 항목은 상호배타적이어야 한다.

해설 신뢰도를 측정하기 위해서는 짝(Pair)으로 된 문항들을 멀리 배치하는 것이 좋다. 함께 배치하면 문항의 영향을 받아 신뢰도가 떨어진다.

질적 연구

14 **양적 연구방법에 관한 설명으로 옳은 것은?** [13회]

① 심층규명(Probing)을 한다.
② 연구자의 주관성을 활용한다.
③ 선(先)이론 후(後)조사의 방법을 활용한다.
④ 연구도구로서 연구자의 자질이 중요하다.
⑤ 주로 사용되는 자료수집방법은 면접과 관찰이다.

해설 양적 연구방법은 가설을 설정하고 가설을 확인하는 방법이기 때문에 선이론 후조사 방법을 사용한다.

정답 10 ⑤ 11 ③ 12 ② 13 ② 14 ③

표본설계

15 장애인에 대한 인식의 변화를 알아보기 위해 지난 20년간 개봉된 영화 중 장애인이 등장하는 영화를 분석하기로 하였다. 이 연구에 관한 설명으로 옳지 않은 것은? [14회]

① 연구 모집단을 규정하고 표본추출의 틀을 구해야 한다.
② 사례 수가 많으면 표본추출하여 줄일 수 있다.
③ '장애인에 대한 인식'의 조작적 정의가 필요하다.
④ 이 조사에서 표본추출의 단위는 사람이다.
⑤ 장애인에 대한 인식에서 현재적 내용과 잠재적 내용을 구분하여 분석할 수 있다.

해설 장애인에 대한 인식의 변화를 알아보기 위해 지난 20년간 개봉된 영화 중 장애인이 등장하는 영화를 분석하였으므로 이 조사에서 표본추출의 단위는 사람이 아니라 영화이다.

과학

16 귀납법과 연역법에 관한 설명으로 옳은 것은? [9회]

① 귀납법과 연역법은 상호배타적이다.
② 귀납법은 이론에서 조작화와 관찰로 이어진다.
③ '모든 사람은 죽는다.'와 같은 명제에서 시작하는 것은 귀납법이다.
④ 연역법은 개별 사례의 관찰에서 출발한다.
⑤ 경험적 관찰에서 보편적 유형을 찾는 것은 귀납법이다.

해설 ① 귀납법과 연역법은 상호보완적이다.
② 귀납법은 관찰에서 유형발견과 이론으로 이어진다.
③ 이론에서 시작하므로 연역법이다.
④ 개별 사례의 관찰에서 출발하는 것은 귀납법이다.

정답 15 ④ 16 ⑤

2교시

사회복지실천

3과목 | 사회복지실천론
4과목 | 사회복지실천기술론
5과목 | 지역사회복지론

3과목 사회복지실천론

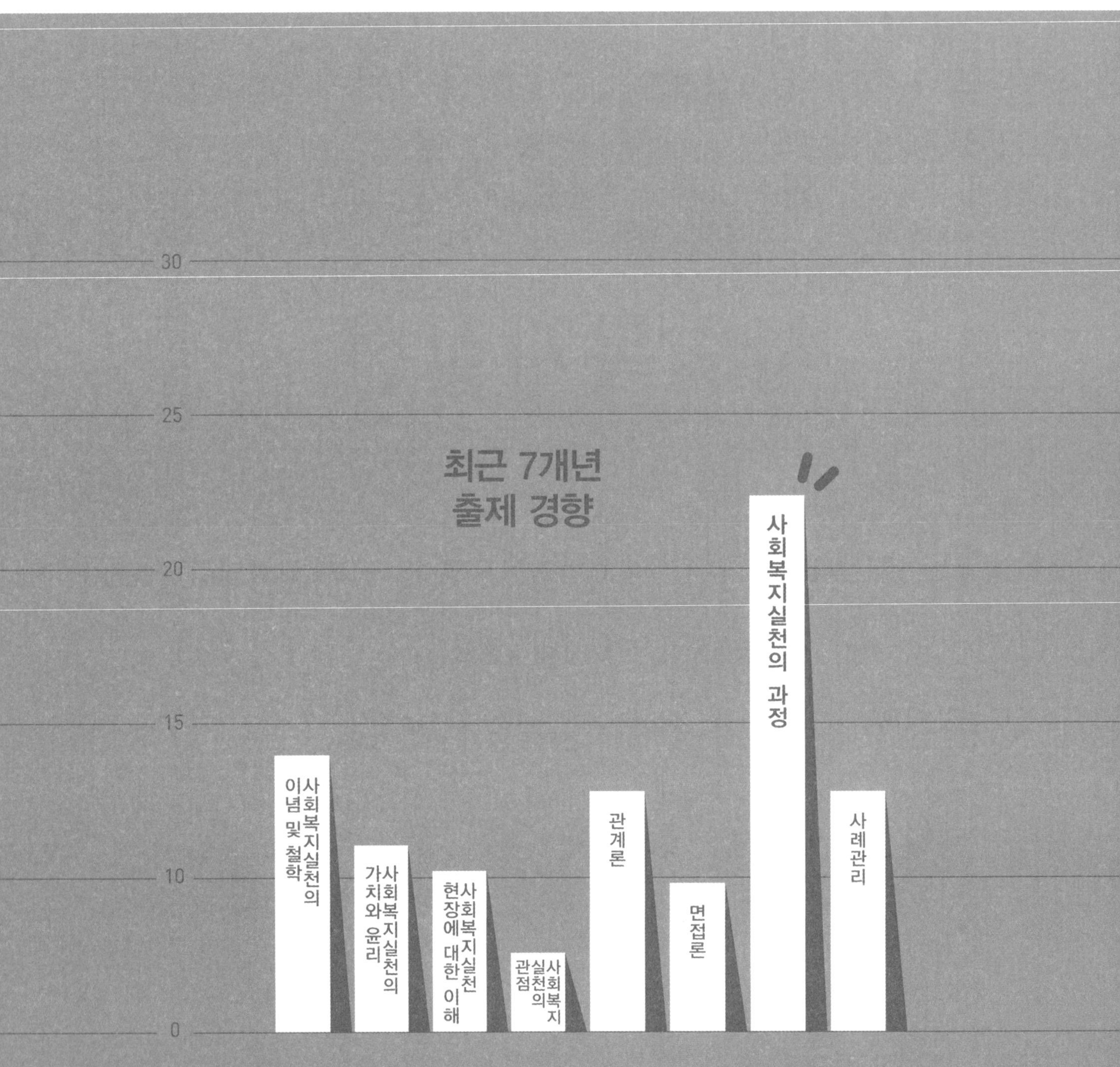
30
25
20
15
10
0
최근 7개년 출제 경향
사회복지실천의 이념 및 철학
사회복지실천의 가치와 윤리
사회복지실천 현장에 대한 이해
사회복지 실천의 관점
관계론
면접론
사회복지실천의 과정
사례관리

1 사회복지실천의 이념 및 철학

KEYWORD 01 자선조직협회와 인보관 9 11 13 14 15 18 20 21

01 자선조직협회(COS, 1869)

① 다수의 난립된 자선기관의 조정 및 통합을 통해 중복구호를 방지하고자 하였다.
② 무급 자원봉사자인 우애방문원의 빈곤 가정에 대한 조사를 통하여 필요한 원조를 제공하고 스스로 자립할 수 있도록 지원하였다.
③ 빈민을 가치 있는 자와 가치 없는 자로 구분하여 원조 대상을 가치 있는 자로 한정하고, 이때 가치 있는 자는 자활 의지가 있고 근검절약하며 선량한 성격을 가진 자들이라고 정했다.
④ 빈곤은 빈민의 성격이나 생활방식에 있다고 생각하여 구빈비 사용을 반대하였다.
⑤ 빈곤은 개인적 문제이기 때문에 사회개혁이 아니라 빈민의 변화에 핵심이 있다.
⑥ 게으름이나 음주 등의 무책임한 행동의 결과가 빈곤이다.
⑦ 빈민에게 물고기를 주지 말고 물고기 잡는 방법을 가르쳐 주자는 슬로건을 가지고 있다.
⑧ 우애방문원의 빈곤 가정에 대한 조사는 개별사회사업으로 발전하였다.
⑨ 빈곤에 대한 사회적 기반을 경시하였다는 점에서 비판을 받고 있다.
⑩ 인도주의적, 사회진화론적 성격이 있다.

02 인보관(1884)

① 자선조직협회의 한계와 기독교 사회주의, 중산층의 죄의식에 의하여 시작되었다.
② 취약 지역의 문제를 해결하기 위하여 현지에 정착하여 문제를 해결하고자 하는 운동이다.
③ 빈곤의 원인은 사회적 문제이기 때문에 사회개혁에 의해서만 해결이 가능하다고 보았고 국가의 구빈비 사용에 찬성하였다.
④ 영국의 최초의 인보관은 1884년 토인비 홀이고 미국의 최초의 인보관은 1886년 근린길드이다. 시카고 헐 하우스는 1889년에 만들어졌다.
⑤ 빈민들의 빈곤의 대물림을 방지하기 위해서 교육사업에 치중하였다.
⑥ 지역을 변화시키기 위한 노력은 집단사회사업으로 발전하였다.
⑦ 인보관운동은 종교적 요소가 강하게 작용하였다.
⑧ 3R은 거주(Residence), 조사(Research), 개혁(Reform)이다.
⑨ 여성 노동자의 권익증진운동을 펼쳤다.

학습 가이드

1. 인보관이나 자선조직협회의 특징을 잘 암기하면 지역사회복지론이나 사회복지정책론에서도 많은 도움이 됩니다.
2. 실천 이념보다는 역사적 발달과정의 출제비중이 높아지고 있으므로 사회복지실천에 영향을 미친 이념은 어떤 것들이 있는지, 자선조직협회와 인보관운동에 영향을 미친 이념은 무엇인지 반드시 알아두어야 합니다.

우애방문원들이 중복과 누락으로 인하여 만든 협회가 자선조직협회입니다.

자선조직협회는 잔여적 성격, 인보관은 제도적 성격을 가지고 있습니다.

급진주의

인보관의 기본이념 중 하나로 사회적으로 불이익을 받는 사람들의 권익을 보호하고자 하는 사상

TIP

인도주의와 사회진화론은 자선조직협회의 기본 이념이고, 사회민주주의는 인보관의 기본 이념입니다.

03 자선조직협회와 인보관운동 비교

구분	자선조직협회	인보관운동
사회문제의 원인	개인적인 속성	환경적인 요소
이데올로기	사회진화론	자유주의, 급진주의, 기독교사회주의
참여자	중산층(부인)	지식층(대학생, 교수, 성직자)
사회문제 접근방법	빈민 개조 및 역기능 개선	빈민과 함께 거주
성격	사회질서 유지 강조	사회개혁, 참여민주주의, 교육 강조
예	우애방문원, 조사제, 등록제 등	영국 토인비 홀, 미국 헐 하우스

핵심문제

01 자선조직협회(COS) 활동에 관한 설명으로 옳지 않은 것은? [21회]

① 민간 사회복지기관의 활동을 체계적으로 조정하기 위해 등장하였다.
② 적자생존에 기반한 사회진화론을 구빈의 이론적 기반으로 삼았다.
③ 빈민지역에 거주하며 지역사회문제에 대한 집합적이고 개혁적인 해결을 강조하였다.
④ 과학적이고 적절한 자선활동을 수행하기 위해 클라이언트 등록체계를 실시하였다.
⑤ 자선조직협회 활동은 개별사회사업의 초석이 되었다.

정답 ③

해설 빈민지역에 거주하며 지역사회문제에 대한 집합적이고 개혁적인 해결을 강조한 것은 인보관운동이다.

02 인보관운동에 관한 내용으로 옳지 않은 것은? [20회]

① 빈민을 통제하는 사회 통제적 기능을 담당한다.
② 인보관에서 일하는 사람은 지역사회에서 함께 살면서 활동한다.
③ 지역사회문제에 관한 연구와 조사를 실시한다.
④ 빈민지역의 주택 개선, 공중보건 향상 등에 관심을 둔다.
⑤ 사회문제에 대한 집합적이고 개혁적인 해결을 강조한다.

정답 ①

해설 빈민을 통제하는 사회 통제적 기능을 담당하는 것은 자선조직협회이다.

KEYWORD 02 진단주의와 기능주의 12 16 20 22 23

01 진단주의(1920년대)

① 프로이트의 영향, 해밀튼, 리치몬드 등
② 정신분석이론에 근거하여 클라이언트의 자아, 전이, 무의식, 역전이, 결정론적 관점 강조
③ 클라이언트의 과거의 경험이 현재에 영향을 미침(과거 중심)
④ 사회복지사 중심
⑤ 질병의 심리학

02 기능주의(1930년대)

① 오토랭크, 로빈슨, 테프트 등
② 성장 가능성, 사회환경 중시
③ 클라이언트의 현재 경험과 문제 중심
④ 클라이언트 중심, 자기결정권 존중
⑤ 성장의 심리학

학습 가이드

진단주의 학파와 기능주의 학파를 비교하는 문제가 출제되고 있으므로 내용을 정확히 파악해야 합니다.

진단주의 학파의 내용은 프로이트의 정신분석이론의 내용으로 이루어져 있기 때문에 정신분석이론으로 이해해도 무관합니다.

기능주의 학파는 1929년 미국의 대공황 이후에 환경의 영향이 인간에게 영향을 미쳐 환경의 영향을 중요하게 생각했습니다.

핵심문제

01 기능주의 학파(Functional School)에 관한 내용으로 옳지 않은 것은? [20회]

① 개인의 의지 강조
② 인간의 성장 가능성 중시
③ '지금-이곳'에 초점
④ 인간과 환경의 관계 분석
⑤ 과거 경험 중심적 접근

정답 ⑤

해설 과거 경험 중심적 접근은 진단주의의 특징이다.

02 기능주의(Functionalism)에서 강조한 내용으로 옳은 것을 모두 고른 것은? [22회]

ㄱ. 개인의 의지	ㄴ. 개인에 대한 심리 내적 진단
ㄷ. 전문가와 클라이언트 사이의 원조관계	ㄹ. 기관의 기능

① ㄱ, ㄴ
② ㄷ, ㄹ
③ ㄱ, ㄷ, ㄹ
④ ㄴ, ㄷ, ㄹ
⑤ ㄱ, ㄴ, ㄷ, ㄹ

정답 ③

해설 ㄴ. 개인에 대한 심리 내적 진단은 진단주의의 내용이다.

KEYWORD 03 한국의 사회복지실천 과정 9 10 11 12 13 14 15 19 21 22

학습 가이드

1. 사회복지실천의 역사는 꾸준히 많은 비중을 차지하고 있는 부분으로 암기가 필요한 부분이지만 무조건적인 암기보다는 이해 위주의 암기가 필요합니다.
2. 사회복지의 역사는 사회복지실천론뿐 아니라 지역사회복지론, 사회복지정책론, 사회복지행정론, 사회복지법제론에서도 출제되고 있는 만큼 연도와 내용은 꼭 암기해야 합니다.

01 외원기관 활동

한국전쟁 이후 사회적 혼란으로 인하여 국제적인 지원이 시작되었고, 특히 기독교 선교사들의 영향으로 교육과 병원이 발전할 수 있었다. 기독교아동복지재단, 홀트아동복지회, 선명회 같은 외원기관들이 연합하여 1950년대 후반에 KAVA(Korea Association of Voluntary Agencies)를 창설하고 KAVA를 중심으로 개별사회사업 및 시설중심의 서비스가 시행되었다. 1960년대 후반 한국이 경제가 성장하면서 외원기관들은 한국을 떠나기 시작했다.

02 사회복지교육의 발전

1947년 최초로 이화여자대학교에 기독교 사회사업학과가 개설되었고 1953년 강남대학교에 사회사업학과가 개설되었다. 그 후 중앙대학교, 대구대학교 등 많은 학교에서 사회사업학과가 개설되었다. 1983년 사회복지사의 명칭이 만들어지고 사회사업학과가 사회복지학과로 변경되며 이후 사회복지학과로 신설되었다.

03 사회복지관의 발달

우리나라 최초의 복지관은 태화여자관(현 태화기독교사회복지관)으로 1921년에 설립되었다. 그러나 1970년대까지는 활성화되지 못하다가 1983년 「사회복지사업법」이 개정되고 나서 본격화되었고, 이후에는 각 시 · 도에 사회복지관이 양적으로 팽창하였다.

04 사회복지전담공무원

1987년 5대 직할시(부산, 대구, 인천, 광주, 대전)에서 사회복지전문요원을 별정직 7급으로 임용한 것을 시작으로 1988년 서울시에서도 사회복지전문요원을 별정직 7급으로 임용하였다. 1992년 「사회복지사업법」 개정으로 인하여 공공기관에 임용될 법적 근거를 마련하였으나 「국민기초생활보장법」이 시행된 2000년부터 공개채용이 시작되었고 사회복지전담공무원을 일반직 9급으로 임용하기 시작했다.

05 사회복지사 자격제도

「사회복지사업법」이 1970년에 제정되면서 법적 근거를 마련하였고 이때에는 사회복지사가 아니라 사회복지사업종사자로 전문 자격증이 없었다. 하지만 1983년 「사회복지사업법」 개정으로 인하여 사회복지사업종사자에서 사회복지사로 명칭이 변경되었다. 1997년 「사회복지사업법」이 개정되면서 사회복지사 자격제도가 변경되어 2등급으로 나뉘었다. 2003년부터 1급은 사회복지학 교육을 받은 4년제 정규대학 또는 대학원을 졸업을 한 자와 2년제 대학을 졸업해 2급 자격증 취득 후 1년 현장경력을 쌓은 자가 국가자격시험에 합격한 사람들이다.

TIP
사회복지관련 국가자격증에는 사회복지사, 정신건강사회복지사, 의료사회복지사, 학교사회복지사가 있습니다.

06 기타 자격제도

1996년 「정신보건법」이 시행되었고 1997년부터 정신보건사회복지사 자격제도가 도입되었다. 2003년 사회복지사 1급 시험, 2020년 의료사회복지사, 학교사회복지사가 국가자격증이 되었다.

07 시설평가

1997년 사회복지 관련법률이 개정되고 1998년 「사회복지법 시행규칙」 개정으로 3년에 1회 이상 사회복지시설평가가 의무화되었다. 1999년 정신요양시설, 장애인복지관 등이 시설평가를 받게 되었고 2000년 아동시설 노인시설, 여성시설, 정신장애인시설, 사회복지관 등이 시설평가를 받게 되었다.

핵심문제

01 사회복지실천의 역사적 발달과정을 발생한 순서대로 옳게 나열한 것은? [21회]

ㄱ. 밀포드(Milford) 회의에서 사회복지실천의 공통요소를 발표하였다.
ㄴ. 사회복지사업법에 따라 국내에서 사회복지사 명칭을 사용하기 시작하였다.
ㄷ. 태화여자관이 설립되었다.
ㄹ. 사회복지전문요원이 국내 행정기관에 배치되었다.

① ㄱ－ㄴ－ㄷ－ㄹ
② ㄱ－ㄷ－ㄴ－ㄹ
③ ㄱ－ㄷ－ㄹ－ㄴ
④ ㄷ－ㄱ－ㄴ－ㄹ
⑤ ㄷ－ㄱ－ㄹ－ㄴ

정답 ④

해설 ㄱ. 밀포드(Milford) 회의에서 사회복지실천의 공통요소를 발표한 시기는 1929년이다.
ㄴ. 1983년 「사회복지사업법」에 따라 국내에서 사회복지사 명칭을 사용하기 시작하였다.
ㄷ. 태화여자관은 1921년에 설립되었다.
ㄹ. 사회복지전문요원이 1987년에 5대 직할시에 처음으로 국내 행정기관에 배치되었다.

02 1960년대와 1970년대 외원단체활동이 우리나라 사회복지발달에 미친 영향으로 옳지 않은 것은? [22회]

① 사회복지가 종교와 밀접한 관련하에 전개되도록 하였다.
② 전문 사회복지의 시작을 촉발하였다.
③ 시설 중심보다 지역사회 중심의 사회복지가 발전하는 계기를 만들었다.
④ 사회복지가 거시적인 사회정책보다는 미시적인 사회사업 위주로 발전하게 하였다.
⑤ 사람들이 사회복지를 구호사업 또는 자선사업과 같은 것으로 인식하게 하였다.

정답 ③

해설 민간 외원기관들은 시설 중심의 사회복지를 실천하였다. 한국의 지역사회 중심의 사회복지가 발전하게 된 계기는 사회복지관의 설립이다.

2 가치와 윤리

KEYWORD 04 가치 9 10 13 14 15 21

학습 가이드
가치에 대한 문제는 꾸준히 나오고 있으므로 가치의 개념을 꼭 암기해야 합니다.

01 가치

가치는 믿음, 신념과 같은 것으로 좋고 바람직한 것을 판단할 수 있도록 방향을 제시하는 지침이다.

02 존슨(Johnson)의 가치의 유형

① **궁극적 가치** : 인간의 존엄성, 자유, 정의처럼 가장 추상적이고 변하지 않으며 누구나 동의할 수 있는 가치이다.
② **차등적 가치** : 낙태, 동성애처럼 모든 인간이 일치되지 않으며 인간의 가치에 따라 찬성과 반대로 나눠는 가치이다.
③ **도구적(수단적) 가치** : 자기결정권이나 비밀보장이 해당되고 궁극적 가치를 이루기 위한 방법이나 수단이 되는 가치이다.

03 레비(Levy)의 전문직 가치의 범위

TIP
존슨(Johnson)의 가치의 유형과 레비(Levy)의 전문직 가치의 범위를 구분할 수 있어야 합니다.

① **사람우선의 가치** : 전문직이 갖추고 있어야 할 기본적인 가치관으로 사회복지사는 클라이언트의 개별화를 인정해주고 능력을 인정하여 권한을 인정하는 것이다.
② **결과우선의 가치** : 클라이언트에게 서비스를 제공하고 초래되는 결과에 대한 가치관이다. 사회참여에 대하여 동등한 기회를 제공해야 한다는 사회적 책임에 대한 믿음이다.

③ 수단우선의 가치 : 사회복지사가 클라이언트에게 제공하는 서비스를 수행하는 방법, 수단, 도구에 대한 가치관이다. 모든 결정에는 클라이언트의 자기결정권이 인정되어야 한다.

핵심문제

01 레비(C. Levy)가 제시한 사회복지전문직의 가치 중 결과우선 가치에 해당하는 것은? [21회]

① 자기결정권 존중
② 인간 존엄성에 대한 믿음
③ 비심판적 태도
④ 동등한 사회참여 기회 제공
⑤ 개별성에 대한 인정

정답 ④

해설 결과우선의 가치는 클라이언트에게 서비스를 제공하고 초래되는 결과에 대한 가치관으로 사회참여에 대하여 동등한 기회를 제공해야 한다는 사회적 책임에 대한 믿음이다.

02 레비(C. Levy)가 구분한 사회복지 전문직 가치로 옳은 것은? [13회]

① 수단우선 가치, 결과우선 가치, 해결우선 가치
② 수단우선 가치, 결과우선 가치, 평가우선 가치
③ 사람우선 가치, 결과우선 가치, 수단우선 가치
④ 사람우선 가치, 평가우선 가치, 해결우선 가치
⑤ 사람우선 가치, 결과우선 가치, 평가우선 가치

정답 ③

해설 레비의 사회복지 전문직의 가치는 사람우선 가치, 결과우선 가치, 수단우선 가치이다.

KEYWORD 05 윤리 9 11 13 14 17 18 19 20 22

01 윤리

윤리는 어떤 행동에 대하여 옳고 그름을 판단할 수 있는 기준이 되는 행동지침이다. 가치와의 차이점은 가치는 좋고 나쁜가에 관련이 있고 윤리는 옳고 그름에 관련이 있다.

학습 가이드

1. 윤리는 꾸준히 나오고 있으므로 반드시 윤리의 개념을 암기해야 합니다.
2. 로웬버그와 돌고프의 윤리원칙의 내용은 사례와 연결하는 문제가 출제되고 있어 반드시 암기가 필요하고, 사회복지사 현장에서 나타날 수 있는 윤리적 쟁점을 찾아낼 수 있어야 합니다.

02 로웬버그와 돌고프의 윤리원칙

구분		내용
윤리원칙 1	생명보호의 원칙	인간의 생명보호가 다른 모든 것보다 우선한다.
윤리원칙 2	평등 및 불평등의 원칙	동등한 사람은 평등하게 처우되어야 하는 권리를 가진다.

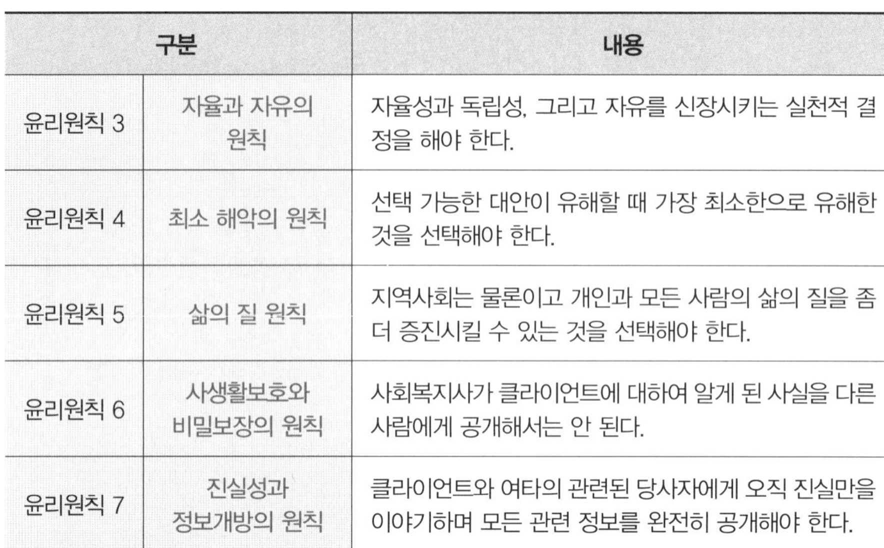

구분		내용
윤리원칙 3	자율과 자유의 원칙	자율성과 독립성, 그리고 자유를 신장시키는 실천적 결정을 해야 한다.
윤리원칙 4	최소 해악의 원칙	선택 가능한 대안이 유해할 때 가장 최소한으로 유해한 것을 선택해야 한다.
윤리원칙 5	삶의 질 원칙	지역사회는 물론이고 개인과 모든 사람의 삶의 질을 좀 더 증진시킬 수 있는 것을 선택해야 한다.
윤리원칙 6	사생활보호와 비밀보장의 원칙	사회복지사가 클라이언트에 대하여 알게 된 사실을 다른 사람에게 공개해서는 안 된다.
윤리원칙 7	진실성과 정보개방의 원칙	클라이언트와 여타의 관련된 당사자에게 오직 진실만을 이야기하며 모든 관련 정보를 완전히 공개해야 한다.

TIP
클라이언트의 정신연령이 낮거나 나이가 어려 자신의 결정을 스스로 할 수 없는 경우에는 클라이언트의 자기결정권을 제한할 수 있습니다.

03 윤리적 갈등

① 상충하는 가치 : 사회복지사가 두 개 또는 그 이상의 경쟁적 가치와 직면했을 때 어떤 것을 선택해야 할지 결정하지 못하는 경우이다.

② 상충하는 의무 : 사회복지사가 지켜야 할 기관의 의무와 클라이언트를 위해 행동해야 할 의무가 상충하는 상황이다.

③ 다수의 클라이언트 체계 : 클라이언트가 여러 명일 경우 누구의 이익을 우선으로 고려해야 할지 판단하기 어려운 경우이다.

④ 결과의 모호성 : 사회복지사가 내린 결정의 결과가 좋지 못할 경우 어떤 결정을 내려야 할지에 대한 갈등이다.

⑤ 힘의 불균형성 : 사회복지사는 서비스를 주는 입장이고 클라이언트는 서비스를 받는 입장으로 사회복지사와 클라이언트의 관계가 평등하지 못해 나타나는 갈등이다.

TIP
가치가 윤리보다 큰 개념이며, 윤리는 가치로부터 나옵니다.

핵심문제

01 소속기관의 예산 절감 요구로 클라이언트에게 필요한 서비스를 제공하지 못할 때, 사회복지사가 겪게 되는 가치갈등은? [19회]

① 가치상충
② 의무상충
③ 결과의 모호성
④ 힘 또는 권력의 불균형
⑤ 클라이언트 체계의 다중성

정답 ②

해설 의무상충은 사회복지사가 지켜야 할 기관의 의무와 클라이언트에 위해 행동해야 할 의무가 상충한 상황이다. 현재 기관의 예산 절감과 클라이언트에게 서비스 제공에 대한 의무가 상충되어 있다.

02 로웬버그와 돌고프(F. Loewenberg & R. Dolgoff)의 윤리적 원칙 중 다음 사례에서 아동학대전담공무원이 결정을 할 때 최우선적으로 고려해야 할 원칙은? [22회]

> 아동학대가 발생한 가정의 학대피해 아동을 원가정에서 생활하도록 할 것인가 또는 학대피해 아동쉼터에서 생활하도록 할 것인가에 대해 1차 결정을 해야 한다.

① 평등과 불평등의 원칙
② 최소 손실의 원칙
③ 사회정의 실현의 원칙
④ 진실성과 정보 개방의 원칙
⑤ 사생활보호와 비밀보장의 원칙

정답 ②

해설 최소 해악(손실)의 원칙은 선택 가능한 대안이 유해할 때 가장 최소한으로 유해한 것을 선택해야 한다. 즉, 학대피해 아동을 원가정에서 생활하는 것과 아동쉼터에서 생활하는 것 중에서 덜 유해한 것을 선택해야 한다.

KEYWORD 06 윤리강령 10 11 15 16 18 19 20 22 23

01 전문

사회복지사는 인본주의 · 평등주의 사상에 기초하여, 모든 인간의 존엄성과 가치를 존중하고 천부의 자유권과 생존권의 보장 활동에 헌신한다. 특히, 사회적 · 경제적 약자들의 편에 서서 사회정의와 평등, 자유와 민주주의 가치를 실현하는 데 앞장선다.

학습 가이드

윤리강령에 대한 내용이 중요해지고 있고 한 부분에서 문제가 출제되는 것이 아니라 전체적으로 출제되고 있는 만큼 윤리강령에 대해 전체적으로 이해하고 있어야 합니다.

02 윤리강령의 목적

① 윤리강령은 사회복지 전문직의 사명과 사회복지실천의 기반이 되는 핵심가치를 제시한다.
② 윤리강령은 사회복지 전문직의 핵심 가치를 실현하기 위한 윤리적 원칙을 제시하고, 사회복지실천의 지침으로 사용될 윤리기준을 제시한다.
③ 윤리강령은 사회복지실천 현장에서 발생하는 윤리적 갈등상황에서 의사결정에 필요한 사항을 확인하고 판단하는 데 필요한 윤리기준을 제시한다.
④ 윤리강령은 사회복지사가 전문가로서 품위와 자질을 유지하고, 자기 관리를 통해 클라이언트를 보호할 수 있도록 안내한다.
⑤ 윤리강령은 사회복지의 전문성을 확보하고 외부통제로부터 전문직을 보호할 수 있는 기준을 제공한다.
⑥ 윤리강령은 시민에게 전문가로서 사회복지사의 역할과 태도를 알리는 수단으로 작용한다.

03 윤리강령의 가치와 원칙

사회복지사는 인간 존엄성과 사회정의라는 사회복지의 핵심가치에 기반을 두고 사회복지 전문직의 사명을 다하기 위해 노력해야 한다.

① 핵심 가치 1 : 인간 존엄성

[윤리적 원칙 : 사회복지사는 인간의 존엄성과 가치를 인정하고 존중한다.]

㉠ 사회복지사는 개인적 · 사회적 · 문화적 · 정치적 · 종교적 다양성을 고려하며 개인의 인권을 보호하고 존중한다.

㉡ 사회복지사는 클라이언트의 자율성을 존중하고, 자기 결정을 지원한다.

② 핵심 가치 2 : 사회정의

[윤리적 원칙 : 사회복지사는 사회정의 실현을 위해 앞장선다.]

㉠ 사회복지사는 개인적 · 집단적 · 사회적 · 문화적 · 정치적 · 종교적 차별에 도전하여 사회정의를 촉진한다.

㉡ 사회복지사는 개인, 가족, 집단, 지역사회의 다양성을 존중하는 포용적 지역사회를 만들기 위해 노력한다.

윤리강령의 기능

- 전문직의 윤리의식 고취
- 윤리적 갈등상황에서의 지침과 원칙 제공
- 클라이언트 보호

04 사회복지사의 기본적 윤리기준

① 전문가로서의 자세

㉠ 인간 존엄성 존중 : 사회복지사는 클라이언트의 성, 연령, 정신 · 신체적 장애, 경제적 지위, 정치적 신념, 종교, 인종, 국적, 결혼상태, 임신 또는 출산, 가족 형태 또는 가족상황, 성적 지향, 젠더 정체성, 기타 개인적 선호 · 특징 · 조건 · 지위 등을 이유로 차별하지 않는다.

㉡ 사회정의 실현 : 사회복지사는 사회정의 실현과 클라이언트의 복지증진에 헌신하며, 이를 위한 국가와 사회의 환경변화를 위해 노력한다.

② 전문성 개발을 위한 노력

㉠ 직무능력 개발 : 사회복지사는 사회적 다양성의 특징, 차별, 억압 등에 대해 교육을 받고 이에 대한 이해를 증진하기 위해 노력한다.

㉡ 지식기반의 실천 증진 : 사회복지사는 평가나 연구조사를 할 때, 연구 참여자의 권리를 보장하기 위해, 연구 관련 사항을 충분히 안내하고 자발적인 동의를 얻어야 한다.

③ 전문가로서의 실천

㉠ 품위와 자질 유지 : 사회복지사는 자신의 이익을 위해 사회복지 전문직의 가치와 권위를 훼손해서는 안 된다.

㉡ 자기 관리 : 사회복지사는 정신적 · 신체적 건강 문제, 법적 문제 등이 사회복지 실천과정에서의 전문적 판단이나 실천에 부정적 영향을 주거나 클라이언트의 이익을 저해하지 않도록, 동료, 기관과 함께 적절한 조치를 하도록 노력한다.

㉢ 이해 충돌에 대한 대처 : 사회복지사는 전문적 가치와 판단에 따라 업무를 수행하는 과정에서, 기관 내외로부터 부당한 간섭이나 압력을 받아서는 안 된다.

㉣ 경제적 이득에 대한 실천 : 사회복지사는 클라이언트의 지불능력에 상관없이 복지서비스를 제공해야 하며, 이를 이유로 차별해서는 안 된다.

05 클라이언트에 대한 윤리기준

① 클라이언트의 권익옹호

사회복지사는 클라이언트의 이익을 최우선의 가치로 삼고 이를 실천하며, 클라이언트의 권리를 존중하고 옹호한다.

② 클라이언트의 자기결정권 존중

사회복지사는 사회복지실천과정에서 클라이언트의 자기결정을 존중하고, 클라이언트를 사회복지실천의 주체로 인식하여 클라이언트가 자기결정권을 최대한 행사할 수 있도록 돕는다.

③ 클라이언트의 사생활 보호 및 비밀 보장

사회복지사는 클라이언트의 사생활을 존중하고 보호하며, 전문적 관계에서 얻은 클라이언트 관련 정보에 대해 비밀을 유지한다. 그러나 클라이언트 자신과 타인에게 해를 입히거나 범죄행위와 관련된 경우에는 예외로 할 수 있다.

④ 정보에 입각한 동의

사회복지사는 클라이언트의 알 권리를 인정하고 동의를 얻어야 하며, 클라이언트가 받는 서비스의 목적과 내용, 범위, 합리적 대안, 위험, 서비스의 제한, 동의를 거절 또는 철회할 수 있는 클라이언트의 권리 등에 대해 정확하고 충분한 정보를 제공한다.

⑤ 기록 · 정보 관리

사회복지사가 획득한 클라이언트 관련 정보나 기록을 법적 사유 또는 기타 사유로 제3자에게 공개할 때는 클라이언트에게 안내하고 동의를 얻어야 한다.

⑥ 직업적 경계 유지

사회복지사는 어떠한 상황에서도 클라이언트와 사적 금전 거래, 성적관계 등 부적절한 행동을 해서는 안 된다.

⑦ 서비스의 종결

사회복지사는 클라이언트의 고의적 · 악의적 · 상습적 민원 제기에 대해 소속 기관, 슈퍼바이저, 전문가 자문 등의 논의과정을 거쳐 서비스를 중단하거나 거부권을 행사할 수 있다.

06 사회복지사의 동료에 대한 윤리기준

① 동료

사회복지사는 슈퍼바이지, 학생, 훈련생, 실습생, 자신의 전문적 권위를 행사하는 다른 동료와의 성적 행위나 성적 접촉과 성적 관계에 관여해서는 안 된다.

② 슈퍼바이저

슈퍼바이저는 개인적인 이익추구를 위해 자신의 지위를 이용해서는 안 된다. 슈퍼바이저는 전문적 기준에 따라 슈퍼비전을 수행하며, 공정하게 평가하고 평가결과를 슈퍼바이지와 공유한다.

07 기관에 대한 윤리기준

사회복지사는 소속기관의 활동에 적극적으로 참여함으로써 기관의 성장과 발전을 위해 노력해야 한다.

TIP
윤리강령은 한국사회복지사협회에서 제정한 것이므로 법적 효력이 없습니다.

08 사회에 대한 윤리기준

사회복지사는 정치적 영역이 클라이언트의 권익과 사회복지실천에 미치는 영향을 인식하여 사회정의 실현을 위한 사회정책의 수립과 법령 제 · 개정을 지원 · 옹호해야 한다.

핵심문제

01 윤리강령의 기능으로 옳은 것을 모두 고른 것은? [20회]

ㄱ. 외부통제로부터 전문직 보호	ㄴ. 윤리적 갈등이 생겼을 때 지침과 원칙 제공
ㄷ. 사회복지사의 자기규제를 통한 클라이언트 보호	ㄹ. 전문가로서 사회복지사의 기본업무 및 자세 알림

① ㄱ, ㄷ
② ㄱ, ㄹ
③ ㄱ, ㄴ, ㄹ
④ ㄴ, ㄷ, ㄹ
⑤ ㄱ, ㄴ, ㄷ, ㄹ

정답 ⑤

해설 윤리강령이란 일정한 단체가 외부적으로 공적인 사회적 책임을 인식하고 이를 바탕으로 구성원들의 의식혁신을 통하여 조직의 투명성을 제고하고, 윤리적 소명을 다하기 위하여 사회와 직장 및 나아가 사적인 생활영역에 이르기까지 스스로 준수하여야 할 자세와 실천규범을 정립하는 것을 의미한다. 사회복지사 윤리강령은 인간의 존엄성과 사회정의를 실현하기 위해 앞장서고 기본적 윤리기준, 클라이언트에 대한 윤리기준, 동료에 대한 윤리기준, 기관에 대한 윤리기준, 사회에 대한 윤리기준으로 구분된다.

02 한국 사회복지사 윤리강령에서 '사회복지사의 윤리기준' 중 '클라이언트에 대한 윤리기준' 영역에 해당하지 않는 것은? [22회]

① 서비스의 종결
② 기록 · 정보 관리
③ 직업적 경계 유지
④ 정보에 입각한 동의
⑤ 이해 충돌에 대한 대처

정답 ⑤

해설 이해 충돌에 대한 대처는 전문가로서의 실천에 대한 내용이다.

3 사회복지실천 현장과 사회복지사 역할

KEYWORD 07 사회복지실천 현장 9 10 11 12 13 14 15 16 17 18 19 20 21 22 23

01 목적에 따른 분류

① 1차 현장 : 사회복지사가 주를 이루는 현장으로, 사회복지사가 다른 전문가보다 더 많이 있는 현장이다.

예 복지관, 아동복지시설, 노인복지시설, 장애인복지시설 등

② 2차 현장 : 사회복지사가 객을 이루는 현장으로 사회복지사보다 다른 전문가들이 더 많이 있는 현장이다.

예 학교, 공공기관, 병원, 군, 기업, 보호관찰소 등

02 서비스 제공에 따른 분류

① 생활시설 : 생활시설은 클라이언트의 주거를 포함한 모든 사회복지서비스를 제공하는 시설이다.

예 보육원, 양로원, 공동생활가정, 청소년 쉼터

② 이용시설 : 이용시설은 지역사회에서 생활하고 있는 클라이언트에게 필요한 사회복지서비스를 제공하는 시설이다.

예 사회복지관, 지역아동센터, 주간보호센터, 쪽방상담소

학습 가이드

1. 사회복지사의 실천현장에 대한 부분은 출제 빈도가 상당히 높은 편으로 정의를 꼭 암기해야 합니다.
2. 1차 현장과 2차 현장, 생활시설과 이용시설의 짜깁기식의 문제가 많이 있으므로 사회복지사의 실천현장을 모두 암기하는 것이 제일 좋습니다.
3. 사회복지실천 현장에 대한 문제들이 회를 거듭할수록 난이도가 높아지고 있는 만큼 이용-생활, 간접-직접, 민간-공공에 대한 내용을 확실히 암기해야 합니다.
4. 최근 시험에서는 목적에 따른 분류와 서비스 제공에 따른 분류를 섞어 출제되고 있으므로 구분할 수 있어야 합니다.

핵심문제

01 사회복지 실천현장과 분류의 연결로 옳지 않은 것은? [21회]

① 사회복지관－1차 현장
② 종합병원－2차 현장
③ 발달장애인지원센터－이용시설
④ 노인보호전문기관－생활시설
⑤ 사회복지공동모금회－비영리기관

정답 ④

해설 노인보호전문기관은 학대받는 노인의 발견 · 보호 · 치료 등을 신속히 처리하고 노인학대를 예방하기 위하여 설치된 기관이다. 중앙노인보호전문기관은 정책, 프로그램 개발 등의 업무를 실행하고 지역노인보호전문기관은 상담이나 현장조사, 사례 접수를 하는 기관이다. 주거서비스를 제공하지 않으므로 이용시설이다.

02 사회복지실천현장 분류의 예로 옳지 않은 것은? [22회]

① 1차 현장 : 노인복지관
② 이용시설 : 아동보호치료시설
③ 생활시설 : 장애인거주시설
④ 2차 현장 : 교정시설
⑤ 생활시설 : 노인요양원

정답 ②

해설 이용시설은 지역사회에서 생활하고 있는 클라이언트에게 필요한 사회복지서비스를 제공하는 시설이다. 아동보호치료시설은 불량 행위를 하거나 할 우려가 있는 아동 또는 정서적, 행동적 장애가 있는 아동 또는 학대로 인해 부모로부터 일시 격리가 되어 치료가 필요한 아동 등을 보호 및 치료를 목적으로 하는 시설이므로 생활시설이다.

KEYWORD 08 사회복지사의 역할 9 10 11 12 13 16 17 18 19 21 22 23

학습 가이드

꾸준히 출제되고 있는 부분으로 사회복지사의 역할을 사례관리자가 수행한 역할로 물어보는 문제들이 자주 출제되고 있으니 사회복지사의 역할을 전체적으로 알고 있어야 합니다.

01 사회복지사의 역할

① 조성자(조력자, Enabler)
클라이언트의 욕구와 문제를 명확히 진단하여 클라이언트가 처할 수 있는 문제에 스스로 대처하도록 능력을 개발하는 역할이다.

② 중개자(Broker)
클라이언트가 필요한 자원을 찾을 수 있도록 도와주거나 직접적으로 자원과 클라이언트를 연결해 주는 역할이다.

③ 옹호자(대변자, Avocate)
클라이언트 입장에서 정당성을 주장하고 기존 제도나 기관으로부터 클라이언트가 불이익을 받을 때 클라이언트를 위해 정보를 수집하고 요구사항을 분명히 하여 정책이나 제도를 변화시키는 역할이다.

④ 중재자(Mediator)

서로 다른 입장을 가지고 있는 개인이나 집단 간의 문제에 개입하여 타협, 차이점을 조정하거나 서로 만족할 수 있는 합의점 도출을 할 수 있도록 돕는 역할이다.

⑤ 협상가(Negotiator)

갈등상황에 놓인 클라이언트와 기관 사이에서 상호합의를 이끌어내기 위해 타협하는 역할이다. 양쪽이 모두 잘 되기를 바란다는 점에서 중재자와 비슷하나 협상가는 클라이언트 편에 서서 타협을 이끌어낸다.

⑥ 조정자(통합자, Coordinator)

클라이언트가 받아야 할 서비스가 흩어져 있거나 다양한 기관에서 산발적으로 주어지는 경우 한 곳에서 서비스를 받을 수 있도록 정리하는 역할이다.

TIP
중개자와 중재자의 역할에는 차이가 있고 내용을 파악하였더라도 잘못 체크할 수 있으므로 보기에서 중개자와 중재자를 잘 구분할 수 있어야 합니다.

TIP
옹호자, 중재자, 협상가의 특징을 잘 파악해서 차이점을 알아야 합니다.

02 사회복지사 실천방법

① 직접적 실천 : 클라이언트의 욕구나 문제를 사회복지사가 직접 해결하는 것을 의미한다.

예 정보제공, 가족치료, 상담, 직업훈련

② 간접적 실천 : 클라이언트의 욕구나 문제를 사회복지사가 직접 해결하는 것이 아니라 지역사회, 자원과 연계하는 것을 의미한다.

예 공청회, 홍보활동, 프로그램 개발, 예산확보, 캠페인, 옹호, 서비스 조정

TIP
사회복지사는 직접실천보다는 간접실천의 역할이 더욱 크다.

핵심문제

01 양자 간의 논쟁에 개입하여 중립을 지키면서 상호합의를 이끌어내는 사회복지사의 역할은? [21회]

① 중개자
② 조정자
③ 중재자
④ 옹호자
⑤ 교육자

정답 ③

해설 누구의 편을 들지 않고 중립적인 입장에서 상호합의를 이끌어내는 사회복지사의 역할은 중재자이다.

02 사례관리자의 역할에 관한 예로 옳은 것은? [22회]

① 중개자 : 독거노인의 식사지원을 위해 지역사회 내 무료급식소 연계
② 상담가 : 욕구사정을 통해 클라이언트에 대한 체계적인 개입 계획을 세움
③ 조정자 : 사례회의에서 시청각장애인의 입장을 대변하여 이야기함
④ 옹호자 : 지역사회 기관 담당자들이 모여 난방비 지원사업에 중복 지원되는 대상자가 없도록 사례회의를 실시함
⑤ 평가자 : 청소년기 자녀와 갈등을 겪고 있는 부모와 자녀 사이에 개입하여 상호 만족스러운 합의점을 도출함

정답 ①

해설 중개자는 클라이언트가 필요한 자원을 찾을 수 있도록 도와주거나 직접적으로 자원과 클라이언트를 연결해 주는 역할로, 독거노인의 식사지원을 위해 지역사회 내 무료급식소 연계하는 역할은 중개자이다.

② 욕구사정을 통해 클라이언트에 대한 체계적인 개입 계획을 세우는 역할은 계획가이다.

③ 사례회의에서 시청각장애인의 입장을 대변하여 이야기하는 역할은 옹호자이다.

④ 지역사회 기관 담당자들이 모여 난방비 지원사업에 중복 지원되는 대상자가 없도록 사례회의를 실시하는 역할은 조정자이다.

⑤ 청소년기 자녀와 갈등을 겪고 있는 부모와 자녀 사이에 개입하여 상호 만족스러운 합의점을 도출하는 역할은 중재자이다.

4 사회복지실천의 관점

KEYWORD 09 통합적 관점 9 10 11 12 15 16 18 19 20 21 22 23

학습 가이드

통합적 방법에 대한 전체적인 내용을 물어보는 문제들이 자주 출제되고 있으므로 전체적인 내용을 이해하고 있어야 합니다.

01 통합적 방법의 등장배경(전통적 방법의 한계)

① 전통적 방법은 제한된 특정 문제에만 적용되고 최근 클라이언트의 복잡한 문제에는 적절한 개입이 어려운 경우가 있다.

② 지나친 분화와 전문화로 인하여 서비스 파편화 현상이 나타났고 다양한 욕구를 가진 클라이언트는 기관이나 사회복지사를 찾아다녀야 하는 불편함이 생긴다.

③ 전문화 중심의 교육 훈련은 사회복지사의 이직에 도움을 주지 못했다.

④ 공통 기반을 전제로 하지 않는 분화와 전문화는 개별의 사고와 과정을 보여주어 사회복지 전문성 확립에 장애가 된다.

대표적인 통합방법론 모델

- 펄만의 문제해결모델
- 핀커스 & 미나한의 4체계모델
- 콤튼 & 갤러웨이의 문제해결과정 모델
- 골드스타인(Goldstein)의 단일화 모델
- 저메인(Germain) & 기터맨(Gitterman)의 생활모델
- 셀리베이(Seleebey)의 권한부여모델

02 통합적 방법의 특징

① 통합적 방법은 사회복지실천의 본질적인 개념, 활동, 기술, 과업 등에 공통된 기반이 있음을 전제한다.

② 통합적 방법의 가치는 클라이언트의 잠재성을 인정하고 클라이언트의 잠재성이 개발될 수 있다고 보는 미래지향적인 접근을 강조한다.

③ 사회복지의 지식은 과거의 심리내적인 정신 역동적 측면으로부터 상황 속의 인간을 이해하고자 하는 일반체계이론까지 확대된 개념을 사용한다.
④ 통합적 방법은 인간과 환경의 공유영역, 즉 사회복지사가 사회적 기능수행 영역까지 개입해야 한다고 강조한다.
⑤ 클라이언트의 존엄성을 인정하고 클라이언트의 참여와 자기결정 및 개별화를 극대화할 것을 강조하여 사회복지실천의 계속적인 평가를 주장한다.

통합적 방법은 사회복지 실천 방법의 통합을 의미한다.

핵심문제

01 통합적 접근의 특징에 관한 내용으로 옳지 않은 것은? [21회]

① 생태체계 관점에서 인간과 환경체계를 고려한다.
② 미시 수준에서 거시 수준에 이르는 다차원적 접근을 한다.
③ 개입에 적합한 이론과 방법을 폭넓게 활용한다.
④ 다양하고 복합적인 원인으로 발생하는 문제를 해결하기 위한 접근이다.
⑤ 서비스 영역별로 분화되고 전문화된 접근이다.

정답 ⑤

해설 서비스 영역별로 분화되고 전문화된 접근은 전통적 접근방식이다. 분화되어 접근하기 어려워 통합적 접근방법이 등장하였다.

02 통합적 접근방법에 관한 설명으로 옳지 않은 것은? [22회]

① 클라이언트의 참여와 개별성을 강조한다.
② 광범위하고 포괄적으로 문제를 규정한다.
③ 클라이언트의 잠재력에 대해 미래지향적 관점을 갖는다.
④ 전통적 접근방법인 개별사회사업과 집단사회사업을 지역사회조직으로 통합하였다.
⑤ 사회복지실천 과정에서 공통적으로 적용 가능한 개념이나 원리 등이 있음을 전제한다.

정답 ④

해설 통합적 방법이란 사회문제에 적용할 수 있는 공통된 원리나 개념을 제공하는 '방법의 통합화'를 의미한다. 한 명의 사회복지사가 다양하고 복잡한 문제를 가진 클라이언트에게 개입할 수 있도록 한다. 개별사회사업과 집단사회사업을 지역사회조직으로 통합하는 것과는 아무런 관련이 없다.

KEYWORD 10 통합적 접근모델 10 14 16 17 18 19 21 22 23

학습 가이드

4체계, 6체계 모델은 자주 출제되는 영역으로 사례로 만든 문제들이 출제되고 있습니다.

01 핀커스(Pincus)와 미나한(Minahan)의 4체계 모델

① 변화매개체계

사회복지사와 사회복지사를 고용하고 있는 기관 및 조직을 의미하며, 변화매개란 계획적 변화를 목적으로 특수하게 고용된 돕는 사람(사회복지사)과 사회복지사를 고용한 기관을 의미한다.

② 클라이언트체계

자신이 처한 문제를 해결하기 위해 서비스나 도움을 필요로 하는 사람들로서, 변화매개와 계약이 이루어졌을 때 비로소 클라이언트가 된다.

③ 표적체계

변화매개체계가 클라이언트를 변화시키기 위하여 직접적으로 영향을 주거나 변화시킬 필요가 있는 사람들을 말한다.

④ 행동체계

클라이언트를 변화시키기 위해 상호작용하는 사람들을 의미하고, 이웃, 가족, 전문가들이 이 체계에 해당된다. 변화노력의 과정에서 변화매개는 단계에 따라 여러 다른 유형의 행동체계와 작업할 수 있다.

표적체계와 행동체계는 클라이언트체계와 중복되기도 합니다.

02 콤튼(Compton)과 갤러웨이(Galaway)의 문제해결과정모델(6체계 모델)

4체계 모델 + 전문체계, 의뢰응답체계

① 전문체계

전문가 단체, 전문가를 육성하는 교육체계 그리고 전문적 실천의 가치와 재가 등으로 구성된다. 전문체계의 가치와 문화는 변화매개체계인 사회복지사의 행동에 영향을 미치게 되며, 사회복지사는 기관의 변화, 사회변화의 대변가로서 활동할 때 전문체계를 이용하기도 한다.

전문체계는 사례로 나오는 문제에서 정답이 될 확률이 가장 높은 체계입니다.

② 의뢰응답체계

클라이언트가 다른 사람의 요청이나 법원, 경찰 등에 의해 강제로 오게 된 경우, 일반 클라이언트 체계와 구별하기 위해 사용된다. 서비스를 요청한 사람을 의뢰체계라 하고, 강요에 의해서 오게 된 사람을 응답체계라 한다.

핵심문제

01 콤튼과 갤러웨이(B. Compton & B. Galaway)의 사회복지실천 구성체계 중 '사회복지사협회'가 해당되는 체계는? [21회]

① 변화매개체계
② 클라이언트체계
③ 표적체계
④ 행동체계
⑤ 전문체계

정답 ⑤

해설 전문체계는 전문가 단체, 전문가를 육성하는 교육체계 등을 의미한다.

02 핀커스와 미나한(A. Pincus & A. Minahan)의 4체계모델을 다음 사례에 적용할 때 대상과 체계의 연결로 옳은 것은? [22회]

> 가족센터의 교육강좌를 수강 중인 결혼이민자 A는 최근 결석이 잦아졌다. A의 이웃에 살며 자매처럼 친하게 지내는 변호사 B에게서 A의 근황을 전해들은 가족센터 소속의 사회복지사 C는 A와 연락 후 가정방문을 하여 A와 남편 D, 시어머니 E를 만나 이야기를 나누었다. C는 가족센터를 이용하면 '바람이 난다'라고 여긴 E가 A를 통제하고 있는 것을 알게 되었다. 또한 D는 A를 지지하고 싶지만 E의 눈치를 보느라 소극적으로 행동하는 것도 파악하였다. A의 도움 요청을 받은 C는 우선 E의 변화를 통해 상황을 개선해보고자 한다.

① 결혼이민자(A) : 행동체계
② 변호사(B) : 전문체계
③ 사회복지사(C) : 의뢰－응답체계
④ 남편(D) : 변화매개체계
⑤ 시어머니(E) : 표적체계

정답 ⑤

해설 결혼이민자(A)는 클라이언트체계, 변호사(B)는 행동체계, 사회복지사(C)는 변화매개체계, 남편(D)은 행동체계이다.

5 관계론

KEYWORD 11 전문적 관계 9 10 11 12 13 14 15 16 17 18 19 20 21 22

01 전문적 관계의 기본요소

① 타인에 대한 관심과 도우려는 열망
사회복지사는 클라이언트에게 일어나는 일에 진심어린 관심을 갖고 이들의 감정과 교류할 수 있어야 한다.

> **학습 가이드**
> 1. 사회복지사의 전문적 관계의 특징이나 학자들의 내용, 사회복지사와 클라이언트의 관계 등에 관한 문제가 출제되고 있는 만큼 기본에 충실해야 합니다.
> 2. 이론의 개념(불신, 전이, 양가감정 등)은 모두 암기하는 것이 좋습니다.

② 헌신과 의무

전문적 관계에서 관계의 목적을 이루기 위해서는 사회복지사뿐 아니라 클라이언트 역시 헌신과 의무로 맺어져야 한다.

③ 권위 및 권한

권위는 클라이언트와 기관에 의해 사회복지사에게 위임된 권한으로 정의된다. 전문적 관계에서의 권위는 두 가지 측면을 갖는다. 하나는 사회복지기관 내에서 사회복지사의 위치와 기능으로부터 나오는 제도적인 측면이다. 다른 하나는 전문가인 사회복지사에게 정보와 조언을 구함으로써 클라이언트가 사회복지사에게 부여하는 심리적인 측면이다.

④ 진실성과 일치성

진실성과 일치성은 사회복지사가 클라이언트와 관계를 맺을 때 일관성 있고 정직한 개방성을 유지하며, 대화의 내용과 행동이 항상 일치하면서도 전문가로서의 자아와 가치체계에 부합하여야 함을 의미한다.

02 변화를 방해하는 관계

① 클라이언트의 불신

불신이 생기는 경우는 클라이언트가 사회복지사와 라포가 형성이 안 되거나 저항이 생길 때이다. 이러한 불신이 지속될 경우에는 클라이언트에 의한 조기종결이 될 수도 있다.

② 비자발성

타인에 의하여 사회복지사를 찾아온 클라이언트에게 나타나는 현상으로 개입과정에서 불만과 적대감을 표현한다.

③ 전이

클라이언트가 어린 시절에 타인에게 가진 원망, 사랑, 두려움 등의 무의식적인 감정들이 사회복지사에게 다시 보이는 것으로 전이에는 좋은 감정과 나쁜 감정이 모두 포함된다.

④ 역전이

전이와 반대로 사회복지사가 클라이언트에게 어린 시절에 타인에게 가진 원망, 사랑, 두려움 등의 무의식적인 감정들이 다시 보이는 것이다.

⑤ 저항

개입목표와는 반대되는 클라이언트의 행동이나, 서비스를 잘못 이해하거나, 사회복지사에 대하여 부정적 감정을 가지고 있을 때 나타난다.

03 변화를 방해하는 관계 다루기

① 긍정적 재해석

클라이언트의 부정적이고 바람직하지 못한 감정에 사회복지사가 긍정적인 의미를 부여하는 것이다.

② 문제를 성장의 기회로 재규정

불안하고 두려워하는 클라이언트에게 문제에 대하여 성장할 수 있는 기회로 볼 수 있게 하는 것으로 클라이언트의 상황을 긍정적으로 볼 수 있게 긍정적인 관점을 제공해줘야 한다.

③ 직면

클라이언트가 자신의 문제원인이 되는 사고, 감정, 행동을 인식하게 하여 변화를 촉진시키는 방법이다.

④ 전이와 역전이

㉠ 전이 : 클라이언트의 반응이 비현실적인 것을 지적하고 사회복지사와 현실적으로 관계를 갖도록 도와주어야 한다.

㉡ 역전이 : 사회복지사가 자신의 감정의 기원에 관심을 갖고 클라이언트와 현실적인 관계를 갖도록 노력해야 한다. 역전이로 인하여 클라이언트와 관계를 형성할 수 없는 경우 다른 사회복지사에게 의뢰해야 한다.

TIP

직면은 사회복지사와 클라이언트 간의 라포형성이 된 이후에 사용해야 합니다.

핵심문제

01 사회복지실천의 전문적 관계에 관한 설명으로 옳지 않은 것은? [21회]

① 사회복지사와 클라이언트가 합의하여 목적을 설정한다.
② 사회복지사는 소속된 기관의 특성에 영향을 받는다.
③ 사회복지사의 이익과 욕구 충족을 위한 일방적 관계이다.
④ 사회복지사는 전문성에 바탕을 둔 권위를 가진다.
⑤ 계약에 의해 이루어지는 시간 제한적인 특징을 가진다.

정답 ③

해설 전문적 관계는 사회복지사의 이익과 욕구 충족을 위한 일방적 관계가 아니라 클라이언트의 문제를 해결하기 위해 이루어진 관계이다. 사회복지사는 클라이언트와 자신이 아닌 클라이언트의 이익과 욕구 충족을 위한 관계를 맺는다 .

02 **사회복지실천 관계의 요소인 헌신과 의무에 관한 설명으로 옳은 것을 모두 고른 것은?** [22회]

ㄱ. 일관성을 포함하는 개념이다.
ㄴ. 원조관계에서 책임감과 관련이 있다.
ㄷ. 원조관계의 목적을 달성하기 위해 필요하다.
ㄹ. 클라이언트는 헌신을 해야 하나 의무를 갖지는 않는다.

① ㄴ
② ㄱ, ㄴ, ㄷ
③ ㄱ, ㄷ, ㄹ
④ ㄴ, ㄷ, ㄹ
⑤ ㄱ, ㄴ, ㄷ, ㄹ

정답 ②

해설 전문적 관계에서 관계의 목적을 이루기 위해서는 사회복지사뿐 아니라 클라이언트 역시 헌신과 의무로 맺어져야 한다. 전문적 관계에서 대개 헌신적인 자세는 일정한 '의무'도 함께 요구된다. 클라이언트에게 기대되는 일반적인 의무는 그들이 지닌 문제와 상황, 문제에 대처하는 그들의 태도에 대해 정직하고도 개방적으로 제시할 것과 전문적 관계에서 최소한의 절차상 조건에 따르는 것을 말한다.

KEYWORD 12 비에스텍의 관계형성 10 11 13 14 15 16 17 19 20 21 22 23

학습 가이드

관계 7대 원칙의 내용에 대한 문제가 자주 출제되고 있으므로 7대 원칙에 대한 내용은 필히 암기해야 합니다.

01 개별화

모든 클라이언트가 처해 있는 상황이 모두 다르기 때문에 개별적으로 상황에 맞는 대우를 받기 원한다.

02 의도적 감정표현

클라이언트가 자신의 감정, 특히 부정적인 감정을 자유롭게 표현하고자 하는 욕구로 사회복지사는 클라이언트에게 편안한 분위기를 조성하여 클라이언트가 자신의 감정을 표현할 수 있도록 격려한다.

TIP
통제된 정서적 관여는 사회복지사의 생각을 통제하고 클라이언트를 이해합니다.

TIP
동의는 클라이언트의 문제행동을 승인하는 것이지만, 수용은 클라이언트의 행동을 승인하는 것이 아니라 문제상황을 이해하는 것입니다.

03 통제된 정서적 관여

클라이언트의 감정에 대하여 민감성을 갖고 그 감정에 대하여 어떠한 의미를 내포하고 있는지 이해하고 적절한 반응을 한다.

04 수용

클라이언트를 있는 그대로 받아들이는 것을 의미한다. 수용의 대상은 선한 것이 아니라 참된 것이다.

05 비심판적 태도

클라이언트의 문제가 누구의 잘못인지, 클라이언트에게 책임이 있는지 등을 심판하지 않고 클라이언트의 가치나 특성을 비난해서는 안 된다는 원칙이다.

06 클라이언트의 자기결정

클라이언트는 자신의 삶에 대해 스스로 선택하고 결정할 수 있는 권리와 욕구가 있다는 원칙이다.

07 비밀보장

클라이언트와 사회복지사의 관계에서 개인적인 사실이 다른 사람에게 알려져서는 안 된다는 원칙이다.

비밀보장의 원리가 유보될 수 있는 상황

- 전문가들의 서비스에 필요한 정보교환을 하는 경우
- 학생이나 실습생 등 지도를 위한 슈퍼바이저에게 보고하는 경우
- 기관에 기록 보관이나 동료들과의 사례회의를 하는 경우
- 클라이언트나 타인의 생명을 위협하는 경우
- 법원으로부터 클라이언트의 정보공개 명령을 받았을 경우

핵심문제

01 비에스텍(F. Biestek)의 관계의 원칙 중 '의도적 감정표현'에 해당하는 것은? [21회]

① 클라이언트의 부정적 감정을 자유롭게 표현할 수 있도록 지지한다.
② 클라이언트의 감정이나 태도를 있는 그대로 받아들이고 존중한다.
③ 목적달성을 위한 방안들의 장 · 단점을 설명하고 클라이언트가 스스로 선택하도록 한다.
④ 공감을 받고 싶어 하는 클라이언트의 욕구에 따라 클라이언트에게 공감하는 반응을 표현한다.
⑤ 사회복지사 자신의 생각과 느낌, 개인적인 경험을 이야기한다.

정답 ①

해설 ② 클라이언트의 감정이나 태도를 있는 그대로 받아들이고 존중하는 것은 수용이다.
③ 목적달성을 위한 방안들의 장 · 단점을 설명하고 클라이언트가 스스로 선택하도록 하는 것은 클라이언트의 자기결정이다.
④ 공감을 받고 싶어 하는 클라이언트의 욕구에 따라 클라이언트에게 공감하는 반응을 표현하는 것은 통제된 정서적 관여이다.
⑤ 사회복지사 자신의 생각과 느낌, 개인적인 경험을 이야기하는 것은 관계의 원칙에 해당하지 않는다.

02 사회복지실천 관계의 요소인 수용에 관한 설명으로 옳지 않은 것은? [22회]

① 클라이언트를 있는 그대로 이해한다.
② 클라이언트의 부정적인 감정도 받아들인다.
③ 사회규범에서 벗어난 행동도 허용할 수 있다.
④ 편견이나 선입관을 줄여나가면 수용에 도움이 된다.
⑤ 클라이언트가 안도감을 갖게 하여 현실적인 방법으로 문제 대처를 할 수 있도록 돕는다.

정답 ③

해설 수용은 클라이언트를 있는 그대로 받아들이는 것을 의미한다. 즉, 사회복지사가 클라이언트의 강점과 약점, 좋은 성격과 나쁜 성격, 긍정적인 감정과 부정적인 감정 등을 있는 그대로 인정하는 것을 말한다. 수용의 대상은 선한 것이 아니라 참된 것이다. 사회규범에서 벗어난 행동도 허용하는 것은 동의로, 동의는 클라이언트의 문제행동을 승인하는 것이지만 수용은 클라이언트의 행동을 승인하는 것이 아니라 문제상황을 이해하는 것이다.

6 면접론

KEYWORD 13 면접론 9 10 11 12 13 14 15 16 17 18 19 20 21 22 23

1. 면접 부분에서는 면접의 기술과 면접의 종류에 대한 문제가 자주 출제되고 있으며 그중에서도 면접의 기술은 매회 출제되고 있을 정도로 출제비중이 높은 편입니다.
2. 질문기법이나 기술, 면접의 종류가 주로 출제되고 있어 꼭 이해하고 있어야 합니다.
3. 면접기술을 사용할 때 주의할 점과 같은 응용문제에도 대비해야 합니다.

01 면접의 기술

① 분위기 조성기술 : 면접을 위하여 클라이언트가 편안한 분위기를 느낄 수 있도록 만드는 기술이다.
② 관찰기술 : 클라이언트가 말하고 행동하는 것에 주의를 기울여 그를 이해하는 것이다.
③ 경청기술 : 면접에서 가장 중요한 기술로 클라이언트가 무엇을 이야기하는지 면접자에게 어떻게 반응하는지 듣는 것이다.
④ 해석기술 : 클라이언트의 표현과 행동을 관찰하고 문제의 요인을 발견하여 클라이언트가 깨달을 수 있도록 도와주는 방법이다.
⑤ 질문기술
  ㉠ 개방형 질문 : 클라이언트가 질문에 대하여 자신의 생각과 감정을 자유롭게 표현할 수 있는 질문이다.
  ㉡ 폐쇄형 질문 : 클라이언트가 질문에 대하여 "네", "아니요"와 같이 제한된 대답이 나올 수밖에 없는 질문이다.
  ㉢ 직접 질문 : "청소를 네가 했니?"처럼 의문문으로 이루어진 질문으로 클라이언트는 질문을 받았다는 느낌을 받는다.
  ㉣ 간접 질문 : "청소를 누가 했는지 모르겠네."처럼 서술문으로 이루어진 질문으로 클라이언트는 자신이 질문을 받았다는 느낌을 받지 못한다.

ⓜ 주의해야 할 질문

- '왜' 질문 : 클라이언트는 '왜'라는 질문을 듣게 되면 비난하거나 추궁하는 느낌이 들어 방어적인 태도를 보일 수 있다.
- 이중질문 : 한 번에 여러 질문을 받으면 어떤 질문에 먼저 대답해야 하는지 혼란스러울 수 있어 한 번에 하나씩 질문해야 한다.
- 유도질문 : 사회복지사가 자신이 원하는 대답을 이끌어내기 위한 질문을 할 경우 클라이언트는 자신의 생각을 이야기하는 것이 아니라 사회복지사가 원하는 거짓된 대답을 할 수 있다.

TIP
질문을 할 때는 클라이언트의 응답을 제한하는 폐쇄형 질문보다는 자유로운 응답이 가능한 개방형 질문이 좋고 민감한 주제에는 폐쇄형 질문이 좋습니다. 상황에 따라 적절하게 폐쇄형 질문과 개방형 질문을 사용해야 합니다.

⑥ **표현촉진기술** : 사회복지사가 클라이언트의 정보 노출을 촉진시키기 위해 계속 말을 하도록 격려하는 것이다. 또한 클라이언트가 말한 것을 반복하거나 새로운 단어로 재진술하는 것이다.

⑦ 초점화 기술 : 제한된 시간에 최대한 효과를 가져오기 위하여 면접의 주제와 벗어난 경우 불필요한 방황과 시간 낭비를 막는 효과적인 방법이다.

⑧ 직면기술 : 클라이언트의 자기 인식을 증진시키고 변화를 촉진시키기 위한 기술로 클라이언트의 문제를 지속시키는 감정, 행동, 사고를 직접 지적하는 기술이다.

⑨ **요약기술** : 한 회기가 지나고 다음 회기로 넘어가기 전에 지난 회기에 논의된 내용을 간단히 요약하여 핵심을 잡아주는 것이다.

⑩ **사적 질문기술** : 클라이언트는 종종 사회복지사에게 질문을 하기도 하는데 사회복지사는 클라이언트의 문제해결에 관련이 있는 질문인 경우에 간결하게 대답하고 다시 초점을 클라이언트에게 옮기는 것이 좋다.

⑪ **명료화 기술** : 사회복지사는 자신이 클라이언트가 한 이야기를 잘 이해하고 있는지 다시 물어보는 방법으로 클라이언트의 메시지가 추상적이거나 혼란스러운 경우 구체적으로 표현하도록 하는 방법이다.

02 면접의 종류

① **정보수집면접** : 클라이언트의 개인적 · 사회적 문제에 관련된 성장배경이나 사회적 배경에 관한 정보를 수집하기 위한 면접이다. 클라이언트의 일반적인 상황, 현재 문제, 가족력, 개인력 등에 대한 정보를 알아 문제를 잘 이해할 수 있고 클라이언트가 필요한 서비스를 결정할 수 있다.

② **사정면접** : 문제는 무엇인지, 어떤 원인이 있는지, 해결하기 위해서는 어떻게 해야 하는지, 어떤 서비스를 제공할 것인지 등으로 정보수집면접보다 목적 지향적인 특성이 있다. 즉, 어떠한 치료를 할 것인가를 결정하기 위한 면접이다.

③ **치료면접** : 클라이언트를 도와 변화시키거나 클라이언트의 기능 향상을 위해 환경을 변화시키는 것이 있다. 클라이언트의 자신감, 자기효율성 강화, 기술훈련, 문제해결능력 향상을 목적으로 하고 환경을 바꾸기 위하여 면접을 하기도 한다.

TIP
면접은 클라이언트의 문제해결이나 정보수집, 과업수행 등의 목적을 수행하는 시간제한적 의사소통입니다.

라포형성

클라이언트와 사회복지사 사이의 상호이해와 작업관계의 수립을 가능하게 하는 조화, 공감, 화합의 상태를 말한다.

핵심문제

01 사회복지실천 면접의 질문기술에 관한 내용으로 옳은 것은? [21회]

① 클라이언트가 방어적인 태도를 취할 수 있으므로 '왜'라는 질문은 피한다.
② 클라이언트가 자유롭게 대답할 수 있도록 폐쇄형 질문을 활용한다.
③ 사회복지사가 의도하는 특정방향으로 이끌기 위해 유도질문을 사용한다.
④ 클라이언트에게 이중 또는 삼중질문을 한다.
⑤ 클라이언트가 개인적으로 궁금해 하는 사적인 질문은 거짓으로 답한다.

정답 ①

해설 사회복지사가 클라이언트에게 주의해야 할 질문 형태는 '왜'라는 질문, 이중질문, 유도질문이다. 클라이언트가 방어적인 태도를 취할 수 있으므로 '왜'라는 질문은 피해야 한다.

02 면접의 유형에 관한 예로 옳은 것을 모두 고른 것은? [22회]

> ㄱ. 정보수집면접 : 갈등을 겪고 있는 부부를 대상으로 문제에 대한 과거력, 개인력, 가족력을 파악하는 면접을 진행함
> ㄴ. 사정면접 : 클라이언트의 사회적응을 위해 환경변화를 목적으로 클라이언트와 관련 있는 중요한 사람과 면접을 진행함
> ㄷ. 치료면접 : 학교폭력 피해학생의 자존감 향상을 위해 심리적 지지를 제공하는 면접을 진행함

① ㄱ
② ㄱ, ㄴ
③ ㄱ, ㄷ
④ ㄴ, ㄷ
⑤ ㄱ, ㄴ, ㄷ

정답 ③

해설 클라이언트의 사회적응을 위해 환경변화를 목적으로 하며, 클라이언트와 관련 있는 중요한 사람과 면접을 진행하는 면접은 치료면접이다.

- 정보수집면접은 클라이언트의 개인적 · 사회적 문제에 관련된 성장배경이나 사회적 배경에 관한 정보를 수집하기 위한 면접이다.
- 치료면접은 클라이언트를 도와 변화시키거나 클라이언트의 기능 향상을 위해 환경을 변화시키는 것이다.
- 사정면접은 문제는 무엇인지, 어떤 원인이 있는지, 해결하기 위해서는 어떻게 해야 하는지, 어떤 서비스를 제공할 것인지 등으로 정보수집면접보다 목적 지향적인 특성이 있다. 어떠한 치료를 할 것인가를 결정하기 위한 면접이다.

7 사회복지실천의 과정(과정론)

KEYWORD 14 접수 9 10 11 12 16 17 18 19 20 23

01 접수

접수(Intake)란 문제를 가진 사람이 전문가의 도움을 받고자 찾아 올 경우 사회복지사는 클라이언트의 욕구와 문제를 확인하여 기관의 정책과 서비스에 부합하는지 판단하는 과정이다.

02 접수단계 과제

① **문제 확인** : 사회복지사는 클라이언트의 문제가 무엇인지 정확히 판단해야 한다.

② **관계 형성** : 사회복지기관을 찾는 클라이언트들이 일반적으로 보이는 두려움, 양가감정을 해소하기 위해 사회복지사와 상호 긍정적인 관계를 형성해야 한다.

③ **클라이언트의 동기화** : 비자발적인 클라이언트의 경우 변화하려는 동기가 없어 변화하려는 동기부여를 해야 한다.

④ **기관 서비스에 대한 정보제공** : 사회복지사는 클라이언트에게 기관의 정책과 서비스, 자원 등을 설명하여 클라이언트가 서비스를 선택할 수 있도록 해야 한다.

⑤ **의뢰** : 클라이언트의 문제와 욕구를 파악한 결과 기관에서 문제를 해결할 수 없거나 기관의 정책과 부합되지 않는 경우 더 부합하는 기관에 클라이언트를 보내는 것이다.

⑥ **원조과정에 대한 안내** : 클라이언트가 서비스 대상으로 결정된 경우 사회복지사는 클라이언트에게 수혜자격, 원조순서, 원조과정에서의 사회복지사와 클라이언트의 역할에 대해 설명해 주어야 한다.

03 접수내용

① **클라이언트 기본 정보** : 이름, 성별, 나이, 학력, 결혼관계, 가족관계, 주소, 전화번호, 직업, 수입 등의 내용이 포함되어야 한다.

② **주요 문제** : 클라이언트가 기관에 찾아오게 된 주요 원인이 되는 문제이다.

③ **기관을 알게 된 동기** : 클라이언트가 기관을 어떤 경로를 통해 알게 되었고 어떤 기대를 가지고 왔는지 파악하는 것이다.

④ **타 기관의 서비스 경험 유무** : 클라이언트가 이전에 다른 문제로 인하여 사회복지기관에 방문한 경험이 있는지, 있다면 어떤 서비스를 받았는지 파악해야 한다.

학습 가이드

접수 단계에서 실시해야 하는 과제는 시험에 자주 출제되고 있는 부분으로 꼭 기억해야 합니다.

스크리닝(Screening)

클라이언트가 서비스를 받을 적절한 자격이 있는지, 서비스 이용에 해당하는 적절한 특성을 갖추고 있는지를 파악하는 것으로 기관 프로그램에 대한 일종의 문지기(Gate-keeper)로서 작용한다.

TIP
접수단계에서는 클라이언트의 문제와 욕구가 기관의 정책과 서비스에 부합하는지 확인합니다.

접수단계의 사회복지사의 과업

- 클라이언트의 문제 확인과 기관이 제공할 수 있는 서비스 공유
- 타 기관의 의뢰 여부
- 클라이언트와의 관계 형성
- 초기 면접지 작성
- 동의서 작성

핵심문제

01 접수단계에서 사회복지사가 수행해야 할 과제를 모두 고른 것은? [19회]

ㄱ. 개입목표의 우선순위 합의	ㄴ. 클라이언트의 강점과 자원 조사
ㄷ. 욕구에 적합한 기관으로 의뢰	ㄹ. 기관에서 제공하는 서비스 적격 여부 확인

① ㄱ, ㄷ
② ㄴ, ㄹ
③ ㄷ, ㄹ
④ ㄱ, ㄴ, ㄷ
⑤ ㄱ, ㄴ, ㄷ, ㄹ

정답 ③

해설 ㄱ. 개입목표의 우선순위 합의는 목표설정단계에서 실시한다.
ㄴ. 클라이언트의 강점과 자원 조사는 자료수집단계에서 실시한다.

02 접수단계의 주요 과업에 해당하지 않는 것은? [20회]

① 관계 형성을 통한 클라이언트의 참여 유도
② 클라이언트의 드러난 문제 확인
③ 서비스의 효율성과 효과성 측정
④ 서비스에 대한 클라이언트의 동의 확인
⑤ 클라이언트의 문제가 기관의 자원과 정책에 부합되는지 판단

정답 ③

해설 서비스의 효율성과 효과성 측정은 접수단계가 아니라 평가단계에서 실시한다. 클라이언트에게 실시한 서비스가 계획에 맞게 진행되었는지, 비용이 얼마가 들었는지 등은 서비스가 끝난 후에 알 수 있는 부분이다.

KEYWORD 15 자료수집 12 15 18 19 20 21 22

01 자료수집 방법

① **클라이언트의 구두보고** : 클라이언트의 문제와 욕구를 제일 잘 알고 있는 사람은 클라이언트 자기 자신이기 때문에 개별 면담을 통하여 정보를 얻는다.

② **클라이언트의 비언어적 행동 관찰** : 초기 단계에서는 구두보고뿐 아니라 비언어적 행동으로도 중요한 정보를 획득할 수 있다.

③ **클라이언트의 자기 모니터링** : 클라이언트가 자신의 문제를 인지하지 못하는 경우 문제행동의 빈도나 문제발생 시 감정을 스스로 점검하게 하는 것을 의미한다.

④ **부수적 출처 정보** : 클라이언트 외에 가족, 이웃, 친척, 친구 등으로부터 얻을 수 있는 정보로 클라이언트에게 얻지 못한 정보를 얻을 수 있고 때로는 클라이언트의 진술과 상반될 수 있다.

⑤ **심리검사** : MBTI, MMPI, 우울척도, 자아존중감 척도 등으로 객관적이고 과학적인 방법으로 클라이언트에 대한 정보를 얻을 수 있다.

⑥ **사회복지사의 관찰** : 클라이언트와 그의 삶에 중요한 사람들(가족, 친구, 동료 등)과의 상호작용을 관찰함으로써 많은 정보를 얻을 수 있다.

⑦ **사회복지사의 개인적 경험** : 클라이언트가 사회복지사에게 수동적이거나 공격적 혹은 의존적인 경우 다른 사람에게도 같은 행동을 할 것이라는 예측을 하게 되고 그러한 상호작용 속에서 느끼는 사회복지사의 감정이 문제행동에 중요한 정보가 된다.

학습 가이드

자료수집단계에서는 접수 과정보다 정확한 자료를 수집하기 위하여 클라이언트 구두보고뿐 아니라 심리검사 및 부수적 출처의 정보까지 수집해야 합니다.

TIP

- 자료수집은 클라이언트의 문제를 이해하고, 분석하며 해결하는 데 필요한 자료를 모으는 과정입니다.
- 자료수집은 클라이언트를 통해 얻는 자료, 클라이언트 주변인을 통해 얻는 자료, 객관적 자료, 과학적 검사를 통해 얻을 수 있습니다.
- 사회복지사는 클라이언트의 욕구에만 국한하지 말고 클라이언트와 환경과의 상호작용의 어려움과 변화 욕구를 확인하는 것이 중요합니다.

핵심문제

01 자료수집을 위한 자료 출처에 해당하는 것을 모두 고른 것은? [21회]

> ㄱ. 문제, 사건, 기분, 생각 등에 관한 클라이언트 진술
> ㄴ. 클라이언트와 직접 상호작용한 사회복지사의 경험
> ㄷ. 심리검사, 지능검사, 적성검사 등의 검사 결과
> ㄹ. 친구, 이웃 등 클라이언트의 중요한 타인으로부터 수집한 정보

① ㄱ, ㄴ, ㄷ
② ㄱ, ㄴ, ㄹ
③ ㄱ, ㄷ, ㄹ
④ ㄴ, ㄷ, ㄹ
⑤ ㄱ, ㄴ, ㄷ, ㄹ

정답 ⑤

해설 자료수집을 위한 자료 출처에 해당하는 것으로 모두 옳다.

02 다음 사례에서 사회복지사가 자료수집과정에서 사용한 정보의 출처가 아닌 것은? [22회]

> 사회복지사는 결석이 잦은 학생 A에 대한 상담을 하기 전 담임선생님으로부터 A와 반 학생들 사이에 갈등관계가 있음을 들었다. 이후 상담을 통해 A가 반 학생들로부터 따돌림 당하고 있음을 알게 되었다. 상담과정에서 A는 사회복지사와 눈을 맞추지 못하고 본인의 이야기를 하는 것에 주저하는 모습을 보이며 상담 내내 매우 위축된 모습이었다. 어머니와의 전화 상담을 통해 A가 집에서 가족들과 대화를 하지 않고 방 안에서만 지내고 있다는 것을 알게 되었다.

① 클라이언트의 이야기
② 클라이언트의 비언어적 행동
③ 상호작용의 직접적 관찰
④ 주변인으로부터 정보 획득
⑤ 클라이언트와의 직접적 상호작용 경험

정답 ③

해설 사회복지사는 A가 다른 사람들과 상호작용하는 것을 직접적으로 관찰하지 않았다.

- 담임선생님으로부터 A와 반 학생들 사이에 갈등관계, A가 따돌림 당하고 있음을 알게 된 것은 주변인으로부터 정보 획득이다.
- A가 사회복지사와 눈을 맞추지 못하고 본인의 이야기를 하는 것에 주저하는 모습을 보이며 상담 내내 매우 위축된 모습을 보이는 것은 클라이언트의 이야기와 클라이언트의 비언어적 행동, 클라이언트와의 직접적 상호작용 경험이다.

KEYWORD 16 사정 9 10 11 12 13 14 16 17 18 19 20 21 22 23

학습 가이드

1. 사정기술에 대한 부분이 자주 출제되고 있으며 사회복지실천기술론과 연결해서 학습해야 합니다.
2. 이론을 잘 이해하는 것도 중요하지만 암기하는 것이 더욱 효과적입니다.

사정은 클라이언트의 욕구에 기초하며 종합적이고 포괄적입니다.

01 사정의 특징

① 지속성 : 사정은 계속적인 과정이다.
② 이중초점 : 사정은 이중초점을 가진다.
③ 상호성 : 사정은 클라이언트와 사회복지사의 상호과정이다.
④ 전개과정 : 사정에는 사고의 전개과정이 있다.
⑤ 수평적, 수직적 탐색 : 수평적, 수직적 탐색 모두 중요하다.
⑥ 지식기반 : 클라이언트를 이해하는 데는 지식적 근거가 필요하다.
⑦ 문제 규명 : 클라이언트의 욕구를 발견하고 문제를 정의한다.
⑧ 개별성 : 사정은 개별적이다.
⑨ 판단성 : 판단이 중요하다.
⑩ 한계성 : 클라이언트를 완전히 이해하는 데는 항상 한계가 있다.

02 사정도구

① 가계도

머레이 보웬에 의해 개발된 가계도는 2~3세대에 걸친 가족성원의 정보와 관계를 간단한 그림으로 표시한 것이다. 가족구조에 대한 체계적인 이해, 가족 내에서 클라이언트의 위치, 가족의 상호작용을 분석하여 클라이언트의 문제를 사정하는 데 유용하다. 현재 제시된 문제의 근원을 찾는 것으로 가족 내에서 반복되는 행동적 · 정서적 패턴을 확인하고 이해할 수 있으며 항상 사회복지사와 클라이언트가 함께 작성해야 한다.

② 생태도

하트만이 고안한 사정도구로 클라이언트와 가족들이 환경과 어떠한 관계가 있는지를 그림으로 나타낸 것이다. 클라이언트뿐 아니라 가족이 환경과 어떠한 상호작용을 하는지, 어떠한 에너지의 흐름이 있는지 알 수 있어 문제해결을 위한 개입계획을 설정하는 데 유용한 도구이다. 가족의 현재의 환경체계를 확인할 수 있고, 구성원과 자원체계 간의 에너지 흐름이나 관계의 질과 양을 분석할 수 있다.

③ 사회도(소시오그램)

집단 내 성원들 간의 상호작용을 그림으로 표현한 것으로 집단 내에서 지위를 나타내고, 성원들 간의 관계는 호의적, 무관심, 적대적인 관계로 표현된다. 집단 내의 소외자, 하위집단, 연합, 경쟁관계, 구성원 간 결속 강도, 배척여부 등을 파악할 수 있는 유용한 도구이다.

④ 생활력표

출생부터 개입시점까지 특정시기의 클라이언트나 가족의 경험을 시계열적으로 알 수 있도록 도표화한 것이다.

⑤ 사회적 관계망

클라이언트의 환경 내에 영향을 미치는 중요한 사람이나 체계를 지칭하는 것으로서 사회적 지지 유형의 종류와 정도, 소속감과 유대감, 자원정보, 접촉 빈도 등에 관한 정보를 나타내는 도표이다. 클라이언트가 이웃, 지역사회, 직장 등 관계를 맺고 있는 체계들과의 상호작용을 나타내어 클라이언트에 대한 이해를 돕는다.

TIP

사회도는 모레노가 개발한 것으로 소시오그램이라는 동의어가 있습니다. 사회복지조사론에서 나오는 소시오매트리 중 하나로, 집단 구성원들의 상호작용을 파악할 수 있는 사정도구입니다.

소시오매트리

집단 구성원들이 좋아하는 사람과 좋아하지 않는 사람을 선택하여 사람들을 서열화하고 그 자료를 토대로 사회도를 작성합니다.

TIP

자원에 대해 사정할 경우 클라이언트의 내부자원, 외부자원, 공식자원, 비공식자원 모두 사정해야 합니다. 또한 클라이언트의 변화를 방해하는 장애물에 대한 사정도 필요합니다.

핵심문제

01 생태도 작성에 관한 내용으로 옳은 것을 모두 고른 것은? [21회]

ㄱ. 용지의 중앙에 가족 또는 클라이언트 체계를 나타내는 원을 그린다.
ㄴ. 중심원 내부에 클라이언트 또는 동거가족을 그린다.
ㄷ. 중심원 외부에 클라이언트 또는 가족과 상호작용하는 외부체계를 작은 원으로 그린다.
ㄹ. 자원의 양은 '선'으로, 관계의 속성은 '원'으로 표시한다.

① ㄹ
② ㄱ, ㄷ
③ ㄴ, ㄹ
④ ㄱ, ㄴ, ㄷ
⑤ ㄱ, ㄴ, ㄷ, ㄹ

정답 ④

해설 자원의 양은 '원'으로 관계의 속성은 '선'으로 표시한다. 원의 크기는 자원의 양, 실선은 긍정, 굵은 선은 강한 긍정, 점선은 약한 관계를 의미한다.

02 사정(Assessment)의 특성으로 옳지 않은 것은? [22회]

① 클라이언트의 강점을 포함해야 한다.
② 사회복지사의 지식적 근거가 필요하다.
③ 사회복지사와 클라이언트의 상호작용 과정이다.
④ 클라이언트를 완전히 이해하는 것은 한계가 있다.
⑤ 사회복지실천의 초기 단계에서만 이루어진다.

정답 ⑤

해설 사정은 초기 단계에서만 이루어지는 것이 아니라 계속적인 과정이다.

KEYWORD 17 목표설정 20 22

학습 가이드

예간의 SMART에 대한 문제가 출제되었던 만큼 새로운 문제도 출제될 수 있지만 기존에 출제되었던 내용에 치중하도록 합니다.

목표를 설정할 때 기관의 기능에서 벗어난 목표를 설정한다면 달성하기 어렵습니다.

목표는 클라이언트의 자기결정권이 인정되어야 하고 클라이언트가 원하는 결과와 연결되어야 합니다.

01 목표설정 선정지침

① 목표는 반드시 클라이언트가 원하는 결과와 연결되어야 한다.
② 목표는 명시적이며 측정 가능한 형태로 진술되어야 한다.
③ 목표는 현실적으로 달성 가능한 것이어야 한다.
④ 목표는 사회복지사의 지식과 기술에 상응하는 것이어야 한다.
⑤ 목표는 성장을 강조하는 긍정적 형태이어야 한다.
⑥ 목표가 사회복지사의 권리나 가치에 맞지 않으면 동의하지 않아야 한다.
⑦ 목표는 반드시 기관의 기능과 일치해야 한다.

02 목표설정의 우선순위

① 클라이언트에게 가장 시급한 문제여야만 한다.
② 단기간에 달성하여 성취감과 만족감을 느낄 수 있어야 한다.
③ 클라이언트에게 다른 목표에 도전할 수 있는 동기를 부여해야 한다.
④ 사회복지사의 능력과 기관의 기능상 무리 없이 달성할 수 있어야 한다.

03 목표를 선정할 때 고려해야 할 지침 : SMART 형식

① 구체성(Specific) : 목표를 설정할 때는 구체적으로 설정해야 한다.

② 측정 가능성(Measurable) : 개입의 효과성, 효율성 평가를 할 수 있어야 한다.
③ 성취 가능성(Achievable) : 목표를 너무 높게 선정하는 것이 아니라 성취 가능하도록 선정한다.
④ 현실성(Realistic) : 과거에 얽매여 현실에 맞지 않는 목표를 선정해서는 안 된다.
⑤ 시기 적절성(Timely), 시간 제한성(Time Limited) : 개입에 대한 시간을 제한하거나 시기가 적절해야 한다.

핵심문제

01 사회복지서비스 계획수립단계에 관한 설명으로 옳지 않은 것은? [20회]

① 계획의 목표는 기관의 기능과 일치해야 한다.
② 목표설정은 미시적 수준과 거시적 수준에서 클라이언트의 변화를 고려한다.
③ 계약서는 클라이언트만 작성하여 과업과 의무를 공식화한다.
④ 목표는 클라이언트가 원하는 결과를 포함하여 클라이언트의 적극적인 참여를 유도한다.
⑤ 계획단계의 목표는 클라이언트와 사회복지사가 함께 합의하여 결정한다.

정답 ③

해설 계획은 클라이언트의 문제와 욕구를 이해한 후 변화에 초점을 두고 어떻게 개입할 것인지를 설계하는 과정으로서, 목표를 설정하고 이를 구체화하는 과정 등이 포함된다. 계약서는 클라이언트와 사회복지사가 함께 작성하고 공식화한다.

02 사회복지실천과정 중 계획수립단계에서 수행해야 하는 사회복지사의 과업은? [22회]

① 서비스 효과 점검
② 실천활동에 대한 동료 검토
③ 개입효과의 유지와 강화
④ 개입목표 설정
⑤ 평가 후 개입계획 수정

정답 ④

해설 계획수립단계의 활동은 표적문제 선정하기와 개입목표를 설정하기이다.

KEYWORD 18 개입 9 11 12 13 14 18 21 22 23

01 정서에 개입하는 기술

① 재보증

클라이언트가 자신의 능력이나 상황에 회의를 느끼고 있을 때 사회복지사가 신뢰를 표현함으로써 자신감을 향상시키는 것이다.

학습 가이드

개입기술을 정서, 인지, 행동으로 구분하였지만 구분보다는 기술에 대한 정의가 중요합니다.

② 일반화

클라이언트가 사고, 감정, 행동에 대한 자신만의 심각한 문제가 있다고 생각하는 것에 대하여 다른 사람들도 클라이언트의 문제와 같은 경험을 하기 때문에 클라이언트만 겪는 문제가 아니라는 것을 지적하여 다른 사람으로부터 소외시키거나 일탈감이 생기지 않게 하는 기술이다.

③ 환기

클라이언트의 문제 또는 억압되어 있는 부정적인 감정이 문제가 되거나 문제해결을 방해가 되는 경우 이를 표출시켜 감정의 강도를 없애거나 약화시키는 기술이다.

④ 격려

사회복지사가 클라이언트의 가능성에 대한 표현과 감정을 인정, 지지하는 표현이다.

02 인지에 개입하는 기술

① 초점화

클라이언트의 산만한 이야기나 목표와 맞지 않는 이야기를 주제에 맞게 되돌리는 기술이다.

② 직면

클라이언트의 말과 행동이 일치하지 않거나 자신의 문제를 회피 또는 부정하는 것을 지적하는 것이다.

③ 재명명

사회복지사가 클라이언트에게 특정 문제에 있는 부정적 의미, 고정관념, 사고, 가치를 변화시켜 문제를 다른 관점으로 이해하도록 돕는 기법이다. 즉, 부정적 의미를 긍정적 의미로 변화시키는 것이다.

④ 조언

사회복지사가 클라이언트에게 추천하거나 조언하는 것으로 조언이 적당하면 클라이언트는 사회복지사의 선호를 알아차릴 수 있다.

⑤ 정보제공

사회복지사는 클라이언트에게 특정 문제를 해결할 수 있도록 필요한 정보를 제공해야 한다.

03 행동을 변화시키는 기술

① 모델링

반두라의 사회학습이론에서 나온 이론으로 사람은 다른 사람의 행동을 보면서 자신의 행동을 변화시키는 것으로 비디오나 역할극을 자료로 사용하기도 한다. 모방할 행동을 선택하여 모방할 수 있도록 하며 모든 행동을 모방하지는 않는다.

② 타임아웃

클라이언트의 문제행동이 특정 상황에 강화되는 경우 문제행동의 주요 원인을 제거하여 문제행동을 감소시키거나 제거하는 방법으로 아이들의 나쁜 행동을 수정하거나 변화시킬 때 자주 사용된다.

③ 토큰강화

사회복지사가 클라이언트의 바람직한 행동과 습관을 구체적으로 미리 정해 놓고 그 행동을 할 때마다 그에 상응하는 토큰(징표, 상징적 물건)을 주어 체계적으로 강화하는 것을 의미한다. 이렇게 모인 토큰은 거기에 상응하는 것으로 교환해 주어야 효과가 크다.

④ 행동시연

클라이언트가 문제상황이 생겼을 경우에 그 문제에 어떻게 대처할 것인지 반복적으로 미리 연습하여 문제에 적절한 대처를 할 수 있도록 준비하는 기법이다.

⑤ 역할극

다른 사람의 입장에서 상황을 보고 다른 사람의 행동이나 감정을 이해하는 데 중요한 기법이다. 개인과 가족치료에 사용되는데 특히 가족구성원의 입장을 이해하는 데 유용하다.

⑥ 체계적 둔감법

공포나 불안을 극복하기 위한 방법으로 클라이언트가 어려워하는 문제에 대하여 조금씩 접근 빈도나 사고 빈도를 높여 부정적인 감정이나 공포의 반응을 조금씩 줄여 나가는 방법이다.

개입기술에 대한 정의는 사회복지실천기술론의 모델들과 연결이 되므로 확실히 암기해야 합니다.

1교시 사회복지기초

2교시 사회복지실천

3교시 사회복지정책과 제도

핵심문제

01 다음에서 설명하고 있는 면접기술은? [21회]

- 클라이언트가 말하는 것만으로도 치료효과를 얻을 수 있다.
- 클라이언트의 억압된 또는 부정적인 감정이 문제해결을 방해하거나 감정 자체에 문제가 있는 경우 이를 표출하게 하여 감정을 해소시키려 할 때 활용한다.

① 해석 ② 환기
③ 직면 ④ 반영
⑤ 재보증

정답 ②

해설 환기는 클라이언트의 문제 또는 억압되어 있는 부정적인 감정이 문제가 되거나 문제해결에 방해가 되는 경우 이를 표출시켜 감정의 강도를 없애거나 약화시키는 기술이다.

02 클라이언트가 타인이 하는 바람직한 행동을 보고 모방함으로써 행동의 변화를 가져오는 개입기술은? [22회]

① 초점화
② 모델링
③ 환기
④ 직면
⑤ 격려

정답 ②

해설 모델링은 다른 사람의 행동을 보면서 자신의 행동을 변화시키는 기술이다.

KEYWORD 19 종결 11 13 14 18 19 20

학습 가이드

종결에 대한 유형과 부정적인 종결반응은 꼭 암기해야 합니다.

TIP

일정기간만 제공되는 계획된 종결은 사회복지사가 일정을 정하고, 시간 제한적 종결은 클라이언트와 사회복지사가 함께 일정을 정한다는 차이가 있습니다.

TIP

종결의 이유에는 기대된 변화가 달성된 경우, 주거지 이전 및 장기간 연락두절, 이용자 본인이나 보호자의 의사 반영 등이 있습니다.

TIP

종결보고서에 정리되어야 할 사항에는 종결 사유, 서비스 제공 요약, 대상자 변화 사항, 사례관리자 의견, 사후관리 계획 등이 있습니다.

01 종결 유형

① 클라이언트에 의한 일방적 종결 : 클라이언트가 갑자기 약속을 지키기 않거나 핑계를 대면서 오지 않는 경우이다.
② 일정기간만 제공되는 계획된 종결 : 학기 중에만 서비스를 제공하는 학교 프로그램, 입원기간에만 제공하는 병원서비스, 현장실습과 같은 경우로 기관이 일정을 정한다.
③ 시간 제한적 종결 : 사회복지사와 클라이언트가 미리 기간을 정하고 시작한다.
④ 시간 제한이 없는 종결 : 클라이언트가 사회복지사에 대하여 의존성이 줄어들 경우 종결을 하는 경우이다.
⑤ 사회복지사의 이동에 의한 종결 : 사회복지사의 개인적인 문제로 인해 퇴직하는 경우이다.

02 부정적인 종결반응

① 사회복지사에게 매달리는 경우
② 과거의 문제가 재발했음을 보고하는 경우
③ 새로운 문제를 가지고 오는 경우
④ 사회복지사를 대처할 대상을 찾는 경우

종결 시 사회복지사 업무

- 클라이언트가 개입을 통해 얻는 것을 분명히 한다.
- 지속적인 개입이 필요한 경우 또 다른 계획을 세운다.
- 개입기간에 배운 바를 클라이언트가 일상생활에 어떻게 적용할 것인지를 확인한다.
- 사후 세션을 계획한다.

핵심문제

01 **종결단계에서 사회복지사의 과업으로 옳지 않은 것은? [20회]**

① 사후관리 계획 수립
② 목표달성을 위한 서비스 제공
③ 클라이언트 변화결과에 대한 최종 확인
④ 다른 기관 또는 외부 자원 연결
⑤ 종결에 대한 클라이언트 반응 처리

정답 ②

해설 목표달성을 위한 서비스 제공은 실행 단계에서 진행되는 과업이다.

02 **클라이언트의 혼합된 정서적 반응을 정리하고 사후관리를 계획하는 단계는? [19회]**

① 접수
② 사정
③ 계획
④ 개입
⑤ 종결

정답 ⑤

해설 사후관리는 종결 시 클라이언트와 함께 계획하며 클라이언트와 사회복지사의 공식적 관계가 종료된 후 1~6개월이 지났을 때 클라이언트가 잘 적응하고 있는지 점검하는 과정으로, 클라이언트가 종결 시 같은 수준에서 잘 기능하고 있는지 알아보기 위함이고, 클라이언트가 어려움을 겪고 있다면 필요한 도움을 제공하기 위해서 실시된다.

8 사례관리

KEYWORD 20 사례관리 9 10 11 12 13 14 15 16 17 18 19 20 21 22 23

01 등장배경

① 탈시설화의 영향
② 복합적 욕구를 가진 클라이언트의 증가
③ 클라이언트와 그 가족에게 부과되는 과도한 책임
④ 복잡하고 분산된 서비스 체계
⑤ 서비스 전달의 지방분권화
⑥ 서비스 비용 억제 효과

학습 가이드

1. 사례로 물어보는 문제뿐 아니라 사례를 통한 사회복지사의 역할을 물어보는 문제도 출제되고 있는 만큼 기존에 출제되었던 형태의 문제들에 중점을 두어야 합니다.
2. 사례관리에 대한 문제도 자주 출제되고 있으므로 사회복지실천과정과 함께 공부하면 공부의 양을 줄일 수 있습니다.

02 사례관리의 특징

① 다양한 문제와 복합적인 욕구를 가진 클라이언트를 대상으로 한다.
② 클라이언트의 치료보다는 욕구충족에 더 중점을 둔다.

③ 임상적 욕구를 가진 클라이언트에게는 치료적 상담을 실시한다.
④ 자원체계 간 연결, 조정 등의 활동을 한다.
⑤ 투입과 과정에 대한 평가를 한다.
⑥ 클라이언트 욕구에 초점을 두어 기관 내 서비스로 한정하지 않는다.
⑦ 클라이언트에게 직접적 서비스와 간접적 서비스를 동시에 시행한다.
⑧ 실천과정에서 클라이언트의 자기결정권을 인정한다.
⑨ 클라이언트에게 포괄적 서비스를 제공하고 서비스 조정과 점검을 한다.

TIP
사례관리자의 역할과 사회복지사의 역할은 같습니다. 사회복지사의 역할을 암기했다면 사례관리자 역할은 암기하는 데 크게 어려운 점이 없습니다.

03 사례관리 개입원칙

① 서비스의 개별화
클라이언트가 가지고 있는 문제는 같은 문제이더라도 서로 다른 욕구와 강점이 있기에 욕구와 강점에 맞는 서비스를 개발하여 제공해야 한다.

② 클라이언트의 자율성 극대화
클라이언트에게 선택할 자유를 주어 자신이 받아야 할 기관의 서비스를 스스로 결정할 수 있도록 해야 한다.

③ 서비스의 지속성
클라이언트의 욕구에 맞게 제공되는 서비스는 일회성이 아니라 지속적으로 제공되어야 한다.

④ 복잡하고 분리되어 있는 서비스 전달체계 연결
클라이언트에게 서비스의 정보를 제공하고 서로 연결하여 서비스 효과를 높이기 위하여 복잡하고 분리되어 있는 서비스를 연결해야 한다.

⑤ 클라이언트의 욕구충족
클라이언트의 다양한 욕구가 충족될 수 있도록 다양한 분야에서 서비스를 제공해야 한다.

⑥ 서비스 제공의 포괄성
클라이언트의 욕구가 다양하기 때문에 욕구를 충족하기 위하여 포괄적인 서비스를 제공할 수 있어야 한다.

⑦ 서비스의 접근성
클라이언트에게 좋은 서비스일지라도 접근하기 어려움이 있을 경우에는 서비스 효과를 볼 수 없기 때문에 최대한 서비스에 대한 접근성을 높여야 한다.

TIP
사례관리의 서비스 과정은 사회복지실천과정론에서 나오는 실천과정과 유사합니다.

04 사례관리 서비스 과정

사례관리는 일반적으로 초기접촉(접수) → 사정 → 계획 → 개입 → 점검 → 평가의 단계로 실행된다.

핵심문제

01 **사례관리 등장배경에 관한 설명으로 옳지 않은 것은?** [21회]

① 탈시설화로 인해 많은 정신 장애인이 지역사회 내에서 생활하게 되었다.
② 지역사회 내 서비스 간 조정이 필요하게 되었다.
③ 복지비용 절감에 관심이 커지면서 저비용 고효율을 지향하게 되었다.
④ 인구 · 사회적 변화에 따라 다양하고, 복합적이며 만성적인 욕구를 가진 클라이언트가 증가하였다.
⑤ 사회복지서비스 공급주체가 지방정부에서 중앙정부로 변화하였다.

정답 ⑤

해설 사회복지서비스 공급주체는 중앙정부에서 지방정부로 변화하였다.

02 **사례관리의 원칙에 해당하지 않는 것은?** [22회]

① 서비스의 개별화
② 서비스의 접근성
③ 서비스의 연계성
④ 서비스의 분절성
⑤ 서비스의 체계성

정답 ④

해설 사례관리의 개입원칙은 서비스의 개별화, 클라이언트의 자율성 극대화, 서비스의 지속성, 복잡하고 분리되어 있는 서비스 전달체계 연결, 클라이언트의 욕구 충족, 서비스 제공의 포괄성, 서비스의 접근성이다. 서비스의 분절성은 포함되지 않는다.

빈출문제로 마무리하기

한국의 역사

01 사회복지실천의 발달과정을 순서대로 바르게 나열한 것은? [14회]

> ㄱ. 한국의 사회복지사업이 제정되었다.
> ㄴ. 리치몬드(M. Richmond)의 《사회진단》이 출간되었다.
> ㄷ. 밀포드(Milford)회의에서 개별사회사업의 공통요소를 정리하였다.
> ㄹ. 펄만(H. Perlman)의 문제해결모델이 등장하였다.

① ㄴ → ㄷ → ㄹ → ㄱ
② ㄴ → ㄹ → ㄱ → ㄷ
③ ㄴ → ㄹ → ㄷ → ㄱ
④ ㄹ → ㄱ → ㄴ → ㄷ
⑤ ㄹ → ㄴ → ㄱ → ㄷ

해설 ㄱ. 한국의 사회복지사업은 1970년 「사회복지사업법」이 제정되면서부터이다.
ㄴ. 리치몬드(M. Richmond)의 《사회진단》은 1917년에 출간되었다.
ㄷ. 밀포드(Milford) 회의에서 개별사회사업의 공통요소를 정리한 시기는 1929년이다.
ㄹ. 펄만(H. Perlman)의 문제해결모델은 1957년에 등장하였다.

윤리

02 장애인복지관의 사회복지사에게 사회복지사의 이모가 지적장애를 가진 자신의 딸을 클라이언트로 개입해줄 것을 요청하였다. 이때 발생할 수 있는 윤리적 쟁점은? [11회]

① 진실성 고수
② 전문적 관계 유지
③ 클라이언트의 알권리
④ 규칙과 정책의 준수
⑤ 제한된 자원의 공정한 분배

해설 사회복지사는 클라이언트에게 필요한 도움을 주기 위해서 자신이 가지고 있는 전문적 지식이나 기술을 사용하는 것이다. 그러나 클라이언트와의 사적 관계로 더 많은 것을 요구하는 경우도 있다.

사회복지실천 현장

03 사회복지실천 현장에 관한 설명으로 옳지 않은 것은? [14회]

① 청소년쉼터는 생활시설이다.
② 노인요양시설은 이용시설이다.
③ 지역아동센터는 이용시설이다.
④ 사회복지공동모금회는 민간기관이다.
⑤ 쪽방상담소는 이용시설이다.

해설 노인요양시설은 이용시설이 아니라 생활시설이다.

정답 01 ① 02 ② 03 ②

사회복지사 역할

04 다음 사례에서 사회복지사가 수행한 개입 역할로 모두 옳은 것은? [13회]

> 가족에 의해 강제 입소되었던 장애인이 거주 시설에서 퇴소하기를 요청함에 따라 (ㄱ)퇴소상담을 실시하였다. 이후 가족들을 설득하여 (ㄴ)지역사회 내 다양한 주거 관련 정보를 안내하고, (ㄷ)공동생활가정에 입주할 수 있도록 연계하였다.

① ㄱ : 조력자, ㄴ : 중재자, ㄷ : 교사
② ㄱ : 중개자, ㄴ : 중재자, ㄷ : 계획가
③ ㄱ : 조력자, ㄴ : 교사, ㄷ : 중개자
④ ㄱ : 중재자, ㄴ : 옹호자, ㄷ : 계획가
⑤ ㄱ : 교사, ㄴ : 옹호자, ㄷ : 조력자

해설 ㄱ : 가족에 의해 강제로 입소했던 클라이언트가 퇴소를 요청해 이후의 문제에 대처할 수 있도록 도와주었으므로 조력자의 역할이다.
ㄴ : 지역사회 내 다양한 주거 관련 정보를 안내한 것이고 지역사회에 대한 많은 지식이 필요하므로 교사의 역할이다.
ㄷ : 클라이언트에게 공동생활가정에 입주할 수 있도록 연계하였으므로 중개자의 역할이다.

통합적 접근모델

05 음주상태에서 아내에게 폭력을 가하던 남편이 이웃주민의 신고로 경찰을 통해 중독관리통합지원센터에 의뢰되었다. 핀커스와 미나한(Pincus & Minahan)의 4체계모델에서의 변화매개체계는? [16회]

① 남편 ② 아내
③ 경찰 ④ 이웃주민
⑤ 중독치료 전문가

해설 변화매개체계는 변화를 시키는 사람이나 변화를 시키는 사람을 고용한 기관을 의미하므로 중독치료 전문가를 의미한다.

면접론

06 면접과정에서의 질문으로 적절한 것을 모두 고른 것은? [15회]

> ㄱ. 부인은 남편의 행동에 대해 어떻게 대응하셨나요?
> ㄴ. 그 민감한 상황에서 왜 그런 말을 하셨지요?
> ㄷ. 이번처럼 갈등이 심각한 적은 몇 번 정도 되나요?
> ㄹ. 그때 아내의 반응은 어땠나요? 죄책감이 들지는 않았나요?

① ㄹ ② ㄱ, ㄷ
③ ㄴ, ㄹ ④ ㄱ, ㄴ, ㄷ
⑤ ㄱ, ㄴ, ㄷ, ㄹ

해설 ㄴ, ㄹ는 사회복지사가 클라이언트에게 잘못된 행동이라는 느낌을 주는 질문이므로 적절하지 않다.

사정

07 사정도구 중 집단 성원들 간의 상호작용을 도식화하여 구성원의 지위, 구성원 간의 관계, 하위집단 등을 파악하는 데 유용한 것은? [14회]

① 가계도(Genogram)
② 소시오그램(Sociogram)
③ 생태도(Ecomap)
④ PIE(Person In Environment) 체계
⑤ 생활력표(Life History Grid)

해설 집단 내 성원들 간의 상호작용을 그림으로 표현한 것은 소시오그램이다.

개입

08 문제상황에 대한 클라이언트의 관점을 변화시키기 위해 클라이언트가 부여하는 의미를 수정하는 의사소통은? [13회]

① 환기(Ventilation) ② 재명명(Reframing)
③ 직면(Confrintation) ④ 재보증(Reassurance)
⑤ 정보제공(Informing)

정답 04 ③ 05 ⑤ 06 ② 07 ② 08 ②

해설 재명명은 사회복지사가 클라이언트에게 특정 문제에 있는 부정적 의미, 고정관념, 사고, 가치를 변화시켜 문제를 다른 관점으로 이해하도록 돕는 기법으로 문제의 속성을 변화시키는 것이 아니라 의미를 긍정적으로 볼 수 있도록 가치, 사고, 고정관념을 변화시키는 것이다. 즉, 부정적 의미를 긍정적 의미로 변화시키는 것이다.

사정

09 사회복지실천과정 중 사정의 특성으로 옳은 것을 모두 고른 것은? [12회]

ㄱ. 사정은 지속적인 과정이다.
ㄴ. 클라이언트의 문제와 자원을 함께 다룬다.
ㄷ. 사정과정에는 클라이언트의 관여가 필요하다.
ㄹ. 사정과정에서는 사회복지사의 판단이 보류된다.

① ㄱ, ㄴ, ㄷ
② ㄱ, ㄷ
③ ㄴ, ㄹ
④ ㄹ
⑤ ㄱ, ㄴ, ㄷ, ㄹ

해설 사정과정에서는 사회복지사의 판단이 중요하다.

접수

10 사회복지실천과정에서 접수(Intake) 단계의 과제로 적절하지 않은 것은? [11회]

① 원조관계의 수립
② 개입목표의 설정
③ 클라이언트의 동기화
④ 클라이언트의 문제 확인
⑤ 클라이언트의 저항감 해소

해설 접수 단계에서는 문제확인, 관계형성, 클라이언트의 동기화, 기관의 서비스에 대한 정보제공, 의뢰, 원조과정에 대한 안내 등을 설명한다. 개입목표는 사정 후에 설정한다.

종결평가

11 청소년을 위한 10주간의 진로집단 활동 전 · 후에 진로 효능감 검사를 하여 결과를 비교하였다면 이 평가방법은? [10회]

① 형성평가
② 성과평가
③ 과정평가
④ 만족도평가
⑤ 실무자평가

해설 성과평가로 설정한 목표에 대하여 얼마나 성취되었는지 평가하는 방법이다.

사례관리

12 사례관리에 관한 설명으로 옳지 않은 것은? [15회]

① 클라이언트 중심적 서비스이다.
② 종결이 어려운 장기적 욕구를 갖는 대상자에게 적절하다.
③ 상담이나 조언, 치료 등의 임상적 개입을 할 수 있다.
④ 한 기관 내에서의 팀 협력 및 지역사회 타 전문 분야와의 협력이 중요하다.
⑤ 공공부문의 역할을 확대하기 위한 목적에서 시작되었다.

해설 사례관리는 생활시설에서 생활하던 클라이언트들이 탈시설화로 인하여 전문적인 서비스를 받지 못하던 클라이언트를 위해서 시작되었기에 공공부문의 역할을 확대하기 위한 목적이라고 할 수는 없다.

정답 09 ① 10 ② 11 ② 12 ⑤

접수

13 **지역사회복지관의 사회복지사는 심각한 정서장애를 보이는 아동을 지역사회정신보건센터로 의뢰하려고 한다. 아동과 어머니에게 이를 설명하는 사회복지사의 접근방법으로 옳지 않은 것은?** [11회]

① 지역사회정신보건센터로 의뢰하려는 이유를 설명한다.
② 지역사회정신보건센터에서 실시하는 프로그램에 대한 정보를 제공한다.
③ 필요한 서비스가 제공되는 다른 기관에 대한 정보도 제공하여 클라이언트가 선택하도록 한다.
④ 지역사회정신보건센터로 가면 모든 문제가 해결된다는 기대를 갖게 한다.
⑤ 의뢰로 인한 클라이언트가 버림받았다는 느낌을 갖지 않도록 배려한다.

해설 의뢰는 클라이언트의 문제와 욕구를 파악한 결과 기관에서 문제를 해결할 수 없거나 기관의 정책과 부합되는 경우 더 부합하는 기관에 클라이언트를 보내는 것이다. 의뢰를 할 경우 클라이언트와 충분한 상의를 해야 하고 거부감을 갖지 않도록 정서적 지지와 적절한 정보를 제공해야 한다.

자료수집

14 **자료수집에 포함되는 내용을 모두 고른 것은?** [12회]

ㄱ. 문제에 관한 정보
ㄴ. 원가족의 가족관계
ㄷ. 클라이언트의 기능
ㄹ. 클라이언트의 한계

① ㄱ, ㄴ, ㄷ　② ㄱ, ㄷ
③ ㄴ, ㄹ　④ ㄹ
⑤ ㄱ, ㄴ, ㄷ, ㄹ

해설 자료수집은 클라이언트에 대한 기본적인 사항, 문제에 대한 정보, 개인력, 가족력, 클라이언트의 자원, 기능, 한계 등이 포함된다. 보기 모두 자료수집에 포함되는 내용이다.

윤리

15 **사회복지실천 윤리에 관한 설명으로 옳지 않은 것은?** [10회]

① 가치와 조화를 이루어야 한다.
② 전문적 실천활동의 지침을 제공한다.
③ 사회복지사의 올바른 판단과 결정을 위한 믿음체계이다.
④ 사회복지분야에서는 취약계층의 권리보호를 위해 특히 강조된다.
⑤ 서로 다른 가치관들 사이의 관계정립을 위해 필요하다.

해설 윤리는 어떤 행동에 대하여 옳고 그름을 판단할 수 있는 기준으로 행동지침이다. 올바른 판단과 결정을 위한 믿음체계는 가치이다.

통합적 관점

16 **펄만(Perlman)이 강조한 사회복지실천의 4가지 구성요소에 해당하지 않는 것은?** [11회]

① 장소(Place)　② 사람(Person)
③ 문제(Problem)　④ 실천(Practice)
⑤ 과정(Process)

해설 펄만의 사회복지실천의 4가지 구성요소는 사람이 문제를 가지고 장소를 찾아가는 과정이다.

정답 13 ④ 14 ⑤ 15 ③ 16 ④

4과목 사회복지실천기술론

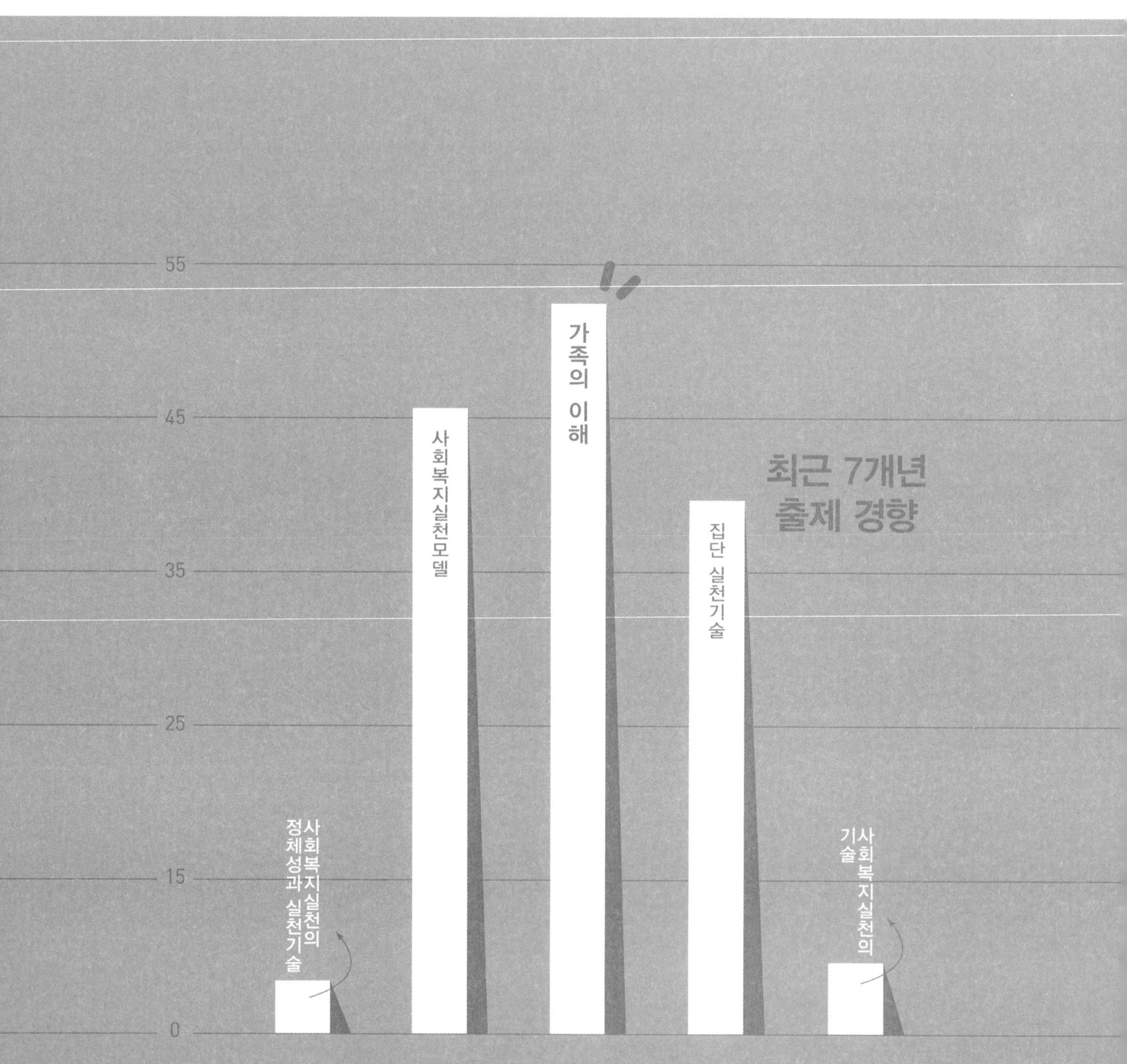

1 사회복지실천의 정체성

KEYWORD 01 사회복지실천의 정체성 18 19 20 21 22 23

학습 가이드

1. 사회복지전문직의 가치체계를 물어보는 문제가 나오고 있고 사회복지실천론에서 중요한 부분을 차지하고 있으므로 소홀히 다루어서는 안 됩니다.
2. 사회복지실천의 전문적 기반과 실천지식의 차원이 자주 출제되고 있으므로 꼭 암기해야 합니다.

01 실천지식의 차원

① 사회복지실천에 영향을 주는 지식은 다양하다. 사회복지실천에 영향을 주는 정도에 따라 패러다임, 시각(관점), 이론, 모델, 실천지혜로 구분된다.

② 패러다임 → 관점/시각 → 이론 → 모델 → 실천지혜 순으로 구체화된다.

③ **패러다임** : 가장 추상적인 틀로 인식의 방향을 결정하는 데 영향을 미친다.

④ **시각(관점)** : 개념적 준거틀로서 관심영역과 가치, 대상들을 규정하는 사고체계이다.

⑤ **이론** : 실천현장에서 클라이언트의 현상을 설명하기 위한 학자들의 가설이나 의미이다.

⑥ **모델** : 이론을 기반으로 하고 실천현장에서 필요한 개입기술을 포함하여 실천활동을 구조화시킨다.

⑦ **실천지혜** : 개인의 직관과 경험에 의해 만들어지며 현장에서 유용하나 공인된 지식은 아니다.

사회복지사가 가져야 할 지식

- 인간행동과 발달에 관한 지식
- 인간관계와 상호작용에 관한 지식(효과적인 의사소통)
- 실천이론과 모델에 관한 지식
- 특정분야나 대상집단에 관한 지식
- 사회정책과 서비스에 대한 지식
- 사회복지사 자신에 관한 지식

02 사회복지실천의 전문적 기반

① 전문적 기반

사회복지실천은 과학성이 결여된 예술성만으로는 효과적인 실천이 이루어질 수 없으므로 과학적 요소와 예술적 요소는 조화를 이루어야 한다. 과학성과 예술성은 상호보완적인 관계이다.

② 과학적 기반

사회복지사는 개인, 가족, 집단, 지역사회 등을 대상으로 하므로 기초과학뿐 아니라 다양한 지식들이 있어야 하고, 클라이언트가 환경과 상호작용을 하므로 생태학적 지식도 필요하다.

과학적 기반은 이론에 기초하고 예술적 기반은 직관에 기초합니다.

③ 예술적 기반

사회복지사는 학습으로 배울 수 없는 기술들이 있어 직관적인 능력이 필요하다. 사회복지사는 클라이언트를 충분히 이해하고 공감하여 원조관계를 유지해야 한다. 또한 클라이언트의 저항이나 양가감정을 다루고 클라이언트의 문제해결에 적극적으로 노력해야 한다. 예술적 기반의 요소로는 진실성, 에너지, 희망, 창의성, 전문적 관계, 용기 등이 있다.

그린우드(Green Wood)의 전문직의 조건

체계적 이론, 전문적 문화, 사회적 승인, 전문가 윤리강령, 전문적 권위체계

핵심문제

01 사회복지실천현장의 지식 유형에 관한 설명으로 옳지 않은 것은? [21회]

① 이론은 현상을 설명하기 위한 가설이나 개념의 집합체이다.
② 관점은 개인과 사회에 관한 주관적 인식의 차이를 보여주는 사고체계이다.
③ 실천지혜는 실천활동의 원칙과 방식을 구조화한 것이다.
④ 패러다임은 역사와 사상의 흐름에 영향을 받는 추상적 개념 틀이다.
⑤ 모델은 실천과정에 직접적으로 필요한 기술적 적용방법을 제시한 것이다.

정답 ③

해설 실천지혜는 사회복지현장에서 경험을 통해 만들어진 지식으로 주관적이고 구체적으로 명시할 수 없다.

02 사회복지실천에 관한 설명으로 옳지 않은 것은? [20회]

① 과학성과 예술성을 통합적으로 활용한다.
② 사회복지의 관점과 이론을 토대로 한다.
③ 심리학, 사회학 등 타 학문과 배타적 관계에 있다.
④ 클라이언트의 특성을 반영한다.
⑤ 사회복지 가치와 윤리를 반영한다.

정답 ③

해설 배타적 관계는 두 대상이 어떤 속성에서 서로 다른 것을 말하는 것으로 사회복지실천은 심리학이나 사회학, 행정학, 정책학, 법학 등 다른 학문과 연관되어 있는 학문이다.

2 사회복지실천모델

KEYWORD 02 정신역동모델 9 12 13 14 15 17 18 19 20 21 22 23

01 특징

① 인간의 행동은 과거의 경험에 의해 좌우된다는 결정론적 성격이다.
② 인간의 모든 행동은 우연한 결과가 아니라 무의식적 성격에 의해 일어난다고 가정한다.
③ 정신역동모델의 관점은 생각하고 느끼거나 행동하는 인간의 모든 것에는 의미와 목적이 있다는 정신결정론이다.
④ 의식과 구성요소로서 사고, 소원 혹은 행위와 같은 현재의 정신활동과 과거 경험 사이에 원인적 관계가 있다는 이론적 기초 위에 형성된 심리과학이다.
⑤ 프로이트의 이론은 기본가정에 기초하여 인간본성을 이야기하고 있다.
⑥ 사회복지실천에 큰 영향을 미쳤으며 사회복지가 전문직으로 발돋움하는 데 큰 역할을 하였다.

학습 가이드

1. 정신역동모델은 매회 1문제 정도 출제되며 사례에 적용하는 문제로 응용할 수 있어야 풀 수 있는 문제들이 출제되고 있으므로 정신역동모델의 다양한 개입기법(꿈의 분석, 전이, 해석, 훈습, 직면 등)을 확실히 암기해야 합니다.
2. 1과목 인간행동과 사회환경에서 배운 내용이 그대로 나오므로 해당 과목에서 학습한 프로이트의 정신분석이론을 잘 암기해야 합니다.

02 개입기법

① 자유연상
클라이언트가 마음속에 떠오르는 것 모두를 이야기할 수 있도록 도와주는 기술로 클라이언트의 자발성이 중요하며, 클라이언트의 무의식 속에 있는 생각을 의식 속으로 끌어내는 데 효과적인 방법이다.

② 저항
클라이언트가 무의식적 욕구를 표출하여 불안으로부터 자신을 방해하거나 치료 시 자신의 성장을 방어하는 것이다.

③ 꿈의 분석
클라이언트의 꿈을 통하여 무의식적 자료를 얻을 수 있고 꿈이 무엇을 의미하는지 분석해 문제를 해결하는 방법이다.

④ 전이
클라이언트가 어린 시절에 억눌려 있던 경험 또는 기억들이 사회복지사를 통하여 그 경험과 기억이 되살아나는 것을 의미한다.

⑤ 역전이
사회복지사가 어린 시절에 억눌려 있던 경험 또는 기억들이 클라이언트를 통하여 그 경험과 기억이 되살아나는 것을 의미한다.

TIP
훈습은 단기적 방법이 아니라 장기적인 방법으로 여러 번 반복합니다.

⑥ 훈습(전이 → 해석 → 통찰)
저항이나 전이가 왜 나타나는지 분석하여 클라이언트에게 알려주어 저항이나 전이를 극복할 수 있도록 도와주는 것이다. 한 번에 극복할 수 없어 극복할 수 있을 때까지 이 과정을 반복한다.

⑦ 정신결정론
정신분석이론의 기본 원리로 인간의 행동은 우연히 일어나는 것이 아니라 과거와 연결되고 반드시 원인이 있어 발생한다는 것이다.

⑧ 해석
클라이언트의 꿈, 자유연상, 저항, 전이 등을 분석하고 그 의미를 설명하고 때로는 가르치는 것이다.

TIP
대부분 심리사회모델과 비교되어 시험에 출제됩니다.

정신역동모델 개입과정

- 관계형성단계 : 사회복지사와 클라이언트가 신뢰관계를 형성하는 단계로 클라이언트와 라포형성이 중요하다.
- 동일시를 통한 자아구축단계 : 클라이언트가 사회복지사와 동일시하여 사회복지사의 생각과 태도를 받아들여 세상을 현실적으로 볼 수 있게 한다.
- 클라이언트가 독립된 정체감을 형성하도록 원조하는 단계 : 클라이언트가 독립된 정체감을 확립할 수 있도록 돕는다.
- 클라이언트의 자기이해를 원조하는 단계 : 클라이언트가 자신의 행동과 그 행동의 과거의 뿌리를 이해할 수 있도록 원조한다.

핵심문제

01 정신역동모델의 개입기법에 관한 설명으로 옳은 것을 모두 고른 것은? [21회]

ㄱ. 직면 : 클라이언트의 이야기와 행동 간 불일치를 보일 때 자기모순을 직시하게 한다.
ㄴ. 해석 : 치료적 관계에서 나타나는 클라이언트의 특정 생각이나 행동의 의미를 설명한다.
ㄷ. 전이분석 : 클라이언트가 과거의 중요한 인물에 대해 느꼈던 감정을 치료사에게 재현하는 현상을 분석하여 과거 문제를 해석하고 통찰하도록 한다.
ㄹ. 명료화 : 저항이나 전이에 대한 이해를 심화 · 확장하여 통합적으로 이해하도록 한다.

① ㄱ
② ㄴ, ㄹ
③ ㄷ, ㄹ
④ ㄱ, ㄴ, ㄷ
⑤ ㄱ, ㄴ, ㄷ, ㄹ

정답 ④

해설 저항이나 전이에 대한 이해를 심화 · 확장하여 통합적으로 이해하도록 하는 기법은 훈습이다. 명료화는 사회복지사는 자신이 클라이언트가 한 이야기를 잘 이해하고 있는지 다시 물어보는 방법으로 클라이언트의 메시지가 추상적이거나 혼란스러운 경우 구체적으로 표현하도록 하는 방법이다.

02 정신역동모델 개입과정을 순서대로 옳게 나열한 것은? [22회]

ㄱ. 동일시를 위한 자아구축단계
ㄴ. 클라이언트의 자기이해를 원조하는 단계
ㄷ. 관계형성단계
ㄹ. 클라이언트가 독립된 자아정체감을 형성하도록 원조하는 단계

① ㄱ → ㄷ → ㄹ → ㄴ
② ㄴ → ㄷ → ㄱ → ㄹ
③ ㄴ → ㄹ → ㄷ → ㄱ
④ ㄷ → ㄱ → ㄹ → ㄴ
⑤ ㄷ → ㄴ → ㄱ → ㄹ

정답 ④

해설 **정신역동모델 개입과정**

- 관계형성단계 : 사회복지사와 클라이언트가 신뢰관계를 형성하는 단계로 클라이언트와 라포형성이 중요하다.
- 동일시를 통한 자아구축단계 : 클라이언트가 사회복지사와 동일시하여 사회복지사의 생각과 태도를 받아들여 세상을 현실적으로 볼 수 있게 한다.
- 클라이언트가 독립된 정체감을 형성하도록 원조하는 단계 : 클라이언트가 독립된 정체감을 확립할 수 있도록 돕는다.
- 클라이언트의 자기이해를 원조하는 단계 : 클라이언트가 자신의 행동과 그 행동의 과거의 뿌리를 이해할 수 있도록 원조한다.

KEYWORD 03 심리사회모델 10 11 12 14 16 17 18 20 21 22 23

01 특징

① 인간의 문제를 심리적이거나 정서적인 사회문제로 이해하면서 개인적인 문제는 심리적 요인뿐 아니라 환경적인 요인에 영향을 받는다고 가정한다.

② '상황 속의 인간'을 강조하는 관점으로 리치몬드(Mary Richmond)의 저서를 통하여 기원을 찾을 수 있다.

③ 개인의 심리적 요소뿐 아니라 사회환경 또는 개인과 사회환경의 상호작용으로 역기능적 문제를 해결하려고 한다.

④ 클라이언트의 심리적 상태와 사회환경, 개인과 환경과의 상호작용에 초점을 맞춘다.

⑤ 이론적 배경에는 대상관계이론, 정신분석이론, 자아심리이론, 역할이론, 의사소통이론, 생태체계이론이 있으며, 이 중 정신분석이론과 대상관계이론이 심리사회모델에 큰 영향을 미쳤다.

학습 가이드

심리사회모델의 특징, 영향을 준 이론, 개입기법 등은 주요 출제 영역이기에 확실히 암기해야 합니다.

심리사회모델은 환경 속의 인간을 중심으로 인간과 인간, 인간과 환경과의 상호작용에 초점을 둡니다.

02 개입기법

① 직접적 개입방법

㉠ 지지적 기법(=받쳐주기) : 클라이언트가 느끼는 불안을 감소시키고 자아존중감을 향상시키기 위한 방법이다.

㉡ 지시적 기법(직접적 영향 주기) : 사회복지사는 조언이나 제안, 지시 등을 통하여 클라이언트가 판단을 내리기 어렵거나 위기상황에 사용하여 행동을 변화시키기 위한 방법이다.

㉢ 탐색, 기술, 환기법(카타르시스, 정화법) : 클라이언트의 문제가 환경과 어떤 상호작용을 하고 있는지 이해하고 설명할 수 있도록 하고 나아가 부정적 감정까지도 밖으로 표출할 수 있도록 도와주는 방법이다.

㉣ 클라이언트 환경에 관한 반성적 고찰 : 클라이언트의 환경과 타인과의 상호작용에 대한 인식, 생각, 감정을 잘 알 수 있도록 도와 잘못되고 있는 모든 것을 알게 하는 기술이다.

㉤ 유형－역동에 관한 반성적 고찰 : 클라이언트의 성격이나 행동, 성격, 방어기제, 특징 등 심리내적 요소에 대하여 이해할 수 있도록 원조하는 것이다. 인간의 행동은 정신의 영향을 받기 때문에 인간과 환경에 대한 고찰만으로는 클라이언트의 문제를 해결하는 데 부족할 수 있으므로 정서적인 힘이 어떻게 작용하는지 고찰해야 한다.

㉥ 발달적 요인에 관한 반성적 고찰 : 클라이언트의 영아기, 유아기 아동기 등 성인기 이전의 어린 시절의 문제와 현재의 문제행동 간에 어떠한 영향이 있는지 깨닫게 한다.

② 간접적 개입방법

㉠ 환경 조성하기 : 클라이언트의 환경에 관련된 문제를 해결하는 것으로 대인관계나 환경의 변화를 추구한다. 클라이언트가 필요로 하는 자원을 발굴하여 제공해 주고 옹호나 중개자, 중재자의 역할을 하여 스스로 주변 환경을 변화시킬 수 있도록 도와야 한다.

TIP
인간만 환경에 영향을 미치거나 환경만 인간에 영향을 미치는 것이 아니라 인간과 환경이 서로 영향을 미칩니다.

핵심문제

01 다음 사례에서 활용한 심리사회모델의 개입기법은? [21회]

> "지금까지의 방법이 효과적이지 않다면 다른 방법을 시도해 보면 어떨까요? 제 생각에는 지금쯤 변화가 필요하니 가족상담에 참여해 보시면 어떨까 합니다."

① 지지하기
② 직접적 영향 주기
③ 탐색－기술－환기
④ 인간－환경에 관한 고찰
⑤ 유형－역동성 고찰

정답 ②

해설 지시적 기법(직접적 영향 주기)은 사회복지사의 조언이나 제안, 지시 등을 통하여 클라이언트의 행동을 변화시키기 위한 방법으로 판단을 내리기 어렵거나 위기상황에 사용하는 방법이다. 지문은 사회복지사가 클라이언트에게 개입의 방법을 제안하여 문제를 해결하려고 한다.

02 심리사회모델에 관한 설명으로 옳은 것을 모두 고른 것은? [22회]

ㄱ. 심리사회모델을 체계화하는 데 홀리스(F. Hollis)가 공헌하였다.
ㄴ. "직접적 영향 주기"는 언제나 사용 가능한 기법이다.
ㄷ. "환기"는 클라이언트의 긍정적 감정을 표출시킨다.
ㄹ. 간접적 개입기법으로 "환경조성"을 사용한다.

① ㄱ, ㄹ
② ㄴ, ㄷ
③ ㄷ, ㄹ
④ ㄴ, ㄷ, ㄹ
⑤ ㄱ, ㄴ, ㄷ, ㄹ

정답 ①

해설 ㄴ. "직접적 영향 주기"는 조언이나 제안, 지시 등을 통하여 클라이언트의 행동을 변화시키기 위한 방법으로 판단을 내리기 어렵거나 위기상황에 사용하는 방법이다.
ㄷ. "환기"는 클라이언트의 문제가 환경과 어떤 상호작용을 하고 있는지 이해하고 설명할 수 있도록 하고 나아가 부정적인 감정까지도 밖으로 표출할 수 있도록 도와주는 방법이다.

KEYWORD 04 인지행동모델 9 10 11 12 13 14 15 16 17 18 19 20 21 22 23

01 특징

① 정신분석모델의 거부와 한계점을 극복하기 위해 만들어진 모델이다.
② 인지이론과 행동주의이론을 통합한 모델이다.
③ 인지이론은 인간과 환경에 대한 사고, 인식, 해석이 정서와 행동의 결정적인 요인이라고 본다.
④ 클라이언트의 주관적 경험과 책임을 강조하고 생각이 바뀌면 역기능이 해소될 수 있다고 가정한다.
⑤ 인간의 행동은 무의식적인 힘에 의한 것이 아니라 의지에 의해 결정되며, 과거의 경험이 아니라 현재의 상황에 의해 결정된다.
⑥ 한 가지 모델이 아니라 다양한 기법(인지치료, 행동치료, 합리정서치료, 현실치료, 인지행동치료)들을 총칭하는 모델이다.

학습 가이드
1. 인지행동모델은 다른 모델보다 출제 비중이 높아 학자들의 이론 개념과 개입기법들을 자세히 학습할 필요가 있습니다.
2. 엘리스의 합리적 정서치료와 아론 백의 인지치료 특징을 확실히 구분할 수 있어야 합니다.

02 개입목표

① 클라이언트의 왜곡되고 역기능적인 신념은 행동에 영향을 미친다고 가정한다.
② 클라이언트의 주관적 의미를 중요시한다.
③ 클라이언트와 사회복지사는 협력적 관계이다.
④ 구조화된 개입으로 일정한 방향성을 가지고 있다.
⑤ 클라이언트는 스스로 문제해결에 참여해야 한다.
⑥ 목표를 지향하고 구조화된 접근방식으로 개입이 단기화될 수 있다.
⑦ 현재가 중심이 되고 지금-여기를 강조한다.

> **TIP**
> 인지적 왜곡은 과거에 학습된 것으로, 성장과정에서 형성된 도식에 따라 판단됩니다.

03 개입기법

① 엘리스의 합리적 정서치료

㉠ 비합리적 신념 : 비합리적 신념에는 '반드시', '절대로', '모든', '완전히', '전혀', '파멸적인', '해야만 한다' 등이 저변에 깔려 있으므로 합리적인 생각으로 바꿔야 한다.

㉡ 개입과정(ABCDE모델)

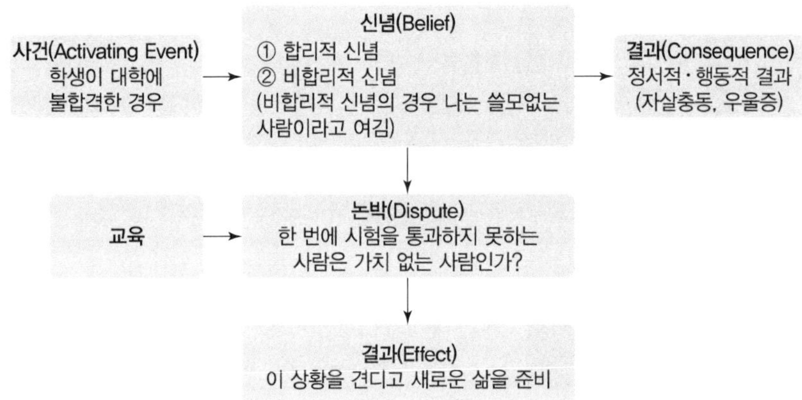

② 백의 인지치료

㉠ 이분법적 사고 : 극단적인 사고로 융통성이 없으며 어떤 것을 선택하는 데 있어 모 아니면 도, 성공 아니면 실패처럼 극단적으로 이해하려는 경향을 의미한다.

㉡ 극대화와 극소화 : 어떠한 사건에 대한 작은 사실을 크게 하거나 큰 사실을 작게 왜곡하는 것이다.

㉢ 과잉 일반화 : 한두 가지 사건의 결과를 가지고 관련된 사건이나 관련되지 않은 사건의 모든 결과에 대입하는 것이다.

㉣ 임의적 추론 : 충분한 근거가 없고 반대 증거가 있음에도 불구하고 잘못된 결론을 내리는 것이다.

㉤ 개인화 : 나와 아무런 상관이 없는 일을 나와 상관이 있는 일인 것처럼 이야기하는 것이다.

㉥ 선택적 축약 : 문제 전체를 보는 것이 아니라 소수의 부분만 보고 결론을 내리든지 많은 장점들 중에서 한 가지 단점에 집착하는 것이다.

③ 기타 개입기법

내적 의사소통의 명료화	클라이언트 스스로 자신에 대해 독백하고 사고하는 것으로, 사회복지사는 클라이언트에게 피드백을 줌으로써 클라이언트 자신의 생각과 이야기 속에 숨겨진 인지적 오류와 비합리적 신념에 대한 통찰력을 발전시키고 이해할 수 있도록 돕는 기법
역설적 의도	특정 행동에 대한 클라이언트의 불안이 그 행동을 유발할 때, 클라이언트가 두려워하는 행동을 하도록 지시함으로써 클라이언트의 인지적 오류에 도전하고 불안을 감소시키는 기법
인지재구조화	클라이언트의 역기능적 사고와 관념을 인식하고 이를 현실적인 사고와 관념으로 대치하고 순기능적일 수 있도록 돕는 기법
행동시연	클라이언트가 문제상황이 생겼을 경우에 그 문제에 어떻게 대처할 것인지 반복적으로 미리 연습하여 문제에 적절한 대처를 할 수 있도록 준비하는 기법
자기지시	자신의 행동 중에서 변화 또는 통제시키려는 행동을 자기탐지, 목표선택, 목적행동 형성, 계획의 실천 등의 과정을 통해 지침과 계획들을 세우는 기법
이완훈련	클라이언트가 겪을 수 있는 스트레스 상황에 적절히 대처할 수 있도록 돕는 기법
체계적 둔감화	클라이언트가 가장 덜 위협적인 상황에서 가장 위협적인 상황까지 순서대로 제시하는 기법
유머	정서적 기법으로 비합리적 신념에서 오는 클라이언트의 불안을 감소시키기 위한 기법

핵심문제

01 인지행동모델에 관한 설명으로 옳지 않은 것은? [21회]

① 개인의 주관적 경험의 독특성을 중시한다.
② 클라이언트의 강점과 자원이 문제해결의 주요 요소이다.
③ 제한된 시간 내에 특정 문제에 초점을 두고 접근한다.
④ 과제 활용과 교육적인 접근으로 자기 치료가 가능하도록 한다.
⑤ 클라이언트의 적극적 참여와 협조적 태도를 중시한다.

정답 ②

해설 인지행동모델은 클라이언트의 주관적 경험이 생긴 왜곡되고 역기능적인 신념이 행동에 영향을 미쳐 문제가 생긴다고 보고 왜곡되고 역기능적인 신념을 바꾸는 것을 목표로 한다. 클라이언트의 강점과 자원은 역기능적인 신념을 바꿀 수 없다. 클라이언트의 강점과 자원이 문제해결의 주요 요소로 보는 모델은 임파워먼트(역량강화) 모델이다.

02 인지행동모델 개입기법에 관한 설명으로 옳은 것은? [22회]

① 행동시연 : 관찰학습 과정을 통해 클라이언트가 시행착오를 거치지 않고 행동할 수 있도록 한다.
② 유머사용 : 인지적 기법의 하나로서 비합리적인 신념에서 오는 불안을 감소시키는 데 유용하다.
③ 내적 의사소통 명료화 : 클라이언트 스스로 자신에 대해 독백하고 사고하는 과정이다.
④ 역설적 의도(Paradoxical Intention) : 클라이언트의 역기능적 사고를 인식하고 이를 현실적인 사고로 대치한다.
⑤ 이완훈련 : 클라이언트가 가장 덜 위협적인 상황에서 가장 위협적인 상황까지 순서대로 제시한다.

정답 ③

해설 내적 의사소통 명료화는 클라이언트 스스로 자신에 대해 독백하고 사고하는 것으로, 사회복지사는 클라이언트에게 피드백을 줌으로써 클라이언트 자신의 생각과 이야기 속에 숨겨진 인지적 오류와 비합리적 신념에 대한 통찰력을 발전시키고 이해할 수 있도록 돕는 기법이다.
① 행동시연은 클라이언트가 문제상황이 생겼을 경우에 그 문제에 어떻게 대처할 것인지 반복적으로 미리 연습하여 문제에 적절한 대처를 할 수 있도록 준비하는 기법이다.
② 유머사용은 정서적 기법의 하나로서 비합리적인 신념에서 오는 불안을 감소시키는 데 유용하다.
④ 역설적 의도(Paradoxical Intention)는 특정 행동에 대한 클라이언트의 불안이 그 행동을 유발할 때, 클라이언트가 두려워하는 행동을 하도록 지시함으로써 클라이언트의 인지적 오류에 도전하고 불안을 감소시키는 기법이다.
⑤ 이완훈련은 클라이언트가 겪을 수 있는 스트레스 상황에 적절히 대처할 수 있도록 돕는 기법이다.

KEYWORD 05 과제중심모델 9 10 11 13 14 15 16 17 19 20 21 23

학습 가이드

1. 과제중심모델은 과제의 개념과 표적문제를 연결시키는 문제가 출제되고 있으므로 개념만 학습하는 것이 아니라 개념을 통한 응용문제에 대비해야 합니다.

01 특징

① **시간 제한적 단기개입** : 과제중심모델은 2~3개월 동안 8~12회기 전후로 실행하는 단기적 성격이다.
② **클라이언트가 인식한 문제** : 클라이언트가 인식한 문제를 사회복지사가 인정한 문제가 과제이다.
③ **이론보다는 경험 중심** : 이론을 중시하는 것이 아니라 경험적으로 검증된 방법을 선호한다.
④ **클라이언트의 자기결정권 강조** : 클라이언트가 인식하고 동의한 문제를 표적문제로 하여 클라이언트의 자기결정권을 강조한다.

⑤ **구조화된 체계적 접근** : 실천과정이 5단계로 구조화되어 있고 사회복지사의 역할과 과제가 명확히 규명되어 있으며 과거가 아니라 현재를 강조한다.

⑥ **과제 중심** : 클라이언트의 문제는 과제로 규정되었기 때문에 과제를 중심으로 개입한다.

⑦ **협조적 관계** : 사회복지사는 클라이언트와 협조적인 관계이다. 클라이언트의 문제에 해결책은 클라이언트가 가지고 있기 때문이다.

⑧ **클라이언트의 환경에 대한 개입의 강조** : 클라이언트의 개인에 대한 개입도 중요하지만 환경에 대한 개입을 강조한다.

2. 과제중심모델의 특징, 단기모델의 특징, 과제중심모델의 개입단계별 사회복지사의 수행과업 등을 집중적으로 공부해야 합니다.

단기개입모델에는 인지행동모델, 과제중심모델, 위기개입모델이 있습니다.

02 단기치료의 속성

① 신속하게 개입한다.

② 과정은 시간 제한이 있다.

③ 문제는 초기에 규명한다.

④ 면접은 초점화되며 현재 중심적이다.

⑤ 초기에 빠른 사정을 한다.

⑥ 미래지향적이다.

03 개입과정

① **시작하기** : 클라이언트가 기관에 직접 찾아오거나 타 기관으로부터 의뢰된 경우에 사회복지사를 만나게 된다. 만약 클라이언트가 직접 온 경우에는 바로 문제규명하기 단계로 넘어가지만 클라이언트가 타 기관으로부터 의뢰된 경우에는 클라이언트를 의뢰한 이유가 무엇인지, 달성하고 싶은 목표가 무엇인지 확인해야 한다.

② **1단계(문제규명하기)** : 사회복지사는 클라이언트가 제시하는 문제를 탐색하는 것에서 출발하여 개입의 초점이 되는 표적문제를 설정한다. 과제중심모델에서 '표적문제'란 클라이언트가 자신의 문제로 인식하고 이를 경감 혹은 해결하기를 원하며 사회복지사도 전문적 판단에 의해 인정한 문제를 의미한다. 3가지 정도의 표적문제를 선정한다.

③ **2단계(계약)** : 계약은 문제를 해결하기 위해 클라이언트와 사회복지사의 동의로서 서면 혹은 구두로 이루어진다. 문제가 있는 경우 사회복지사와 클라이언트 간 협의를 통해 변경이 가능하다.

④ **3단계(실행)** : 실행단계는 개입과정에서 가장 많은 시간을 소요되는 단계로서 문제에 대하여 집중적으로 사정하고, 대안들을 모색하여 결정한다. 문제를 해결하기 위한 결정된 과제들을 수행하고 과제수행의 정도를 점검하고 모니터하는 단계이다.

⑤ **4단계(종결)** : 개입이 시작되면서 종결 시점에 대해 논의하기 때문에 사회복지사나 클라이언트는 언제 종결을 하는지 알 수 있는 계획된 종결이다. 사회복지사는

개입과정을 통해 성취한 것에 대해 점검하고 평가를 하고 필요한 경우에는 사후 관리를 할 수 있다.

표적문제의 우선순위 결정기준

- 클라이언트가 인정하는 문제
- 자신의 노력으로 해결 가능한 문제
- 구체적인 문제

핵심문제

01 과제중심모델에서 과제에 관한 설명으로 옳지 않은 것은? [20회]

① 사회복지사보다 클라이언트가 제시하는 문제나 욕구를 고려하여 선정한다.
② 조작적 과제는 일반적 과제에 비해 구체적이다.
③ 과거보다 현재에 초점을 둔다.
④ 과제 수는 가급적 3개를 넘지 않게 한다.
⑤ 과제달성 정도는 최종평가 시 결정되므로 과제수행 도중에는 점검하지 않는다.

정답 ⑤

해설 과제달성 정도는 최종평가 시 결정되지만 실행단계에서 과제수행의 정도를 점검하고 모니터링을 한다.

02 과제중심모델에 관한 설명으로 옳지 않은 것은? [19회]

① 개입 초기에 빠른 사정을 한다.
② 구조화된 접근을 한다.
③ 다양한 이론과 모델을 절충적으로 활용한다.
④ 조사에 근거한 경험적 자료를 중심으로 진행한다.
⑤ 사회복지사는 적극적으로 개입하지 않고 클라이언트가 주체적인 역할을 하도록 한다.

정답 ⑤

해설 클라이언트의 자기결정권을 인정한다고 하여 클라이언트가 주체적인 역할을 한다고 할 수 없다. 클라이언트의 자기결정권은 인정하되 사회복지사도 적극적인 개입을 한다.

KEYWORD 06 위기개입모델 9 11 12 13 14 17 18 19 20 21 22 23

01 목표

① 위기로 인한 증상을 제거한다.
② 위기 이전의 기능 수준으로 회복시킨다.
③ 불균형 상태를 가지고 온 사건에 대해 이해한다.
④ 현재의 문제와 과거의 경험이나 갈등 사이의 연관성을 인식한다.
⑤ 위기상황 이후에도 사용할 수 있는 대처방법을 개발한다.

02 위기개입의 개입원칙

① 6주 이내에 해결되어야 하는 단기적 성격을 가지고 개입은 즉시 이루어져야 한다.
② 클라이언트의 위기행동에 초점을 두고 과거에 비중을 두지 않고 현재에 집중한다.
③ 위기상황과 직접적으로 관련된 문제에 초점을 두고 간결하게 개입해야 한다.
④ 사회복지사는 다른 모델과 다르게 직접적이고 적극적인 역할을 해야 한다.
⑤ 클라이언트에게 필요한 정보를 제공하거나 정서적으로 지지하여 희망을 고취시킨다.

03 위기 반응단계

① 위험사건(위기사건) : 환경적인 스트레스로 인하여 일어나는 사건일 수도 있고 개인적인 스트레스로 일어나는 사건일 수도 있다.
② 취약상태 : 위험사건으로 인하여 균형을 잃게 되면 취약상태가 된다.
③ 촉발요인 : 긴장과 불안을 최고로 올려놓음으로써 취약상태를 불균형상태로 만드는 요인이다.
④ 실제위기상태 : 혼돈, 불안, 염려, 절망, 분노와 같은 감정을 동반하는 격심한 정서적 혼란상태를 의미한다.
⑤ 재통합 : 일어난 문제에 대해 인지적으로 이해하게 되고, 위기관련 감정을 표현하며 변화를 수용함과 동시에 새로운 대처 행동유형을 개발한다.

04 위기의 유형

① 발달적 위기 : 인간이 살아가는 동안의 발달과정에서 발생하는 위기나 발달과정에서 생긴 부적응적인 반응이 나타나는 위기이다.
예 사춘기, 결혼, 대학졸업, 출산, 배우자 사망 등
② 상황적 위기 : 사람이 예측하거나 통제할 수 없는 상황이 발생하는 위기이다.
예 자동차 사고, 질병, 실직 등

학습 가이드

1. 위기개입모델은 사례로 문제가 출제되고 있는 만큼 개념과 특징을 확실히 학습해야만 문제에 대처할 수 있습니다.
2. 위기개입모델은 다른 모델과 차이점이 있으며, 위기 이전으로의 회복, 증상경감, 사회복지사의 적극적 대입과 단기개입의 성격을 가진다는 특징을 반드시 알아둡니다.

위기개입모델은 개인적 문제로 인해 갑작스럽게 심각한 충격을 받았을 때 적용됩니다.

사회복지사의 목표는 클라이언트의 문제를 치료하는 것이 아니라 기능을 위기상황 전의 수준으로 회복시키는 것입니다.

③ **실존적 위기** : 심리적 갈등이나 불안으로 발생하는 위기이다.

예 삶의 목표, 존재감 상실, 인생 회고 등

④ **환경적 위기** : 자연재해로 인하여 발생하는 위기이다.

예 홍수, 태풍, 지진 등

핵심문제

01 위기개입모델에 관한 설명으로 옳지 않은 것은? [21회]

① 클라이언트에게 실용적 정보를 제공하고 지지체계를 개발하도록 한다.
② 단기개입 서비스를 제공한다.
③ 구체적이고 관찰 가능한 문제에 초점을 둔다.
④ 위기발달은 촉발요인이 발생한 후에 취약단계로 넘어간다.
⑤ 사회복지사는 다른 개입모델에 비해 적극적이고 직접적인 역할을 수행한다.

정답 ④

해설 위기발달단계는 위험사건단계 → 취약단계 → 위기촉발요인단계 → 실제위기단계 → 회복(재통합)단계로 구성된다. 따라서 취약단계 이후 위기촉발요인단계로 넘어간다.

02 청소년의 정체성 위기, 결혼, 자녀의 출산, 중년기의 직업변화, 은퇴 등 개인의 생애주기에 따른 위기는? [18회]

① 실존적 위기
② 상황적 위기
③ 발달적 위기
④ 부정적 위기
⑤ 환경적 위기

정답 ③

해설 발달적 위기는 클라이언트가 살아가는 데 있어 자연스럽게 일어나는 위기로 인간의 발달단계에서 요구되는 문제나 가족의 생애주기에 따른 위기가 포함된다.

KEYWORD 07 임파워먼트 모델 9 11 12 13 14 16 18 20 21 22 23

학습 가이드

1. 임파워먼트 모델의 강점관점과 발달 단계에 대한 내용을 확실히 학습해야 합니다.

01 역량강화모델

① 문제 중심으로 보는 것이 아니라 강점 중심으로 본다.
② 클라이언트의 잠재력 및 자원을 인정한다.
③ 클라이언트와 사회복지사의 동반자적 성격, 협력적인 파트너십을 강조한다.

02 강점관점

① 인간은 성장과 변화를 위한 능력을 가지고 있으므로 스스로 회복될 수 있다.
② 클라이언트는 자신의 문제를 정의하는 데 있어서 결정적인 해결책을 가지고 있다.
③ 희망과 가능성이 있을 때 긍정적인 변화가 나타난다.
④ 클라이언트와 사회복지사의 협력적 탐색과정에서 강점을 발견할 수 있다.
⑤ 클라이언트를 꾸준히 이끌고 지속시키는 힘은 강점이다.

03 강점관점에 따른 중요한 변화

① **문제가 아닌 도전** : 클라이언트에게 생긴 문제를 문제 자체로 보는 것이 아니라 클라이언트의 성장 기회로 간주하고 도전으로 보아 클라이언트의 행동과 생각을 변화시킨다.
② **병리가 아닌 강점** : 클라이언트의 문제의 해결책은 본인이 제일 잘 알고 있고 해결에 필요한 자원을 가지고 있기 때문에 클라이언트가 문제를 해결할 수 있도록 클라이언트가 가지고 있는 자원을 활용할 수 있도록 도와주어야 한다.
③ **과거가 아닌 미래** : 문제 접근을 과거보다는 미래의 성장에 맞추며 문제를 해결하기 위해 현재를 탐색한다.

04 개입과정

① **대화단계** : 현재 상황의 명확화, 방향 설정, 파트너십 형성
② **발견단계** : 강점의 확인, 자원의 역량사정, 해결방안 수립
③ **발전단계** : 자원 활성화, 동맹관계 창출, 기회의 확대, 성공의 확인, 성과의 집대성

2. 임파워먼트 모델의 개입과정인 대화－발견－발전단계가 자주 출제되고 있는 만큼 주요내용은 꼭 암기해야 합니다.

임파워먼트 모델은 사회복지실천론과 사회복지실천기술론 두 과목에서 모두 출제되고 있습니다.

TIP

역량강화모델은 클라이언트의 문제를 해결하는 것이 아니라 클라이언트가 스스로 문제를 해결할 수 있도록 능력을 향상시키는 것을 목적으로 합니다.

핵심문제

01 다음에서 설명하고 있는 사회복지실천모델은? [21회]

> • 비장애인이 대부분인 사회에서 장애인 클라이언트의 취약한 권리에 주목하였다.
> • 사회복지사와 클라이언트 집단은 장애인의 권익을 옹호하는 데 협력하였다.
> • 대화, 발견, 발전의 단계를 통해 클라이언트 집단은 주도적으로 불평등한 사회제도를 개선하였다.

① 의료모델　② 임파워먼트 모델
③ 사례관리모델　④ 생활모델
⑤ 문제해결모델

정답 ②

해설 임파워먼트 모델은 클라이언트를 문제 중심으로 보는 것이 아니라 강점 중심으로 봄으로써 클라이언트의 잠재력 및 자원을 인정하고 클라이언트가 건강한 삶을 결정할 수 있도록 권한 혹은 힘을 부여하는 것이다. 개입과정으로는 대화단계, 발견단계, 발전단계로 구성된다.

02 임파워먼트 모델에 관한 설명으로 옳은 것은? [22회]

① 병리적 관점에 기초를 둔다.
② 어떤 경우에도 환경의 변화를 추구하지 않는다.
③ 클라이언트의 적극적인 참여를 강조한다.
④ 전문성을 기반으로 사회복지사는 클라이언트를 통제한다.
⑤ 클라이언트에 대한 정확한 진단을 최우선으로 한다.

정답 ③

해설 ① 강점관점에 기초를 둔다.
② 클라이언트의 잠재된 역량과 자원을 강조하고 환경의 변화를 추구한다.
④ 사회복지사는 클라이언트와 동반자적 성격으로 협력적 파트너십을 강조한다.
⑤ 클라이언트의 역량을 최우선으로 한다.

3 가족

KEYWORD 08 가족 9 10 11 12 13 14 15 16 17 18 19 21 22 23

학습 가이드

1. 가족의 특성이 차지하는 부분이 크고 학습해야 하는 양도 많아 어려움이 있지만 매년 비슷한 유형의 문제가 출제되고 있어 학습하면 큰 효과가 나타납니다.
2. 실천론과 겹치는 부분(개념)이 많은 만큼 함께 학습한다면 고득점이 가능합니다.

01 주요 가설

① 전체로서의 가족은 부분의 합보다 크다.
② 가족은 변화와 안정성의 균형을 맞추려고 노력한다.
③ 가족의 모든 성원은 한 가족성원의 변화에 영향을 받는다.
④ 가족성원의 행동은 순환인과관계로 설명할 수 있다.
⑤ 가족은 큰 사회체계에 속하며 많은 하위체계를 포함한다.
⑥ 가족은 가족의 규칙에 따라 움직인다.

02 가족체계의 주요 개념

① 가족 항상성 : 가족이 구조와 기능에 있어 균형을 유지하려는 속성으로 위기상황에서 기존의 상태로 돌아가려는 속성이다. 균형상태를 유지하기 위한 체계의 경향성을 의미한다.
② 가족 규범 : 가족끼리 지켜야 할 의무나 태도에 대한 권리를 의미한다.
③ 외부경계선
㉠ 폐쇄형 가족체계 : 가족 외부와의 경계가 지나치게 분명하고 침투력이 없어서 외부와 상호교환을 하지 않는다. 외부와의 상호작용, 사람, 물건, 정보, 생각의 출입을 엄격히 제한한다.

ⓛ 개방형 가족체계 : 가족 외부와의 경계가 분명하면서 침투력이 있다. 가족에게 악영향을 주거나 가족규범을 위반하지 않는 범위 내에서 왕래가 가능하다.

ⓒ 방임형 가족체계 : 가족 외부와의 구분이 거의 없고 가족경계선의 방어를 중요하게 생각하지 않아 외부와의 교류에 제한이 없다. 집안 출입의 권리를 손님이나 제3자에게 확대한다.

④ 내부경계선

㉠ 명확한 경계 : 가족의 경계가 명확한 상태로 가족체계 간에 긍정적 영향을 미친다.

ⓛ 밀착된 경계 : 가족성원끼리의 관계가 너무 가까운 경우이다.

ⓒ 분리된 경계 : 가족성원끼리의 관계가 너무 먼 경우이다.

⑤ 순환적 인과성 : 가족의 한 구성원의 영향이 가족의 모든 구성원에게 영향을 미치고 다시 그 영향으로 인해 구성원이 영향을 받아 가족 전체에게 영향을 미치는 것을 의미한다.

⑥ 가족 하위체계 : 가족은 부부 하위체계, 부모 · 자녀 하위체계, 형제자매 하위체계로 이루어진다.

⑦ 환류 : 새로운 행동에 대한 결과를 유지하거나 되돌아가려는 성질로 정적 환류와 부적 환류로 구분된다.

㉠ 정적 환류 : 새로운 행동이나 변화가 생긴 경우 그 변화에 적응하여 유지시키려는 환류이다.

ⓛ 부적 환류 : 새로운 행동이나 변화가 생긴 경우 그 변화를 멈춘 후 이전의 상태로 돌아가려는 환류이다.

TIP

가족의 주요 가설을 가족체계의 개념과 연관시켜 암기하면 좀 더 쉽게 암기할 수 있습니다.

다중종결성과 동등종결성

- 다중종결성 : 유사한 조건이라도 각기 다른 결과를 초래하는 경우를 의미
- 동등종결성 : 서로 다른 조건이라도 유사한 결과를 초래하는 경우를 의미

핵심문제

01 가족개입을 위한 전제조건에 관한 설명으로 옳지 않은 것은? [21회]

① 한 사람의 문제는 가족성원 모두에게 영향을 미친다.
② 한 가족성원의 개입노력은 가족 전체에 영향을 준다.
③ 가족성원의 행동은 순환적 인과성의 특성을 갖는다.
④ 가족문제의 원인은 단선적 관점으로 파악한다.
⑤ 한 가족성원이 보이는 증상은 가족의 문제를 대신해서 호소하는 것으로 본다.

정답 ④

해설 가족문제의 원인은 순화적 인과관계로 파악해야 한다. 가족의 한 구성원의 영향이 가족의 모든 구성원에게 영향을 미치고 다시 그 영향으로 인해 구성원이 영향을 받아 가족 전체에게 영향을 미치기 때문이다.

02 **사회변화에 따라 달라지는 가족에 관한 설명으로 옳지 않은 것은?** [22회]

① 가족 형태가 다양해지는 경향이 있다.
② 저출산 시대에는 무자녀 부부가 증가한다.
③ 세대구성이 단순화되면서 확대가족의 의미가 약화된다.
④ 단독으로 생계를 유지하는 경우는 가구의 범위에 속하지 않는다.
⑤ 양육, 보호, 교육, 부양 등에서 사회 이슈가 발생한다.

정답 ④

해설 가족의 범위는 핵가족, 확대가족, 수정확대가족, 노인가족, 한부모가족, 혼합가족, 다문화가족, 위탁가족, 1인가족 등이 있다. 산업화 이후로 단독 가구나 1인가구뿐 아니라 한부모가족, 혼합가족, 위탁가족, 다문화가족 등 다양한 가족이 증가하고 있다.

KEYWORD 09 보웬의 다세대 가족치료 10 11 12 13 14 15 19 20 22 23

 **학습 가이드**

다세대 가족치료에서는 탈삼각화, 자기분화 등 개념에 대한 문제가 자주 출제되고 있는 만큼 개념을 충실하게 학습해야 합니다.

01 특징

① 다세대적 분석을 통해 현재의 문제를 파악한다.
② 문제는 원가족에서 심리적으로 분리되지 못해 발생하게 된다고 보고 원가족 간의 해결되지 못한 정서적 애착 해결을 강조한다.
③ 미분화된 가족 자아 덩어리로부터 벗어날 수 있도록 돕는 것과 불안을 경감시켜 자기분화를 촉진한다.

02 주요 개념

① **자아분화** : 정신 내적 개념인 동시에 외부 경험적 개념으로 자신과 타인의 사고와 감정을 분리하여 구분할 수 있는 능력이다.
② **삼각관계** : 두 사람 사이에 생긴 문제에 제3자가 개입하여 두 사람의 문제를 해결하는 방법이다.
③ **출생순위** : 출생전후의 문제상황에 따라 다른 환경을 경험한다.

03 주요 기법

① **가계도** : 머레이 보웬에 의해 개발된 가계도는 2~3세대에 걸친 가족성원의 정보와 관계를 간단한 그림으로 표시한 것이다. 가족구조에 대한 체계적인 이해, 가족 내에서 클라이언트의 위치, 가족의 상호작용을 분석하여 클라이언트의 문제를 사정하는 데 유용하다.
② **탈삼각화** : 미분화된 가족일수록 가족 성원 간 불안수준이 높아져 다른 사람을 개입시켜 삼각관계를 형성하려고 한다. 탈삼각화는 두 사람 사이에 생긴 문제를 해결하기 위해 개입된 제3자를 분리시키는 과정이다.

TIP

가계도는 가족 구성원들의 상호작용을 분석하는 사정도구로 반복되는 사건과 가족의 특성을 파악할 수 있습니다. 사정도구 중 시험에서 가장 많이 출제되고 있는 부분이므로 반드시 이해하고 넘어갑니다.

핵심문제

01 **보웬(M. Bowen)이 제시한 개념 중 다음 설명에 해당하는 것은?** [20회]

- 여러 세대에 거쳐 전수될 수 있다.
- 정신 내적 개념이면서 대인관계적 개념이다.
- 정신 내적 개념은 자신의 지적 측면과 정서적 측면의 구분을 의미한다.
- 대인관계적 개념은 타인과 친밀하면서도 독립성을 유지하는 능력을 말한다.

① 가족투사
② 삼각관계
③ 자아분화
④ 핵가족 정서
⑤ 다세대 전수

정답 ③

해설 자아분화는 자신과 타인의 사고와 감정을 분리하여 구분할 수 있는 능력을 의미한다.

02 **보웬(M. Bowen)의 다세대 가족치료의 기법이 적용된 사례에 관한 설명으로 옳지 않은 것은?** [22회]

① 자아분화 : 가족의 빈곤한 상황에서도 아동 자녀가 자율적으로 생각하고 행동함
② 삼각관계 : 아동 자녀가 부모와의 갈등을 피하기 위해 경찰에 신고함
③ 정서적 체계 : 부모의 긴장관계가 아동 자녀에게 주는 정서적 영향을 파악함
④ 가족투사 과정 : 핵가족의 부부체계가 자신들의 불안을 아동 자녀에게 투영하는 과정을 검토함
⑤ 다세대 전이 : 가족의 관계 형성이나 정서, 증상이 여러 세대에 걸쳐 전수되는 것을 파악함

정답 ②

해설 삼각관계는 두 사람 사이에 생긴 문제에 제3자가 개입하여 두 사람의 문제를 해결하는 방법으로, 아동 자녀가 부모와의 갈등을 피하기 위해 경찰에 신고하고 경찰이 개입하여 삼각관계로 볼 수 있으나 경찰이 자녀와 부모의 갈등 사이에 개입한다고 하더라도 자녀와 부모는 친밀해지지만 경찰이 불편해지지 않는다. 따라서 두 사람의 문제를 해결하는 데 제3자가 영향을 받아야 하는데 영향을 받는 사람이 없어 삼각관계로 볼 수 없다.

KEYWORD 10 미누친의 구조적 가족치료 9 10 11 14 15 17 21 23

01 특징

① 가족을 재구조화하여 가족이 적절한 수행을 할 수 있도록 돕는 방법이다.
② 가족 내에서 발생되는 일관성이 있고 반복적인 상호작용을 가족구조라 하며 그 패턴을 재조직하거나 새로운 구조와 상호작용 형태로 대체시키는 작업이 가족을 재구조화하는 것이다.

학습 가이드
구조적 가족치료는 다른 치료보다 출제빈도가 낮으나 치료기법을 사례에 대입하는 문제가 많이 출제되고 있는 만큼 대비해야 합니다.

③ 가족의 문제는 역기능적인 가족의 구조에 의해 생긴다고 간주하고 가족의 구조를 변화시키는 것에 초점을 둔다.

TIP
구조적 가족치료는 역기능적인 가족구조를 기능적인 가족구조로 재구조화시키는 것이 목적입니다.

02 주요 기법

① **경계 만들기** : 밀착된 경계인 경우에 가족 성원들이 지나치게 밀착되어 역기능이 발생하기 때문에 어느 정도 거리를 둘 수 있도록 하고 유리된 경계인 경우에 가족 성원들이 서로 관심을 가질 수 있도록 개입하는 방법이다.

② **합류하기** : 사회복지사가 클라이언트 가족에 합류하여 가족의 규칙과 행동을 이해하면 클라이언트 가족은 사회복지사를 받아들여 가족의 문제를 다각적인 측면에서 해결하는 방법이다.

③ **실연** : 가족의 갈등을 성원들이 어떻게 해결하는지 실제로 재현시켜 역기능적인 상호작용을 수정하고 구조화하는 방법이다.

④ **긴장 고조시키기** : 가족 내의 긴장을 고조시켜 대안적인 갈등해결방법을 사용하도록 돕는 기법이다.

⑤ **과제부여** : 가족에게 과제를 부여하여 수행하게 하여 서로 상호작용을 할 수 있도록 과제를 부여하는 방법이다.

⑥ **역기능적 균형 깨트리기** : 가족의 하위체계 간 역기능적 균형을 깨트리기 위한 방법으로 경계를 만들어 가면서 하위체계 간의 관계를 재조정한다. 목표는 하위체계에 있는 구성원들의 관계를 변화시키는 것이다.

핵심문제

01 구조적 가족치료의 모델로 개입하기에 적절하지 않은 것은? [17회]

① 아픈 어머니, 철없는 아버지 대신 동생에게 부모 역할을 하며 자신에게 소홀한 맏딸의 문제
② 비난형 아버지와 감정표현을 통제하는 어머니의 영향으로 자기감정을 억압하는 아들의 문제
③ 할머니와 어머니의 양육방식이 달라서 혼란스러운 자녀의 문제
④ 부부불화로 아들에게 화풀이를 하자 반항행동이 증가한 아들의 문제
⑤ 밀착된 아내와 딸이 남편을 밀어내어 소외감을 느끼는 남편의 문제

정답 ②

해설 역기능적 의사소통의 문제를 해결하기 위해 적절한 개입모델은 사티어의 경험적 가족치료 모델이다.

핵심문제

02 다음 사례에 대해 미누친(S. Minuchin)의 구조적 모델을 적용한 개입방법이 아닌 것은? [20회]

> 자녀교육 문제로 시어머니와 대립하는 며느리가 가족상담을 요청했다. 며느리는 남편이 모든 것을 어머니한테 맞추라고 한다며 섭섭함을 토로했다.

① 가족을 이해하고 수용하면서 합류한다.
② 가족문제를 더 정확히 이해하기 위해 실연을 요청한다.
③ 가족지도를 통해 가족구조와 가족역동을 이해하도록 돕는다.
④ 남편이 시어머니의 영향권에서 벗어나도록 탈삼각화를 진행한다.
⑤ 부부가 함께 부모역할을 수행하도록 하위체계의 경계를 명확하게 한다.

정답 ④

해설 탈삼각화는 보웬의 다세대 가족치료의 기법으로 미분화된 가족일수록 가족 성원 간 불안수준이 높아져 다른 사람을 개입시켜 삼각관계를 형성하려고 한다. 탈삼각화는 두 사람 사이에 생긴 문제를 해결하기 위해 개입된 제3자를 분리시키는 과정이다.

KEYWORD 11 사티어의 경험적 가족치료 9 11 12 15 16 19 20 22 23

01 특징

① 가족 안에서 의사소통의 명확화를 강조하고 의사소통이 모호하며 간접적이고 낮은 자존감에서 문제가 기인한다고 보았다.
② 가족의 문제를 치료하기 위해 가족의 상호작용만으로는 충분하지 않고 개개인의 경험수준을 증가시켜야 친밀한 가족 상호작용을 할 수 있다고 보았다.
③ 전통적 의료모델이 아니라 성장모델로 성장을 위해 잠재능력을 발휘하지 못하는 능력부족으로 인해 문제가 생긴다.
④ 사정과 개입에 있어서 자기존중, 생존유형, 가족규칙을 가장 중요하게 다루고 있다.
⑤ 가족과 개인의 상호작용이나 경험을 변화시켜 성장할 수 있도록 하는 것이 목적이다.

02 주요 기법

① **가족조각** : 가족관계를 조각으로 표현하여 가족에 대한 성원들의 인식을 파악하는 기법으로 어느 시점을 선택하여 그 시점에서의 인간관계, 타인에 대한 느낌과 감정을 동작(몸짓, 위치, 자세)과 공간을 사용하여 표현하는 비언어적 기법이다.
② **역할극(역할연습)** : 가족의 상황을 역할극으로 표현하게 하는 기법으로 다른 가족의 역할을 수행하게 한다. 다른 구성원의 위치를 경험을 하게 함으로써 다른 구성원의 상황과 감정의 이해한다.

학습 가이드

경험적 가족치료에서는 기법에 대한 문제뿐 아니라 의사소통에 대한 문제가 출제되고 있습니다.

TIP

경험적 가족치료는 반복적인 잘못된 경험으로 인한 낮은 자존감이 문제로, 잘못된 경험을 긍정적 경험으로 변화를 시킵니다.

TIP

경험적 가족치료에서 경험이란 가족 간의 의사소통을 의미합니다.

TIP
경험적 가족치료는 다른 모델과 다르게 클라이언트를 성장시켜 문제를 해결하려는 성장모델입니다.

③ **가족그림** : 가족 구성원들이 다른 구성원을 어떻게 생각하는지 그림으로 표현하는 기법으로 그림을 그리게 하여 가족이 전에는 생각하지 못했던 상황을 경험하게 하는 기법이다.

03 의사소통 유형

① **회유형** : 항상 자신보다는 상대방의 비위를 맞추려고 하고 자존감이 낮아 어떠한 비판에도 동의하고 상대방의 인정을 얻으려고 노력하는 유형이다.
② **비난형** : 상대방보다 더 우월하다는 것을 보여주거나 상대방에게 강하게 보이기 위해 타인의 결점을 발견하고 비난하고 낮은 자존심으로 타인의 복종을 통해서 자신의 존재를 느끼려는 유형이다.
③ **초이성형** : 자신의 감정보다는 이성적으로 행동하고 나약한 모습을 보여 주지 않기 위해 항상 이성적으로 행동하여 차가운 느낌을 상대방에게 주는 유형이다.
④ **산만형** : 상황을 제대로 파악하지 못하여 상황에 맞지 않는 주제를 꺼내는 것과 같이 현실을 인식하지 못하는 유형이다.
⑤ **일치형** : 자신의 생각을 타인에게 정확히 전달하는 유형이다.

핵심문제

01 사티어(V. Satir)의 의사소통유형에 관한 설명으로 옳은 것은? [20회]

① 회유형은 자신을 무시하고 타인을 떠받든다.
② 일치형은 자신을 보호하기 위해 타인을 비난한다.
③ 산만형은 자신과 타인을 무시하고 상황을 중요시한다.
④ 초이성형은 자신과 상황을 중시하고 상대를 과소평가한다.
⑤ 비난형은 자기 생각을 관철시키려고 어려운 말로 장황하게 설명한다.

정답 ①

해설 ② 자신을 보호하기 위해 타인을 비난하는 유형은 비난형이다.
③ 자신과 타인을 무시하고 상황을 중요시하는 유형은 없다. 산만형은 자신, 타인, 상황을 모두 무시한다.
④ 초이성형은 자신과 타인을 중시하고 상황을 무시한다.
⑤ 비난형은 상대방보다 더 우월하다는 것을 보여주기 위해 타인의 결점을 발견하고 비난한다.

02 알코올 의존을 겪는 가장과 그 자녀의 상황에 사티어(V. Satir)의 의사소통 유형을 적용한 것으로 옳은 것은? [22회]

① 회유형 : 모든 것이 자녀 때문이라며 자신이 외롭다고 함
② 초이성형 : 스트레스가 유해하다는 연구를 인용하며 술이라도 마셔서 스트레스를 풀겠다고 침착하게 말함
③ 비난형 : 어려서 고생을 많이 해서 그렇다며 벌떡 일어나 방 안을 왔다갔다 함
④ 산만형 : 살기 힘들어 술을 마신다며 자신의 술 문제가 자녀 학업을 방해했다고 인정함
⑤ 일치형 : 다른 사람들 말이 다 옳고 자신은 아무것도 아니라고 술 문제에 대한 벌을 달게 받겠다고 함

정답 ②

해설 ① 비난형은 타인을 비난하는 유형으로 모든 것이 자녀 때문이라며 자신이 외롭다고 한다.
③ 산만형은 상황에 맞지 않은 주제를 꺼내는 유형으로 어려서 고생을 많이 해서 그렇다며 벌떡 일어나 방 안을 왔다갔다 한다.
④ 일치형은 자신의 생각을 타인에게 정확히 전달하는 유형으로 살기 힘들어 술을 마신다며 자신의 술 문제가 자녀 학업을 방해했다고 인정한다.
⑤ 회유형은 자신보다는 상대방의 비유를 맞추는 유형으로 다른 사람들 말이 다 옳고 자신은 아무것도 아니라고 술 문제에 대한 벌을 달게 받겠다고 한다.

KEYWORD 12 헤일리의 전략적 가족치료 11 13 14 15 17 19 22 23

01 특징

① 사이버네틱스와 체계이론을 응용한 방법이다.
② 문제가 왜 일어났는지는 관심이 없고 그 문제 행동을 변화시키는 데 관심을 둔다.
③ 문제해결에 직접적 방법을 사용하기보다는 간접적 방법을 사용하고 역설적이다.
④ 사람은 대부분 병리적이지 않고 변화는 갑자기 일어날 수 있다고 가정하며 치료는 단기적이다.
⑤ 관찰 가능한 행동, 과거보다 현재, 성장보다는 변화에 관심을 둔다.
⑥ 문제해결을 위해 다양한 전략을 사용한다.

 학습 가이드

1. 전략적 가족치료는 단기적 모델로 문제의 원인보다는 해결에 초점을 두는 모델입니다.
2. 전략적 가족치료는 증상처방에 대한 사례 문제가 자주 출제되고 있어 사례에 대비해서 학습해야 합니다.

02 주요 기법

① 직접적 지시

클라이언트의 문제적 행동을 중지할 수 있도록 직접적으로 지시하는 방법이다.

② 역설적 지시

㉠ 증상처방 : 실천하기 다소 어려운 행동을 할 수 있도록 지시하는 방법. 증상보다 동일하거나 더 힘든 시련을 체험하게 하여 그 증상을 포기하게 만드는 것이다.
㉡ 변화제지(제지기법) : 문제가 재발되는 것을 예측하여 경고하거나 변화의 속도가 지나치게 빠른 것을 지적하여 변화속도를 통제하는 기법이다.

③ 긍정적 의미부여

사회복지사가 클라이언트 치료의 저항을 줄이기 위해 부정적인 점이 아니라 강점을 찾아 긍정적으로 재해석하는 기법이다.

④ 순환질문

가족관계나 가족의 상호작용에 대하여 가족들이 돌아가며 이야기하는 대화기법으로 서로에 대해 알지 못했거나 오해하고 있는 것을 파악할 수 있는 기법이다.

순환질문은 해결중심모델에서 사용하는 질문기법이 아니라 전략적 가족치료의 기법입니다.

> **TIP**
> 전략적 가족치료는 하나의 이론으로 만들어진 것이 아니라 다양한 이론으로 만들어진 모델로 다양한 전략을 사용합니다.

⑤ 재정의(재구성, 재명명)

가족 구성원이 다른 구성원들에게 어떤 문제에 있는 부정적 의미, 고정관념, 사고, 가치를 변화시켜 문제를 다른 관점으로 이해하도록 돕는 기법이다.

핵심문제

01 가족의 문제가 개선될 때 체계의 항상성 균형이 위험하다고 판단되어 사용하는 전략으로, 변화의 속도가 빠르다고 지적하며 조금 천천히 변화하라고 하는 기법은? [19회]

① 시련
② 제지
③ 재정의
④ 재구조화
⑤ 가족옹호

정답 ②

해설 변화제지(제지기법)는 전략적 가족치료의 기법으로 문제가 재발하는 것을 예측하여 경고하거나 변화의 속도가 지나치게 빠른 것을 지적하여 변화속도를 통제한다.

02 다음과 같은 기법을 사용하는 가족치료모델은? [22회]

- 가족구성원들 사이 힘의 우위에 따라 대칭적이거나 보완적 관계가 형성된다.
- 비언어적 의사소통이 가족의 욕구를 나타내므로 메타 의사소통이 중요하다.
- 가족이 문제행동을 유지하도록 지시함으로써 클라이언트가 통제력을 발휘한다.

① 전략적 가족치료모델
② 해결중심 가족치료모델
③ 구조적 가족치료모델
④ 다세대 가족치료모델
⑤ 경험적 가족치료모델

정답 ①

해설 전략적 가족치료모델은 문제에 직접적 방법을 사용하기보다는 간접적 방법을 사용하고 역설적이다. 증상처방기법을 사용하여 가족의 문제행동에 대해 그대로 유지하도록 지시하여 문제를 해결하려고 한다.

KEYWORD 13 인수버그와 세이저의 해결중심 단기가족치료

9 10 11 12 13 14 15 16 17 18 19 20 21 22 23

01 특징

① 병리적이 아니라 강점에 초점을 두고 클라이언트의 강점과 자원을 발견하여 치료에 활용한다.

② 과거보다는 현재와 미래 지향적이다.

③ 문제의 원인보다는 해결방법에 초점을 둔다.

④ 클라이언트가 자신의 문제를 잘 알고 해결할 수 있는 능력이 있다고 본다.

⑤ 10회기 정도로 이루어지는 단기치료이다.

⑥ 단순하고 간단한 방법을 사용한다.

⑦ 탈이론, 비규범적이다.

⑧ 변화를 불가피한 것으로 인식한다.

학습 가이드

1. 해결중심 단기가족치료는 질문기법이 많이 출제되고 있지만 특징에서도 출제되고 있으므로 내용을 알아두어야 합니다.
2. 해결중심 단기가족치료는 질문기법의 종류를 파악하고 사례로 출제되고 있으므로 사례문제에 대해 대비해야 합니다.

02 질문기법

① **치료 면담 전의 변화에 대한 질문** : 변화란 불가피한 것으로 계속 일어난다고 보고 면접 전에 시간 약속을 잡고 오기 전까지 달라진 것이 있는지 질문이다.

예 "상담예약을 하신 후부터 지금까지 시간이 좀 지났는데 그동안 상황이 좀 바뀌었나요? 그렇다면 무엇이 어떻게 달라졌는지 말씀해 주세요."

② **예외질문** : 문제가 일어난 상황이 아니라 문제가 일어나지 않은 상황을 물어보고 그 상황을 강조하여 강화시키는 질문이다.

예 "아드님과의 관계가 지금보다 조금이라도 나았을 때는 언제였나요?"

③ **기적질문** : 문제가 기적적으로 해결된다는 가정을 하게 하여 문제와 다른 해결책을 찾을 수 있도록 하는 질문이다.

예 "간밤에 기적이 일어나 걱정하던 문제가 해결되었다고 생각해 보세요. 당신은 주변에 무엇을 보고 기적이 일어난 것을 알 수 있을까요?"

기적질문은 문제해결, 예외질문은 문제가 아니라 예외적인 상황을 물어보는 질문입니다.

④ **대처질문** : 클라이언트가 문제에 어떻게 대처를 했는지 물어보는 질문이다.

예 "이렇게 힘들고 어려운 상황을 포기하지 않고 어떻게 오늘까지 지탱해 왔나요?"

⑤ **척도질문** : 클라이언트에게 자신의 문제, 우선순위, 성공, 문제해결 가능성, 변화를 위한 동기, 평가 등의 수준을 수치로 표현하도록 하는 질문이다.

예 "처음 상담에 오셨을 때가 0점이고 개입목표가 달성된 상태를 10점이라고 한다면, 지금 당신의 상태는 몇 점입니까?"

⑥ **관계성 질문** : 클라이언트와 중요한 관계를 갖고 있는 사람들에 대한 질문이다.

예 "당신의 어머니는 이 상황에서 당신이 무엇을 해야 문제해결에 도움이 된다고 말씀하실까요?"

관계성 질문은 특별한 관계가 있는 사람들의 생각을 물어보는 질문입니다.

해결중심모델의 개입목표 설정원칙

- 클라이언트에게 중요한 것을 목표로 하기
- 작은 것을 목표로 하기
- 구체적이고 명확하며 행동적인 것을 목표로 하기
- 없는 것(문제를 없애는 것)보다는 있는 것(바람직한, 긍정적인 행동들)에 관심을 두기
- 목표를 종식보다는 시작단계로 간주하기
- 클라이언트의 생활에서 현실적이고 성취 가능한 것을 목표로 하기
- 목표수행은 힘든 일이라고 인식하기

핵심문제

01 해결중심모델에서 사용하는 질문기법과 그에 관한 예로 옳은 것은? [21회]

① 관계성 질문 : 재혼하신 아버지는 이 문제를 어떻게 생각하실까요?
② 기적질문 : 처음 상담했을 때와 지금의 스트레스 수준을 비교한다면 지금은 몇 점인가요?
③ 대처질문 : 어떻게 하면 그 문제가 발생하지 않을 것 같나요?
④ 예외질문 : 당신은 그 어려운 상황에서 어떻게 견딜 수 있었나요?
⑤ 척도질문 : 처음 상담을 약속했을 때와 지금은 무엇이 어떻게 달라졌는지 말씀해 주세요.

정답 ①

해설 관계성 질문은 클라이언트와 중요한 관계를 가지고 있는 사람들에 대한 질문으로, 클라이언트 아버지가 문제에 대해 어떻게 생각하는지 물어보았으므로 맞는 예이다.
② '처음 상담했을 때와 지금의 스트레스 수준을 비교한다면 지금은 몇 점인가요?'라는 질문은 척도질문이다.
③ '어떻게 하면 그 문제가 발생하지 않을 것 같나요?'라는 질문은 예외질문이다.
④ '당신은 그 어려운 상황에서 어떻게 견딜 수 있었나요?'라는 질문은 대처질문이다.
⑤ '처음 상담을 약속했을 때와 지금은 무엇이 어떻게 달라졌는지 말씀해 주세요.'라는 질문은 치료 면담 전의 변화에 대한 질문이다.

02 해결중심모델의 개입목표 설정원칙에 관한 설명으로 옳지 않은 것은? [22회]

① 클라이언트에게 중요한 것을 목표로 하기
② 작은 것을 목표로 하기
③ 목표를 종료보다는 시작으로 간주하기
④ 있는 것보다 없는 것에 관심두기
⑤ 목표수행은 힘든 일이라고 인식하기

정답 ④

해설 해결중심모델은 병리적이 아닌 강점에 초점을 두고 클라이언트의 강점과 자원을 발견하여 치료에 활용한다.

해결중심모델의 개입목표 설정원칙
- 클라이언트에게 중요한 것을 목표로 하기 – ①
- 작은 것을 목표로 하기 – ②
- 구체적이고 명확하며 행동적인 것을 목표로 하기
- 없는 것(문제를 없애는 것)보다는 있는 것(바람직한, 긍정적인 행동들)에 관심을 두기 – ④
- 목표를 종식보다는 시작단계로 간주하기 – ③
- 클라이언트의 생활에서 현실적이고 성취 가능한 것을 목표로 하기
- 목표수행은 힘든 일이라고 인식하기 – ⑤

4 집단

KEYWORD 14 집단 9 10 11 12 16 19 22 23

01 집단의 구성

집단을 구성할 경우에는 동질적인 성격뿐 아니라 이질적인 성격까지 고려한다.

① **동질성 집단** : 집단에 참여하게 된 이유, 목적, 동기뿐 아니라 사회학적 특성까지도 비슷한 사람들끼리 집단을 구성했다는 의미한다.

② **이질성 집단** : 집단에 참여한 구성원의 특성에 차이가 있는 사람들끼리 집단을 구성했다는 의미이다.

③ **개방집단** : 집단이 진행되는 동안에 새로운 구성원의 합류가 가능한 집단이다.

④ **폐쇄집단** : 집단이 진행되는 동안에 새로운 구성원의 합류가 불가능한 집단이다.

02 집단의 구조

① **집단의 크기** : 집단의 크기는 집단의 유형, 목적에 따라 달라지는데 대부분 8~12명 정도가 적당하다.

② **지속기간** : 집단의 종결은 적당한 기간을 정해 집단이 시작할 때 구성원에게 미리 알려주어야 한다.

③ **모임 빈도와 시간** : 성인의 경우 일주일에 1회 정도 모임을 갖고 1회에 1시간 반에서 2시간 정도 모임 시간이 적당하다.

④ **공동지도자** : 집단의 크기, 목적, 유형에 따라 2명 이상의 공동지도자가 참여한다.

⑤ **집단문화** : 집단 구성원이 공통적으로 가지고 있는 관습, 전통, 가치, 신념 등을 통틀어 집단문화라고 한다. 구성원들에 의해 만들어진 집단문화는 한 번 형성되고 나면 쉽게 바뀌지 않는다. 동질적으로 구성된 집단은 문화가 빨리 형성되지만 이질적으로 구성된 집단은 문화가 느리게 형성된다.

학습 가이드

1. 집단의 역할, 유형, 특징, 역동성, 응집력 등 개념을 확실히 학습해야 하며 발달단계, 사정도구에 대한 문제도 자주 출제되고 있습니다.
2. 집단에 대한 개념이 확실히 잡히면 사례 위주의 문제에도 대비해야 합니다.

집단을 어떻게 구성하느냐에 따라 집단 응집력에 차이가 날 수 있습니다.

핵심문제

01 집단구성에 관한 설명으로 옳지 않은 것은? [19회]

① 집단이 커질수록 구성원의 참여의식이 증가하고 통제와 개입이 쉽다.
② 집단상담을 위해 가능하면 원형으로 서로 잘 볼 수 있는 공간을 만들 수 있는 장소가 바람직하다.
③ 집단 성원의 유사함은 집단소속감을 증가시킨다.
④ 개방집단은 새로운 정보와 자원의 유입을 허용한다.
⑤ 비구조화된 집단에서는 집단 성원의 자발성이 더욱 요구된다.

정답 ①

해설 집단의 크기가 커져 집단 구성원이 많아지면 구성원들은 더 열심히 하는 것이 아니라 '나 하나쯤은 괜찮겠지'하는 생각을 하게 되어 기대보다 못한 결과가 나오게 된다.이처럼 집단의 크기가 커질수록 개인의 공헌도가 더 떨어지는 현상을 링겔만 효과(Ringelmann Effect)라고 한다. 집단의 크기가 커질수록 구성원의 참여의식과 공헌도는 줄어들고 통제와 개입이 어려워진다.

02 집단에 관한 설명으로 옳은 것은? [22회]

① 개방형 집단은 폐쇄형 집단에 비해 집단 성원의 중도 가입이 어렵다.
② 개방형 집단은 폐쇄형 집단에 비해 응집력이 강하다.
③ 개방형 집단은 폐쇄형 집단에 비해 집단 성원의 역할이 안정적이다.
④ 폐쇄형 집단은 개방형 집단에 비해 집단 발달단계를 예측하기 어렵다.
⑤ 폐쇄형 집단은 개방형 집단에 비해 집단 규범이 안정적이다.

정답 ⑤

해설 ① 개방형 집단은 새로운 구성원 합류가 가능해 집단 성원의 중도 가입이 쉽다.
② 개방형 집단은 구성원이 수시로 바뀌어 응집력이 약하다.
③ 개방형 집단은 잦은 탈퇴로 인하여 집단 성원의 역할이 불안하다.
④ 폐쇄형 집단은 구성원이 변하지 않아 집단 발달단계를 예측하기 쉽다.

KEYWORD 15 집단의 장점 – 얄롬 10 11 12 16 17 19 21 22 23

학습 가이드

얄롬의 집단의 장점은 자주 출제되지 않지만 언제든지 출제될 수 있는 부분이므로 꼭 학습해야 하는 부분입니다.

01 희망의 고취

집단은 클라이언트에게 그들의 문제가 개선될 수 있다는 희망을 심어주고 이러한 희망은 그 자체가 치료적 효과를 갖는다.

02 보편성(일반화)

집단을 통해 다른 사람들도 자기와 비슷한 갈등과 생활경험 또는 문제를 가지고 있다는 것을 알고 위로를 얻는다.

03 정보전달

클라이언트는 사회복지사의 강의를 통해서 자신의 문제를 보다 명확하게 이해할 수 있으며, 또한 집단 성원으로부터도 직 · 간접적인 제안, 지도, 충고를 얻게 된다.

04 이타심

집단 성원들은 위로, 지지, 제안 등을 통하여 서로 도움을 주고받는다.

05 모방행동

사회복지사와 집단 성원은 새로운 행동을 배우는 데 좋은 모델이 될 수 있다.

06 대인관계 학습

클라이언트는 집단 성원 간의 다양한 상호작용 속에서 자신의 대인관계에 대한 통찰을 얻게 되고 자신이 원하는 관계형성에 대한 아이디어를 가질 수 있다.

07 집단응집력

집단 내에서 자신이 인정받고, 수용된다는 소속감은 그 자체로서 집단 성원의 긍정적인 변화에 영향을 미친다.

08 정화

집단 내의 비교적 안전한 분위기 속에서 집단 성원은 그동안 억압되어 온 감정을 자유롭게 발산할 수 있다.

09 실존적 요인들

클라이언트는 집단 성원과의 경험공유를 통하여 자기 자신이 다른 사람에게 아무리 많은 지도와 후원을 받는다 할지라도 자신들의 인생에 대한 궁극적인 책임은 스스로에게 있다는 것을 배운다.

10 1차 가족집단의 교정적 반복발달

클라이언트는 부모 · 형제들과 상호작용하는 방식으로 사회복지사 및 집단 구성원들과 상호작용을 재연하는데, 그 과정을 통해서 그동안 해결되지 않은 가족갈등에 대해 탐색하고 도전한다.

11 사회기술의 발달

집단 구성원으로부터의 피드백이나 특정 사회기술에 대한 학습을 통해 대인관계에 필요한 사회기술을 개발한다.

TIP

집단응집력은 소속감이나 구성원들이 함께하려는 마음으로, 집단응집력을 높이기 위한 사회복지사의 활동으로는 자기노출, 직면하기, 피드백 등이 있습니다.

핵심문제

01 집단대상 실천의 장점으로 옳지 않은 것은? [21회]

① 타인의 문제에 관심을 갖고 공감하면서 이타심이 커진다.
② 유사 경험을 가진 사람들을 만나면서 문제의 보편성을 경험한다.
③ 다양한 성원들로부터 새로운 행동을 학습하면서 정화 효과를 얻는다.
④ 사회복지사나 성원의 행동을 모방하면서 사회기술이 향상된다.
⑤ 성원 간 관계를 통해 원가족과의 갈등을 탐색하는 기회를 갖는다.

정답 ③

해설 정화는 구성원이 바뀌지 않는 폐쇄집단에서 나타나며 집단 내의 비교적 안전한 분위기 속에서 집단 성원이 그동안 억압되어 온 감정을 자유롭게 발산하는 것을 말한다. 다양한 성원들로부터 새로운 행동을 학습하면서는 정화 효과를 얻을 수 없다.

02 집단 사회복지실천의 장점에 관한 설명으로 옳지 않은 것은? [22회]

① 모방행동 : 기존의 행동을 고수한다.
② 희망의 고취 : 문제가 개선될 수 있다는 희망을 갖게 한다.
③ 이타심 : 위로, 지지 등으로 서로 도움을 주고받는다.
④ 사회기술의 발달 : 대인관계에 관한 사회기술을 습득한다.
⑤ 보편성 : 다른 사람들도 비슷한 경험을 하는 것으로 위로를 받는다.

정답 ①

해설 모방행동은 사회복지사나 다른 성원들의 행동을 보고 새로운 행동을 학습하는 것이다.

KEYWORD 16 집단의 종류 9 10 11 12 13 14 15 18 19 20 21 22 23

학습 가이드

1. 치료집단과 과업집단의 내용은 출제율이 높으므로 집단에 대한 내용을 구분할 수 있어야 합니다.
2. 집단사회복지실천 모델들의 특징을 이해하여 잘 구분할 수 있어야 합니다.
3. 집단사회복지사의 역할에 대한 문제와 집단사정에 대한 문제, 집단사회사업의 장점, 집단사회복지실천 등의 문제에 대비해야 합니다.

자조집단은 지지집단과 유사하지만 사회복지사의 역할에 차이가 있습니다.

01 집단 – 토스랜드와 리바스

① **치료집단** : 개별구성원의 문제나 욕구를 충족시키는 데 목적을 두고 있는 집단이다.

㉠ 지지집단 : 문제에 대처하거나 적응하고 기존의 대처능력을 회복하거나 향상시킬 수 있도록 원조하는 것이 목적이다.
예 이혼한 부부의 자녀집단, 편부모집단, 정신장애인 지역사회 적응집단

㉡ 교육집단 : 집단 구성원들의 지식, 기술을 향상시키기 위하여 토론, 강의, 경험을 통한 교육으로 강화시키는 것이 목적이다.
예 성교육 청소년 집단, 예비 부모교실 집단, 약물 교육집단

㉢ 성장집단 : 집단 구성원의 잠재력, 인식, 통찰의 발전을 시킬 수 있는 기회를 통해 잠재력을 발휘할 수 있도록 하는 것으로 잠재력을 향상시키는 것을 목적이다.
예 부부를 위한 참만남 집단, 여성의식 고양집단, 은퇴 후 노인집단

㉣ 치료집단 : 집단 구성원은 공통의 문제를 대처하거나 해결한다.
예 약물치료집단, 보호관찰집단, 금연집단

㉤ 사회화 집단 : 집단 구성원이 사회생활을 할 수 있도록 필요한 의사소통과 사회기술을 향상시키는 데 목적이 있다.

② **과업집단** : 과업을 달성하기 위한 목적으로 위원회, 행정집단, 팀 등을 의미한다.

- 치료집단 : 문제해결을 위한 집단
- 교육집단 : 지식 · 기술 · 정보 제공
- 치료집단 : 전문가의 사정에 의해 문제해결
- 과업집단 : 과업달성이 목적
- 지지집단 : 대처능력 향상
- 성장집단 : 잠재력 향상
- 사회화 집단 : 의사소통 기술, 사회기술 향상

02 집단사회복지실천 모델 – 파펠과 로스만

① 사회적 목표모델

㉠ 민주주의 정신에 입각한 민주적 집단 과정을 중요시하는 가장 고전적인 모델이다.

㉡ 사회적 의식과 사회적 책임을 향상시켜 책임성 있는 시민을 양성을 목적으로 한다.

㉢ 지역주민을 대상으로 개인의 성숙과 민주시민의 역량개발에 초점을 둔다.

② 치료모델

㉠ 집단은 개인을 치료하기 위한 수단이자 환경이다.

㉡ 구성원의 사회적 역기능을 치료하고 재활한다.

㉢ 실용주의에 입각한 모델로 과학적인 접근을 통해 문제를 해결한다.

③ 상호작용모델

㉠ 구성원들의 대인관계를 향상시키는 것이 목적이다.

㉡ 구성원 간 상호작용을 할 수 있도록 지지체계를 형성한다.

㉢ 집단의 목적은 초기에 정하는 것이 아니라 구성원들의 상호작용을 통해 설정된다.

- 사회적 목표모델의 특성 : 민주적 집단과정을 중요시, 책임성 있는 민주시민 양성이 목적, 민주시민의 역량 개발에 초점
- 치료모델의 특성 : 집단은 치료의 수단, 기능을 치료하고 재활, 과학적 방법으로 문제해결
- 상호작용모델의 특성 : 대인관계 향상이 목적, 구성원 간 지지체계 형성, 구성원 간 상호작용을 통해 목적 설정

TIP 사회기술훈련
모델링, 타임아웃, 토큰 강화, 행동조성, 행동시연, 역할극, 체계적 둔감법, 행동계약, 자기주장훈련, 강화와 처벌, 소거, 과제를 통한 연습 등이 있습니다.

핵심문제

01 사회목표모델에 관한 내용에 해당하지 않는 것은? [21회]

① 자원 개발의 과제
② 민주적 의사결정 방식
③ 인본주의 이론에 근거
④ 사회복지사의 촉진자 역할
⑤ 성원 간 소속감과 결속력 강조

정답 ③

해설 사회적 목표모델은 인본주의 이론이 아니라 민주주의 이론에 근거한 모델이다.

02 **토스랜드와 리바스(R. Toseland & R. Rivas)가 분류한 집단 모델에 관한 설명으로 옳은 것은?** [22회]

① 치료모델은 집단의 사회적 목표를 강조한다.
② 상호작용모델은 개인 치료를 위한 수단으로 집단을 강조한다.
③ 상호작용모델은 개인의 역기능 변화가 목적이다.
④ 사회적 목표모델은 민주시민의 역량 개발에 초점을 둔다.
⑤ 사회적 목표모델은 집단 성원 간 투사를 활용한다.

정답 ④

해설 ① 집단의 사회적 목표를 강조한 모델은 사회적 목표모델이다.
② 개인치료를 위한 수단으로 집단을 강조하는 모델은 치료모델이다.
③ 개인의 역기능 변화가 목적인 모델은 치료모델이다.
⑤ 사회적 목표모델은 민주적 집단과정을 중요시한다.

KEYWORD 17 집단발달단계 9 10 11 12 13 14 15 16 17 18 19 20 21 22 23

학습 가이드

집단발달단계의 각 단계들의 특징과 사정도구에 대한 문제가 자주 출제되고 있습니다.

01 계획단계

① **집단의 목적과 목표설정** : 집단의 목적은 구성원들에게 방향을 설정하고 지침을 제공하는 것이므로 목적을 이루기 위해 목표를 설정해야 한다.
② **미래 구성원의 정보수집** : 집단을 구성하기 전 목적과 목표에 적합하여 구성원이 될 수 있는 사람을 확인하고 정보를 수집한다.
③ **구성원 모집** : 목적과 목표에 적합한 사람 중에서 결정한다. 모집방법으로는 안내문이나 인쇄물 배포, 라디오, 신문, 방송, 인터넷 등이 있다.

02 초기단계

① **구성원 소개** : 새로운 구성원들이 모여 서로에 대해 잘 알지 못하기 때문에 서로를 알 수 있는 시간이 필요하다. 서로를 소개할 시간을 부여하여 구성원 간 자기개방을 할 수 있게 한다.
② **프로그램 설명** : 집단이 구성된 목적에 따른 프로그램의 전체적인 진행에 대한 설명을 한다. 긍정적이고 이해하기 쉽게 설명하여 집단의 목적을 명확히 하는 것이 좋다.
③ **비밀보장 한계 정하기** : 구성원들에게 어느 정도까지 비밀보장이 되는지 명확히 해야 한다.
④ **집단 소속감 갖기** : 구성원들에게는 각자의 목표가 있지만 공통된 목적을 갖게 하여 집단에 소속감을 갖게 한다.

⑤ **문제 예측하기** : 사회복지사는 구성원들의 목표나 목적을 성취할 때 직면할 수 있는 문제를 예측해 보는 것이 좋다.

⑥ **오리엔테이션** : 집단의 목적이 무엇인지, 절차는 어떻게 되는지 설명하며, 적절한 구성원을 선별하기 위한 것이다.

⑦ **계약** : 계약은 계획단계에서 이루어지기도 하고 초기단계에서 이루어지기도 한다.

TIP
초기단계의 사회복지사 역할은 목표설정, 신뢰감 형성, 응집력 형성입니다.

03 사정단계

① **구성원의 자기관찰** : 자기모니터링, 도표, 기록, 일지 등을 통하여 구성원의 집단사정을 할 수 있다.

② **사회복지사의 관찰** : 사회복지사는 구성원들을 자연스럽게 관찰한 내용이나 역할극, 소시오 드라마, 사이코드라마 등을 통하여 집단 사정을 할 수 있다.

③ **외부전문가 보고** : 외부의 전문가에 의한 보고서나 정보를 통하여 집단사정을 할 수 있다.

④ **표준화된 사정도구** : 우울증 진단, 자존감 척도, 스트레스 척도 등 표준화된 사정도구를 통하여 집단사정을 할 수 있다.

사정도구

- 사회도(소시오그램) : 집단 내 구성원들 간의 상호작용을 그림으로 표현한 것으로 집단 내에서 지위를 나타내고, 구성원들 간의 관계는 호의적, 무관심, 적대적인 관계로 표현된다. 사회도는 집단의 변화과정을 측정할 때 활용되고 상호작용을 파악할 수 있고 집단 내의 소외자, 하위집단, 연합, 경쟁관계 등을 파악할 수 있는 유용한 도구이다.
- 소시오메트리 : 집단 구성원들이 서로 간의 관계에 대해 인식하고 있는 정도나 집단 구성원 간의 관심정도를 사정하는 방법이다. 구성원 간에 호감도를 5점 척도[1점(가장 싫어함)~5점(가장 좋아함)]로 평가한다.
- 의의차별척도 : 어떤 개념을 평가하기 위해 양 끝에 반대되는 형용사(잘생김 – 못생김)를 배치하여 그 속성을 평가를 내리는 척도이다.

TIP
상호작용차트는 특정 시간 동안 성원 간의 상호작용 빈도를 확인하는 사정도구입니다.

04 중간단계

① **집단모임 준비하기** : 구성원들을 위한 프로그램과 과제 · 토론 주제를 준비한다.

② **집단 구조화하기** : 주제를 명확히 하여 구성원들이 참여할 수 있게 기회를 부여하고 자원을 활용할 수 있도록 한다.

③ **구성원 참여유도** : 구성원들에게 권한을 부여하여 집단에 참여할 수 있도록 한다.

④ **구성원의 목표달성 원조** : 구성원은 자기 자신의 목적을 인식하고 문제를 극복하고 계획을 실행에 옮기려는 의지를 증진시킨다.

⑤ **저항하는 구성원 다루기** : 구성원 간 긍정적으로 생각을 하도록 동기를 촉진시키고 합리적인 신념으로 변화시킨다.

⑥ **집단 진행과정의 점검과 평가** : 서면이나 구두보고의 방법으로 전 과정을 점검 및 평가한다.

06 종결단계

① 클라이언트에 의한 일방적 종결 : 클라이언트가 갑자기 약속을 지키기 않거나 핑계를 대면서 오지 않는 경우 또는 자신의 문제를 노출시키지 않고 종결을 원할 때 이루어진다.

② 일정기간만 제공되는 계획된 종결 : 일정한 기간 중에만 서비스를 제공하는 프로그램으로 사회복지사가 프로그램 일정을 계획한다. 학교 프로그램, 입원기간에 제공하는 병원서비스, 실습기간에만 사례를 다루는 실습생의 경우가 포함된다.

③ 시간 제한적 종결 : 처음부터 사회복지사와 클라이언트가 미리 기간을 정하고 시작하는 것으로 정서적 애착과 의존성을 줄일 수 있다.

④ 시간 제한이 없는 종결 : 시간 제한이 없어 언제 종결할 것인지가 중요하여, 보통은 클라이언트가 사회복지사에 대하여 의존성이 줄어들 경우를 종결할 시기라고 생각한다.

⑤ 사회복지사의 이동에 의한 종결 : 사회복지사의 개인적인 문제나 사직 또는 퇴직 등으로 프로그램이 종결되는 경우이다.

⑥ 종결단계의 과제 : 성취된 변화 유지하기, 집단에 대한 의존성 감소시키기, 종결에 대한 감정 다루기, 미래에 대한 계획세우기, 의뢰하기, 평가하기 등

핵심문제

01 집단을 준비 또는 계획하는 단계에서 고려할 사항으로 옳은 것을 모두 고른 것은? [21회]

ㄱ. 집단 성원의 참여 자격	ㄴ. 공동지도자 참여 여부
ㄷ. 집단 성원 모집방식과 절차	ㄹ. 집단의 회기별 주제

① ㄱ　　② ㄱ, ㄷ
③ ㄴ, ㄹ　　④ ㄱ, ㄷ, ㄹ
⑤ ㄱ, ㄴ, ㄷ, ㄹ

정답 ⑤

해설 집단 성원의 참여 자격, 공동지도자 참여 여부, 집단 성원 모집방식과 절차, 집단의 회기별 주제 등 모두 계획단계에서 고려할 사항이다.

02 집단발달의 초기단계에 적합한 실천기술에 해당하는 것을 모두 고른 것은? [21회]

ㄱ. 집단 성원이 신뢰감을 갖고 참여할 수 있는 분위기를 조성한다.
ㄴ. 집단 성원이 수행한 과제에 대해 솔직하고 구체적인 피드백을 준다.
ㄷ. 집단역동을 촉진하기 위해 사회복지사가 의도적인 자기노출을 한다.
ㄹ. 집단 성원의 행동과 태도가 불일치하는 경우에 직면을 통해 지적한다.

① ㄱ
② ㄱ, ㄷ
③ ㄴ, ㄹ
④ ㄱ, ㄷ, ㄹ
⑤ ㄱ, ㄴ, ㄷ, ㄹ

정답 ①

해설 ㄴ. 집단 성원이 수행한 과제에 대해 솔직하고 구체적인 피드백을 주는 단계는 중간단계이다.
ㄷ. 집단역동을 촉진하기 위해 사회복지사가 의도적인 자기노출을 하는 단계는 중간단계이다.
ㄹ. 집단 성원의 행동과 태도가 불일치하는 경우에 직면을 통해 지적하는 단계는 중간단계이다.

03 집단사회복지실천 사정에 활용되는 것을 모두 고른 것은? [22회]

ㄱ. 집단사회복지사의 관찰
ㄴ. 외부 전문가의 보고
ㄷ. 표준화된 사정도구
ㄹ. 집단 성원의 자기관찰

① ㄱ, ㄴ
② ㄱ, ㄹ
③ ㄴ, ㄷ
④ ㄱ, ㄷ, ㄹ
⑤ ㄱ, ㄴ, ㄷ, ㄹ

정답 ⑤

해설 집단단계 사정에서는 구성원의 자기관찰, 사회복지사의 관찰, 외부 전문가의 보고, 표준화된 사정도구가 활용된다.

04 집단사회복지실천의 중간단계에 해당하는 내용으로 옳은 것을 모두 고른 것은? [18회]

ㄱ. 성원의 내적 변화를 파악하기 위해 개별상담을 한다.
ㄴ. 성원들의 참여를 촉진하기 위해 집단의 목적을 상기시킨다.
ㄷ. 하위집단의 의사소통과 상호작용 빈도를 평가한다.
ㄹ. 집단에 대한 의존성을 감소시키기 위해 모임주기를 조절한다.

① ㄱ, ㄷ
② ㄴ, ㄹ
③ ㄱ, ㄴ, ㄷ
④ ㄴ, ㄷ, ㄹ
⑤ ㄱ, ㄴ, ㄷ, ㄹ

정답 ③

해설 집단에 대한 의존성을 감소시키기 위해 모임주기를 조절하는 단계는 종결단계이다.

05 집단 종결단계에서 사회복지사의 역할로 옳은 것을 모두 고른 것은? [22회]

ㄱ. 집단과정에서 성취한 변화를 지속적으로 유지하도록 돕는다.
ㄴ. 집단 성원의 개별 목표를 설정한다.
ㄷ. 종결을 앞두고 나타나는 다양한 감정을 토론하도록 격려한다.
ㄹ. 집단에 대한 의존성을 서서히 감소시켜 나간다.

① ㄱ, ㄴ
② ㄷ, ㄹ
③ ㄱ, ㄴ, ㄹ
④ ㄱ, ㄷ, ㄹ
⑤ ㄴ, ㄷ, ㄹ

정답 ④

해설 집단 성원의 개별 목표를 설정하는 단계는 초기단계의 과업이다.

5 기록

KEYWORD 18 기록 9 10 11 12 13 14 16 17 18 19 20 21

학습 가이드

1. 기록의 목적과 기록의 유형에 대한 문제는 언제든지 출제될 수 있는 부분이므로 충분한 학습이 필요하고 사례로 문제가 출제되는 만큼 개념을 충분히 암기하고 사례에 대처해야 합니다.
2. 사회복지실천론과 사회복지실천기술론에서 모두 출제될 수 있는 확률이 있는 만큼 학습해 두면 좋은 점수를 받을 수 있습니다.

01 기록의 목적

① 책임성 : 클라이언트에 대한 책임성을 가지고 프로그램에 대한 기록, 평가를 하는 전문가의 역할이다.
② 정보제공 : 클라이언트에게 프로그램에 대한 목적 및 목표와 같은 정보를 공유한다.
③ 서비스 점검(모니터링) : 프로그램의 기록을 통해 프로그램에 대한 내용과 과정을 파악한다.
④ 클라이언트에 대한 이해 증진 : 기록을 통하여 클라이언트의 욕구를 파악하거나 프로그램 개입의 방향을 설정한다.
⑤ 지도감독(슈퍼비전) : 실습생을 교육, 초보 사회복지사의 업무를 파악하고 평가나 지도한다.
⑥ 서비스 지속성 여부 : 평가로 인하여 프로그램을 지속여부를 결정한다.
⑦ 전문가 간 정보 원활화 : 다른 전문가와 의사소통을 통한 협력을 원활하게 한다.
⑧ 근거자료 : 정책이나 승인이 필요할 경우 근거자료로 사용한다.

02 기록의 유형

① 과정기록

사회복지사와 클라이언트의 원조과정이나 상호작용과정에 있었던 내용을 있는 그대로 기록하는 방법이다.

㉠ 장점 : 사회복지실습이나 교육방법으로 유용하다.

㉡ 단점 : 기록하는 데 시간이 많이 소모되고 사회복지사의 기억에 의존하기 때문에 주관적이다.

② 요약기록

㉠ 중요한 정보만 요약하여 기록, 클라이언트의 변화에 초점을 두어 기록한다.

㉡ 장점 : 오랜 시간 사례가 지속될 경우 유용하다.

③ 문제중심기록

문제에 무엇을 할 것인지 계획을 기록. 의료분야와 같이 다수의 전문가 집단이 모인 곳에서 많이 사용하고 SOAP 방식으로 기록한다.

㉠ S(Subjective) : 주관적 정보

㉡ O(Objective) : 객관적 정보

㉢ A(Assessment) : 클라이언트의 문제에 대한 사정, 견해, 해설, 분석을 기술

㉣ P(Plan) : 클라이언트의 문제에 대한 계획을 기술

㉤ 장점 : 다른 전문직 간에 의사소통을 촉진, 추후점검이 가능, 책임성이 높다.

㉥ 단점 : 개인을 강조하여 문제가 단순화될 수 있고 클라이언트의 욕구, 자원, 강점보다는 문제를 강조함으로써 사회복지실천을 한정시킬 수 있다.

④ 이야기체 요약기록

클라이언트의 상황, 서비스에 초점을 맞추어 이야기하듯 서술체로 기록하는 방법이다.

㉠ 장점 : 문서화가 용이하다.

㉡ 단점 : 시간이 오래 걸린다.

TIP

과정기록은 구체적이며 있는 그대로 작성하고 비언어적 표현까지 기록하므로 교육적 목적이 큽니다.

1교시 사회복지기초

2교시 사회복지실천

3교시 사회복지정책과 제도

핵심문제

01 기록의 목적과 용도에 관한 설명으로 옳은 것을 모두 고른 것은? [19회]

ㄱ. 사회복지사의 전문적 활동을 입증하는 자료로 활용한다.
ㄴ. 기관 내에서만 활용하고 다른 전문직과는 공유하지 않는다.
ㄷ. 기관의 프로그램 수행자료로 보고하며 기금을 조성하는 근거로 활용한다.
ㄹ. 클라이언트와 정보를 공유하고 의사소통하는 도구로 활용한다.

① ㄷ
② ㄱ, ㄹ
③ ㄱ, ㄷ, ㄹ
④ ㄴ, ㄷ, ㄹ
⑤ ㄱ, ㄴ, ㄷ, ㄹ

정답 ③

해설 기록은 기관 내에서만 활용하는 것이 아니라 다른 전문직과도 공유한다.

02 다음에 해당되는 기록방법은? [21회]

- 교육과 훈련의 중요한 수단이며, 자문의 근거자료로 유용
- 면담전개 과정을 시간의 흐름에 따라 기술하는 방식
- 사회복지사 자신의 행동분석을 통해 사례에 대한 개입능력 향상에 도움

① 과정기록
② 문제중심기록
③ 이야기체기록
④ 정보시스템을 이용한 기록
⑤ 요약기록

정답 ①

해설 과정기록은 사회복지사와 클라이언트의 원조 과정이나 상호작용 과정에 있었던 내용을 있는 그대로 기록하는 방법이다. 사회복지실천 현장에서는 거의 사용되지 않는 방법이지만 학생이나 실습생, 경력이 적은 사회복지사를 위하여 교육용 도구로 광범위하게 사용되고 있다. 사회복지사가 클라이언트와 면담의 모든 내용을 인용부호(" ")를 사용하여 대화체로 기록하고 간접인용과 직접인용으로 기록할 수 있다. 사회복지실습이나 교육방법으로 유용하게 쓰인다.

빈출문제로 마무리하기

인지행동모델

01 인지행동모델의 한계점에 관한 설명으로 옳지 않은 것은? [13회]

① 지적능력이 낮은 클라이언트에게는 효과성이 제한적이다.
② 즉각적인 위기개입을 해야 하는 클라이언트에게 적용하기 어렵다.
③ 사회복지사의 적극적 역할수행이 어렵다.
④ 특정 개입기술 사용에서 윤리적 문제가 발생할 수 있다.
⑤ 새로운 시도에 대한 의지가 약한 클라이언트에게 적용이 어렵다.

해설 인지행동모델은 생각을 바꾸어 행동을 바꾸는 모델이기 때문에 사회복지사의 적극적인 역할수행이 요구된다.

심리사회모델

02 심리사회모델의 기법에 관한 설명으로 옳지 않은 것은? [14회]

① 지지하기 : 클라이언트가 표현한 표적문제와의 명백한 연관성을 탐색한다.
② 직접적 영향 : 문제해결을 위해 사회복지사의 의견을 강조한다.
③ 발달적 고찰 : 성인기 이전의 생애경험이 현재의 기능에 미치는 영향에 대해 고찰한다.
④ 탐색－기술－환기 : 클라이언트와 환경과의 상호작용에 대한 사실을 기술하고 감정을 표현하도록 한다.
⑤ 인간－상황에 대한 고찰 : 사건에 대한 클라이언트의 지각방식 및 행동에 대한 신념, 외적 영향력 등을 평가한다.

해설 지지하기란 클라이언트가 느끼는 불안을 감소시키고 자아 존중감을 향상시키기 위한 방법으로 표적문제와 연관성을 탐색할 수 없다.

과제중심모델

03 과제중심모델에 관한 설명으로 옳지 않은 것은? [15회]

① 단기간의 종합적인 개입모델이다.
② 클라이언트가 동의한 과제를 중심으로 개입한다.
③ 경험적 자료보다는 발달이론을 중심으로 개입한다.
④ 계약한 구체적인 문제해결에 초점을 두고 접근한다.
⑤ 클라이언트의 문제는 자원 혹은 기술의 부족으로 이해한다.

해설 과제중심모델은 경험적 연구에서 지지되고 검증된 방법과 이론들을 선호하는 경험위주 모델이다. 발달이론을 중심으로 개입하기보다는 경험적 자료를 중시한다.

정신분석모델

04 정신역동모델에 관한 설명으로 옳지 않은 것은? [15회]

① 심리적 결정론에 근거한다.
② 발달단계상의 고착과 퇴행을 고려한다.
③ 성장의지가 높은 클라이언트에게 효과적이다.
④ 통찰보다는 치료적 처방제공에 초점을 둔다.
⑤ 원초아와 초자아 사이에 발생하는 불안과 긴장 해소를 위해 방어기제를 사용한다.

해설 통찰은 과거의 경험으로 인하여 나타나는 무의식적 갈등을 인식하게 하는 방법으로 정신역동모델의 중요한 기법 중 하나이다. 정신역동모델은 현재의 문제를 해결하기 위해 치료적 처방제공보다는 통찰에 더 초점을 둔다.

정답 01 ③ 02 ① 03 ③ 04 ④

다세대 가족치료

05 상담을 받기 위해 내방한 가족에 대한 개입 내용으로 옳지 않은 것은? [10회]

① 다세대 가족치료모델 : 문제와 클라이언트를 분리하여 이해하도록 한다.
② 전략적 가족치료모델 : 문제가 되는 상황을 강화하도록 역설적으로 지시한다.
③ 경험적 가족치료모델 : 클라이언트가 생각하는 가족의 모습을 조각으로 표현해보도록 한다.
④ 해결중심 가족치료모델 : 상담계획 이후 첫 회기 전까지 나타난 긍정적인 변화가 있었는지 질문한다.
⑤ 구조적 가족치료모델 : 가족에 합류한 뒤 균형 깨뜨리기를 통해 가족을 재구조화한다.

해설 다세대 가족치료는 가족의 3세대 이상의 다세대적 분석을 통하여 가족의 문제를 파악하고, 문제와 클라이언트를 분리하여 이해하는 치료는 이야기치료이다.

해결중심 단기가족치료

06 해결중심모델의 기술에 관한 설명으로 옳은 것은? [10회]

① 대처질문 : "처음 상담에 오셨을 때가 0점이고 개입목표가 달성된 상태를 10점이라고 한다면 지금 당신의 상태는 몇 점입니까?"
② 예외질문 : "아드님과의 관계가 지금보다 조금이라도 나았을 때는 언제였나요?"
③ 척도질문 : "간밤에 기적이 일어나 걱정하던 문제가 해결되었다고 생각해 보세요. 당신은 주변의 무엇을 보고 기적이 일어난 것을 알 수 있을까요?"
④ 기적질문 : "이처럼 어려운 상황에서도 어떻게 지금까지 견디어 올 수 있었나요?"
⑤ 강화질문 : "문제가 해결된다면 이를 어떻게 알 수 있나요?"

해설 예외질문은 클라이언트에게 문제가 일어난 상황이 아닌 문제가 일어나지 않은 상황을 물어보고 그 상황을 강조하여 강화시키는 방법이다.

가족

07 가족체계의 순환적 인과성에 관한 설명으로 옳지 않은 것은? [16회]

① 가족체계 내 문제가 세대 간 전이를 통해 나타남을 의미한다.
② 가족구성원이 많을 때 더욱 복잡한 양상을 띤다.
③ 상호 영향을 주고받는 과정에서 나타나는 현상이다.
④ 가족의 문제가 유지되는 상호작용 과정을 파악하여 문제를 해결한다.
⑤ 증상을 표출하는 성원 또는 다른 성원의 변화를 통해 가족 문제를 해결한다.

해설 순환적 인과성은 전략적 가족치료의 대표적 치료기법으로 가족의 한 구성원의 영향이 가족의 모든 구성원에게 영향을 미치고 다시 그 영향으로 인해 구성원이 영향을 받아 가족 전체에게 영향을 미치는 것을 의미한다. 가족의 세대 간 전이를 통해 나타남을 의미하는 것은 다세대 가족치료에 대한 내용이다.

가족

08 가족 내부의 역동성에 관한 설명으로 옳은 것은? [13회]

① 이중구속(Double Binds)은 가족의 응집 정도를 나타내는 것이다.
② 일치형 의사소통은 객관적 사실과 정확한 논리에 기초한 의사소통 행위다.
③ 가족 하위체계 간 경계가 모호하면 그 관계가 소원해진다.
④ 전문가의 가족 개입 과정에서 가족의 항상성이 작동될 수 있다.
⑤ 부적 피드백은 가정 내 일탈행동을 증폭시킨다.

해설 항상성이란 가족이 구조와 기능에 있어 균형을 유지하려는 속성으로 위기상황에서 기존의 상태로 돌아가려는 속성이다. 균형상태를 유지하기 위한 체계의 경향성을 의미한다.

정답 05 ① 06 ② 07 ① 08 ④

전략적 가족치료

09 역설적 개입에 관한 설명으로 옳은 것을 모두 고른 것은? [15회]

> ㄱ. 가족이 변화에 대한 저항이 클 때 사용할 수 있다.
> ㄴ. 문제와 관련된 가족의 행동체계를 정확히 파악하여 증상처방기법을 활용한다.
> ㄷ. 원가족 분석을 중시하는 개입방법이다.
> ㄹ. 치료적 이중구속을 활용하여 문제를 해결하는 것이다.

① ㄱ, ㄴ　② ㄷ, ㄹ
③ ㄱ, ㄴ, ㄷ　④ ㄱ, ㄴ, ㄹ
⑤ ㄱ, ㄴ, ㄷ, ㄹ

해설 ㄷ. 원가족 분석을 중시하는 개입방법은 보웬의 다세대 가족치료의 가계도를 분석하는 방법이다.

집단

10 다음의 집단사회복지사의 활동이 주로 나타나는 단계는? [16회]

> • 집단 성원의 불안감, 저항감을 감소시키기 위해 노력
> • 집단 성원 간 공통점을 찾아 연결시킴
> • 집단의 목적을 집단 성원 모두가 공유하게 함

① 준비단계　② 초기단계
③ 중간단계　④ 종결단계
⑤ 사후관리 단계

해설 초기단계에 사회복지사의 역할이다. 초기단계에는 구성원 소개, 프로그램 설명, 비밀보장 한계 정하기, 집단 소속감 갖기, 문제 예측하기 등을 한다.

해결중심 단기가족치료

11 집단과정을 촉진하기 위한 피드백에 관한 설명으로 옳지 않은 것은? [13회]

① 집단 성원의 요청이 있을 때 피드백을 제공한다.
② 구체적인 행동이나 관계에 대한 피드백을 제공한다.
③ 집단 성원으로 하여금 상호 간에 피드백을 제공하도록 한다.
④ 집단 성원이 활용할 수 있는 만큼의 피드백을 제공한다.
⑤ 집단 성원의 문제해결능력 향상을 위해 단점에 초점을 둔다.

해설 집단 성원의 문제해결능력 향상을 위해 장점에 초점을 두어야 한다.

집단

12 토스랜드와 리바스(Toseland & Rivas)가 분류한 집단 유형 중 다음 설명에 해당하는 것은? [14회]

> • 비슷한 문제를 경험한 사람들로 집단을 구성한다.
> • 유대감 형성이 쉽고 자기 개방성이 높다.
> • 상호원조하면서 대처기술을 형성하도록 돕는다.

① 교육집단(Educational Group)
② 치료집단(Therapy Group)
③ 과업집단(Task Group)
④ 지지집단(Support Group)
⑤ 사회화집단(Socialization Group)

해설 지지집단이란 집단 구성원이 스트레스를 받게 되는 사건에 대해 잘 대처하거나 적응하고, 기존의 대처능력을 회복하거나 향상될 수 있도록 원조하는 것이 목적이다.

심리사회모델

13 단기개입에 적합하지 않은 실천모델은? [11회]

① 심리사회모델　② 행동수정모델
③ 과제중심모델　④ 해결중심모델
⑤ 위기개입모델

정답 09 ④ 10 ② 11 ⑤ 12 ④ 13 ①

해설 심리사회모델은 개인적, 환경적, 개인과 환경의 상호작용을 문제로 보고, 문제를 해결하기 위해 개인, 환경, 개인과 환경의 상호작용에 개입을 해야 하므로 단기적 개입을 할 수 없다.

위기개입모델

14 다음 사례에 적용한 개입모델은? [9회]

> 성폭력 피해아동의 어머니 A씨는 아동의 치료와 법률지원 과정에서 사회적 편견으로 심적 고통을 받고 있으며 서비스제공자를 불신하고 거부하고 있다. 이에 사회복지사는 어머니 A씨가 절망감에 아동의 안전을 위협하는 선택을 할 가능성을 고려하여 24시간 이내 안전 확보를 위한 지지체계를 구성하였다.

① 해결중심모델
② 심리사회적 모델
③ 위기개입모델
④ 임파워먼트 모델
⑤ 과제중심모델

해설 위기개입모델은 위기상황에 신속하게 대처하여 스트레스가 높은 상황에 있는 클라이언트를 단기적으로 원조하는 모델로, 위기 이전의 수준으로 되돌리는 것이다.

임파워먼트 모델

15 임파워먼트 모델에 관한 설명으로 옳은 것을 모두 고른 것은? [13회]

> ㄱ. 해결해야 할 문제를 강조한다.
> ㄴ. 클라이언트의 잠재역량과 자원을 인정한다.
> ㄷ. 클라이언트를 개입의 객체로 보고 자기결정권을 강조한다.
> ㄹ. 사회복지사와 클라이언트 간의 상호 협력적인 파트너십을 강조한다.

① ㄱ, ㄴ, ㄷ
② ㄱ, ㄷ
③ ㄴ, ㄹ
④ ㄹ
⑤ ㄱ, ㄴ, ㄷ, ㄹ

해설 역량강화는 클라이언트의 문제가 아닌 강점에 집중하고 스스로 문제를 해결할 수 있는 잠재역량과 자원이 있다는 것을 인정하여 스스로의 삶을 통제할 수 있도록 힘을 부여하는 것이다. 따라서 사회복지사와 클라이언트의 관계는 수평적 관계(파트너)이다.

구조적 가족치료

16 다음 가족에 대한 사회복지사의 개입은 어떤 가족치료모델에 근거하고 있는가? [10회]

> 매사에 권위적인 아버지로 인해 부부권력 구조가 불균형적이다. 어머니는 아버지에 대한 불만을 아들과 공유하면서 친구와 같은 관계를 맺고 있다. 아들도 자신의 대학생활에 대해 일일이 어머니와 의논하는 등 밀착된 관계를 유지하고 있다. 사회복지사는 부부 간의 권력구조를 변화시키고 아들과의 경계를 명확하게 설정하도록 도왔다.

① 정신역동 가족치료모델
② 경험적 가족치료모델
③ 이야기치료모델
④ 전략적 가족치료모델
⑤ 구조적 가족치료모델

해설 어머니와 아들은 밀착된 관계를 맺고 있는데 경계를 주요 개념으로 하고 있는 치료는 미누친의 구조적 가족치료이다.

정답 14 ③ 15 ③ 16 ⑤

5과목 지역사회복지론

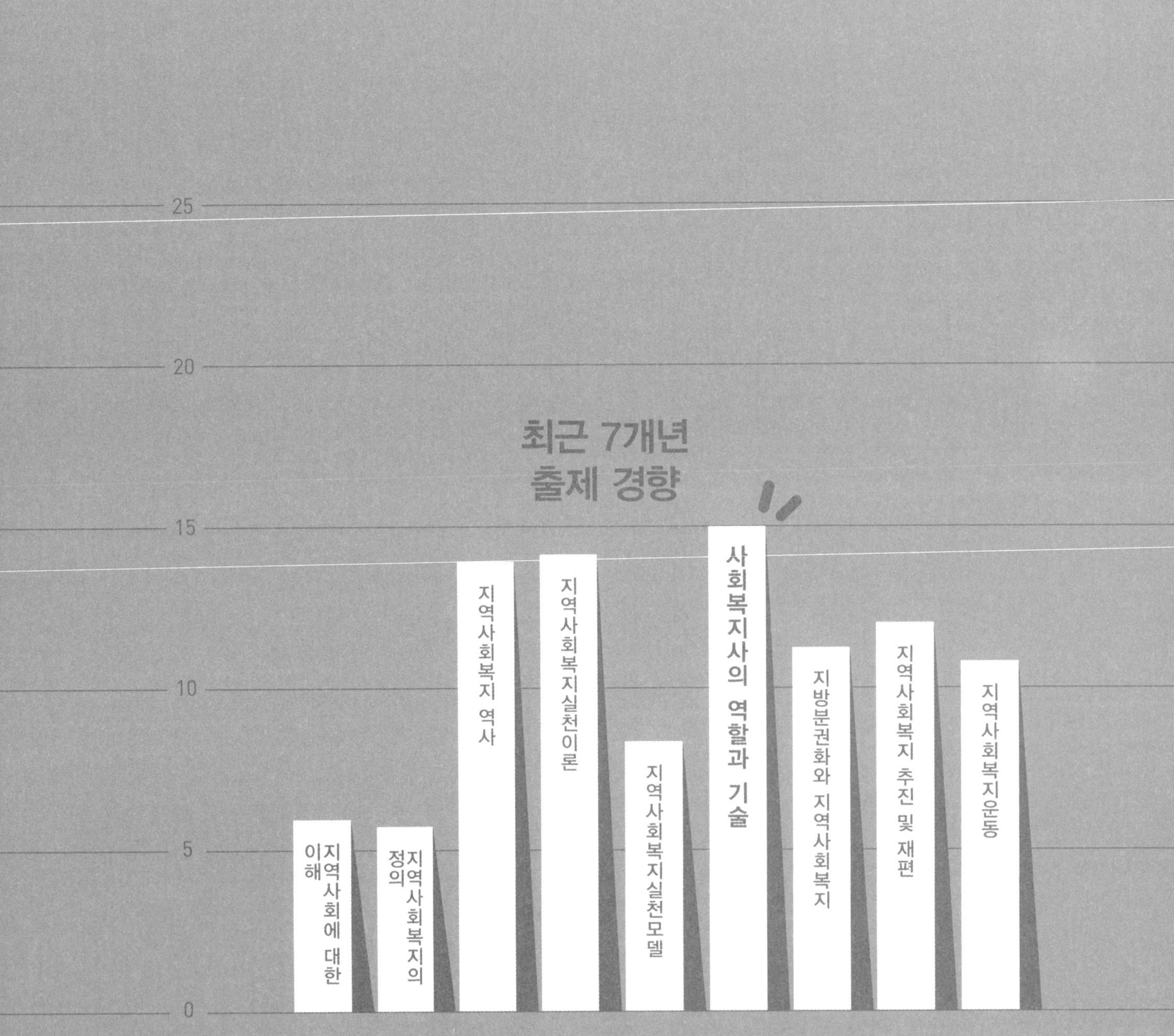

최근 7개년
출제 경향
25
20
15
10
5
0
지역사회에 대한 이해
지역사회복지의 정의
지역사회복지 역사
지역사회복지실천이론
지역사회복지실천모델
사회복지사의 역할과 기술
지방분권화와 지역사회복지
지역사회복지 추진 및 재편
지역사회복지운동

1 지역사회에 대한 이해

KEYWORD 01 학자별 지역사회 정의 9 10 13 14 15 16 17 18 19 20 21 22 23

 학습 가이드

1. 지역사회에 대한 개념이나 기능은 매년 꾸준하게 출제되고 있을 정도로 중요한 부분으로 개념을 확실하게 이해하고 학습해야 합니다.
2. 각 학자들의 지역사회에 대한 정의를 구분하여 학자에 대한 문제에 대처해야 합니다.
3. 가장 많이 출제되고 있는 부분은 길버트와 스펙트의 지역사회 기능입니다.

01 파크와 버제스(Park & Burgess)

한 지역을 구성하는 사람들과 기구들의 지리적 분포라는 점에서 다루어질 수 있는 사회화 사회집단에 해당된다. 따라서 모든 지역사회는 사회이지만 모든 사회가 지역사회는 아니라고 정의하였다.

02 힐러리(Hillery)

지역사회의 본질은 완전히 일치할 수 없고 3가지의 공통점이 있다.

① 공간 단위의 지역사회
② 사회적 상호작용 단위로서의 지역사회
③ 심리적 · 문화적 공통의 유대감이 있는 지역사회

03 로스(Ross)

① 지리적인 지역사회 : 한 지역의 지리적 토대를 중심으로 물리적 · 지리적 분포를 강조한 지역집단이다. 시 · 군 · 구, 읍 · 면 · 동과 같은 행정구역이나 학교, 시장, 종교 등과 같이 지리적 공간을 공유하는 집단을 의미한다.
② 기능적인 지역사회 : 공간과 상관없이 공통된 이해와 목적, 기능 등으로 상호작용을 하는 사람들의 집단이다. 종교집단, 회사, 조합, 정당과 같이 이익을 목적으로 모인 집단을 의미한다.

04 퇴니스(Tönnies)

① 공동사회(Gemeinschaft) : 혈연이나 지연으로 자연스럽게 만들어진 소규모의 대면적 사회로 가족, 친구, 이웃 등 개인연대의 성격이 강하며 상호관계를 유지한다. 감정과 우정에 기초한 정서적 결합이다.
② 이익사회(Gesellschaft) : 대규모의 비대면적 사회로 관료조직, 기업조직 등 이익과 계약 등 금전적 목적을 두고 이루어지며 정해진 목적을 이루려는 경향이 강하다. 객관적 계약에 의해 이루어진다.

05 길버트와 스펙트(Gilbert & Specht) – 지역사회의 기능

① 생산 · 분배 · 소비의 기능(경제제도) : 지역사회에서 지역주민이 살아가는 데 있어 필요한 물건을 생산하고 분배하고 소비하는 과정이다.

예 지역주민이 생산한 채소를 마을 공동 판매장에 진열하여 판매한다.

② **사회화의 기능(가족제도)** : 일반적인 지식이나 사회적 가치, 행동 양태를 사회구성원에게 전달시키는 과정이다.

③ **사회통제의 기능(정치제도)** : 지역사회 내 경찰과 사법권을 통해 그 구성원들에게 순응하도록 강제력을 발휘하는 과정이다.

예 지역사회에서 안전한 생활영위를 위하여 법률로 치안을 강제하고, 법과 도덕을 지키게 한다.

④ **사회통합의 기능(종교제도)** : 사회체계를 구성하는 사회 단위조직들 간의 관계와 관련된 사회참여의 과정이다.

예 종교단체가 지역주민 어르신을 대상으로 경로잔치를 개최하고 후원물품을 나누어 준다.

⑤ **상부상조의 기능(사회복지제도)** : 사회제도로 지역주민들의 욕구를 충족할 수 없는 경우에 필요한 기능으로 기존에는 가족, 친척, 이웃으로부터 수행되었으나 현재는 정부, 사회복지관 등에서 수행한다.

예 수급자인 독거어르신을 위하여 주민 일촌 맺기를 실시하여 생계비를 연계 지원한다.

06 던햄(Dunham) – 지역사회의 유형화 기준

① **인구의 크기** : 가장 기본적인 유형으로, 인구 크기에 따라 지역사회를 구분한다.

예 대도시, 중소도시

② **인구 구성의 특성(사회적 특수성)** : 지역사회 구성원 대다수의 경제적 · 인종적 특성에 따라 지역사회를 구분한다.

예 저소득층 밀집주거지역(쪽방촌), 외국인 집단주거지역, 새터민 주거지역

③ **정부의 행정구역** : 행정상 필요에 따라 지역사회를 구분하는 것으로서, 일반적으로 인구 크기를 중심으로 구분하지만, 반드시 인구 크기에 비례하는 것은 아니다.

예 특별시, 광역시 · 도, 시 · 군 · 구, 읍 · 면 · 동

④ **산업구조 및 경제적 기반** : 지역주민들의 경제적 특성은 물론 사회문화적 특성을 파악하기 위한 인류학적 조사연구에서 흔히 사용되는 구분이다.

예 농촌, 어촌, 산촌, 광산촌, 광공업지역, 산업단지

Community(커뮤니티)

Community는 라틴어 Communis에서 유래되었는데 'com(함께)+munis(봉사하는 일)'의 합성어이다.

핵심문제

01 기능적 공동체에 관한 설명으로 옳은 것을 모두 고른 것은? [19회]

ㄱ. 멤버십(Membership) 공동체 개념을 말한다.
ㄴ. 외국인근로자 공동체의 사례가 포함된다.
ㄷ. 가상공동체인 온라인 커뮤니티도 포함된다.
ㄹ. 사회문화적 동질성이 기반이 된다.

① ㄱ
② ㄴ, ㄹ
③ ㄷ, ㄹ
④ ㄱ, ㄴ, ㄹ
⑤ ㄱ, ㄴ, ㄷ, ㄹ

정답 ⑤

해설 기능적인 지역사회는 공간과 상관없이 공통된 이해와 목적, 기능 등으로 상호작용을 하는 사람들의 집단이다. 종교집단, 회사, 조합, 정당과 같이 이익을 목적으로 모인 집단을 의미한다. 멤버십 공동체, 외국인 근로자 공동체, 가상 공동체, 사회문화적 동질성 등 공통의 목적으로 모인 집단으로 기능적인 지역사회에 모두 포함된다.

02 길버트와 스펙트(N. Gilbert & H. Specht, 1974)가 제시한 지역사회의 기능은? [22회]

사회적 위험으로부터 어려움에 직면하게 되었을 때 구성원들 간에 서로 돕는 것

① 생산 · 분배 · 소비의 기능
② 사회화의 기능
③ 상부상조의 기능
④ 사회통합의 기능
⑤ 사회통제의 기능

정답 ③

해설 구성원들 간에 서로 돕는 것은 사회복지제도인 상부상조에 대한 내용이다.

2 지역사회복지의 정의

KEYWORD 02 **지역사회복지실천** 9 11 12 13 14 17 18 21 22 23

학습 가이드

1. 지역사회 개념과 함께 지역사회복지 부분도 꾸준히 출제되고 있습니다. 특히, 지역사회의 이념(정상화, 탈시설화 등)과 지역사회복지 실천의 원칙에 대한 문제가 주를 이루어 출제되고 있습니다.
2. 지역사회복지 관련 개념은 자주 출제되는 부분이 아니지만 시설보호나 시설의 사회화와 같은 개념이므로 언제든 출제될 수 있는 부분입니다.

지역사회복지 관련 개념을 이해하고 구분할 수 있어야 합니다.

01 지역사회복지의 이념

① 정상화 : 장애인이 비장애인처럼 지역사회에서 인간으로서의 가치를 지니고 정상적인 생활을 유지해야 하는 것을 의미한다.

② 사회통합 : 사회의 전반적인 불평등을 감소시키고 계층 간의 격차를 줄여 삶의 질 만족도를 높이고 지역사회와 격리가 아닌 지역사회 안에서 주민들과 함께 생활하는 것을 의미한다.

③ 탈시설화 : 생활시설에서 벗어나 지역사회에서 생활시설에서 받던 서비스를 그대로 받는 것을 의미한다.

④ 주민참여 : 지역주민이 자신의 욕구와 문제를 주체적으로 해결할 수 있도록 하는 것으로 사회복지가 중앙정부에서 지방정부로 이양되면서 지방자치제도가 실시됨에 따라 주민참여의 중요성이 강조되고 주민과 지방자치단체의 동등한 파트너십이 형성되었다.

⑤ 네트워크 : 클라이언트의 다양한 욕구에 맞는 서비스를 제공하기 위한 서비스 공급체계의 네트워크, 이용자의 조직화, 관련기관의 연계 등을 의미한다. 참여기관들은 평등한 주체로서의 관계가 보장되어야 하며 구성원 사이의 신뢰와 호혜성이 형성되어야 네트워크가 지속될 수 있다.

02 지역사회복지실천의 가치

① 다양성 및 문화적 이해 : 인간과 문화의 다양성을 이해하는 것은 인간의 행동과 사회의 기능을 이해하는 데 필수이다.

② 자기결정과 임파워먼트 : 자기결정은 클라이언트 스스로 결정할 수 있는 것이고, 임파워먼트는 클라이언트의 강점을 강조하고 클라이언트의 주체의식을 키우고 부정적 감정을 억제하여 스스로의 삶을 통제할 수 있도록 능력을 개발하는 것이다.

③ 비판의식의 개발 : 불평등한 사회의 구조와 의사결정 과정을 이해하여 비판의식 수준을 높여야 한다.

④ 상호학습 : 사회복지사와 클라이언트는 사회변화의 과정에서 동등한 파트너로 인식해야 한다.

⑤ 사회정의와 균등한 자원배분 : 억압적이거나 불평등한 사회를 개혁하기 위해 노력해야 한다.

03 지역사회복지 실천의 목적

① **지역사회의 참여와 사회통합 강화** : 지역사회에 있는 모든 집단들이 자신들의 의사를 표현하도록 격려하고 효과적인 상호작용을 통해 자신들의 사회환경을 개선하는 방안에 대해 합의하도록 한다.

② **문제 대처능력의 향상** : 환경의 변화에 대처할 수 있는 능력을 갖도록 하기 위해 의사소통과 상호작용의 수단을 향상시키는 데 역점을 둔다.

③ **사회조건과 서비스 향상** : 지역사회의 욕구와 결함을 찾아내어 사회문제를 해결하거나 예방하기 위한 서비스와 방법을 개발하는 것이 중심목표이며 특정 목표의 설정과 이를 달성하기 위해서는 자원의 동원이 포함된다.

④ **불이익 집단의 이익 증대** : 특수집단(하위계층, 소수집단, 도시 슬럼지역 주민)이 받아야 할 물질적 재화와 서비스를 증대시키고 주요결정에 있어서 그들의 이익을 증대시키는 것이다.

04 지역사회복지의 관련 개념

① **시설보호** : 노인이나 장애인, 아동 등 사회적으로 보호가 필요한 사람들을 일정한 시설에서 의식주를 포함하여 장기적 또는 단기적으로 거주하는 형태의 사회적 보호이다. 전문화된 직원에게 서비스를 받을 수 있으나 폐쇄성과 시설병의 문제가 나타난다.

② **시설의 사회화** : 시설과 지역사회의 상호작용 과정으로 시설은 시설생활자의 생활수준 향상과 민주적인 운영을 위하여 시설의 자원을 지역주민에게 제공하고 지역사회자원을 활용한다. 시설의 폐쇄성과 시설병을 방지하기 위하여 시설의 서비스 개방, 시설의 운영방법 개방, 시설생활자의 지역사회참여, 지역사회자원의 활용하는 방법이 있다.

③ **지역사회보호** : 생활시설이 아닌 지역사회에서 서비스를 제공하는 사회적 보호 형태이다. 영국은 시봄보고서 이후, 한국은 1992년 재가복지서비스가 실시되었다. 재가보호와 비슷하지만 지역사회보호에는 재가보호와 지역사회의 보호까지 포함된다.

지역사회보호의 특징

일상적인 생활의 결정은 개인에 의해 이루어지며 서비스 제공을 위해 동거하는 직원이 없다.

④ **재가보호** : 보호가 필요한 사람의 가정에서 서비스를 받는 사회적 보호 형태이다. 지역사회보호와 비슷하지만 지역사회보호가 포함되지 않는다.

⑤ **지역사회조직** : 지역사회문제해결의 효과성과 효율성을 높이기 위해 만들어진 민간기관이나 조직을 의미한다. 1960년대 이후에 미국에서 발달하였는데 경제가 좋지 않아 중앙정부에서 지방정부의 개입을 막고 민간복지 지역사회조직이 지역사회복지를 담당할 수 있도록 하였다. 그 이후에 공공복지보다는 민간복지가 발달하게 되었다.

TIP

클라이언트 시설에서 생활하는 것은 같으나 시설보호에서 나타나는 폐쇄성이 시설의 사회화에서는 나타나지 않습니다.

TIP

사례를 해결하기 위한 지역사회복지실천 원칙을 물어보는 문제가 나왔는데, 지금까지 나왔던 문제와 달리 새로운 유형의 문제가 출제된 만큼 대비해야 합니다.

핵심문제

01 다음 (   )에 들어갈 내용은? [22회]

> 사회복지사는 자신이 가지고 있는 가치와 신념, 행동과 관습 등이 참여자보다 상위에 있는 전문가라고 생각할 수 있기 때문에 (   )을/를 통하여 참여자들의 문화적 배경에 대해 배우고자 하는 자세가 필요하다.

① 상호학습
② 의사통제
③ 우월의식
④ 지역의 자치성
⑤ 서비스 영역의 일치성

정답 ①

해설 상호학습은 대상 집단의 문화적 배경을 적극적으로 배우고자 하는 자세를 의미한다. 사회복지사는 클라이언트가 파트너로서 역할을 할 수 있도록 동기부여를 해줘야 한다.

02 다음이 설명하는 것은? [22회]

> 1950년대 영국의 정신장애인과 지적장애인 시설수용보호에 대한 문제제기로 등장하였으며, 지역사회복지의 가치인 정상화(Normalization)와 관련이 있다.

① 지역사회보호
② 지역사회 사회 · 경제적 개발
③ 자원개발
④ 정치 · 사회 행동
⑤ 주민조직

정답 ①

해설 정상화로 인하여 탈시설화가 시행되면서 사회통합이 가능해졌다. 이후 탈시설화로 인하여 지역사회 안에 있는 클라이언트들의 문제를 해결하기 위하여 지역사회보호가 실시되었다.

3 지역사회복지 역사

KEYWORD 03 지역사회의 역사 10 11 12 13 15 16 17 18 19 20 21 22 23

학습 가이드

1. 매년 출제되며 사회복지실천론, 사회복지정책론과 중복되는 부분입니다.

01 영국의 지역사회보호 형성기

① 시봄 보고서(1968)

㉠ 지역사회를 기반으로 한 예방을 원칙으로 전환한다.

㉡ 여러 부서로 분리되어 있는 서비스 통합의 중요성을 강조하고 사회서비스의 행정적인 새롭게 조직을 편성하는 데 초점을 둔다.

ⓒ 지역사회복지에 관심을 두고 공식적 서비스뿐 아니라 비공식적 서비스와 지역사회주민의 참여를 강조한다.

② 하버트 보고서(1971)

㉠ 《지역사회에 기초한 사회적 보호(Community－Based Social Care)》라는 제목으로 출판되었다.

㉡ 공공서비스로는 클라이언트의 욕구를 모두 충족시킬 수 없기 때문에 공공서비스와 민간서비스 외에 가족체계와 비공식 서비스의 중요성을 강조한다.

③ 바클레이 보고서(1982)

㉠ 지역사회보호는 공식적 서비스가 아닌 비공식적 서비스인 지역주민에 의해 제공된다.

㉡ 비공식적 서비스와 공식적 서비스는 서로 긴밀한 관계를 유지한다.

㉢ 비공식보호 서비스와 공식보호 서비스 간의 파트너십 개발의 필요성 제기한다.

④ 그리피스 보고서(1988)

㉠ 공공부문이나 지방행정당국의 역할보다는 민간부문의 역할을 상대적으로 강조한다.

㉡ 재정을 중앙정부에서 지방정부로 이양할 것을 강조한다.

㉢ 지방정부는 서비스의 공급자보다는 서비스의 구매, 조정자의 역할로 변화한다.

㉣ 경쟁을 통하여 서비스 제공의 다양화를 도모해야 함을 강조한다.

02 한국의 역사

① 조선시대

㉠ 의창 : 평상시 곡식을 저장했다가 비상시에 백성에게 대여하고 추수기에 상환 받는 제도이다.

㉡ 상평창 : 상시평준의 줄임말로 물가조절기관의 역할과 빈민에게 곡식을 대여하고 추수기에 상환 받는 구빈사업을 실시한다.

㉢ 오가통 : 5가구를 1통으로 묶어 서로 도울 수 있도록 하는 제도로, 어려움이 있을 때 도와주는 역할과 가족 불화나 질서문란에 대한 신고의무가 있다.

㉣ 사창 : 민간의 의창제도이다.

㉤ 계 : 주민들끼리 회의, 친목, 조합과 같은 여러 기능을 목적으로 조직된 상부상조의 협동조직이다.

㉥ 향약 : 지역사회에 농민들을 떠나지 못하게 하여 사회의 질서를 유지하기 위한 목적으로 조선시대의 양반들의 자치조직이다.

㉦ 두레 : 마을 단위로 농사와 관련된 공동 작업을 하기 위한 조직이다.

㉧ 품앗이 : 주민들끼리 농업뿐 아니라 일상생활 전반에 걸친 노동력 교환이다.

2. 최근 우리나라의 사회복지 발달에 대한 내용이 자주 출제되고 있습니다.
3. 한국의 역사가 가장 중요하게 출제되고 있고, 최근 들어 영국의 지역사회보호 중 보고서에 대한 내용이 자주 출제되고 있습니다.
4. 조선시대의 역사 문제가 출제되었으므로 그 특징을 암기해야 하고, 영국 보고서의 연도와 2000년대 이후의 한국의 역사들이 중요합니다.

TIP

오가통은 오가작통법의 줄임말이며, 현재도 오가통이 운영되고 있습니다.

② 최근 경향

㉠ 1990년대 이후 지역사회복지는 지역 중심성, 전문성을 강화하여 질적인 변화를 가져왔다.

㉡ 자원봉사 활동이 확대되고, 법률의 제정으로 민간의 활동뿐만 아니라 정부조직도 강화되었다.

㉢ 1995년에 보건복지사무소 시범사업이 실시되었다.

㉣ 1997년에 「사회복지사업법」 개정으로 인하여 사회복지시설평가가 실시되었다.

㉤ 2000년 10월에 「국민기초생활 보장법」 시행으로 지역사회중심의 자활지원사업을 본격적으로 전개하였다.

㉥ 2004년에 사회복지사무소 시범사업이 실시되었다.

㉦ 2006년에 주민생활지원서비스가 시행되었다.

㉧ 2010년에 사회복지통합관리망이 출범되었다.

㉨ 2012년에 희망복지 지원단 운영 및 지역사회서비스투자 사업이 시행되었다.

㉩ 2015년 8월부터 시 · 군 · 구에서 지역사회보장협의체를 운영하고 있고 지역사회보장계획을 수립하여 지방분권화를 통한 지역사회의 욕구에 맞는 복지서비스를 제공하기 위해 노력하고 있다.

㉪ 2016년 읍 · 면 · 동 복지허브화 사업이 시행되었다.

㉫ 2018년 아동수당이 시행되었고 동주민센터를 행정복지센터로 명칭을 전국적으로 변경되었다.

㉬ 2019년 커뮤니티 케어를 추진하고 지역사회 통합돌봄사업이 추진되었다.

㉭ 2020년 사회서비스원이 서울 · 대구 · 광주 · 세종 · 경기 · 경남 등 6개 시 · 도로 확대되었고 2022년 전국으로 확대되었다.

TIP

우리나라 사회복지에 대한 내용뿐 아니라 시행연도까지 알아야 하고, 미국이나 영국의 역사적 흐름까지도 학습해야 합니다.

사회복지역사의 내용은 지역사회복지론에 한정하지 않고 사회복지실천론, 사회복지정책론, 사회복지행정론의 내용과 함께 학습하는 것이 좋습니다.

핵심문제

01 영국의 지역사회복지 역사에 해당하지 않는 것은? [22회]

① 자선조직협회(COS)는 사회진화론에 영향을 받았다.
② 토인비홀은 사무엘 바네트(S. Barnett) 목사가 설립한 인보관이다.
③ 헐하우스는 제인 아담스(J. Adams)에 의해 설립되었다.
④ 시봄(Seebohm)보고서는 사회서비스의 협력과 통합을 제안하였다.
⑤ 그리피스(Griffiths)보고서는 지방정부의 책임을 강조하였다.

정답 ③

해설 헐하우스는 제인 아담스(J. Adams)에 의해 미국의 시카고에 설립되었다.

핵심문제

02 우리나라의 지역사회복지 역사에 관한 설명으로 옳지 않은 것은? [22회]

① 향약은 주민 교화 등을 목적으로 한 지식인 간의 자치적인 협동조직이다.
② 오가통 제도는 일제강점기 최초의 인보제도이다.
③ 메리 놀스(M. Knowles)에 의해 반열방이 설립되었다.
④ 태화여자관은 메리 마이어스(M. D. Myers)에 의해 설립되었다.
⑤ 농촌 새마을운동에서 도시 새마을운동으로 확대되었다.

정답 ②

해설 오가통은 조선시대에 실시된 인보제도로 5가구를 1통으로 묶어 서로 도울 수 있도록 하는 제도이다. 어려움이 있을 때 도와주는 역할과 가족 불화나 질서문란에 대한 신고의무가 있었다.

4 지역사회실천이론

KEYWORD 04 실천이론 9 10 11 12 13 15 16 17 18 19 20 21 22 23

01 사회체계이론

① 지역사회 안에 있는 다양한 체계들 간의 상호작용을 강조하고 하나의 사회체계로 본다.
② 한 체계의 변화는 다른 체계에 영향을 준다.
③ 지역사회 하부체계 간의 조화, 협동, 합의를 통해 관계를 유지한다.
④ 내부 구성원들 간에 수평적으로 연결되고 외부 구성원과 수직적으로 연결된다.
⑤ 평형상태를 유지해 보수적 이론으로 비판을 받지만 지역사회의 구조와 기능을 설명한다.

학습 가이드

1. 실천이론은 매회 지속적으로 출제되며 최근에는 문항 수가 늘어나고 있으므로 확실하게 알아두어야 합니다.
2. 이론의 잘못된 부분을 찾는 문제, 박스 안의 설명을 찾는 문제가 자주 출제되었고 하나의 이론을 물어보는 문제보다는 전체적인 이론을 물어보는 문제가 자주 출제되고 있습니다.
3. 각 이론의 특징을 파악하고 서로 비교하며 이해해야 합니다.

02 생태학이론

① 인간과 환경 간의 상호작용으로 인간은 환경을 변화시키거나 환경에 적응하려고 끊임없이 노력한다.
② 인간이 환경과 교류하며 적응과 진화를 한다는 견해이다.
③ 인간이 몸담고 있는 생태환경을 보다 체계적으로 구조화하고 이들 환경체계와 개인의 발달 간의 관계를 이해한다.
④ 지역사회의 변환과정을 역동적 진화과정으로 설명한다.
⑤ 변화에 적응한 지역사회는 살아남는다는 사회 진화론적 성격을 가지고 있다.
⑥ 지역사회는 공간을 점유하는 인간집합체로서 경쟁, 중심화, 분산 및 분리 등의 현상이 존재한다.

 생태학이론의 속성

경쟁, 중심화, 분산, 집결, 분리, 우세, 침입, 계승

03 힘(권력) 의존이론

① 사회복지기관들은 생존하기 위해 외부의 지원에 의존할 수밖에 없다는 이론이다.
② 많은 곳에서 후원을 받는 것은 특정 기관의 의존성과 영향력을 줄이기 위함이다.
③ 지역사회에 있는 힘에 의존하여 사회복지의 성장이 가능하다.

04 자원동원이론

TIP
사회복지기관은 지역사회의 자원에 의존하므로 힘(권력) 의존이론, 자원동원이론과 연관성이 많습니다.

① 힘 의존이론과 연관되며 사회운동조직들의 역할과 한계를 설명한다.
② 조직의 발전과 승패를 위해서 구성원 모집, 자금 확충, 직원 고용에 힘쓴다.
③ 외부체계와의 종속관계를 약화시키기 위하여 회원의 수를 늘린다.
④ 자원에는 돈, 정보, 회원 등이 포함된다.

05 사회교환이론

TIP
사회교환이론은 인간이 하는 모든 교환을 상호작용의 근본 형태로 파악합니다.

① 인간은 타인으로부터 보상이나 이익을 교환하는 과정이다.
② 인간은 대가가 받기 위해 행동하는데 지위나 학력, 위치에 따라 보상이 달라진다.
③ 지역사회에 있는 주민들 사이에 교환현상이 반복된다.
④ 교환자원에는 물질적인 것(기부금, 현물)과 비물질적인 것(상담, 정보, 의미, 힘)이 포함된다.

 하드캐슬(Hardcastle)의 권력균형전략

경쟁, 재평가, 호혜성, 연합, 강제(강압)

06 사회구성이론

① 지식은 인간의 경험세계로부터 주관적으로 구성된다고 주장하는 이론이다.
② 사회현상은 인간의 경험으로 인하여 주관적이다.
③ 포스트모더니즘과 상징적 상호작용의 영향을 받았다.
④ 사회적으로 구성된 지식은 절대적이지 않다.
⑤ 엘리트 중심의 시각에 의해 발달한다.

07 엘리트이론

신엘리트이론
엘리트 이론과 다원주의 이론을 결합한 이론

① 엘리트들은 자신의 가치나 유리함에 따라 정책을 결정한다.
② 지역사회는 영향력 있는 정치인, 경제인, 기업인에 의해 지배된다.
③ 사회복지는 엘리트들의 이익에 따라 발달한다.
④ 다수의 영향력이 미치는 다원주의 이론과 반대되는 이론이다.

08 다원주의이론

① 다수의 집단들이 자신에게 이익이 되거나 유리하도록 정책결정 과정에서 영향력을 행사한다.

② 집단의 크기가 클수록 영향력도 커진다.

③ 이익을 대변하기 위해 집단 간에 경쟁과 갈등이 생겨나면 국가가 중재자 역할을 한다.

09 기능주의이론

① 지역사회는 다양한 체계들로 이루어지고 각 체계들이 상호의존하면서 바람직한 지역사회가 이루어진다고 본다.

② 생물학적 유기체의 관점에 근거하여 지역사회의 변화보다는 상호협력과 안정성을 강조한다.

③ 지역사회의 통합 및 균형 회복, 지역주민의 연대감 형성 등을 강조한다.

10 갈등(주의)이론

① 지역사회에 존재하는 갈등으로 사회발전과 사회통합이 가능하다고 보고 지역사회의 갈등 현상을 사회적 과정의 본질로 간주한다.

② 갈등은 상반되는 이익에 의해 발생하고 이러한 갈등으로 인하여 지역사회가 변화하고 발전한다.

③ 지역사회 내의 구성원들이 경제적 자원, 권력, 권위 등 불평등한 배분관계에 놓일 때 갈등이 발생한다.

④ 영향력 있는 사람들은 갈등에 많은 영향을 미친다.

⑤ 갈등이 생기는 것은 자원이 한정되어 있기 때문이다.

⑥ 지역사회에서 갈등이 일어나는 것은 일반적인 특징이다.

핵심문제

01 다음을 설명하고 있는 이론은? [22회]

> 최근 A지방자치단체와 B지방자치단체는 중앙정부로부터 각각 100억 원의 복지예산을 지원받았다. 노인복지단체가 많은 A지방자치단체는 지역노인회의 요구로 노인복지 예산편성 비율이 전체 예산의 50%를 차지하게 되었고, 상대적으로 젊은 층이 많이 거주하고 있는 B지방자치단체는 노인복지예산의 편성 비율이 20% 수준에 그쳤다.

① 교환이론
② 갈등주의이론
③ 사회체계이론
④ 사회자본이론
⑤ 다원주의이론

정답 ⑤

해설 다원주의 이론은 노동자나 이익집단의 정치적인 힘이 결합할 때 복지국가로 발전한다는 이론이다. A지방자치단체의 노인복지 예산편성 비율이 젊은 층이 많은 지역의 예산편성 비율보다 높아진 것은 정치적 힘을 가진 노인회의 요구를 무시하지 못하기 때문이다.

02 지역사회복지이론에 관한 설명으로 옳은 것은? [22회]

① 교환이론 : 자원의 교환을 통한 지역사회 발전 강조
② 자원동원이론 : 이익집단들 간의 갈등과 타협 강조
③ 다원주의이론 : 소수 엘리트에 의한 지역사회 발전 강조
④ 기능주의이론 : 지역사회 변화의 원동력을 갈등으로 간주
⑤ 사회자본이론 : 지역사회 하위체계의 기능과 역할 강조

정답 ①

해설 사회교환이론은 인간이 하는 모든 교환을 상호작용의 근본 형태로 파악하며, 인간의 모든 상호작용에는 반드시 교환관계가 따른다고 본다. 상호작용 간 문제점을 해결하면서 지역사회는 발전한다.
② 이익집단들 간의 갈등과 타협을 강조하는 이론은 이익집단이론이다.
③ 소수 엘리트에 의한 지역사회 발전을 강조하는 이론은 엘리트이론이다.
④ 지역사회 변화의 원동력을 갈등으로 간주하는 이론은 갈등이론이다.
⑤ 지역사회 하위체계의 기능과 역할을 강조하는 이론은 사회체계이론이다.

5 지역사회복지실천모델

KEYWORD 05 로스만의 3모델 9 10 11 12 13 14 15 16 17 18 19 20 21 22 23

학습 가이드

로스만의 3모델은 매회 출제되고 있어 지역사회개발모델, 사회계획모델, 사회행동모델의 특징들을 구분할 수 있어야 합니다.

01 지역사회개발모델

① 개념 : 지역사회의 활동능력과 통합, 자조, 전체적 조화
예 새마을 운동
② 활동목표 : 과정 목표
③ 변화전략 : 문제 결정 및 해결에 다수의 사람 참여
예 "함께 모여서 이야기 해보자"
④ 변화전술과 기법 : 합의, 의견교환과 토의
⑤ 사회복지사의 역할 : 조력자, 격려자, 조정자, 교육자, 능력부여자
⑥ 변화의 수단(매개체) : 과업지향적인 소집단 활용

⑦ **대상 지역사회의 범위** : 전체 지역사회

⑧ **지역사회 구성원들 간의 이해관계에 관한 전제** : 공통의 이해관계 및 조정 가능한 차이

⑨ **공공이익 개념** : 합리주의 · 중앙집권적

⑩ **클라이언트 집단** : 시민(Citizens)

지역사회개발은 지역주민들의 자조 정신을 강조하고 스스로 문제를 해결할 수 있는 능력을 강화시키는 데 주력합니다.

02 사회계획모델

① **개념** : 지역사회의 기본적인 문제해결

예 도심재개발

② **활동목표** : 과업 목표

③ **변화전략** : 문제에 관한 자료 수집과 최적의 합리적 행동조치 결정

예 "진상을 파악해서 논리적인 조치를 강구하자"

④ **변화전술과 기법** : 합의 또는 갈등

⑤ **사회복지사의 역할** : 전문가, 계획자, 사실발견수집가, 분석가, 프로그램기획과 평가자, 촉진자

⑥ **변화의 수단(매개체)** : 공식조직과 객관적인 자료 활용

⑦ **대상 지역사회의 범위** : 전체 지역사회 또는 특수지역 및 일부계층

⑧ **지역사회 구성원들 간의 이해관계에 관한 전제** : 이해관계의 조정 가능, 갈등

⑨ **공공이익 개념** : 이상주의 · 중앙집권적

⑩ **클라이언트 집단** : 소비자(Consumer)

사회계획은 전문가의 기술적 과정을 중시하고 합리적인 계획수립에 초점을 둡니다.

03 사회행동모델

① **개념** : 권력관계와 자원의 변화(재분배), 기본적인 제도 변화, 사회적 약자의 의사결정의 접근성 강화

예 학생운동, 민권운동, 복지권 운동, 소비자보호 운동

② **활동목표** : 과업과 과정 목표

③ **변화전략** : 문제 구체화와 표적 대상에 대해 조치를 취할 수 있도록 주민 동원

예 "우리들의 억압자를 분쇄하기 위해 규합하자"

④ **변화전술과 기법** : 갈등 · 대결, 직접적인 실력행사, 항의, 시위, 보이콧, 피케팅 등

⑤ **사회복지사의 역할** : 옹호자, 행동가, 매개자, 중재자, 지지자, 조직가

⑥ **변화의 수단(매개체)** : 대중 조직과 정치과정 활용

⑦ **대상 지역사회의 범위** : 지역사회 일부

⑧ **지역사회 구성원들 간의 이해관계에 관한 전제** : 쉽게 조정할 수 없는 갈등적 이해관계

⑨ **공공이익 개념** : 현실주의 · 개인주의적

⑩ **클라이언트 집단** : 희생자(Victims)

사회행동은 억압을 받고 있는 지역주민들을 위해 기존 제도를 변화시켜 재분배를 요구합니다.

핵심문제

01 **로스만(J. Rothman)의 지역사회복지 실천모델에 관한 설명으로 옳은 것을 모두 고른 것은?** [21회]

ㄱ. 지역사회개발모델은 지역사회 구성원의 조직화를 주요 실천과정으로 본다.
ㄴ. 지역사회개발모델의 변화 매개체는 공식적 조직과 객관적 자료이다.
ㄷ. 사회계획모델에서 사회복지사의 핵심역할은 협상가, 옹호자이다.
ㄹ. 사회행동모델에서는 지역사회 내 집단들이 갈등관계로 인해 타협과 조정이 어렵다고 본다.

① ㄱ, ㄷ
② ㄱ, ㄹ
③ ㄴ, ㄷ
④ ㄱ, ㄴ, ㄹ
⑤ ㄱ, ㄷ, ㄹ

정답 ②

해설 ㄴ. 변화 매개체가 공식적 조직과 객관적 자료인 것은 사회계획의 내용이다.
ㄷ. 사회복지사의 핵심역할은 협상가, 옹호자는 사회행동의 내용이다.

02 **로스만(J. Rothman)의 사회행동모델에 해당하지 않는 것은?** [22회]

① 클라이언트 집단을 소비자로 본다.
② 변화를 위한 기본 전략은 '억압자에 대항하기 위한 규합'을 추구한다.
③ 지역사회 내 불평등한 권력구조의 변화를 지향한다.
④ 변화 매개체로 대중조직을 활용한다.
⑤ 여성운동, 빈민운동, 환경운동 등 시민운동에도 활용될 수 있다.

정답 ①

해설 클라이언트 집단을 소비자로 보는 모델은 사회계획모델이다. 사회행동모델은 희생자로 본다.

KEYWORD 06 웨일과 갬블의 8모델 10 11 13 15 16 17 18 19 20 21 23

학습 가이드

웨일과 갬블의 8모델은 내용이 많아 학습하기 어려운 점이 있으나 내용을 파악해야 문제에 대처할 수 있습니다.

01 근린지역 지역사회조직모델

① 특징 : 지리적 지역사회에 초점을 두고 지역주민들이 조직에 참여하여 능력개발과 지역사회를 변화시키는 과업을 성취하는 목표를 강조
② 표적체계 : 공공행정기관, 개발계획의 추진기업, 지역주민
③ 관심영역 : 지역주민의 삶의 질 향상
④ 역할 : 조직가, 교사, 촉진자, 코치

02 기능적인 지역사회조직모델

① **특징** : 기능에 더 초점을 두는 모델로, 이해관계를 기초로 한 지역사회조직을 의미

② **표적체계** : 일반대중, 정부기관

③ **구성원** : 문제를 공유하거나 뜻을 같이 하는 사람(동호인)

④ **관심영역** : 개인이 택한 특정 이슈의 정책, 행위, 태도의 변화

⑤ **역할** : 촉진자, 조직가, 교사, 정보제공자

> **TIP**
> 근린지역 지역사회조직모델은 지리적 의미를, 기능적인 지역사회조직모델은 기능적 의미를 가진 지역사회입니다.

03 지역사회의 사회 · 경제 개발모델

① **특징** : 사회에서 억압받는 저소득층 지역주민의 삶의 질을 제고하고 사회적, 경제적 기회를 증진

② **표적체계** : 은행, 경제조직, 지원재단, 지역주민

③ **구성원** : 저소득집단, 불이익집단

④ **관심영역** : 지역의 사회 · 경제적 개발을 위하여 계획을 개발하고 진행하도록 능력을 강화시키고 투자를 통한 외부적 지원 강화를 위해 자원을 개발, 목록화하는 것에 관심

⑤ **역할** : 스태프

> **TIP**
> 웨일과 갬블의 근린지역 지역사회조직모델과 기능적인 지역사회조직모델, 지역사회의 사회 · 경제개발모델은 로스만의 지역사회개발모델을 토대로 만들어졌습니다.

04 사회계획모델

① **특징** : 합리적 의사결정을 통해 문제의 우선순위를 정하고 자원을 분배하며 문제를 해결하는 데 초점

② **표적체계** : 지역사회 지도자의 관점, 인간서비스 지도자의 관점

③ **구성원** : 공무원, 사회복지기관

④ **관심영역** : 서비스의 관계망을 계획 · 조정하여 사회적 욕구를 공공영역의 지역계획에 통합시키는 일

⑤ **역할** : 연구자, 전달자, 관리자

05 프로그램 개발과 지역사회연계모델

① **특징** : 지역사회에서 필요한 서비스를 향상시키거나 새롭게 프로그램을 개발하여 진행

② **표적체계** : 새로운 프로그램의 서비스 이용금액을 지불하는 사람들

③ **구성원** : 프로그램 개발에 참여한 기관위원회나 지역사회대표

④ **관심영역** : 특정 대상이나 지역사회를 위한 서비스 개발

⑤ **역할** : 계획가, 대변자, 중개자, 촉진자, 관리자, 평가자

06 정치 · 사회 행동모델

① **특징** : 지역사회에서 불평등을 극복하거나 지역사회의 욕구를 무시하는 의사결정자에게 대항하고 불공정한 조건을 변화시키려는 기술을 개발하여 사람들의 권한부여

② **표적체계** : 잠재적인 참여자, 선거로 선출된 공직자와 행정관료
③ **구성원** : 정치적 권한이 있는 시민
④ **관심영역** : 저소득층 집단에 생기는 불이익을 발생시키는 정부의 조치를 변화시키는 데 초점
⑤ **역할** : 옹호자, 교육자, 조직가, 연구자

07 연합모델

① **특징** : 지역사회를 기반으로 존재하는 각 기관들이 함께 힘을 모아 지역사회가 가진 문제에 대해 변화
② **표적체계** : 선거로 선출된 공직자, 자금제공을 고취시키는 재단, 준비가 되지 않은 정부당국
③ **구성원** : 문제에 이해관계를 갖는 조직체, 시민
④ **관심영역** : 개인의 힘으로 해결할 수 없는 지역사회의 문제를 해결할 수 있도록 연대적 접근을 추구
⑤ **역할** : 중재자, 협상가, 대변인, 조직가

08 사회운동모델

① **특징** : 지역사회구성원과 다양한 형태의 지역사회 조직체계에게 새로운 패러다임을 제공함으로써 사회정의를 실현
② **표적체계** : 일반대중과 정치제도
③ **구성원** : 새로운 비전과 이미지를 창출할 수 있는 조직과 지도자
④ **관심영역** : 사회정의
⑤ **역할** : 옹호자, 촉진자

핵심문제

01 다음에서 설명하는 웨일과 갬블(M. Weil & D. Gamble)의 지역사회복지 실천모델은? [21회]

- 공통 관심사나 특정 이슈에 대한 정책, 행위, 인식의 변화에 초점
- 일반대중 및 정부기관을 변화의 표적체계로 파악
- 조직가, 촉진자, 옹호자, 정보전달자를 사회복지사의 주요 역할로 인식

① 사회계획
② 기능적 지역사회조직
③ 프로그램 개발과 지역사회 연계
④ 연합
⑤ 정치사회행동

정답 ②

해설 기능적인 지역사회조직모델에 대한 설명이다.

핵심문제

02 다음의 설명에 해당되는 웨일과 갬블(M. Weil & D. Gamble)의 실천모델은? [20회]

- 기회를 제한하는 불평등에 도전
- 사회적 · 정치적 · 경제적 정의를 위한 행동
- 표적체계에 선출직 공무원도 해당

① 근린 · 지역사회 조직화 모델
② 지역사회 사회 · 경제개발 모델
③ 프로그램 개발과 지역사회연계 모델
④ 정치 · 사회행동 모델
⑤ 사회계획 모델

정답 ④

해설 정치 · 사회행동모델은 지역사회에서 불평등을 극복하거나 지역사회의 욕구를 무시하는 의사결정자에게 대항하고 불공정한 조건을 변화시키려는 기술을 개발함으로써 사람들의 권한을 부여하는 것을 주요 내용으로 한다.

KEYWORD 07 테일러와 로버츠의 5모델 12 13 14 16 20 21 23

01 프로그램 개발 및 조정 모델

지역사회를 변화시키거나 문제를 해결하기 위해 가장 효과적이고 효율적으로 프로그램을 개발하고 조정해 나가는 모델로 후원자의 영향력이 100%인 모델이다.

02 계획모델

계획을 수립하는 과정에 있어 합리성과 전문성을 기초로 하는 과업 지향적이다. 로스만의 사회계획모델보다 인간적인 면을 강조하는 모델로 후원자의 영향력이 7/8인 후원자 중심모델이다.

03 지역사회연계모델

개인적인 문제와 지역사회문제를 연계하여 지역사회문제를 해결하려는 모형으로 후원자와 클라이언트의 영향력이 50%씩 영향력을 가진 모델이다.

04 지역사회개발모델

지역주민의 교육을 통한 적극적인 참여를 강조하여 지역사회 자체적 역량을 강화하고 스스로 문제를 해결할 수 있도록 지원하는 모델로 클라이언트 영향력이 7/8인 클라이언트 중심모델이다.

학습 가이드

테일러와 로버츠의 모델도 최근 들어 출제되고 있으므로 5모델의 내용을 확실히 파악해야 합니다.

프로그램 개발 및 조정 모델은 인보관운동과 자선조직협회에 근거하고 있습니다.

테일러와 로버츠는 로스만의 3모델에서 프로그램 개발 및 조정 모델, 지역사회연계모델을 추가하였습니다.

05 정치적 행동 및 역량강화 모델

사회적으로 배제된 집단의 사회적 참여를 지원하여 스스로의 권리를 찾을 수 있도록 하는 모델로 클라이언트 100% 권한을 가진 모델이다.

핵심문제

01 테일러와 로버츠(S. Taylor & R. Roberts) 모델에 해당되는 것을 모두 고른 것은? [20회]

ㄱ. 프로그램 개발 및 조정
ㄴ. 지역사회개발
ㄷ. 정치적 권력(역량)강화
ㄹ. 연합
ㅁ. 지역사회연계

① ㄱ, ㄴ
② ㄴ, ㄷ
③ ㄱ, ㄹ, ㅁ
④ ㄱ, ㄴ, ㄷ, ㅁ
⑤ ㄱ, ㄷ, ㄹ, ㅁ

정답 ④

해설 ㄹ. 연합모델은 웨일과 갬블의 모델이다.
테일러와 로버츠의 모델은 프로그램 개발 및 조정 모델, 계획모델, 지역사회연계모델, 지역사회개발모델, 정치적 행동 및 역량강화 모델이다.

02 테일러와 로버츠(S. Taylor & R. Roberts)의 지역사회복지 실천모델에 관한 설명으로 옳지 않은 것은? [21회]

① 프로그램 개발과 조정 : 지역주민의 역량강화 및 지도력 개발에 관심
② 계획 : 구체적 조사전략 및 기술 강조
③ 지역사회연계 : 지역사회문제해결을 위한 관계망 구축 강조
④ 지역사회개발 : 지역주민의 참여와 자조 중시
⑤ 정치적 역량강화 : 상대적으로 권력이 약한 시민의 권한 강화에 관심

정답 ①

해설 로스만의 3모델에 프로그램 개발 및 조정 모델, 지역사회연계모델을 추가하였다. 지역주민의 역량강화 및 지도력 개발에 관심을 두는 모델은 지역사회개발모델이다.

6 사회복지사의 역할과 기술

KEYWORD 08 사회복지사의 역할 9 10 11 12 13 14 15 16 17 18 19 21 22 23

① 지역사회개발모델의 사회복지사 역할

㉠ 안내자 : 지역사회의 문제에 대해 올바른 목표를 설정하고 문제해결 방법을 찾을 수 있도록 도와주는 역할이다.

㉡ 전문가 : 지역사회문제를 조사하여 조사결과와 문제해결 방법을 제공하는 역할이다.

㉢ 조력자 : 클라이언트의 욕구와 문제를 명확히 진단하여 클라이언트가 처할 수 있는 문제에 스스로 대처하도록 능력을 개발하는 역할이다.

㉣ 사회치료자 : 지역사회의 문제를 진단하고 원인을 파악하고 치료하는 역할이다.

② 사회계획모델의 사회복지사 역할

㉠ 분석가 : 지역사회의 문제에 조사하고 과정을 분석하거나 목표달성에 대해 분석하는 역할이다.

㉡ 계획가 : 지역사회의 문제를 해결하기 위해 합리적인 계획을 수립하는 역할이다.

㉢ 조직가 : 지역주민을 참여의식을 높이고 조직에 참여시키기 위해 훈련을 시키는 역할이다.

㉣ 행정가 : 서비스 프로그램을 계획하고 수행하는 데 필요한 행동을 실행하는 역할로 인적 · 물적 자원을 관리하는 역할이다.

③ 사회행동모델의 사회복지사 역할

㉠ 조력자 : 클라이언트의 욕구와 문제를 명확히 진단하여 클라이언트가 처할 수 있는 문제에 스스로 대처하도록 능력을 개발하는 역할이다.

㉡ 중개자 : 클라이언트가 필요한 자원을 찾을 수 있도록 도와주거나 직접적으로 자원과 클라이언트를 연결해주는 역할이다.

㉢ 옹호자 : 클라이언트 입장에서 정당성을 주장하고 기존 제도나 기관으로부터 클라이언트가 불이익을 받을 때 클라이언트를 위해 정보를 수집하고 요구사항을 분명히 하여 정책이나 제도를 변화시키는 역할이다.

㉣ 행동가 : 클라이언트의 복지를 가로막는 사회적 조건들을 인식하고 사회행동을 통해 사회변화를 유도하고 유지하는 역할이다.

학습 가이드

1. 출제 빈도가 상당히 높은 부분으로, 사회복지사의 역할에 대한 확실한 학습이 필요합니다.
2. 사회복지실천론의 사회복지사 역할과 연계하여 학습한다면 조금은 쉽게 학습이 가능합니다.
3. 지역사회개발, 사회계획, 사회행동 등 사회복지 실천모델에 따른 사회복지사의 역할을 구분해야 합니다.

지역사회개발모델의 사회복지사 역할은 로스만의 지역사회개발의 사회복지사 역할과 아무 관련이 없습니다.

핵심문제

01 사회계획모델에서 샌더스(I. T. Sanders)가 주장한 사회복지사의 역할이 아닌 것은? [22회]

① 분석가
② 조직가
③ 계획가
④ 옹호자
⑤ 행정가

정답 ④

해설 사회계획모델의 사회복지사 역할은 분석가, 계획가, 조직가, 행정가이다. 옹호자는 사회행동모델의 사회복지사 역할이다.

02 다음에 제시된 사회복지사의 핵심역할은? [21회]

> A지역은 저소득가구 밀집지역으로 방임, 결식 등 취약계층 아동 비율이 높은 곳이다. 사회복지사는 지역사회 아동의 안전한 보호와 부모의 양육부담 완화를 위해 아동돌봄시설 확충을 위한 서명운동 및 조례제정 입법 활동을 하였다.

① 옹호자
② 교육자
③ 중재자
④ 자원연결자
⑤ 조정자

정답 ①

해설 옹호자는 클라이언트 입장에서 정당성을 주장하고 기존 제도나 기관으로부터 클라이언트가 불이익을 받을 때 클라이언트를 위해 정보를 수집하고 요구사항을 분명히 하여 정책이나 제도를 변화시키는 역할이다. 아동돌봄시설 확충을 위한 서명운동 및 조례제정 입법 활동은 옹호자의 역할이다.

KEYWORD 09 실천기술 9 10 11 12 14 15 16 17 18 19 20 21 22 23

 학습 가이드

출제빈도가 상당히 높은 부분으로, 옹호자나 안내자 등 사회복지사의 기술들에 대한 확실한 학습이 필요합니다.

01 옹호 · 대변 기술

① 클라이언트가 받아야 할 서비스를 받지 못할 때나 불합리한 대우를 받을 경우 사용하는 기술이다.
② 클라이언트 편에 서서 정당성을 요구하거나 이익을 위해 대변하는 기술이다.
③ **개별옹호** : 개인이나 가족 등 필요한 자원이나 서비스 확보가 목적인 기술이다.
④ **집단옹호** : 집단의 문제점을 해결하기 위한 제도, 정책을 통한 사회변화가 목적인 기술이다.
⑤ **지역사회옹호** : 지역사회 공동의 문제를 해결하기 위해 지역주민을 위한 옹호 기술이다.

⑥ **정책(정치)옹호** : 지역사회의 문제를 해결하기 위해 기존에 없었던 정책을 만들어 해결하는 기술이다.

⑦ **체제변환적 옹호** : 근본적인 제도를 변화시키기 위해 지역주민과 사회체제 전체에 영향을 미치는 기술이다.

TIP

정책옹호는 새로운 법을 만들어 법안을 통과시키는 역할이고, 체제변환적 옹호는 사회 전체에 영향을 미치는 근본적 제도를 변화시키는 역할입니다.

02 연계기술

① 서비스를 연계하여 중복은 막고 누락은 방지하여 자원을 효과적으로 사용할 수 있도록 한다.

② 주민들이 정보가 부족하거나 이용할 자원이 없는 경우 사용한다.

③ 참여조직들에 대한 업무의 배분과 조정에 초점을 둔다.

④ 개별 조직들 간 수직적인 관계를 통해 조직의 독립성을 유지한다.

⑤ 새로운 인프라 구축을 위한 시간과 비용을 절감할 수 있다.

03 조직화 기술

① 지역사회가 처한 상황과 해결방향에 따라 목표를 세우고 합당한 주민을 선정하여 모임을 만들고 지역사회의 욕구나 문제를 해결해 나가도록 돕는 기술이다.

② 클라이언트의 문제를 해결하기 위해 필요한 인력이나 서비스를 규합한다.

③ 지역주민의 욕구나 문제를 해결하기 위해 자원 간의 조정을 도모하는 것이다.

④ 지역사회문제를 해결하기 위해 전체 주민을 대표하는 주민들을 선정하여 모임을 구성한다.

04 지역사회교육기술

① 지역 주민들에게 교육을 통해 정보를 제공하거나 기술을 가르치는 기술이다.

② 교육을 통하여 주민들의 연대감을 형성하고 능력을 개발한다.

05 자원개발 및 동원 기술

① 지역사회의 문제를 해결하는 데 있어 부족한 자원을 발굴하고 동원하는 기술로, 인적 · 물적 자원이 포함된다.

② 기존 집단, 개인의 직접적인 참여, 네트워크 등을 활용한다.

06 임파워먼트 기술

① 치료보다는 역량을 강조하고 능력향상을 통해 문제를 해결할 수 있다고 본다.

② 클라이언트는 잠재능력이 있어서 자신의 문제를 스스로 해결할 수 있다고 본다.

③ 대화, 강점 확인, 자원동원 기술 등을 포함한다.

핵심문제

01 다음에 제시된 지역사회복지 실천기술은? [20회]

> • 소외되고, 억압된 집단의 입장을 주장한다.
> • 보이콧, 피케팅 등의 방법으로 표적을 난처하게 한다.
> • 지역주민이 정당한 처우나 서비스를 받지 못하는 경우에 활용된다.

① 프로그램개발기술
② 기획기술
③ 자원동원기술
④ 옹호기술
⑤ 지역사회사정기술

정답 ④

해설 옹호 · 대변 기술은 클라이언트가 받아야 할 서비스를 받지 못할 때나 불합리한 대우를 받을 경우 사용하는 기술이다. 클라이언트 편에 서서 정당성을 요구하거나 이익을 위해 대변한다.

02 다음 사례에서 사회복지사가 활용한 기술은? [22회]

> 행복시(市)에 근무하는 A사회복지사는 무력화되어 있는 클라이언트의 잠재 역량 및 자원을 인정하고 삶을 스스로 결정할 수 있도록 북돋아 주었다.

① 자원동원 기술
② 자원개발 기술
③ 임파워먼트 기술
④ 조직화 기술
⑤ 네트워크 기술

정답 ③

해설 임파워먼트 기술은 치료보다는 역량을 강조하고 능력향상을 통해 문제를 해결할 수 있다고 보고 클라이언트는 잠재능력이 있기 때문에 자신의 문제를 스스로 해결할 수 있다고 본다. 사회복지사가 클라이언트의 잠재 역량 및 자원을 인정하고 삶을 스스로 결정할 수 있도록 북돋아 주는 기술은 임파워먼트 기술이다.

KEYWORD 10 지역사회복지실천의 과정 9 10 11 12 13 14 15 16 17 18 19 20 21 22 23

학습 가이드

출제빈도가 상당히 높은 부분으로, 지역사회복지실천의 순서와 내용에 대한 확실한 학습이 필요합니다.

01 지역사회복지 욕구파악

지역사회의 충족되지 않은 욕구나 문제를 찾아내는 것으로 문제의 크기, 성격, 범위, 이전 문제와 관계 등도 중요하다.

① 욕구조사 시 고려사항

㉠ 정보와 이용 가능한 자원 파악 : 자료는 정확한 것인지, 이용이 가능한 것인지, 수집은 어떻게 할 것인지 등을 고려해야 한다.

㉡ 지역사회문제를 해결할 수 있는 자원 파악 : 지역사회문제를 해결할 수 있는 자원이 지역사회에 있는지 파악해야 한다.

㉢ 공식적인 자료 수집 : 자료를 수집할 때에는 비공식적 자료보다는 공청회, 주민 욕구조사, 서베이 조사, 델파이기법, 초점집단 기법 등 공식적인 자료를 수집해야 한다.

㉣ 욕구조사를 할 때는 조사방법이나, 구성원, 자원, 비용, 시간 등을 고려해야 한다.

② 자원 파악

지역사회문제를 해결하기 위해서는 한 사람의 노력으로만 불가능하기 때문에 지역사회에 있는 자원을 파악한다.

㉠ 인적 자원 : 지역사회에 영향력을 행사할 수 있는 주요인물이나 자원봉사자, 클라이언트가 포함된다.

㉡ 물적 자원 : 후원을 받을 수 있도록 개인이나 기업, 재단 등을 개발한다.

TIP

지역사회복지실천은 단체분석 → 욕구조사 → 계획수립 → 실행 → 자원동원 및 활용 → 평가 순으로 진행됩니다.

02 지역사회복지 계획수립

① 목표설정

지역사회의 문제나 욕구는 다양하기 때문에 '어떤 문제 · 욕구를 다룰 것인가' 또는 '어떠한 목표를 설정할 것인가'를 명확히 해야 한다. 목표를 설정할 때에는 SMART (S－구체적, M－측정 가능, A－성취 가능, R－현실적, T－시간제한) 기법을 사용한다.

② 계획수립 및 프로그램 개발

목표가 설정되면 목표에 맞는 정책을 수립하거나 프로그램을 개발해야 한다.

03 지역사회복지계획 실시

조사를 통해 발견된 문제를 해결하기 위하여 계획을 실시하는 것으로 프로그램을 실시하는데, 중요한 요인은 효율성과 효과성이 확인되어야 한다.

04 자원동원 및 활용

프로그램을 진행하기 위해서 필요한 인적 · 물적 자원을 동원할 수 있어야 하며 동원된 자원을 적재적소에 분배하여 활용해야 한다.

05 지역사회복지계획 평가

① 효율성평가 : 투입에 비해 산출이 얼마나 났는가에 대한 평가이다.

② 효과성평가 : 목표를 어느 정도 달성했는가에 대한 평가이다.

③ 총괄평가 : 프로그램 종료 후 지속, 중단, 확대할 것인가를 평가이다.

④ 형성평가 : 프로그램 도중에 하는 평가로 효율성 증진이 목적인 평가이다.

TIP
평가의 개념은 지역사회복지론뿐 아니라 사회복지정책론, 사회복지행정론, 사회복지조사론에서도 출제됩니다.

⑤ 통합평가 : 총괄평가와 형성평가를 합한 평가이다.
⑥ 자체평가 : 프로그램을 진행자가 스스로 하는 평가이다.
⑦ 내부평가 : 기관에서 프로그램을 진행한 담당자를 제외하고 다른 담당자가 하는 평가이다.
⑧ 외부평가 : 외부에서 와서 프로그램을 평가하는 평가이다.
⑨ 메타평가 : 프로그램에 대한 평가를 다시 평가하는 방법으로 평가의 평가로 불린다.

핵심문제

01 지역사회복지 실천과정에서 다음 과업이 수행되는 단계는? [21회]

- 재정자원의 집행
- 추진인력의 확보 및 활용
- 협력과 조정을 위한 네트워크 구축

① 문제발견 및 분석단계
② 사정 및 욕구 파악단계
③ 계획단계
④ 실행단계
⑤ 점검 및 평가단계

정답 ④

해설 실행은 목표를 달성하기 위해 실시하는 행동으로 참여자의 적응을 촉진하고 참여자 간 저항과 갈등을 관리한다. 또한 프로그램을 진행하기 위해서 필요한 인적 · 물적 자원을 동원할 수 있어야 하며 동원된 자원을 적재적소에 분배하여 활용해야 한다.

02 지역사회 사정에 해당하지 않은 것은? [22회]

① 지역사회의 욕구를 파악한다.
② 협력 · 조정을 위한 네트워크를 구축한다.
③ 지역 공청회를 통해 주민 의견을 수렴한다.
④ 명목집단 등을 활용한 욕구의 우선순위를 결정할 수 있다.
⑤ 서베이, 델파이기법 등을 활용하여 자료를 수집한다.

정답 ②

해설 지역사회 사정에는 포괄적 사정, 문제중심 사정, 하위체계 사정, 자원 사정, 협력 사정이 있다. 협력 · 조정을 위한 네트워크를 구축하는 단계는 실행단계이다.

7 지방분권화와 지역사회복지

KEYWORD 11 지방분권화와 지역사회복지 9 10 11 12 13 14 15 16 17 18 19 20 21 22 23

01 지방분권화

① 의의

중앙정부의 권한을 받은 지방정부가 스스로 지역의 공공사무를 처리하는 것으로 지방정부의 자율성을 강화하고 지역 간 균형발전을 도모하는 데 있다.

② 장점

㉠ 지역사회복지에 대한 주민의 주체적 참여기회를 제공한다.

㉡ 주민욕구 맞춤형 복지 프로그램을 제공한다.

㉢ 지방자치단체의 권한과 책임성을 강화시킬 수 있다.

③ 단점

㉠ 사회복지 행정업무와 재정을 지방에 이양함으로써 중앙정부의 사회적 책임성을 약화시킬 수 있다.

㉡ 지방정부가 사회개발정책에 우선을 두는 경우 지방정부의 복지예산이 감소될 수 있다.

㉢ 지방정부 간의 재정력 격차로 복지수준의 차이가 나타날 수 있다.

㉣ 지방자치단체장의 의지에 따라 복지서비스의 지역 간 불균형이 나타날 수 있다.

학습 가이드

1. 지방분권화에 대한 내용(긍정적, 부정적 측면)과 지역사회보장계획에 대한 내용은 매회 출제되고 있으므로 반드시 암기가 필요한 부분입니다.
2. 지역사회보장협의체와 사회복지협의회의 비교 문제도 충분히 출제될 수 있는 부분입니다.

02 사회복지협의회와 지역사회보장협의체

① 사회복지협의회와 지역사회보장협의체의 비교

구분	사회복지협의회	지역사회보장협의체
법적 근거	「사회복지사업법」 제33조 제1항	「사회보장급여의 이용 · 제공 및 수급권자 발굴에 관한 법률」 제41조
조항	시 · 군 · 구에 두는 강제조항	시 · 군 · 구에 두는 강제조항
구성	• 민간중심의 자발적 조직 • 보건, 복지, 종교 등 지역주민들이 참여하는 회원 조직	• 공공과 민간의 협력으로 구성된 조직 • 공무원, 보건, 복지, 종교 등의 대표로 구성된 조직 • 대표협의체, 실무협의체, 실무분과, 읍면동 지역사회보장협의체로 구성
역할	지역사회복지를 위한 기관들의 연계, 조정, 건의, 협력	지역사회 보장계획수립 및 평가, 심의

TIP

2014년 제정된 「사회보장급여의 이용 · 제공 및 수급권자 발굴에 관한 법률」에 의해 지역사회복지협의체에서 지역사회보장협의체로 이름이 변경되었습니다.

② 지역사회보장협의체 역할

㉠ 대표협의체

- 시 · 군 · 구의 지역사회보장계획 수립 · 시행 및 평가에 관한 사항
- 시 · 군 · 구의 지역사회보장조사 및 지역사회보장지표에 관한 사항
- 시 · 군 · 구의 사회보장급여 제공에 관한 사항
- 시 · 군 · 구의 사회보장급여에 추진에 관한 사항
- 읍 · 면 · 동 단위 지역사회보장협의체의 구성 및 운영에 관한 사항

TIP

실무협의체의 인원은 위원장 1명을 포함하고 성별을 고려하여 10명 이상 40명 이하로 구성됩니다.

㉡ 실무협의체

- 대표협의체의 심의 안건에 대한 사전 논의 및 검토
- 시 · 군 · 구의 사회보장관련 시책 개발 협의 및 제안서 마련
- 실무분과 및 읍 · 면 · 동 지역사회보장협의체 현안 과제에 대한 검토
- 실무분과 공동사업 검토
- 실무분과 간의 역할, 조정에 대한 수행

㉢ 실무분과

- 분과별 자체사업 계획 · 시행 · 평가
- 지역사회보장(분야별)과 관련된 현안 논의 및 안건 도출
- 지역사회보장계획의 시행과정(연차별 시행계획) 모니터링

㉣ 읍 · 면 · 동 지역사회보장협의체

- 관할지역의 지역사회보장 대상자 발굴 업무지원
- 사회보장 자원 발굴 및 연계 업무지원
- 지역사회보호 체계 구축 및 운영 업무지원
- 그 밖에 관할 지역 주민의 사회보장 증진을 위하여 필요한 업무지원

03 지역사회보장계획

지역사회보장계획은 4년마다 수립하고 매년 연차별 시행계획을 수립하며 각 장관의 기본계획과 종합계획은 5년마다 수립합니다.

① 지역사회보장계획은 2015년「사회보장급여법」시행에 따라 지역사회복지계획에서 지역사회보장계획으로 변경되었다.

② 지역사회보장계획은 시 · 군 · 구청장이 4년마다 수립하고 매년 지역사회보장계획에 따라 연차별 시행계획을 수립한다.

③ 지역사회보장계획의 수립

핵심문제

01 지방자치제에 관한 설명으로 옳은 것을 모두 고른 것은? [22회]

ㄱ. 지방자치제는 자기통치원리를 담고 있다.
ㄴ. 지방자치는 주민자치와 단체자치를 일컫는다.
ㄷ. 지방자치단체는 사회복지시설을 평가할 수 있다.
ㄹ. 지방자치법을 제정함으로써 지방 분권을 위한 법적 장치가 만들어졌다.

① ㄱ, ㄴ
② ㄷ, ㄹ
③ ㄱ, ㄴ, ㄷ
④ ㄱ, ㄴ, ㄹ
⑤ ㄱ, ㄴ, ㄷ, ㄹ

정답 ⑤

해설 지방자치제(지방분권화)는 중앙정부의 권한을 받은 지방정부가 스스로 지역의 공공사무를 처리하는 것으로 지방정부의 자율성을 강화하고 지역 간 균형발전을 도모하는 데 있다.

핵심문제

02 사회복지협의회에 관한 설명으로 옳지 않은 것은? [19회]

① 「사회복지사업법」에 근거를 둔 법정단체이다.
② 민 · 관 협력을 위해 시 · 군 · 구에 설치된 공공기관이다.
③ 한국사회복지협의회는 기타 공공기관으로 지정되었다.
④ 사회복지기관 간 연계 · 협력 · 조정 등의 업무를 수행한다.
⑤ 광역 및 지역 단위 사회복지협의회는 독립적인 사회복지법인이다.

정답 ②

해설 사회복지협의회는 지역사회의 여러 기관들이 모여 함께 지역의 사회복지문제를 해결하기 위해 협의하고 조정하는 민간기관으로 클라이언트에 직접적인 서비스를 제공하기보다는 기관이나 조직을 지원하는 성격이 강한 기관이다. 민 · 관 협력을 위해 시 · 군 · 구에 설치된 공공기관은 지역사회보장협의체이다.

03 지역사회보장에 관한 계획(이하 '지역사회보장계획')에 관한 설명으로 옳은 것은? [22회]

① 시장 · 군수 · 구청장은 4년마다 지역사회보장계획을 수립한 후 보건복지부장관에게 제출한다.
② 시 · 군 · 구의 지역사회보장계획은 시 · 도사회보장위원회의 심의를 거친다.
③ 지역사회보장계획은 「사회복지사업법」에 의거 매년 연차별 시행계획을 수립한다.
④ 시 · 도의 지역사회보장계획은 지역사회보장협의체의 심의를 거친다.
⑤ 지역사회보장계획의 수립 및 지역사회보장조사의 시기 · 방법 등에 필요한 사항은 대통령령으로 정한다.

정답 ⑤

해설 ① 시장 · 군수 · 구청장은 4년마다 지역사회보장계획을 수립한 후 시 · 도지사에게 제출한다.
② 시 · 군 · 구의 지역사회보장계획은 지역사회보장협의체의 심의를 거친다.
③ 지역사회보장계획은 「사회보장급여의 이용 · 제공 및 수급권자 발굴에 관한 법률」에 의거 매년 연차별 시행계획을 수립한다.
④ 시 · 도의 지역사회보장계획은 시 · 도사회보장위원회의 심의를 거친다.

8 지역사회복지 추진 및 재편

KEYWORD 12 지역사회복지관 9 10 11 12 14 15 16 17 19 20 21 22 23

학습 가이드

1. 사회복지관의 한 부분에서 출제되기보다는 전체적인 내용을 알고 있는지 물어보는 문제가 더 많이 출제됩니다.

01 지역사회복지관의 기본원칙

① 지역성의 원칙 : 지역의 욕구 및 문제를 정확하게 파악하여 지역사회의 문제를 해결할 수 있도록 서비스를 제공하여야 한다.
② 전문성의 원칙 : 프로그램 진행 시 전문 인력이 프로그램을 진행하도록 하여야 하고 재교육을 통하여 전문성을 향상시켜야 한다.

③ 책임성의 원칙 : 최고의 서비스 제공할 수 있도록 최선의 노력을 다해야 한다.

④ 자율성의 원칙 : 자원과 능력, 전문성을 최대한 발휘할 수 있도록 자율적으로 운영하여야 한다.

⑤ 통합성의 원칙 : 사회복지관 간 서로 연계성과 통합성을 강화시켜 지역사회복지체계를 효율적이고 효과적으로 운영하여야 한다.

⑥ 지원동원과 효율적 활용의 원칙 : 주민 욕구에 따른 필요한 자원은 지역사회 내에 있는 자원을 최대한 동원하여 활용하여야 한다.

⑦ 중립성의 원칙 : 정치, 영리, 종교 활동 등에 이용되지 않고 중립적이어야 한다.

⑧ 투명성의 원칙 : 자원을 효율적으로 이용하고 운영과정상 투명성을 유지해야 한다.

2. 사회복지관의 사회복지서비스에 대한 문제가 사례로 나온 만큼 사례에 대한 대비도 필요합니다.

사회복지관의 기본원칙과 전달체계 구축의 주요원칙을 구분하여 암기해야 합니다.

02 지역사회복지관 이용대상

① 사회복지서비스 욕구를 가지고 있는 모든 지역주민으로 한다. 다만, 다음의 주민을 우선적인 사업대상으로 하여야 한다.

② 우선 이용대상

㉠ 국민기초생활보장 수급자, 차상위계층 등 저소득 주민

㉡ 장애인, 노인, 모 · 부자가정 등 취약계층 주민

㉢ 직업 · 부업 훈련 및 취업알선이 필요한 주민

㉣ 유아, 아동 또는 청소년의 보호 및 교육이 필요한 주민

03 사업내용

① 사례관리 기능

사례발굴	지역 내 보호가 필요한 대상자 및 위기 개입대상자를 발굴하여 개입계획을 수립한다.
사례개입	지역 내 보호가 필요한 대상자 및 위기 개입대상자의 문제와 욕구에 대한 맞춤형서비스가 제공될 수 있도록 사례에 개입한다.
서비스연계	사례개입에 필요한 지역 내 민간 및 공공의 가용자원과 서비스에 대한 정보를 제공 및 연계 · 의뢰한다.

② 서비스제공 기능

가족기능 강화사업	가족관계증진사업, 가족기능보완사업, 가정문제해결 · 치료사업, 부양가족지원사업
지역사회 보호사업	급식서비스, 보건의료서비스, 경제적 지원, 일상생활지원, 정서서비스, 일시보호서비스, 재가복지봉사서비스
교육문화사업	아동 · 청소년 사회교육, 성인기능교실, 노인 여가 · 문화, 문화복지사업
자활지원사업	직업능력개발, 직업기능훈련, 취업알선

③ 지역조직화 기능

복지네트워크 구축	지역 내 복지기관 · 시설들과 네트워크를 구축함으로써 복지서비스 공급의 효율성을 제고하고, 사회복지관을 지역복지 중심으로서의 역할로 강화하는 사업이다. 예 지역사회연계사업, 지역욕구조사, 실습지도 등
주민조직화	주민이 지역사회문제에 스스로 참여하고 공동체 의식을 갖도록 주민 조직의 육성을 지원하며, 이러한 주민협력강화에 필요한 주민의식을 높이기 위한 교육을 실시하는 사업이다. 예 주민복지증진사업, 주민조직화사업, 주민교육 등
자원개발 및 관리	지역주민의 다양한 욕구 충족 및 문제해결을 위해 필요한 인력, 재원 등을 발굴하여 연계 및 지원하는 사업이다. 예 자원봉사자 개발 · 관리, 후원자 개발 · 관리 등

핵심문제

01 사회복지관 사업 내용 중 지역사회 조직화 기능에 해당하는 것은? [21회]

① 독거노인을 위한 도시락 배달
② 한부모 가정 아동을 위한 문화 프로그램 제공
③ 아동 자립생활 지원을 위한 후원자 개발
④ 학교 밖 청소년을 위한 직업기능 교육
⑤ 장애인 일상생활 지원을 위한 서비스 제공

정답 ③

해설 사회복지관 지역조직화 기능에는 복지 네트워크 구축, 주민조직화, 자원개발 및 관리의 기능이 있다. 자원개발 및 관리의 기능에는 자원봉사자 개발 · 관리, 후원자 개발 · 관리에 대한 내용이 포함된다.

02 사회복지관의 사업내용 중 기능이 다른 것은? [22회]

① 지역 내 보호가 필요한 대상자 및 위기 개입 대상자 발굴
② 개입 대상자의 문제와 욕구에 맞는 맞춤형 서비스 제공을 위한 사례 개입
③ 지역 내 민간 및 공공자원 연계 및 의뢰
④ 발굴한 사례에 대한 개입계획 수립
⑤ 주민 협력 강화를 위한 주민의식 교육

정답 ⑤

해설 주민 협력 강화를 위한 주민의식 교육은 지역조직화 기능에 대한 내용이다. ①~④는 사례관리 기능에 대한 내용이다.

사회적 경제 12 14 15 16 17 18 19 20 21 22 23

01 사회적 경제의 개념

사회적 경제는 이윤을 남기려고 하는 시장 경제와는 다르게 사람을 우선순위에 두는 사람중심의 경제활동을 의미한다.

02 사회적 경제의 주체

① 자활기업 : 「국민기초생활보장법」을 근거로 2인 이상의 수급자 또는 저소득층이 상호 협력하여 조합 또는 사업자의 형태로 탈빈곤을 위한 자활사업을 운영하는 기업이다. 조합 또는 부가가치세법상의 사업자로 한다.

② 사회적 기업 : 「사회적 기업 육성법」을 근거로 취약계층에게 사회서비스 또는 일자리를 제공하거나 지역사회에 공헌함으로써 지역주민의 삶의 질을 높이는 사회적 목적을 추구하면서 재화 및 서비스의 생산과 판매 등 영업활동을 하는 기업이다.

③ 마을기업 : 「도시재생 활성화 및 지원에 관한 특별법」을 근거로 지역주민 또는 단체가 해당 지역의 인력, 향토, 문화, 자연, 자원 등 각종 자원을 활용하여 생활환경을 개선하고 지역공동체를 활성화하여 소득 및 일자리를 창출하기 위하여 운영하는 기업이다. 회원 외에도 지역 주민의 의견을 적극 반영한다.

④ 협동조합 : 「협동조합기본법」을 근거로 재화 또는 용역의 구매 · 생산 · 판매 · 제공 등을 협동으로 영위함으로써 조합원의 권익을 향상하고 지역사회에 공헌하고자 하는 사업조직이다. 발기인은 5인 이상의 조합원 자격을 가진 자가 된다.

학습 가이드

사회적 경제에 대한 종류와 개념이 꾸준히 출제되고 있습니다.

사회적 경제의 주체들은 사회적 목적을 추구하지만 모두 이윤추구를 한다는 것을 기억해야 합니다.

사회적 경제는 독자적인 운영을 통해 사회적 재화와 서비스를 공급하는 경제활동을 의미합니다.

핵심문제

01 사회적 경제에 관한 설명으로 옳은 것을 모두 고른 것은? [20회]

ㄱ. 사회적 기업은 경제적 이익을 추구한다.
ㄴ. 사회적 경제는 자본주의 시장경제의 대안모델이다.
ㄷ. 사회적 협동조합의 목적은 취약계층에게 사회서비스 또는 일자리를 제공하는 것이다.

① ㄱ　② ㄴ　③ ㄱ, ㄴ
④ ㄴ, ㄷ　⑤ ㄱ, ㄴ, ㄷ

정답 ⑤

해설 사회적 경제는 이윤을 남기려고 하는 시장 경제와는 다르게 사람을 우선순위에 두는 사람 중심의 경제활동을 의미한다. 사회적 약자에게 재화와 서비스를 공급하는 제3부문으로 사회적 재화와 서비스를 공급하는 경제활동을 말한다. 사회적 목적과 민주적 운영 원리를 가진 호혜적 경제활동 조직이다. 1800년대 초에 유럽과 미국에서 협동조합, 사회적 기업, 상호부조조합, 커뮤니티 비지니스 등의 형태로 등장하였고 우리나라의 경우 두레나 농민협동조합으로 등장하였다.

핵심문제

02 다음 설명을 모두 충족하는 것은? [22회]

- 지역공동체에 기반하여 활동한다.
- 「도시재생 활성화 및 지원에 관한 특별법」에 근거를 두고 있다.
- 주민이 지역자원을 활용한 수익사업을 통해 지역공동체를 활성화한다.

① 사회적 기업
② 마을기업
③ 자활기업
④ 협동조합
⑤ 자선단체

정답 ②

해설 마을기업은 「도시재생 활성화 및 지원에 관한 특별법」을 근거로 지역주민 또는 단체가 해당 지역의 인력, 향토, 문화, 자연, 자원 등 각종 자원을 활용하여 생활환경을 개선하고 지역공동체를 활성화하여 소득 및 일자리를 창출하기 위하여 운영하는 기업이다. 회원 외에도 지역주민의 의견을 적극 반영한다.

9 지역사회복지운동

KEYWORD 14 아른스테인의 주민참여 8단계와 주민참여 방법

9 10 12 13 14 15 16 17 19 20 21 22 23

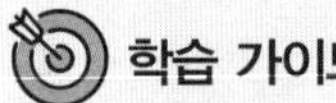

학습 가이드

1. 아른스테인의 주민참여 단계는 매회 한 문제씩 출제되고 있습니다.
2. 지역사회문제에 대한 욕구를 파악하기 위해 주민이 참여하는 방법에 대한 문제가 자주 출제됩니다.

01 아른스테인의 주민참여 8단계

비참여 상태		형식적 참여			주민권력		
1	2	3	4	5	6	7	8
조작	치료	정보제공	상담	회유	협동관계	권한위임	주민통제

① 비참여 상태 : 주민을 의사결정에 참여시키지 않는 상태이다.
  ㉠ 1단계 조작 : 공무원이 일방적으로 교육, 설득시키고 주민은 단순히 참석하는 수준이다.
  ㉡ 2단계 치료 : 주민의 욕구 불만을 일정한 사업에 분출시켜 치료하는 단계로 일방적인 지도에 그친다.

② 형식적 참여 : 주민은 정보를 제공 받고 상담도 하고 회유를 통해 참여를 하지만 영향력은 약한 상태이다.

㉠ 3단계 정보제공 : 주민에게 일방적으로 정보를 제공하여 환류는 잘 일어나지 않는다.

㉡ 4단계 상담 : 공청회나 집회 등의 방법으로 행정에 참여하기를 유도하고 있으나 형식적인 단계이다.

㉢ 5단계 회유 : 주민의 참여범위가 확대되지만 최종적인 판단은 행정기관이 한다는 점에서 제한적이다.

③ **주민권력** : 주민이 의사결정의 주도권을 갖고 있으며 권력의 재분배가 가능하다.

㉠ 6단계 협동관계 : 행정기관이 최종결정권을 가지고 있지만 주민들이 필요한 경우 그들의 주장을 협상으로 유도할 수 있다.

㉡ 7단계 권한위임 : 주민들이 우월한 결정권을 행사하고 집행단계에서도 강력한 권한을 행사한다.

㉢ 8단계 주민통제 : 주민 스스로 입안, 결정에서 집행, 평가까지 모든 것을 주민이 통제하는 단계이다.

TIP
아른스테인의 주민참여 8단계의 문제의 난이도가 높아지고 있는 만큼 주민참여 단계의 순서와 내용을 암기해야 합니다.

02 주민참여 방법

① **전시회** : 주민들이 이해할 수 있고 모든 주민이 볼 수 있는 곳에서 이루어져야 한다. 홍보와 주민의 의견을 파악하는 것이 목적이다.

② **공청회** : 지역주민을 모아 주민의 의사를 파악하는 방법으로 예비공청회, 최종 결정 공청회, 최종 공청회로 나뉜다.

③ **설문조사** : 과학적인 분석도구로 지역주민의 욕구를 파악하는 방법이다.

④ **델파이기법** : 전문가들이 직접적으로 대면하지 않고 우편을 통하여 합의점을 도출하는 방법이다. 익명성이 보장된다는 장점이 있는 반면에 2회 이상 실시하기에 장기적인 방법으로 시간과 비용이 많이 드는 단점이 있다.

⑤ **명목집단기법** : 지역주민을 한자리에 모아 지역에 영향을 미치는 문제나 이슈를 제시하도록 하고 참가자들로 하여금 열거된 문제에 대한 해결책의 우선순위를 종이에 적어 평점이 제일 높은 해결책을 선택하는 방법으로 욕구조사와 우선순위를 결정할 수 있는 유용한 방법이다.

⑥ **초점집단기법** : 질적 자료수집방법 중 하나로서 6~10명 정도의 소집단으로 구성되며 여러 명이 동시에 질의와 응답에 참여할 수 있고, 집중적인 토론에 유용한 방법이다.

⑦ **샤레트기법** : 정치가, 정부, 지역주민이 비공식적으로 모여 대화를 통하여 합의점을 도출하는 방법이다.

TIP
욕구파악방법은 사회복지조사론과 중복되므로 함께 학습하는 것이 효과를 높이는 방법입니다.

핵심문제

01 지역사회 욕구사정 방법에 관한 설명으로 옳은 것은? [21회]

① 명목집단기법 : 지역주민으로부터 설문조사를 통해 직접적으로 자료를 획득
② 초점집단기법 : 전문가 패널을 대상으로 반복된 설문을 통해 합의에 이를 때까지 의견을 수렴
③ 델파이기법 : 정부기관이나 사회복지관련 조직에 의해 수집된 기존 자료를 활용
④ 지역사회포럼 : 지역주민이 참여할 수 있는 공개 모임을 개최하여 구성원의 의견을 모색
⑤ 사회지표분석 : 지역사회문제를 잘 파악하고 있는 사람들을 대상으로 정보를 확보

정답 ④

해설 ① 명목집단방법은 지역주민을 한자리에 모아 지역에 영향을 미치는 문제나 이슈를 제시하도록 하고 참가자들로 하여금 열거된 문제에 대한 해결책의 우선순위를 종이에 적어 평점이 제일 높은 해결책을 선택하는 방법으로, 욕구조사와 우선순위를 결정할 수 있는 유용한 방법이다. 지역주민으로부터 설문조사를 통해 직접적으로 자료를 획득하는 방법은 설문조사법이다.

② 초점집단방법은 질적 자료수집방법 중 하나로서 6~10명 정도의 소집단으로 구성되며 여러 명이 동시에 질의와 응답에 참여할 수 있고, 집중적인 토론에 유용한 방법이다. 전문가 패널을 대상으로 반복된 설문을 통해 합의에 이를 때까지 의견을 수렴하는 방법은 델파이기법이다.

③ 델파이기법은 전문가들이 직접적으로 대면하지 않고 우편을 통하여 합의점을 도출하는 방법이다. 익명성이 보장된다는 장점이 있는 반면에 2회 이상 실시하기에 장기적인 방법으로 시간과 비용이 많이 드는 단점이 있다. 정부기관이나 사회복지관련 조직에 의해 수집된 기존 자료를 활용하는 방법은 사회지표분석이다.

⑤ 사회지표분석은 일정 인구가 생활하는 지역의 지역적, 생태적, 사회적, 경제적 및 인구적 특성(사회지표)에 근거하여 지역사회의 욕구를 추정할 수 있다는 전제하에 사회지표를 분석이다. 지역사회문제를 잘 파악하고 있는 사람들을 대상으로 정보를 확보는 주요정보제공자이다.

02 아른스테인(S. Arnstein)이 분류한 주민참여단계에 해당하지 않는 것은? [22회]

① 협동관계
② 정보제공
③ 주민회유
④ 주민동원
⑤ 권한위임

정답 ④

해설 아른스테인의 주민참여 8단계

비참여 상태		형식적 참여			주민권력		
1.조작	2.치료	3.정보제공	4.상담	5.회유	6.협동관계	7.권한위임	8.주민통제

KEYWORD 15 지역사회복지운동 9 15 17 18 19 20 23

01 의의

① 지역주민의 주체성 및 역량을 강화하고 지역사회의 변화를 주도하는 조직운동이다.

② 주민참여 활성화에 의해 복지에 대한 권리의식과 시민의식을 배양하는 사회권(복지권) 확립의 운동이다.

③ 지역주민의 삶의 질과 관련된 생활영역에 주된 관심을 두므로, 지역사회복지의 확산과 발전을 위한 생활운동으로서의 의미를 가진다.

④ 지역사회의 다양한 자원 활용 및 관련 조직들 간의 유기적인 협력이 이루어지는 동원운동(연대운동)이다.

⑤ 인간성 회복을 위한 인도주의 정신과 사회적 가치로서 사회정의를 실현하고자 하는 사회개혁운동이다.

02 특성

① 지역주민의 생활근거지로서 지역사회를 기반으로 한다.

② 지역주민의 삶의 질과 관련된 생활영역을 포함한다.

③ 지역주민, 지역사회활동가, 사회복지전문가는 물론 사회복지시설 종사자 및 사회복지서비스 이용자도 사회복지운동의 주체가 될 수 있다.

④ 지역사회문제를 해결하기 위한 목적지향성을 가진다.

⑤ 지역사회복지운동에는 다양한 이념이 사용될 수 있다.

학습 가이드

지역사회복지운동에 대한 문제가 자주 출제되고 있어 지역사회복지운동의 특성, 개념 등을 암기해야 합니다.

지역사회복지운동은 지역주민의 삶의 질 향상을 위해 주민 전체가 참여한다는 것을 기억해야 합니다.

지역사회복지운동의 구성요소

- 지역사회주민들의 주체적 참여
- 공동체의식 강화
- 제도적립과 제반 환경을 조성

핵심문제

01 지역사회복지운동에 관한 설명으로 옳은 것은? [19회]

① 계획되지 않은 조직적 활동이다.
② 사회복지전문가 중심의 활동이다.
③ 개인의 성장과 변화에 우선적인 초점을 둔다.
④ 노동자, 장애인 등 일부 주민을 대상으로 한다.
⑤ 복지권리 · 시민의식을 배양하는 사회권 확립운동이다.

정답 ⑤

해설 지역사회복지운동은 지역사회의 변화를 주도하는 조직운동, 복지권리의식과 시민의식을 배양하는 사회권 확립운동, 주민의 삶의 질 향상 운동이다.
① 지역사회복지운동은 목적지향적 조직활동이다.
② 지역사회 주민들의 주체적 참여활동이다.
③ 지역사회의 성장과 변화에 우선적인 초점을 둔다.
④ 노동자, 장애인뿐 아니라 지역사회 전체 주민을 대상으로 한다.

02 지역사회복지운동에 관한 설명으로 옳지 않은 것은? [20회]

① 지역사회복지운동의 계층적 기반은 노동운동이나 여성운동과 같이 뚜렷하다.
② 지역사회복지운동의 주된 관심사는 주민 삶의 질과 관련된 생활영역에 있다.
③ 지역사회의 다양한 자원 활용 및 조직 간 유기적 협력이 이루어진다.
④ 지역사회복지운동에는 다양한 이념이 사용될 수 있다.
⑤ 지역사회복지운동의 주체는 사회복지전문가, 지역활동가, 지역사회복지이용자 등 다양하다.

정답 ①

해설 지역사회복지운동은 지역주민의 욕구와 문제를 해결하기 위하여 지역사회의 역량을 강화시켜 주민들의 욕구충족과 지역공동체 형성이라는 목적을 달성하려는 조직적인 운동이다. 지역사회 주민 전체를 기반으로 하는 활동으로 노동운동이나 민중운동과 같이 정해진 계층이 있는 것이 아니라 지역사회 주민의 발전에 초점을 두고 있다.

빈출문제로 마무리하기

5과목 지역사회복지론

지역사회 학자별 정의

01 지역사회복지의 기능과 사례의 연결로 옳지 않은 것은? [14회]

① 상부상조 기능 : 수급자인 독거어르신을 위하여 주민 일촌 맺기를 실시하여 생계비를 연계 지원한다.
② 생산 · 분배 · 소비 기능 : 지역주민이 생산한 채소를 마을 공동 판매장에 진열하여 판매한다.
③ 사회화 기능 : '갑' 마을에서는 인사 잘하는 마을 만들기를 위하여 조례를 제정하고, 위반하는 청소년에게 벌금을 강제로 부과한다.
④ 사회통제 기능 : 지역사회에서 안전한 생활영위를 위하여 법률로 치안을 강제하고, 법과 도덕을 지키게 한다.
⑤ 사회통합 기능 : '을' 종교단체가 지역주민 어르신을 대상으로 경로잔치를 개최하고 후원물품을 나누어 준다.

해설 사회화 기능은 가족제도로 지식이나 사회적 가치, 행동 양태를 사회구성원에게 전달시키는 과정이다.

지역사회 학자별 정의

02 지역사회 개념에 관한 설명으로 옳지 않은 것은? [15회]

① 지리적 지역사회는 일정한 지리적 공간을 공유하는 사람들의 집단을 의미한다.
② 기능적 지역사회는 구성원 공동의 이익과 이해관계를 같이하는 공동체를 의미한다.
③ 지역사회는 사회적 상호작용과 연대성을 기초로 한다.
④ 지역사회는 이익사회에서 공동사회로 발전한다.
⑤ 가상공동체는 새로운 형태의 지역사회로 등장하고 있다.

해설 지역사회는 산업화로 인하여 지리적 의미인 공동사회에서 기능적 의미인 이익사회로 발전하고 있다.

지역사회복지실천

03 지역사회복지 이념에 관한 설명으로 옳은 것은? [14회]

① 정상화는 1950년대 덴마크를 비롯한 북유럽에서 시작된 이념이다.
② 탈시설화는 무시설주의를 지향하는 것이다.
③ 네트워크를 통하여 지역 구성원의 개인정보를 누구나 공유할 수 있다.
④ 주민참여 이념은 주민자치, 주민복지로 설명되며 지역유일주의를 지향한다.
⑤ 사회통합은 세대 간, 지역 간 차이에서 발생하는 경제적 우의를 추구하기 위해 노력한다.

해설 정상화는 장애인이 지역사회에서 인간으로서의 가치를 지니고 정상적인 생활을 유지할 수 있는 것을 의미하며, 1950년 덴마크의 뱅크 미켈슨이 처음 정신 지체아 부모회에서 사용한 단어이다.

정답 01 ③ 02 ④ 03 ①

실천이론

04 사회복지사는 '아동보호를 위한 마을 만들기 지원사업'을 시작하기 위해 지역사회복지이론에 기초한 실천을 계획하였다. 다음 중 옳은 것을 모두 고른 것은? [13회]

> ㄱ. 사회체계이론의 관점에서 학교나 병원과 같은 아동 관련 하위체계를 조사하고 방문할 계획이다.
> ㄴ. 생태학이론의 관점에서 과거부터 지금까지의 아동 관련 지역사회 활동을 조사할 계획이다.
> ㄷ. 사회자본이론의 관점에서 '아동이 살기 좋은 마을은 모두에게 안전한 마을'이라는 슬로건하에 지역사회의 호혜성을 강화할 계획이다.
> ㄹ. 갈등이론의 관점에서 학부형의 연대가 중요하므로 비학부형은 참여대상에서 제외할 계획이다.

① ㄱ, ㄴ, ㄷ ② ㄱ, ㄷ
③ ㄴ, ㄹ ④ ㄹ
⑤ ㄱ, ㄴ, ㄷ, ㄹ

해설 아동보호를 위한 마을 만들기 지원사업을 실시하는 데 있어 학부형과 비학부형 간의 갈등이 존재하지 않기 때문에 비학부형을 제외할 필요는 없다.

로스만의 3모델

05 다음은 로스만(J. Rothman)의 지역사회조직모델 중 어떤 모델에 관한 설명인가? [13회]

> • 변화 매개체로서 과업지향의 소집단을 활용한다.
> • 권력구조에 있는 구성원을 협력자로 인식한다.
> • 기본 변화전략은 자신의 문제결정 및 해결에 다수의 사람이 참여하는 것이다.
> • 변화전술로 합의를 사용한다.

① 지역사회연계
② 사회행동
③ 사회계획 및 정책
④ 연합
⑤ 지역사회개발

해설 지역사회개발모델은 과업지향, 합의, 토착적 지도자, 역량강화 및 능력강화, 시민참여 등이 주요 단어이다.

지역사회복지실천의 과정

06 다음은 지역사회복지실천 과정 중 어느 단계에 관한 설명인가? [13회]

> 주거 빈곤의 어려움을 호소하는 클라이언트에 대해 사회복지사는 해당 지역에 대한 조사를 실시한 후 이를 개인의 경제적 문제, 지역사회의 불량주택문제, 공공임대주택정책의 문제 중 어떤 문제로 볼 것인지를 결정하였다.

① 자원계획 및 동원단계
② 목적 및 목표 설정단계
③ 문제발견 및 분석단계
④ 실행단계
⑤ 평가단계

해설 여러 문제 중 우선순위를 정하는 시기이므로 분석단계이다.

사회복지사의 역할

07 다음 밑줄 친 부분에 대한 사회복지사 핵심역할로 옳은 것은? [16회]

> A지역은 공장지대에 위치해 있어 학교이 대기오염도가 매우 높게 나타났다. 그래서 사회복지사는 <u>학생들의 건강권 확보를 위한 조례 제정 입법 활동</u>을 하였다.

① 계획가 ② 옹호자
③ 치료자 ④ 교육자
⑤ 행정가

해설 옹호자는 클라이언트 입장에 서서 정당성을 주장하고 기존 제도로 클라이언트가 불이익을 받을 때 클라이언트 입장에 서서 정책이나 제도를 변화시키는 역할이다. 학생들의 건강권 확보를 위해 조례 제정 입법 활동을 한 것은 옹호자의 역할이다.

정답 04 ① 05 ⑤ 06 ③ 07 ②

지방분권화

08 **지역사회보장협의체에 관한 설명으로 옳지 않은 것은?** [16회]

① 사회보장 관련 서비스 제공 기관과의 연계 · 협력을 강화할 목적으로 운영된다.
② 공공과 민간의 적극적이고 자발적인 참여가 전제되어야 한다.
③ 2015년 지역사회복지협의체가 지역사회보장협의체로 명칭이 변경되었다.
④ 실무협의체는 시 · 군 · 구의 사회보장급여 제공에 관한 사항을 심의 · 자문한다.
⑤ 사회보장 관련 기관 · 법인 · 단체 · 시설 간 연계와 협력 강화를 위해 실무분과를 운영한다.

해설 시 · 군 · 구의 사회보장급여 제공에 관한 사항을 심의 · 자문하는 곳은 대표협의체이다.

지방분권화

09 **최근 지역사회복지에서 해결해야 할 과제로 옳은 것을 모두 고른 것은?** [11회]

ㄱ. 지역사회복지계획의 실효성 제고
ㄴ. 복지재정분권화로 인한 지역 간 사회복지재정의 불균형 해소
ㄷ. 민간복지 전달체계의 네트워크 강화
ㄹ. 중앙정부 중심의 통합적 서비스체계 구축

① ㄱ, ㄴ, ㄷ ② ㄱ, ㄷ
③ ㄴ, ㄹ ④ ㄹ
⑤ ㄱ, ㄴ, ㄷ, ㄹ

해설 지방분권화가 되어 지역 간의 자립도에 따른 격차가 발생하여 격차를 줄이기 위해 노력해야 한다.

사회적 경제

10 **지역사회복지영역에서 사회적 경제에 관한 설명으로 옳지 않은 것은?** [16회]

① 사회적 가치실현을 중요시한다.
② 사회적 기업은 사회적 일자리 창출을 목적으로 한다.
③ 사회적 기업은 이윤창출이 제한된다.
④ 마을기업은 지역공동체에 기반하여 활동한다.
⑤ 협동조합은 조합원 자격자 5인 이상으로 설립한다.

해설 사회적 기업은 사회적 일자리 창출을 목적으로 하기 때문에 사회적 기업이 지속되기 위해서는 이윤창출이 중요하다.

지역사회복지 추진 및 재편

11 **우리나라 사회복지관에 관한 설명으로 옳지 않은 것은?** [15회]

① 사회복지관 사업이 지방이양사업으로 선정되어 재정지원방법이 변경되었다.
② 사회복지관 5대 사업이 사례관리 기능, 서비스제공 기능, 지역조직화 기능 등 3대 기능으로 재편되었다.
③ 사회복지관 운영은 「사회보장기본법」에 근거한다.
④ 사회복지관 평가제도가 실시되고 있다.
⑤ 사회복지관의 운영원칙으로 지역성, 전문성, 책임성 등이 있다.

해설 사회복지관의 운영은 「사회보장기본법」이 아니라 「사회복지사업법」에 근거한다.

지역사회복지운동

12 **지역사회복지운동에 해당하지 않는 것은?** [15회]

① 지역사회의 변화를 주도하는 조직운동
② 노동자 계층의 소득수준을 높이는 민중운동
③ 지역사회복지의 확산과 발전을 위한 생활운동
④ 복지권리의식과 시민의식을 배양하는 사회권 확립운동
⑤ 지역사회 관련조직 간의 유기적인 협력이 이루어지는 연대운동

정답 08 ④ 09 ① 10 ③ 11 ③ 12 ②

해설 지역사회복지운동은 지역주민의 욕구와 문제를 해결하기 위하여 지역사회의 역량을 강화시켜 주민들의 욕구충족과 지역공동체 형성이라는 목적을 달성하려는 조직적인 운동으로, 노동자 계층의 소득수준을 높이는 민중운동과는 거리가 멀다.

지역사회의 역사

13 영국의 지역사회보호 역사 중 다음의 특성 모두와 관련 있는 것은? [15회]

- 사회서비스 부서 창설 제안
- 대인사회서비스
- 지역사회를 사회서비스 제공자로 인식
- 서비스의 협력 및 통합

① 시봄(Seebohm) 보고서
② 하버트(Haebert) 보고서
③ 바클레이(Barclay) 보고서
④ 그리피스(Griffiths) 보고서
⑤ 베버리지(Beveridge) 보고서

해설 시봄 보고서는 지역 사회는 사회 서비스의 수혜자이면서 서비스 제공자로 인식한다. 사회 서비스의 행정적인 재조직에 초점을 두고 클라이언트의 욕구에 대응할 수 있도록 여러 부서에 분리되어 있는 서비스 통합의 중요성을 강조한다. 지역사회복지에 관심을 두고 비공식적 서비스와 지역사회 주민의 참여를 강조한다.

웨일과 갬블의 8모델

14 다음은 지역사회복지의 실천모델 중 어떤 모델에 관한 설명인가? [13회]

웨일과 갬블(Weil & Gamble)이 제시한 모델로 사회적 · 경제적 환경의 변화를 위한 구성원의 능력개발을 목표로 하며, 사회복지사의 주된 역할은 조직가, 교사, 촉진자이다.

① 근린지역사회조직　② 사회계획
③ 정치적 권력강화　④ 지역사회연계
⑤ 프로그램 개발 및 조정

해설 근린지역사회조직모델은 지리적 개념의 지역사회에 초점을 두고 지역주민의 삶의 질을 향상시키고 스스로 역량을 강화시키기 위해 지역주민의 역량을 개발하는 데 있다.

테일러와 로버츠

15 테일러와 로버츠의 지역사회복지실천모델이 아닌 것은? [14회]

① 정치적 권력강화　② 지역사회개발
③ 지역사회연계　④ 연합
⑤ 계획

해설 테일러와 로버츠의 지역사회복지실천모델은 프로그램 개발 및 조정모델, 계획모델, 지역사회연계모델, 지역사회개발모델, 정치적 행동 및 역량강화모델 있다. 연합모델은 웨일과 갬블의 모델이다.

지방분권화

16 지역사회보장협의체에 관한 설명으로 옳지 않은 것을 모두 고른 것은? [13회]

ㄱ. 공공 간의 연계방식으로 시작해서 공공과 민간의 연계방식으로 전개되었다.
ㄴ. 지역사회복지자원을 개발하고, 발굴하는 기능을 가지고 있다.
ㄷ. 시 · 도에서 전달되는 상위계획은 실무분과에서 심의권을 가진다.
ㄹ. 실무협의체에서는 실무분과에서 발의된 쟁점에 대해 논의한다.

① ㄱ, ㄴ, ㄷ　② ㄱ, ㄷ
③ ㄴ, ㄹ　④ ㄹ
⑤ ㄱ, ㄴ, ㄷ, ㄹ

해설 ㄱ. 지역사회보장협의체는 처음부터 공공과 민간의 연계방식으로 전개되었다.
ㄷ. 시 · 도에서 전달되는 상위계획은 대표협의체에서 심의권을 가진다.

정답 13 ① 14 ① 15 ④ 16 ②

3교시

사회복지정책과 제도

6과목 | 사회복지정책론

7과목 | 사회복지행정론

8과목 | 사회복지법제론

6과목 사회복지정책론

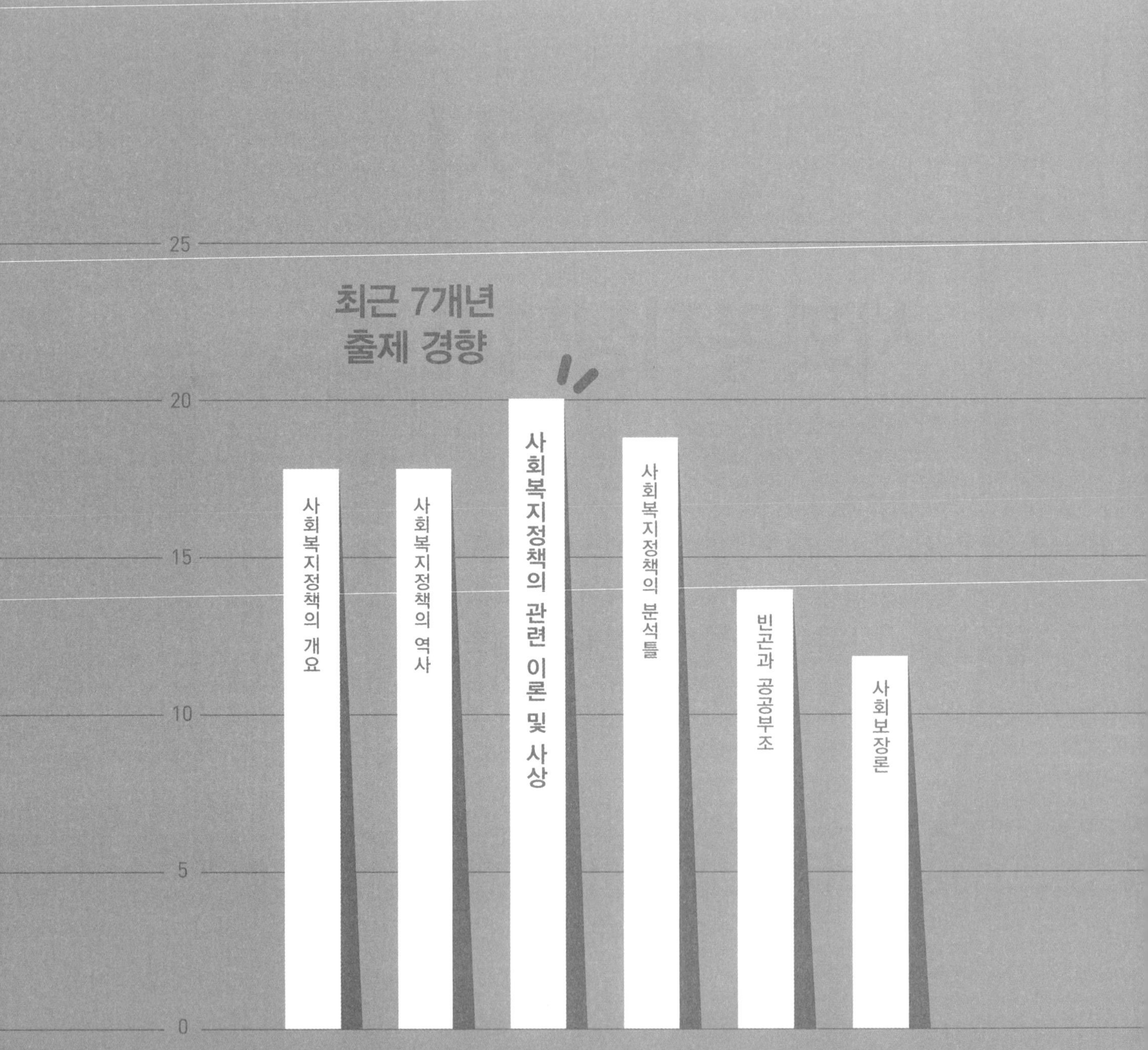

25
최근 7개년
출제 경향
20
15
10
5
0
사회복지정책의 개요
사회복지정책의 역사
사회복지정책의 관련 이론 및 사상
사회복지정책의 분석틀
빈곤과 공공부조
사회보장론

1 사회복지정책의 개요

KEYWORD 01 국가복지의 정당성(시장실패) 10 11 12 17 18 19 20 21 22 23

01 공공재적 성격

① 공공재적 성격이란 공동으로 사용하는 재화나 서비스를 의미하는데, 한 사람의 필요에 의해 공급되어도 다른 사람에게도 혜택이 돌아갈 수 있는 것이다.
② 시장에 맡길 경우 비용을 지불하지 않고 사용하는 무임승차가 나올 수 있어 누구도 비용을 지불하지 않으려고 한다.

02 규모의 경제

대규모의 물건을 만들 때 단가를 절감할 수 있는 것을 의미하는데 민간에서 사회복지서비스를 제공하는 것보다 국가가 사회복지 서비스를 전체적으로 제공하게 되면 서비스의 비용을 절감할 수 있게 된다.

03 외부효과

① 어떤 경제활동을 하면서 다른 사람에게 의도치 않게 이익이나 손해를 주면서 아무런 대가나 비용을 지불하지 않는 상태를 의미한다.
② 긍정적 효과는 다른 사람으로 인하여 이익을 보는 것을 의미하고, 부정적 효과는 다른 사람으로 인하여 손해를 보는 것을 의미한다.

04 정보의 비대칭성

거래자 간에 정보의 양이 달라 불균등한 구조를 말하는 것이다.

① **도덕적 해이** : 보험가입자가 보험에 가입하고 나서 보험에 들기 전에 조심하던 행동들을 하지 않는 것을 의미한다.
② **역의 선택** : 비대칭적 정보 또는 불완전한 정보로 인하여 보험시장에 불합리한 결과가 발생하는 현상을 의미한다.

05 위험의 상호 의존성

한 사람이 위험에 처할 가능성이 다른 사람과 상호 관련이 되어 있을 때에는 민간의 보험회사에서는 제공되기 어렵기 때문에 국가만이 보험 상품을 보장할 수 있다.

06 사회복지정책의 역기능

① **국가에 의한 사회복지 정책의 한계** : 국가는 사회복지정책을 실행하는 데 필요한 재원을 국민으로부터 받고, 필요한 국민에게 재분배를 하기 위해 대상자를 선정

학습 가이드

1. 국가복지의 정당성은 매번 시험에 출제될 정도로 출제 빈도가 높으므로 내용을 확실히 알아야 합니다.
2. 사회복지정책의 전달체계에서 중앙정부의 장점과 겹치는 부분이므로 함께 공부하도록 합니다.

비배타성

소비를 위하여 비용을 지불하지 않은 사람이라 하여 그 소비에서 배제할 수 없는 현상, 무임승차 현상이 발생하므로 세금을 통해 강제 지불토록 한다.

가치재(준공공재)

어떤 재화의 제공이 사회적으로 바람직하나 개인들이 그 재화에 대한 욕구를 숨기거나 혹은 무지하여 그 재화의 필요성을 못 느낄 때도 제공해야 하는 재화를 의미한다.

TIP

국가복지의 정당성은 시장실패로 인하여 생기는 문제를 해결하기 위한 해결책입니다.

하고 전달하는 과정에 있어 운영비용이 많이 사용되기 때문에 비용의 비효율성이 나타난다.

② 빈곤함정(빈곤의 덫) : 국민이 근로를 하지 않을 경우 국가의 보조를 받기 때문에 근로를 하기보다는 국가의 보조를 받으려고 빈곤 상태에 머무르는 현상이다. 빈곤함정은 국가의 보조가 많거나 시장의 임금이 적은 경우에 자주 나타난다.

③ 도덕적 해이 : 법이나 제도의 허점을 이용하여 자신의 노력을 하지 않거나 의무를 게을리 하는 것이다.

TIP
시장실패의 문제점을 해결하기 위하여 국가가 복지를 실시하지만 국가복지에도 빈곤함정, 도덕적 해이 등 단점이 생깁니다.

핵심문제

01 사회복지정책의 주체 및 그 역할에 관한 설명으로 옳지 않은 것은? [21회]

① 긍정적 외부효과가 큰 영역은 민간부문이 담당하는 것이 바람직하다.
② 사회복지정책의 주체는 국가, 지방자치단체, 공공복지기관 등 다양하다.
③ 공공재적 성격이 강한 재화나 서비스는 공공부문이 개입하는 것이 바람직하다.
④ 정보의 비대칭성이 강한 영역은 정부가 개입하는 것이 바람직하다.
⑤ 민간복지기관은 정부 및 공공기관에 의하여 권한을 위임받은 경우 사회복지정책의 주체가 될 수 있다.

정답 ①

해설 외부효과가 큰 영역은 공공부문이, 민간부문은 개별화인 경우 담당하는 것이 바람직하다.

02 국가가 주도적으로 사회복지를 제공해야 할 필요성으로 옳지 않은 것은? [22회]

① 역선택
② 도덕적 해이
③ 규모의 경제
④ 능력에 따른 분배
⑤ 정보의 비대칭

정답 ④

해설 국가복지의 정당성에는 공공재적 성격, 규모의 경제, 외부효과, 정보의 비대칭성, 위험의 상호 의존성이 있다. 능력에 따른 분배는 시장경제를 의미한다.

KEYWORD 02 사회복지정책의 가치 10 11 12 13 14 17 18 19 20

01 평등

① 수량적 평등(절대적 평등, 결과의 평등)

㉠ 사회주의처럼 사람의 욕구, 기여, 능력에 상관없이 똑같이 사회적 자원을 배분하는 것을 의미한다.

ⓛ 결과의 평등으로 사회적 차별을 포함하는 사회적 평등을 추구한다.
ⓒ 평등의 개념 중에서 가장 적극적인 의미로 개인의 능력이나 욕구의 차이와 관계없이 사회적 자원을 똑같이 배분한다.
ⓔ 사회복지정책을 통한 결과의 평등 지향은 일부 사회구성원의 소극적 자유를 침해하는 결과를 가져올 수 있다.

② 비례적 평등
ⓐ 사람의 욕구, 기여, 능력에 따라 다르게 사회적 자원을 배분하는 것이다.
ⓛ 스포츠 선수들의 연봉은 개인의 능력과 구단에 대한 기여 등으로 책정된다.
ⓒ 자본주의에서 사용되는 개념으로 공평 또는 형평이라고도 한다.
ⓔ 공공부조의 열등처우원칙이나 사회보험의 보험수리원칙이 해당된다.

③ 기회의 평등
ⓐ 가장 소극적인 평등으로 결과상의 평등을 의미하는 것이 아니라 과정상의 평등을 의미하는 것이다.
ⓛ 장애인의무고용제, 국가유공자의무고용제, 여성고용할당, 드림스타트와 같이 모든 사람을 채용하는 것이 아니라 과정상의 기회를 주는 것이다.

02 자유

① **소극적 자유** : 국가의 구속으로부터 자유 또는 해방의 의미로 개인이 자신의 욕구를 충족하는 데 있어 일정한 유형의 간섭도 없는 것을 의미한다.
② **적극적 자유** : 국가에 대하여 자신이 원하는 것을 말할 수 있는 자유의 의미로 개인이 욕구를 충족하는 데 있어 자유를 보장받는 것을 의미한다.

학습 가이드

1. 사회복지정책의 가치 중 평등의 종류에 대한 내용뿐 아니라 동의어도 암기해야 합니다.
2. 사회복지정책의 가치(평등, 자유)에 대한 이론은 꼭 암기할 부분입니다.

연대는 구성원 간의 통합과 연결을 의미합니다. 최근 우리나라에서는 노동시장의 변화로 노동자들 간 동질성보다는 이질성이 더욱 강화되었습니다.

사회복지정책의 가치는 개별적으로 물어보는 문제보다는 복합적으로 물어보는 문제가 자주 출제됩니다.

1교시 사회복지기초
2교시 사회복지실천
3교시 사회복지정책과 제도

핵심문제

01 사회복지정책의 가치에 관한 설명으로 옳지 않은 것은? [20회]

① 소극적 자유는 자신이 원하는 것을 할 수 있는 자유를 강조한다.
② 평등을 추구하는 사회복지정책은 선택의 자유를 제한한다는 비판이 있다.
③ 형평성이 신빈민법의 열등처우원칙에 적용되었다.
④ 적절성은 일정한 수준의 신체적 · 정신적 복리를 제공하는 것을 의미한다.
⑤ 기회의 평등의 예로 사회적으로 취약한 아동을 위한 적극적 교육 지원을 들 수 있다.

정답 ①

해설 소극적 자유는 국가의 구속으로부터 자유 또는 해방의 의미로 개인이 자신의 욕구를 충족하는 데 있어 일정한 유형의 간섭도 없는 것을 의미한다. 자신이 원하는 것을 할 수 있는 자유는 적극적 자유이다.

핵심문제

02 사회복지정책의 가치에 관한 설명으로 옳은 것은? [19회]

① 비례적 평등은 개인의 능력, 업적, 공헌에 따라 사회적 자원을 분배하는 것을 의미한다.
② 적극적 자유는 타인의 간섭 혹은 의지로부터의 자유를 의미한다.
③ 결과의 평등을 달성하기 위해 부자들의 소득을 재분배하더라도 소극적 자유를 침해하지 않는다.
④ 결과가 평등하다면 과정의 불평등은 상관없다는 것이 기회의 평등이다.
⑤ 기회의 평등은 적극적인 평등의 개념이다.

정답 ①

해설 ② 타인의 간섭 혹은 의지로부터의 자유를 의미하는 자유는 소극적 자유이다.
③ 결과의 평등을 달성하기 위해 부자들의 소득을 재분배하면 부자들의 소극적 자유를 침해한다.
④ 결과가 평등하다면 과정의 불평등은 상관없다는 것은 수량적 평등이다.
⑤ 기회의 평등은 가장 소극적인 평등의 개념이다. 적극적인 평등은 수량적 평등이다.

2 사회복지정책의 역사

KEYWORD 03 영국의 역사 9 10 11 12 13 14 15 16 17 18 19 20 21 22

학습 가이드

1. 사회복지역사는 꾸준히 출제되고 있는 부분으로 흐름과 내용을 자세히 알아두어야 합니다.
2. 영국의 역사에서 자주 출제되고 있는 법의 내용과 법의 제정 순서를 잘 이해해야 합니다.
3. 베버리지 보고서 이후 신자유주의로 인해 복지국가가 재편될 때 민영화에 대한 내용들도 학습해야 합니다.

TIP

도시에 있는 빈민문제를 해결하기 위해 우애방문원들이 활동하였고 이후 중복과 누락의 문제로 자선조직협회가 등장하였습니다.

01 구빈법(1601년)

① 국가의 책임으로 빈민을 구제하기 시작한다.
② 대상자 선정기준 분류
㉠ 노동능력이 있는 빈민 : 작업장에서 노동을 강제하고 거부하면 투옥한다.
㉡ 노동능력이 없는 빈민 : 구빈원에 수용하여 생활을 부양한다.
㉢ 아동 : 24세가 되기 전까지는 장인에게 강제적으로 도제로 보낸다.
③ 공공부조의 효시, 구빈감독관을 임명한다.

02 정주법(1662년)

① 교구마다 구제수준이 달라 좋은 교구를 찾아 유랑하는 빈민을 막기 위한 제도이다.
② 구빈비 상승과 노동력 하락을 막는다.

03 작업장법(1722년)

① 구빈비 억제 정책수단으로 작업장에 빈민이 들어오지 못하게 하였다.
② 민간업자에게 위탁(원내구호)한다.
③ 청부제도(작업장 민간운영, 비인도적 처우, 일반혼합 작업장)의 문제점이 있다.

04 길버트법(1782년)

① 작업장의 인도주의화를 실시하여 작업장에서 일하는 빈민의 열악한 생활과 착취를 개선하려는 목적이다.

② 노동능력이 있는 자에게는 인근 직장에 일자리를 제공하고 취업알선을 통한 원외 구호를 실시한다.

③ 최초의 유급구빈사무원을 채용한다.

TIP
작업장법은 작업장의 빈민들을 비인간적인 처우를 실시하여 지하감옥으로 불렸습니다.

05 스핀햄랜드법(1795년)

① 임금수준이 낮아서 자신과 가족의 생계유지를 위한 빵을 구입하지 못할 경우 부족한 만큼 교구에서 구빈비를 통해 지급해주는 제도이다.

② 가족수당제도, 최저생활보장, 임금보조제도를 실시한다.

③ 인도주의적, 낙인이 없는 현금급여를 실시한다.

④ 보조금으로 임금을 메우려 하기 때문에 낮은 임금이 보편화되고 구빈비가 증가함에 따라 조세에 대한 저항이 커진다.

⑤ 지나친 임금보조로 인한 노동자들의 근로의욕 저하를 가져온다.

TIP
스핀햄랜드법은 근로능력과 관계없이 가족수당제도, 최저생활보장, 임금보조제도를 도입하여 구빈비 상승을 가져옵니다.

06 공장법(1833년)

아동들이 공장에서 비인간적인 처우를 받으며 일하는 것을 방지하기 위해 만들어진 법으로, 아동의 노동조건이나 근로환경을 변화시키기 위한 것이다.

07 신구빈법(1834년)

① **열등처우의 원칙** : 구호를 받는 자는 최저임금을 받는 노동자보다 사회적 조건이나 처우가 더 열등해야 한다.

② **작업장수용의 원칙** : 노동능력이 있는 자에 대한 구제는 작업장 내로만 한정시켜 원내구호만 가능하다.

③ **전국 통일의 원칙(균일처우의 원칙)** : 중앙통제기관을 설치하여 전국적으로 급여를 균일하게 통일한다.

08 베버리지 보고서(1942년)

① 5대악

㉠ 결핍 : 소득보장

㉡ 질병 : 의료보장

㉢ 불결 : 주택정책 또는 공중위생

㉣ 무지 : 교육정책

㉤ 나태 : 정신교육 또는 고용정책

② 5대 프로그램

㉠ 사회보험　　　　　　　　㉡ 공공부조
㉢ 아동(가족)수당　　　　　㉣ 포괄적 건강재활서비스
㉤ 완전고용

③ 소득보장을 위한 전제조건

㉠ 아동(가족)수당 : 가족의 크기와 소득에 의해 수당이 결정되고 아동은 15세까지 수당이 지급된다.
㉡ 포괄적 건강재활 서비스 : 치료뿐 아니라 예방까지 책임진다.
㉢ 완전고용 : 실업수당의 비용은 낭비이기에 가장 중요한 전제조건이다.

④ 사회보험 6원칙

㉠ 정액급여의 원칙 : 소득의 중단이유에 상관없이 똑같은 보험금을 지급한다는 원칙으로 기본적 욕구를 만족시키는 최저생활을 보장한다.
㉡ 균일기여의 원칙 : 소득과 상관없이 국민 누구나 똑같은 각출금을 납부해야 한다.
㉢ 행정책임의 통일화 원칙 : 사회보장성 신설, 모든 기능을 하나로 흡수하여 운영, 행정운영비 낭비를 최소화한다.
㉣ 급여수준의 적정화 원칙 : 급여수준은 일상생활을 영위하는 데 충분한 정도가 되어야 한다.
㉤ 적용범위의 포괄성 원칙 : 포괄성이란 공공부조나 민간보험은 물론 사회보험을 포함한 각종 방법으로 기본적이고도 예측 가능한 모든 욕구를 해결해야 한다.
㉥ 적용대상의 계층화 원칙 : 피용자, 자영업자, 실업자, 전업주부, 아동, 노인 등 6계층으로 분류하고 모든 계층의 욕구를 보장한다.

TIP
시험에서 균일기여를 차등기여로 자주 출제되고 있는 만큼 꼭 암기해야 합니다.

09 사회보험법

① **노령연금법(1908년)** : 70세 이상의 노인에 대하여 자산조사와 도덕성 조사를 통해 연금을 지급하였다.
② **국민보험법(1911년)** : 영국 최초의 사회보험으로, 의료보험과 실업보험으로 제정되었다.

핵심문제

01 영국 구빈제도의 역사에 관한 설명으로 옳지 않은 것은? [21회]

① 1601년 엘리자베스 빈민법은 빈민을 노동능력 있는 빈민, 노동능력 없는 빈민, 빈곤 아동으로 분류하였다.
② 1662년 정주법은 부랑자들의 자유로운 이동을 금지하였다.
③ 1782년 길버트법은 원외구제를 허용하였다.
④ 1795년 스핀햄랜드법은 열등처우의 원칙을 명문화하였다.
⑤ 1834년 신빈민법은 노동능력이 있는 빈민에 대한 원외구제를 폐지하였다.

정답 ④

해설 스핀햄랜드법(1795년)은 임금수준이 낮아서 자신과 가족의 생계유지를 위한 빵을 구입하지 못할 경우 부족한 만큼 교구에서 구빈비를 통해 지급해주는 제도로 가족수당제도, 최저생활보장, 임금보조제도를 실시하였고 인도주의적, 낙인이 없는 현금급여를 실시하였다.

02 영국 사회복지정책의 역사에 관한 설명으로 옳은 것을 모두 고른 것은? [22회]

ㄱ. 길버트법은 빈민의 비참한 생활과 착취를 개선하기 위해 원외구제를 허용했다.
ㄴ. 스핀햄랜드법은 빈민의 임금을 보충하기 위해 가족 수에 따라 보조금을 지급할 수 있게 했다.
ㄷ. 신빈민법은 열등처우의 원칙을 적용하였고 원내구제를 금지했다.
ㄹ. 왕립빈민법위원회의 소수파보고서는 구빈법의 폐지보다는 개혁을 주장했다.
ㅁ. 베버리지 보고서를 근거로 하여 가족수당법, 국민부조법 등이 제정되었다.

① ㄱ, ㄷ ② ㄷ, ㅁ ③ ㄱ, ㄴ, ㅁ
④ ㄴ, ㄷ, ㄹ ⑤ ㄴ, ㄹ, ㅁ

정답 ③

해설 ㄷ. 신빈민법은 열등처우의 원칙을 적용하였고 원외구제를 금지하고 원내구호만 실시했다.
ㄹ. 왕립빈민법위원회의 소수파보고서는 구빈행정의 전문성 부족과 중복문제로 인해 구빈법의 폐지를 주장하였다.

KEYWORD 04 복지국가 재편 9 11 13 14 15 18 20 22 23

① 제3의 길

㉠ 고복지－고부담－저효율로 요약되는 사회민주주의(1노선)와 고효율－저부담－불평등으로 정리되는 신자유주의(2노선)를 동시에 추구하는 새로운 정책노선이다.

㉡ 정부중심의 복지공급을 지양하여 비영리, 기업, 지방정부도 새로운 주체로 삼고 사회투자국가 건설이 목적이다.

학습 가이드

복지국가에 대한 제3의 길, 복지다원주의, 사회투자국가 등 세부내용을 물어보는 문제가 출제되고 있으니 대비해야 합니다.

TIP
복지다원주의와 민영화는 지방정부, 민간 등 복지 공급주체의 다원화를 의미합니다.

㉢ 소극적인 복지 대신 적극적인 복지를 선택하고 복지다원주의, 사회투자국가를 추구한다.

㉣ 직접 급여의 제공보다는 인적 자원에 투자하고 국가에 대한 경제적 의존을 줄여 위험은 공동 부담하는 의식의 전환을 강조한다.

② **복지다원주의(복지혼합경제)** : 사회복지 공급주체를 국가 외에 지방정부, 비영리부분(제3섹터), 기업 등으로 다원화하는 것이다.

③ **사회투자국가** : 기회, 안전, 성장, 생산성을 결합한 전략으로 적극적 노동시장정책이나 근로연계복지로도 해석된다. 인적 자원이나 사회적 자본에 투자하는 것이다.(「국민기초생활 보장법」의 자활 프로그램)

④ 사회투자전략은 아동 세대에게 교육기회를 제공하여 미래의 근로능력을 향상시킨다. 사회정책과 경제정책을 통합적으로 실시하여 사회적 목표를 추구하고 인적 자본의 근본적 육성을 통해 사회참여 촉진을 목표로 한다.

⑤ 사회적 배제는 사회적 · 경제적 · 심리적 문제를 포함하여 빈곤의 결과뿐 아니라 원인과 과정에 이르는 종합적인 관점이다. 사회 구조적으로 다양한 영역에서의 박탈과 결핍, 불이익을 당해 사회·경제·정치 활동에 제대로 참여할 수 없게 됨으로써 인간으로서의 최소한의 기본권마저 침해당하는 상황을 의미한다.

핵심문제

01 사회적 배제의 특성에 관한 설명으로 옳지 않은 것은? [22회]

① 문제의 초점을 소득의 결핍으로 제한한다.
② 빈곤에 대해 다차원적으로 접근하는 개념이다.
③ 빈곤의 역동성과 동태적 과정을 강조한다.
④ 개인과 집단의 박탈과 불평등을 유발하는 다양한 영역을 포괄한다.
⑤ 사회적 관계망으로부터의 단절 문제를 제기한다.

정답 ①

해설 사회적 배제는 사회 · 경제적 · 심리적 문제를 포함하여 빈곤의 결과뿐 아니라 원인과 과정에 이르는 종합적인 관점이다. 사회 구조적으로 다양한 영역에서의 박탈과 결핍, 불이익을 당해 사회 · 경제 · 정치 활동에 제대로 참여할 수 없게 됨으로써 인간으로서의 최소한의 기본권마저 침해당하는 상황을 의미한다.

02 복지다원주의 또는 복지혼합에 관한 설명으로 옳지 않은 것은? [22회]

① 국가는 복지의 주된 공급자로 인정하면서도 불평등을 야기하는 시장은 복지 공급자로 수용하지 않는다.
② 국가를 포함한 복지제공의 주체를 재구성하는 논리로 활용된다.
③ 비공식 부문은 제도적 복지의 발달에도 불구하고 존재하는 비복지문제에 대응하는 복지주체이다.
④ 시민사회는 사회적 경제조직을 구성하여 지역사회에서 공급주체로 참여하는 역할을 한다.
⑤ 복지제공의 주체로 국가 외에 다른 주체를 수용한다는 점에서 복지국가를 비판하는 논리로 쓰인다.

정답 ①

해설 복지다원주의는 사회복지 공급주체를 국가 외에 지방정부, 비영리부분(제3섹터), 기업 등으로 다원화하는 것이다.

3 사회복지정책 관련 이론 및 사상

KEYWORD 05 사회복지정책 발달이론 9 10 11 12 13 14 15 16 18 19 20 21 22

01 사회양심이론

① 인간이 지니고 있는 양심이 성장하여 타인을 위한 사랑이 국가의 사회복지를 통해 표현된다는 이론이다.

② 사회복지 혜택은 시혜적이며 다수의 사람들에게 이익을 보장한다.

③ 개선된 정책은 이전으로 회귀할 수 없으며 현 시대에서 가장 좋은 서비스를 제공한다.

④ 정책수립에서 발생하는 정치적인 역할은 이해할 수 없다.

학습 가이드

1. 사회복지정책 발달이론의 종류와 장단점을 학습해야 합니다.
2. 다양한 이론을 하나의 이론을 물어보는 문제보다는 전체적인 이론을 물어보는 문제가 자주 출제되고 있으므로 비교 문제에 대비해야 합니다.

02 사회통제이론(음모이론)

① 사회양심이론과의 반대되는 이론으로 사회안정과 질서유지를 위하여 사회복지가 발전한다는 이론이다.

② 대량실업과 같은 사회문제 발생 시 문제해결을 위해 사회복지가 발전되지만 정치적으로 안정되면 사회복지는 축소나 폐지된다.

③ 사회복지의 확대는 노동자의 궁핍화에 따른 저항과 투쟁에 대한 지배계급의 대응책이다.

④ 사회복지는 노동자가 복지를 쟁취한 것이 아니라 자본가들이 자신을 보호하기 위해 도입한 것이다.

03 산업화이론(수렴이론, 기술결정론, 합리이론)

① 기술발전과 산업화로 인하여 발생한 사회문제를 해결하기 위하여 새로운 복지 프로그램이 개발되면서 사회복지가 발전한다는 이론이다.

② 산업화로 인한 사회문제를 해결하기 위해 비슷한 형태로 수렴된다고 하여 수렴이론이라고도 한다.

③ 복지국가의 발전은 산업화로 인한 경제성장과 함께 이루어진다.

④ 산업화를 이룬 나라들의 사회복지 수준이 다른 점을 설명하지 못한다.

산업화로 인한 문제를 해결하기 위해 복지국가로 발전되고 산업화가 이루어진 국가는 유사한 사회복지체제를 갖게 된다고 하여 수렴이론이라고 합니다.

04 다원주의이론(이익집단이론)

① 여러 이익집단 간의 민주적 타협의 결과로 사회복지가 발전한다는 이론이다.
② 노동자계급이나 이익집단의 정치적인 힘이 결합할 때 복지국가로 발전한다.
③ 다양한 집단들과 이익단체들이 권력을 갖기 위해 경쟁하고 정책결정에 영향을 주려고 한다.
④ 다양한 집단 간 경쟁과정에서 희소한 사회적 자원의 배분을 둘러싼 갈등이 발생하면 국가가 중재하면서 사회복지가 발전한다.

05 엘리트이론

① 권력을 가진 소수의 엘리트에 의해 사회복지가 발전한다는 이론이다.
② 정책 집행은 엘리트에서 일반 대중으로 일방적, 하향적으로 전달되고 집행된다.
③ 사람들이 정책에 무관심하고 올바른 정보를 가지고 있지 않기에 엘리트들이 정책문제에 대한 여론을 형성한다.

06 시민권론

① 공민권(18세기) → 정치권(참정권, 19세기) → 사회권(복지권, 20세기) 순으로 발전하였다.
② 공민권은 법 앞에서의 평등, 신체의 자유, 언론의 자유 등과 같은 권리를 의미한다.
③ 정치권(참정권)은 유권자로서 정치적 권력 행사에 참여할 수 있는 권리를 의미한다.
④ 사회권(복지권)은 최소한 경제적 복지와 보장에 대한 권리를 의미한다.
⑤ 사회권을 보장하기 위한 대표적인 장치로 교육과 사회복지제도를 제시하였고 선별적인 복지에서 제도적인 복지로 변화하는 근거가 되었다.

07 확산이론(전파이론)

① 한 나라의 정책이 다른 나라의 정책에 영향을 준다는 이론이다.
② 국가 간의 교류나 영향으로 인하여 사회복지정책을 모방과정의 결과로 인식한다.
③ 위계적 확산은 기술이나 새로운 제도가 선진국에서 후진국으로 확산되는 경우이다.
④ 공간적 확산은 기술이나 제도가 인접 국가를 중심으로 확산되는 경우이다.
⑤ 독일의 수발보험(1995년) → 일본의 개호보험(2000년) → 한국의 노인장기요양보험(2007년)

08 사회민주주의이론(권력자원이론)

TIP
정치에 직접 참여하는 사회민주주의와 달리 다원주의는 정치에 참여하지 않습니다.

① 계급갈등의 정치적 과정을 중요하게 생각하고 갈등과 정치화 과정을 통해 복지국가가 발전한다는 이론이다.
② 노동자들의 정치적 참여의 결과로 정치적인 면을 중요하게 생각한다.

③ 노동자계급을 대변하는 정치적 집단의 정치적 세력이 커질수록 복지국가가 발전한다.
④ 복지국가를 자본과 노동의 계급투쟁에서 노동이 획득한 승리의 전리품으로 본다.

09 독점자본이론(신마르크스주의)

① 거대자본과 국가가 융합하여 자본주의체제의 영속화를 도모하는 과정에서 국가가 임금문제나 실업문제에 개입하면서 복지국가가 등장한 이론이다.
② 복지정책은 자본 축적의 위기나 정치적 도전을 수정하기 위한 수단이라고 본다.
③ 국가 관료의 견해와 입장을 반영한다.

10 국가중심이론

① 중앙집권적이거나 조합주의적인 국가구조의 형태와 정치인의 개혁성이 사회복지의 수요를 증대시켜서 복지국가가 발전하게 되었다는 이론이다.
② 사회적인 이유를 강조하기보다는 적극적인 행위자로서의 국가를 강조하여 복지국가를 설명한다.

핵심문제

01 사회복지정책의 발달이론 중 의회민주주의의 정착과 노동자계급의 조직화된 힘을 강조하는 이론은? [21회]

① 산업화론 ② 권력자원이론 ③ 확산이론
④ 사회양심이론 ⑤ 국가중심이론

정답 ②

해설 의회민주주의는 선거를 통해 국민의 대표를 선출하고 국가기관을 구성한다는 의미를 가지고 있다. 사회민주주의이론(권력자원이론)은 계급갈등의 정치적 과정을 중요하게 생각하고 갈등과 정치화 과정을 통해 복지국가가 발전한다는 이론이다. 노동자들의 정치적 참여의 결과로 정치적인 면을 중요하게 생각하고 노동자 계급을 대변하는 정치적 집단의 정치적 세력이 커질수록 복지국가가 발전한다. 복지국가를 자본과 노동의 계급투쟁에서 노동이 획득한 승리의 전리품으로 본다.

02 사회복지정책의 발달을 설명하는 이론으로 옳은 것을 모두 고른 것은? [22회]

ㄱ. 시민권이론은 정치권, 공민권, 사회권의 순서로 발달한 것으로 본다.
ㄴ. 권력자원이론은 노동조합의 중앙집중화 정도, 좌파정당의 집권을 복지국가 발달의 변수로 본다.
ㄷ. 이익집단이론은 다양한 이익집단들의 정치적 활동을 통해 복지국가가 발달한 것으로 본다.
ㄹ. 국가중심이론은 국가 엘리트들과 고용주들의 의지와 능력에 의해 결정된다고 본다.
ㅁ. 수렴이론은 그 사회의 기술수준과 산업화 정도에 따라 사회복지의 발달이 수렴된다고 본다.

① ㄱ, ㄴ, ㄹ ② ㄱ, ㄷ, ㅁ ③ ㄴ, ㄷ, ㄹ
④ ㄴ, ㄷ, ㅁ ⑤ ㄷ, ㄹ, ㅁ

정답 ④

해설 ㄱ. 시민권이론은 공민권, 정치권, 사회권의 순서로 발달한 것으로 본다.
ㄹ. 국가중심이론은 중앙집권적이거나 조합주의적인 국가구조의 형태와 정치인의 개혁성이 사회복지의 수용을 증대시켜 복지국가가 발전된다고 본다.

KEYWORD 06 사회복지정책 결정모형 10 12 13 14 16 17 20 21 23

학습 가이드

1. 사회복지정책 결정모형에 합리모형, 점증모형, 혼합모형 등 다양한 모형의 특징을 잘 파악해야 합니다.
2. 사회복지정책 결정모형 중 하나의 모형을 물어보는 문제보다는 전체 종류를 물어보는 문제들이 자주 출제되고 있습니다.

01 합리모형 – 객관적 합리성

① 정책결정자가 높은 이성과 합리성을 가지고 주어진 상황에서 최선의 정책 대안을 찾아낼 수 있다는 모형이다.
② 주어진 조건하에서 최선의 정책대안을 만들어낼 수 있는 인간의 능력을 암묵적으로 전제하고 있다.
③ 모든 것을 다 고려하기에는 인간의 능력에는 한계가 있고, 시간과 비용이 없으며 미래에 대한 완벽한 예측이 힘들다.

02 점증모형 – 정치적 합리성

① 과거의 정책결정을 기초로 하여 약간의 변화를 추구하면서 새로운 정책대안을 검토하고 점증적으로 수정하는 과정을 거친다고 보는 모형이다.
② 기존의 정책에 기반을 둔 약간의 정책 개선이나 수정을 강조하는 정책결정모형으로 이상적 · 경제적 합리성보다는 시민의 지지를 얻을 수 있는 정치적 합리성을 더 추구한다.
③ 정책결정은 부분적 · 순차적으로 이루어지고 기존 정책이 잘못된 경우 축소하거나 종결하기 어렵다.
④ 지극히 보수적인 성격을 띠고 인간의 비합리성을 전제한다.

03 만족모형 – 제한된 합리성

① 제한된 합리성을 바탕으로 접근이 용이한 일부 대안에 대한 만족할 만한 수준을 추구하는 모형이다.
② 정책결정 과정에서 모든 정책대안이 다 고려되지 않고 고려될 수도 없다고 본다.
③ 최고로 좋은 정책대안을 선택하는 것이 아니라 만족스러운 정도의 정책대안을 선택한다.

04 최적모형 – 경제적 합리성과 초합리성

① 합리적 요소와 함께 직관, 판단, 통찰력과 같은 초합리적 요소를 바탕으로 정책결정을 하는 모형이다.
② 정책결정에 드는 비용보다 효과가 더 높아야 한다는 전제로 경제적 합리성을 추구한다.
③ 체계론적 시각에서 정책성과를 최적화하려는 정책결정 모형이다.

05 혼합모형 – 종합적 합리성

① 합리모형과 점증모형의 절충적인 형태의 모형이다.
② 중요한 문제의 경우에는 합리모형과 같이 포괄적 관찰을 통해 기본적인 정책결정을 하고, 이후 기본적인 결정을 수정 · 보완하면서 세부적인 사안을 점증적으로 결정한다는 모형이다.

TIP
혼합모형의 전체적인 정의보다는 합리모형과 점증모형이 혼합되어 있다는 것을 꼭 기억해야 합니다.

06 쓰레기통모형

① 코헨, 마치, 올슨 : 조직화된 무정부상태 속에서 선택기회, 문제, 해결방안, 참여자 등 네 가지 흐름에 의해 우연히 쓰레기통 속에서 만나게 되면 정책결정이 이루어진다.
② 킹던 : 정치의 흐름, 문제의 흐름, 정책의 흐름 등 세 가지 흐름이 각각 존재하다가 우연히 만날 때 정책의 창문이 열리고 그때 정책결정을 하면 문제가 해결된다.

코헨, 마치, 올슨과 킹던의 쓰레기통모형의 정의와 유형을 구분할 수 있어야 합니다.

핵심문제

01 정책결정이론 모형에 관한 설명으로 옳은 것을 모두 고른 것은? [20회]

ㄱ. 합리모형은 인간의 이성과 합리성을 믿고 주어진 상황에서 목표달성을 극대화하는 최선의 정책대안을 찾아낼 수 있다고 본다.
ㄴ. 점증모형은 조직화된 무정부상태 속에서 점진적으로 질서를 찾아가는 과정을 정책결정과정으로 설명한다.
ㄷ. 쓰레기통모형은 문제의 흐름, 정책대안의 흐름, 정치의 흐름이 우연히 결합하여 정책의 창이 열릴 때 정책이 결정된다고 본다.
ㄹ. 혼합모형은 합리모형과 최적모형을 혼합하여 최선의 정책결정에 도달하는 정책결정모형이다.

① ㄱ, ㄷ　　② ㄱ, ㄹ　　③ ㄴ, ㄹ
④ ㄱ, ㄴ, ㄷ　　⑤ ㄱ, ㄴ, ㄷ, ㄹ

정답 ①

해설 ㄴ. 점증모형은 과거의 정책결정을 기초로 하여 약간의 변화를 추구하면서 새로운 정책대안을 검토하고 점증적으로 수정하는 과정을 거친다고 보는 모형이다.
ㄹ. 혼합모형은 합리모형과 점증모형의 절충적인 형태의 모형이다.

핵심문제

02 정책 결정모형 중 드로어(Y. Dror)가 제시한 최적모형에 관한 설명으로 옳은 것을 모두 고른 것은? [21회]

> ㄱ. 합리모형과 점증모형의 단순혼합이 아닌 정책성과를 최적화하려는 데 초점을 둔다.
> ㄴ. 합리적 요소와 초합리적 요소를 다 고려하는 질적 모형이다.
> ㄷ. 초합리성의 구체적인 달성방법에 대한 명확한 설명이 제시되었다.
> ㄹ. 정책결정을 체계론적 시각에서 파악한다.
> ㅁ. 정책결정과정에서 실현가능성이 낮다는 비판이 있다.

① ㄱ, ㄴ　② ㄱ, ㄷ, ㄹ　③ ㄱ, ㄴ, ㄹ, ㅁ
④ ㄱ, ㄷ, ㄹ, ㅁ　⑤ ㄴ, ㄷ, ㄹ, ㅁ

정답 ③

해설 초합리성의 정책결정과정에서 사용되고 있는 것은 밝혀냈지만 구체적인 달성방법에 대한 설명은 제시되지 않았다.

KEYWORD 07 사회복지정책 모형 10 11 12 13 14 16 17 20 21 22

학습 가이드

1. 사회복지정책 모형의 학자들 중에서 윌렌스키와 르보, 에스핑-안데르센, 조지와 윌딩에 대한 문제는 꾸준히 출제되고 있으므로 꼭 암기해야 하는 학자입니다.
2. 윌렌스키와 르보의 잔여적-제도적 모형을 우선 암기하고 다른 학자들의 내용을 추가하여 암기한다면 시간을 줄일 수 있습니다.

01 윌렌스키와 르보

구분	잔여적 모형	제도적 모형
형태	사후적	사전적
빈곤책임	빈곤은 개인적 책임	빈곤은 환경적 책임
국가책임	일시적 · 보충적	국가의 역할 극대화
수혜성격	자선	시민권(권리)
수혜자	자산조사 · 소득조사로 인한 낙인 발생	낙인 없음
복지수준	최저 기준	최적 기준
이념	선별주의, 예외주의, 보수주의	보편주의, 자유주의
예	공공부조	사회수당

02 티트머스

구분	보완적 모형	산업적 성취수행 모형	제도적 재분배 모형
키워드	가족, 시장	업적, 경제성장 수단	사회복지
예	공공부조	사회보험	보편적 프로그램

- 퍼니스와 틸톤 : 적극적 국가, 사회보장국가, 사회복지국가
- 미쉬라 : 분화된 복지국가, 통합된 복지국가
- 파커 : 자유방임주의, 자유주의, 사회주의
- 룸 : 자유주의, 사회민주주의, 신마르크스주의

03 에스핑 – 안데르센

탈상품화는 개인의 복지가 시장에 의존하지 않고도 이루어질 수 있는 상태이다.

자유주의적 복지국가	• 시장의 역할을 강조하여 탈상품화 효과가 낮다. • 불평등 심화, 계층 간 대립적 관계가 형성된다. • 선별주의 원칙 → 공공부조 프로그램을 중시한다. • 미국, 캐나다, 오스트레일리아
조합주의적 복지국가	• 사회계층의 유지에 목적을 두고 있어 탈상품화 효과가 제한적이다. • 재분배 효과가 거의 없고 보험원칙을 강조하여 사회보험에 의존한다. • 오스트리아, 프랑스, 독일, 이탈리아
사회민주주의적 복지국가	• 보편주의 원칙과 사회권을 통하여 탈상품화 효과가 크다. • 복지와 일을 적절히 배합하여 완전고용정책과 직접적인 관련이 있다. • 공공부문의 고용확대로 복지국가 위기 타개를 모색한다. • 스웨덴을 비롯한 스칸디나비아 국가

04 조지와 윌딩

반집합주의 (신우파)	• 불평등과 자유, 개인주의가 3대 가치, 불평등을 옹호한다. • 시장에 대한 정부개입을 부정적으로 보고 복지국가를 반대한다. • 정부의 역할은 축소되고 시장이 더 많은 역할을 수행해야 한다고 주장한다.
소극적 집합주의 (중도노선)	• 불평등을 인정하지만 불평등을 완화시키기 위해 노력한다. • 인도주의를 강조하고 시장실패를 보충하기 위해 복지국가를 조건부로 인정한다. • 국민의 최저생활을 정부의 책임으로 인정한다.

TIP

윌렌스키와 르보	에스핑 – 안데르센
잔여적 모형	자유주의적 복지국가
제도적 모형	사회 민주주의적 복지국가

TIP

에스핑 – 안데르센은 윌렌스키와 르보의 2분법에 조합주의를 포함하여 3분법으로, 조지와 윌딩은 사회주의까지 포함하여 4분법으로 구분하였습니다.

페이비언주의 (사회민주주의)	• 평등과 적극적인 자유를 강조하여 국가의 적극적인 개입을 인정한다. • 복지국가를 통해 자원의 재분배를 통하여 사회통합이 가능하다. • 자본주의가 효율적이고 공정하게 기능하기 위해서는 국가에 의한 규제와 통제가 필요하다. • 자유시장체제는 필연적으로 실패할 수밖에 없고 수정하기 위해서는 정부의 적극적인 개입이 필요하다.
마르크스주의	• 국유화된 생산수단은 경제적 평등을 실현시키며 생산수단의 국유화는 국가의 급진적 사회주의로 자본주의를 거부한다. • 경제적 평등과 적극적 자유의 가치를 강조하지만 복지국가를 적극 반대한다. • 복지국가는 자본과 노동계급 간 갈등의 결과로 사회주의화를 부정한다.
녹색주의	환경문제 발생, 복지국가 반대한다.
페미니즘	양성평등 보장, 복지국가 찬성한다.

핵심문제

01 에스핑 – 안데르센(G. Esping – Andersen)의 복지국가 유형에 관한 설명으로 옳은 것은? [22회]

① 복지국가 유형을 탈상품화, 계층화 등을 기준으로 분류하였다.
② 보수주의 복지국가는 탈가족주의와 통합적 사회보험을 강조한다.
③ 자유주의 복지국가는 공공부조의 비중과 탈상품화 수준이 낮은 편이다.
④ 사회민주주의 복지국가는 국가의 책임을 최소화하고 시장을 통해 문제해결을 한다.
⑤ 보수주의 복지국가의 예로는 프랑스, 영국, 미국을 들 수 있다.

정답 ①

해설 ② 보수주의 복지국가는 가족을 중시하는 가족주의와 통합적 사회보험을 강조한다.
③ 자유주의 복지국가는 공공부조의 비중은 높고 탈상품화 수준이 낮은 편이다.
④ 자유주의 복지국가는 국가의 책임을 최소화하고 시장을 통해 문제해결을 한다.
⑤ 보수주의 복지국가의 예로는 프랑스, 독일을 들 수 있고 영국, 미국은 자유주의 복지국가이다.

02 조지(V. George)와 윌딩(P. Wilding)이 제시한 이념 중 소극적 집합주의에 관한 설명으로 옳은 것은? [21회]

① 시장에 대한 국가개입을 최소화하고 개인의 소극적 자유를 극대화하는 것이 바람직하다.
② 개인의 적극적 자유를 보장하기 위해서는 철저한 계획경제와 생산수단의 국유화가 필요하다.
③ 환경과 생태의 관점에서 자본주의의 성장과 복지국가의 확대는 지속 가능하지 않다.
④ 복지국가는 노동의 성(Gender) 분업과 자본주의 가부장제를 고착화시키는 역할을 한다.
⑤ 시장의 약점을 보완하고 불평등과 빈곤에 대응하기 위하여 실용적인 국가개입이 필요하다.

정답 ⑤

해설 ① 시장에 대한 국가개입을 최소화하고 개인의 소극적 자유를 극대화하는 것이 바람직하다는 이념은 반집합주의이다.
② 개인의 적극적 자유를 보장하기 위해서는 철저한 계획경제와 생산수단의 국유화가 필요하다는 이념은 마르크스주의이다.
③ 환경과 생태의 관점에서 자본주의의 성장과 복지국가의 확대는 지속 가능하지 않다고 보는 이념은 녹색주의이다.
④ 복지국가가 노동의 성(Gender) 분업과 자본주의 가부장제를 고착화시키는 역할을 한다고 보는 이념은 페미니즘이다.

03 사회복지의 잔여적 개념과 제도적 개념에 관한 설명으로 옳은 것을 모두 고른 것은? [22회]

ㄱ. 잔여적 개념에 따르면 개인은 기본적으로 가족과 시장을 통해 욕구를 충족시킨다.
ㄴ. 제도적 개념에 따르면 가족과 시장에 의한 개인의 욕구 충족이 실패했을 때 국가가 잠정적 · 일시적으로 그 기능을 대신한다.
ㄷ. 잔여적 개념은 작은 정부를 옹호하고 시장과 민간의 역할을 중시하는 보수주의자들의 선호와 맥락을 같이한다.
ㄹ. 제도적 개념은 사회복지를 시혜나 자선으로 보지 않지만 국가에 의해 주어진 것이므로 권리성은 약하다.

① ㄱ
② ㄹ
③ ㄱ, ㄷ
④ ㄴ, ㄷ
⑤ ㄴ, ㄷ, ㄹ

정답 ③

해설 ㄴ, ㄹ은 잔여적 개념에 관한 설명이다.

4 사회복지정책의 분석틀

KEYWORD 08 사회복지정책의 분석틀 9 10 11 12 13 14 15 16 17 18 19 20 21 22 23

길버트와 스펙트(Gilbert & Speccht)의 사회복지정책 분석틀

01 할당 – 누구에게 줄 것인가?

① 세부원칙

㉠ 귀속적 욕구 : 사회문제로 인하여 공통의 욕구를 가진 사람들의 집단에 속하느냐가 중요한 요건으로 인구학적 조건이나 국적여부가 중요하다.

㉡ 보상 : 얼마나 기여를 했고 기여를 한 집단에 속하느냐가 중요한 요건이다.

㉢ 진단 : 전문가의 판단에 의한 기술적 진단이 중요한 요건이다.

㉣ 자산조사 : 필요한 재화를 구매할 능력이 없음을 나타내는 증거로 경제적 기준이 가장 중요한 요건이다.

 **학습 가이드**

1. 사회복지정책의 분석틀은 꾸준히 출제되고 있는 부분으로 내용을 잘 파악해야 합니다.
2. 과정분석, 산출분석, 성과분석에 대한 정의와 기존 정책에 연결하여 물어보는 문제에 대비해야 합니다.

3. 급여체계의 현금, 현물, 증서에 대한 비교문제가 자주 출제되고 있어 잘 구분할 수 있어야 합니다.
4. 할당체계의 급여자격 조건에 따른 대상자를 구분하는 내용은 꼭 기억해야 합니다.

• 과정분석 : 프로그램의 과정을 분석하는 것이 아니라 프로그램의 형성, 수정, 폐지 등의 과정을 분석하는 방법
• 산출(산물)분석 : 프로그램의 전체적인 내용을 분석하는 방법
• 성과분석 : 프로그램의 진행으로 인한 영향을 분석하는 방법

② 대상선정 기준

국민연금	18세 이상 60세 미만인 국민을 가입대상으로 하여 급여의 종류에 따라 수급연령(인구학적 기준)에 차이가 있으며, 가입자의 연금보험료(기여)를 재원으로 사업이 운영된다. 특히 장애연금의 경우 장애 정도(진단적 구분)에 따라 수급권이 발생한다.
노인장기 요양보험	65세 이상의 노인(인구학적 기준) 또는 65세 미만의 자로서 노인성 질병을 가진 사람(진단적 구분)을 대상으로 하며, 가입자의 장기요양보험료(기여)와 국가 및 지방자치단체의 부담금 등을 재원으로 사업이 운영된다.
국민기초생활 보장법	소득인정액(자산조사)과 부양의무자 유무(부양의무자 기준)를 고려한다.
기초연금	만 65세 이상의 노인들(인구학적 기준) 중 소득인정액(자산조사)이 선정기준액 이하인 노인을 대상으로 한다.
장애인 연금	만 18세 이상(인구학적 기준)의 등록한 중증장애인(진단적 구분) 중 소득인정액(자산조사)이 선정기준액 이하인 사람을 대상으로 한다.
장애수당	만 18세 이상(인구학적 기준)의 등록한 장애인 중 중증장애인이 아닌 사람(진단적 구분)으로서 국민기초생활보장수급자 또는 차상위계층(자산조사)을 대상으로 한다.
아동수당	경제적 수준과 상관없이 8세 미만의 아동(인구학적 기준)이 있는 가구를 대상으로 한다.

TIP
연금이나 수당의 급여자격 조건에 따라 대상자를 어떻게 구분하는지 파악해야 합니다.

02 급여 – 무엇을 줄 것인가?

현금	• 수급자 자신이 필요한 것을 선택할 수 있도록 화폐로 받는 급여를 의미한다. • 수급자의 선택의 자유와 효용, 자기결정을 극대화한다. • 인간의 존엄성과 운영효율성은 높다. • 낙인 효과는 없지만 목표효율성이 낮고 오남용 문제가 발생한다.
현물	• 수급자가 필요한 물품과 서비스를 받는 급여를 의미한다. • 수급자에게 필요한 물건을 직접 제공하여 목표효율성이 높다. • 효과가 확실하여 정치권에서 선호한다. • 대량생산과 소비로 인한 규모의 경제가 크다. • 현물을 보관하고 유통과정에서 비용이 발생해 운영효율성이 낮다. • 현금보다 효용이 낮아 낙인이 발생한다.

현금의 장점은 현물의 단점이 되고, 현물의 장점은 현금의 단점이 됩니다.

증서	• 현금의 장점(운영효율성)과 현물의 장점(목표효율성)을 합한 제3의 급여형태이다. • 수급자는 정해진 용도 안에서 자기결정을 극대화한다. • 공급자들의 경쟁을 유발시켜 서비스의 질이 향상된다. • 서비스 사용용도를 명시하고 있어 현금급여에 비해 정책 목표를 달성하는 데 용이하다.

03 재원 – 어떻게 마련할 것인가?

공공재원	일반예산	• 소득재분배(평등) 효과와 사회적 적절성이 높다. • 대상의 일반성과 급여의 보편성이 높다. • 재원의 안정성과 지속성이 높다.
	사회보장성 조세	• 사회보험료 : 강제 부과되는 세금의 성격이다. • 역진성 : 모든 근로소득에 동률로 부과한다는 점과 소득 상한선이 존재한다는 점에서 고소득층에게 유리하다. • 사회복지에 쓰이는 재원 중 가장 비중이 높다.
	조세비용	직접 조세를 거둬들이지 않고 조세를 내야 하는 사람들에게 조세를 감액하거나 면제된다.
민간재원	본인부담금, 자발적 기여, 기업복지의 재원, 공동모금, 비공식부문 재원 등이 있다.	

TIP
재정체계는 사회복지정책을 실행하는 데 사용되는 비용으로, 재원을 어떻게 조달하느냐와 어떤 방법으로 분배하느냐에 따라 국민들의 관심이 달라집니다.

소득보장의 3층 체계

- 3층 보장체계 : 개인에 의한 보장과 개인책임(저축, 개인연금, 생명보험 등)
- 2층 보장체계 : 기업에 의한 보장과 사회적 책임(기업연금, 퇴직금, 단체보험 등)
- 1층 보장체계 : 국가에 의한 사회보장(공공부조, 공적연금, 사회수당 등)

04 전달 – 어떻게 전달할 것인가?

구분	공공전달체계	민간전달체계
필요성	• 사회복지서비스나 재화가 공공재적 성격 • 사회복지를 통한 긍정적 외부효과 • 서비스 제공자나 소비자의 불완전한 정보문제 해결 • 역의 선택의 문제 • 도덕적 해이 현상 • 위험발생의 상호의존성 • 규모의 경제	• 정부제공 서비스 비해당자에 대한 서비스 제공 • 정부가 제공할 수 없는 다양하고 개별적인 서비스 제공 • 서비스에 대한 선택기회를 제공 • 사회복지서비스의 선도적 개발 및 보급 • 민간의 사회복지 참여욕구 수렴 • 정부의 복지활동에 대한 압력단체 수행 • 국가의 사회복지 비용절약
장점	• 포괄적 서비스 제공 • 지속적이고 안정적 • 소득재분배의 효과 극대화로 평등의 가치구현 • 재정의 안정	• 개별적인 다양한 서비스 제공 • 클라이언트의 욕구변화에 빠르게 대응 • 서비스의 다양성과 전문성 • 융통성과 접근성이 좋음

구분	공공전달체계	민간전달체계
단점	• 서비스의 경직성 • 관료제적 구조에 따른 접근성의 한계 • 특수한 문제에 대한 대응부족	• 공공재 제공의 어려움 • 규모의 경제 실현의 어려움 • 재정의 불안정
예	사회보험, 공공부조	사회복지서비스

핵심문제

01 우리나라의 건강보험제도를 할당, 급여, 전달체계, 재정의 영역으로 구분한 것이다. 내용 연결이 옳은 것을 모두 고른 것은? [20회]

ㄱ. 할당 – 기여조건
ㄴ. 급여 – 현금급여, 현물급여
ㄷ. 전달체계 – 민간전달체계, 공공전달체계
ㄹ. 재정 – 보험료, 국고보조금, 이용료

① ㄱ, ㄴ
② ㄱ, ㄷ
③ ㄱ, ㄴ, ㄷ
④ ㄴ, ㄷ, ㄹ
⑤ ㄱ, ㄴ, ㄷ, ㄹ

정답 ⑤

해설 **길버트와 스펙트의 분석틀**

- 할당체계 : 누구에게 급여를 제공할 것인가로 귀속적 욕구, 보상, 진단, 자산조사로 나뉘어지고 보상에는 기여의 조건이 포함된다.
- 급여체계 : 무엇을 급여로 제공할 것인가로 현금급여, 현물급여, 증서, 권력, 기회가 있다.
- 재정체계 : 어떻게 재정을 충당할 것인가로 공공재원(일반예산, 사회보장성 조세, 조세비용)과 민간재원으로 나뉜다.
- 전달체계 : 어떻게 급여를 제공할 것인가로 공공전달체계와 민간전달체계로 나뉜다.

02 급여의 형태에 관한 설명으로 옳은 것을 모두 고른 것은? [22회]

ㄱ. 현금급여는 선택의 자유를 보장하지만 사회적 통제가 부과된다.
ㄴ. 현물급여는 집합적 선을 추구하고 용도 외 사용을 방지하지만 관리비용이 많이 든다.
ㄷ. 서비스는 클라이언트를 위한 제반 활동을 말하며 목적 외 다른 용도로 사용할 수 없다.
ㄹ. 증서는 일정한 범위 내에서만 교환가치를 가지기 때문에 개인주의자와 집합주의자 모두 선호한다.
ㅁ. 기회는 재화와 자원을 통제할 수 있는 영향력을 의미하며 정책에 관한 의사결정권을 갖는 것을 말한다.

① ㄱ, ㄹ
② ㄴ, ㅁ
③ ㄱ, ㄴ, ㄷ
④ ㄱ, ㄷ, ㅁ
⑤ ㄴ, ㄷ, ㄹ

정답 ⑤

해설 ㄱ. 현금급여는 사회적 통제 없이 선택의 자유를 보장한다.
ㅁ. 재화와 자원을 통제할 수 있는 영향력을 의미하며 정책에 관한 의사결정권을 갖는 것은 권력이다.

03 사회복지의 민간재원에 관한 설명으로 옳은 것은? [22회]

① 사회복지의 민간재원에는 조세지출, 기부금, 기업복지, 퇴직금 등이 포함된다.
② 기부금 규모는 국세청이 추산한 액수보다 더 적을 것으로 추정된다.
③ 이용료는 클라이언트가 직접 지불한 것을 제외하고 사회보장기관 등의 제3자가 서비스 비용을 지불한 것을 의미한다.
④ 기업복지는 기업이 그 피용자들에게 제공하는 임금과 임금 외 급여 또는 부가급여를 의미한다.
⑤ 기업복지의 규모가 커질수록 노동자들 사이의 불평등이 증가한다.

정답 ⑤

해설 ① 사회복지의 민간재원에는 기부금, 기업복지, 퇴직금 등이 포함된다. 조세지출은 공공재원이다.
② 기부금을 납부하고 기부금 영수증을 발급하지 않은 기부금의 규모는 파악할 수 없어 기부금 규모는 국세청이 추산한 액수보다 더 많을 것으로 추정된다. 국세청은 기부금 영수증을 발급한 금액만 추려 집계한 것이다.
③ 이용료는 클라이언트가 직접 지불한 것을 의미한다.
④ 기업복지는 기업이 그 피용자들에게 직접적인 임금을 제공하는 대신 기업이 복지를 실시하는 것을 의미한다.

04 조세와 사회보험료에 관한 설명으로 옳은 것은? [22회]

① 조세는 사회보험료에 비해 소득역진적이다.
② 조세와 사회보험료는 공통적으로 빈곤완화, 위험분산, 소득유지, 불평등 완화의 기능을 수행한다.
③ 조세와 사회보험료는 공통적으로 상한선이 있어서 고소득층에 유리하다.
④ 사회보험료를 조세로 보기는 하지만 임금으로 보지는 않는다.
⑤ 개인소득세는 누진성이 강하고 일반소비세는 역진성이 강하다.

정답 ⑤

해설 개인소득세는 많이 벌수록 많이 납부하므로 누진성이 강하고 일반소비세는 정해진 세금을 납부하므로 역진성이 강하다.
① 조세는 사회보험료에 비해 누진적이다. 조세의 경우 많이 벌수록 많이 납부하지만 사회보험료의 경우 상한선이 있어 역진적이다.
② 조세는 빈곤완화, 불평등 완화의 기능을 수행하지만 위험분산, 소득유지의 기능은 없다. 사회보험료는 위험분산, 소득유지, 빈곤완화, 불평등 완화의 기능이 있다.
③ 사회보험료는 공통적으로 상한선이 있어서 고소득층에 유리하다. 조세는 상한선이 없다.
④ 사회보험료는 사회보장성 조세로, 연금보험의 경우 매달 정기적으로 현금으로 직접 지급하기에 임금으로 볼 수 있다.

5 빈곤과 공공부조

KEYWORD 09 빈곤과 불평등 지수 9 10 11 12 15 16 17 18 19 20 21 22

학습 가이드

1. 빈곤을 측정하는 방법의 종류와 특징을 구별할 수 있어야 합니다.
2. 불평등 지수의 특징을 파악하여 변경 문제에 대처할 수 있어야 합니다.

TIP

우리나라는 절대적 빈곤을 사용하다가 2015년 「국민기초생활 보장법」의 개정으로 상대적 빈곤을 사용하기 시작하였습니다.

01 빈곤

① 절대적 빈곤

㉠ 전물량 방식(라운트리) : 한 사람의 1일 평균 필요한 영양을 추정하고 필요량을 구입하기 위해 물품의 목록과 양을 결정한다.

㉡ 반물량 방식(엥겔, 오샨스키) : 과정을 단순화하여 모든 품목이 아닌 식비만으로 측정하며 식비가 소득 가운데에서 차지하는 비율을 파악하는 방법이다.

② 상대적 빈곤

한 사회의 평균적인 생활수준과 비교했을 때 평균 생활수준 이하의 상태로, 다른 사람과 비교하여 빈곤을 측정한다.

③ 주관적 빈곤 – 라이덴 방식

개인이 생활하는 데 있어 필요하다고 생각되는 최소 소득이 얼마인가를 물어보고 개인의 소득과 필요한 소득을 분석하여 그 일치점이 기준이 된다.

절대적 빈곤이라는 개념을 처음으로 사용한 사람은 찰스 부스이고, 빈곤선 개념을 발전시키고 빈곤을 1차 빈곤과 2차 빈곤으로 구분한 사람은 라운트리입니다.

02 불평등 지수

① **로렌츠 곡선(Lorenz Curve)** : 전체적인 소득불평등 상태를 알아보는 데 유용하다. 가로축은 소득액 순으로 소득인원수의 누적백분비를 나타내고, 세로축은 소득금액의 누적 백분비를 나타낸다. 로렌스 곡선의 균등분포선과 가까울수록 평등에 가깝고 균등분포선과 멀어질수록 불평등에 가깝다.

② **지니계수** : 로렌츠 곡선에 수치를 부여함으로써 분배상태에 대한 비교를 가능하게 하는 곡선으로 얼마나 균등하게 분배되어 있는가를 나타낸다. 0에 가까울수록 평등에 가깝고 1에 가까울수록 불평등에 가깝다.

③ **10분위 배수** : 소득 분위를 10분위로 구분하여 (하위 40% / 상위 20%)로 나눈 값으로 소득분배 상태를 파악한다. 2에 가까울수록 평등에 가깝고 0에 가까울수록 불평등에 가깝다.

④ **5분위 배수** : 소득 분위를 5분위로 구분하여 (상위 20% / 하위 20%)로 나눈 값으로 소득분배 상태를 파악한다. 상위 20%인 사람이 하위 20%인 사람보다 얼마나 더 버는가를 의미하며 크기가 클수록 불평등을 의미한다.

⑤ **빈곤율** : 빈곤개인이 전체인구에서 차지하는 비율이다.

⑥ **빈곤갭 :** 빈곤선 이하의 소득을 받는 사람들의 소득을 빈곤선 위로 끌어올리기 위해 필요한 총소득을 의미한다.

핵심문제

01 다음 중 상대적 빈곤선을 설정(측정)하는 방식으로 옳은 것을 모두 고른 것은? [21회]

ㄱ. 중위소득의 일정 비율
ㄴ. 라이덴(Leyden) 방식
ㄷ. 반물량 방식
ㄹ. 라운트리(Rowntree) 방식
ㅁ. 타운센드(Townsend) 방식

① ㄱ, ㄴ
② ㄱ, ㅁ
③ ㄴ, ㅁ
④ ㄷ, ㄹ
⑤ ㄱ, ㄷ, ㄹ

정답 ②

해설 ㄴ. 라이덴(Leyden) 방식은 주관적 빈곤을 측정하는 방식으로 개인이 생활하는 데 있어 필요하다고 생각되는 최소 소득이 얼마인가를 물어보고 개인의 소득과 필요한 소득을 분석하여 그 일치점을 기준으로 정하는 방식이다.
ㄷ. 반물량 방식은 절대적 빈곤을 측정하는 방식 중 하나로 전물량 방식을 간소화하여 최저식품비에 엥겔계수의 역수를 곱한 금액을 빈곤선으로 보는 방식이다.
ㄹ. 라운트리(Rowntree) 방식은 절대적 빈곤을 측정하는 방식 중 하나인 전물량 방식으로 한 사람의 1일 평균 필요한 영양을 추정하고 필요한 영양을 구입하기 위해 물품의 목록과 양을 결정하는 방식이다.

02 빈곤과 소득불평등의 측정에 관한 설명으로 옳은 것은? [22회]

① 반물량 방식은 엥겔계수를 활용하여 빈곤선을 추정한다.
② 상대적 빈곤은 생존에 필요한 생활수준이 최소한의 수준에 도달하지 못한 상태를 말한다.
③ 라이덴 방식은 객관적 평가에 기초하여 빈곤선을 측정한다.
④ 빈곤율은 빈곤층의 소득을 빈곤선 수준으로 끌어올리는 데 필요한 총소득을 나타낸다.
⑤ 지니계수가 1일 경우는 완전 평등한 분배상태를 의미한다.

정답 ①

해설 반물량 방식은 모든 품목이 아니라 식비만을 측정한 것으로, 과정을 단순화하여 식비가 소득 가운데에서 차지하는 비율을 파악하는 방법이다. 최저식료품비를 구하여 엥겔계수(식료품비/총소득)의 역수를 곱한 금액이 최저생계비이다.
② 생존에 필요한 생활수준이 최소한의 수준에 도달하지 못한 상태는 절대적 빈곤이다.
③ 라이덴 방식은 개인이 주관적으로 자신의 소득을 생각할 때 충분히 가지고 있지 않다고 느끼는 것으로, 적절한 생활수준을 유지하는 데 필요한 소득수준에 대한 개인들의 평가에 근거하여 결정된다.
④ 빈곤율은 빈곤선 이하에 있는 빈곤한 사람의 규모로 빈곤인구가 전체인구에서 차지하는 비율이다. 빈곤층의 소득을 빈곤선 수준으로 끌어올리는 데 필요한 총소득을 나타내는 것은 빈곤갭이다.
⑤ 지니계수가 0에 가까울수록 평등에 가깝고 1에 가까울수록 불평등에 가깝다.

KEYWORD 10 공공부조와 사회보험 

학습 가이드

1. 사회보험과 공공부조를 비교하는 문제가 많이 출제되고 있으므로 구분할 수 있어야 합니다.
2. 공공부조의 원리, 특징과 같이 특정부분의 문제도 출제되고 있으므로 내용을 확실히 암기해야 합니다.

사회복지법제론에서 중복으로 출제되는 공공부조의 종류와 특징을 잘 파악하고 있어야 합니다.

01 원리

① **최저생활보장** : 자신의 노력으로도 빈곤할 경우 국가는 최소한의 생활을 할 수 있도록 도와 주어야 한다.

② **국가 책임** : 자신의 노력으로도 생활이 어려운 국민은 국가가 책임져야 한다.

③ **생존권 보장** : 인간다운 생활을 할 수 있도록 어려운 가정에 대해 최저생활을 보장을 통하여 생존권을 보장하는 것이다.

④ **무차별평등** : 신분, 인종, 성별을 불문하고 평등하게 보장받을 권리이다.

⑤ **보충성** : 최저생활을 유지할 수 없을 경우에 비로소 국가가 그 부족한 부분을 보충해 주는 것이다.

⑥ **자립조장** : 최저생활을 보장하여 스스로의 삶을 영위할 수 있도록 도와주는 것이다.

02 특징

① 사후적 대응이 가능하다.

② 급여의 양을 예상할 수 없다.

③ 재산과 소득조사를 통해 수혜자를 선별한다.

④ 일반 조세를 통하여 재원을 조달한다.

⑤ 권리성이 추상적이다.

⑥ 수직적 재분배 기능만 있다.

⑦ 신청하여 선정되는 사람만이 수혜자가 된다.

우리나라의 공공부조에는 「국민기초생활 보장법」, 「의료급여법」, 「긴급복지지원법」, 「기초연금법」 등이 있습니다.

핵심문제

01 공공부조에 관한 설명으로 옳은 것을 모두 고른 것은? [15회]

ㄱ. 신청과정을 거치지 않는다.
ㄴ. 자산조사를 거쳐 대상을 선정한다.
ㄷ. 중앙정부가 단독으로 공공부조의 책임을 지는 것은 세계적 현상이다.
ㄹ. 사회보장제도 중 공공부조는 투입 재원 대비 소득재분배 효과가 가장 낮다.

① ㄱ
② ㄴ
③ ㄴ, ㄷ
④ ㄱ, ㄷ, ㄹ
⑤ ㄱ, ㄴ, ㄷ, ㄹ

정답 ②

해설 ㄱ. 공공부조는 선별주의로 신청을 하지 않으면 해택을 받을 수 없다.
ㄷ. 중앙정부와 지방자치단체가가 공동으로 공공부조의 책임을 지는 것은 세계적 현상이다.
ㄹ. 사회보장제도 중 공공부조는 투입 재원은 세금으로 부자에게 걷은 세금을 빈자에게 혜택을 주어 소득재분배 효과가 가장 높다.

02 사회보험과 비교하여 공공부조 제도의 장점으로 옳은 것은? [21회]

① 대상효율성이 높다.
② 가입률이 높다.
③ 수급자에 대한 낙인을 예방할 수 있다.
④ 행정 비용이 발생하지 않는다.
⑤ 수평적 재분배 효과가 크다.

정답 ①

해설 ②~⑤는 모두 사회보험에 대한 설명이다.

6 사회보장론

KEYWORD 11 사회보험과 민간보험 10 11 12 13 15 16 17 19 20 21 22

01 사회보험의 특징

① 사전적 대응이 가능하다.
② 보험 기여금을 통해 급여의 양을 예상할 수 있다.
③ 재산과 소득조사가 필요 없다.
④ 보험 기여금과 지정된 세금을 통해 재원을 조달한다.
⑤ 권리성이 강하다.
⑥ 수평적 재분배 기능이 크지만 수직적 재분배 기능도 한다.
⑦ 소득이 있는 사람만이 가입자가 되고 가입자만이 수혜자가 된다.

학습 가이드
사회보험과 민간보험의 비교 문제가 많이 출제되고 있으므로 두 보험을 구분할 수 있어야 합니다.

사회복지법제론에서 중복으로 출제되는 사회보험의 종류와 특징을 잘 파악해야 합니다.

02 사회보험과 민간보험의 차이점

사회보험	민간보험
강제적	자발적
최저소득의 보장	개인의 의사와 지불능력에 따라 고액 보장 가능

사회보험	민간보험
사회적 충분성 강조(복지 요소)	개인적 공평성 강조
급여는 법에 의해 규정(법적 권리)	법적 계약에 의거(계약적 권리)
정부 독점	자유 경쟁
비용 예측 곤란	비용 예측 전제
완전 적립 불필요	완전 적립
보험계약 불필요	개인적 또는 집단적 보험계약
목적과 결과를 감안, 다양한 옵션 부여	목적과 결과를 감안, 단일 옵션 부여
중앙정부의 통제하에 투자	사적 경로를 통한 투자
인플레이션 대응을 위해 조세제도 이용 가능	인플레이션에 취약

03 연금 재정방식

① 적립방식

가입자들이 보험료를 납부하고 적립하여 이를 급여재원으로 사용하는 것으로 가입자 각각의 보험료가 적립이 된다. 가입자마다 보험료가 적립이 되어 세대 내 재분배효과가 있다.

㉠ 장점

- 보험료가 계속 적립되어 납부한 금액보다 더 많은 연금액을 받을 수 있다.
- 가입기간이 길수록 납입 보험료가 절약된다.
- 인구변동에 따른 문제점을 예방할 수 있다.
- 적립된 보험료 투자를 통해 경제발전에 기여할 수 있다.
- 보험료가 적립되어 있어 재정의 안정화가 될 수 있다.

㉡ 단점

- 초기에 정해진 금액을 받기에 인플레이션에 취약하다.
- 투자한 보험료는 위험이 존재한다.
- 긴 가입기간이 요구된다.

② 부과방식

이전세대의 보험료를 현 세대의 기여금으로 부담하는 방식으로 세대 간 재분배효과가 있다.

㉠ 장점

- 가입기간이 필요 없이 바로 시행할 수 있어 부담이 적다.

• 인플레이션에 영향을 받지 않는다.
• 시행초기에 재정적 부담이 적다.
• 연금의 장기적 수리체계가 불필요하다.

ⓛ 단점

• 인구의 변화에 영향을 미래세대에 부담이 과중된다.
• 시간이 지날수록 재정 운영이 불안정하다.

③ 수정적립방식

적립방식과 부과방식을 합한 방식으로 국민연금제도가 수정적립방식을 채택하고 있다.

TIP 적립방식의 장점은 부과방식의 단점이 되고 부과방식의 장점은 적립방식의 단점이 됩니다.

핵심문제

01 연금제도의 적립방식과 부과방식에 관한 설명으로 옳은 것을 모두 고른 것은? [19회]

ㄱ. 적립방식은 부과방식에 비해 세대 내 소득재분배 효과가 크다.
ㄴ. 부과방식은 적립방식에 비해 자본축적 효과가 크다.
ㄷ. 부과방식은 적립방식에 비해 기금확보가 더 용이하다.

① ㄱ ② ㄴ ③ ㄷ
④ ㄱ, ㄴ ⑤ ㄱ, ㄷ

정답 ①

해설 ㄴ. 자본축적 효과가 큰 방식은 매월 보험료를 납부하고 계속 적립하여 안정적인 운영이 가능한 적립방식이다.
ㄷ. 기금확보가 더 용이한 방식은 보험료를 적립하는 적립방식이다. 20년 이상 보험료를 납부해야 연금을 받을 수 있기에 기금확보가 가능하다.

Tip • 적립방식은 가입자들이 보험료를 납부하고 적립하여 이를 급여재원으로 사용하는 것으로 가입자 각각의 보험료가 적립된다.
• 부과방식은 이전세대의 보험료를 현 세대의 기여금으로 부담하는 방식이다.

02 우리나라 사회보험의 운영 원리에 관한 설명으로 옳지 않은 것은? [21회]

① 수익자 부담 원칙을 전제로 하고 있다.
② 사회보험은 수평적 또는 수직적 재분배 기능이 있다.
③ 가입자의 보험료율은 사회보험 종류별로 다르다.
④ 사회보험급여는 피보험자와 보험자 간 계약에 의해 규정된 법적 권리이다.
⑤ 모든 사회보험 업무가 통합되어 1개 기관에서 운영된다.

정답 ⑤

해설 모든 사회보험 업무가 통합되어 1개 기관에서 운영되는 것이 아니라 건강보험공단에서 보험료만 통합하여 징수한다. 산업재해보상보험과 고용보험은 근로복지공단, 국민건강보험과 노인장기요양보험은 건강보험공단, 국민연금은 국민연금공단에서 운영한다.

빈출문제로 마무리하기

국가복지의 정당성

01 사회복지 재화나 서비스를 국가가 제공해야 하는 이유를 모두 고른 것은? [9회]

ㄱ. 긍정적인 외부효과
ㄴ. 정보의 비대칭성 문제 해결
ㄷ. 역선택(Adverse Selection)의 문제 해결
ㄹ. 근로 및 저축동기 강화

① ㄱ, ㄴ, ㄷ ② ㄱ, ㄷ
③ ㄴ, ㄹ ④ ㄱ, ㄹ
⑤ ㄱ, ㄴ, ㄷ, ㄹ

해설 재화나 서비스를 국가가 제공하는 경우, 국가가 도와준다는 의존적인 사고에서 근로 및 저축동기가 약화될 수 있다.

사회복지정책 발달이론

02 다음에서 설명하는 이념은? [14회]

- 자본주의에 대해서는 긍정적
- 사회복지정책에 대해서는 부정적
- 시장개방, 노동의 유연성, 탈규제, 민영화 등의 정책을 선호

① 신자유주의 ② 마르크스주의
③ 사회민주주의 ④ 국가개입주의
⑤ 페이비언 사회주의

해설 자본주의에 대해서 긍정적이고 사회복지정책에 부정적인 입장을 보이는 이념은 신자유주의이다.

복지국가 재편

03 복지국가 위기의 원인으로 옳지 않은 것은? [13회]

① 경기침체와 국가재정위기
② 관료 및 행정 기구의 팽창과 비효율성
③ 포디즘적 생산방식의 비효율성
④ 독점 자본주의의 축적과 정당화 간의 모순
⑤ 복지혼합(Welfare)을 통한 정부와 민간의 역할 조정

해설 복지혼합은 복지국가 위기 이후에 나타난 현상이다.

사회복지정책 결정모형

04 사회복지정책의 발달 관련 이론에 관한 설명으로 옳지 않은 것은? [12회]

① 수렴이론은 산업화와 이로 인한 인구사회 구조변화에 주목한다.
② 확산이론은 한 나라의 사회복지정책이 다른 나라에 미치는 영향을 강조한다.
③ 시민권론은 정치권의 실현을 통해서 완전한 시민권의 실현이 가능하다고 본다.
④ 이익집단론은 노인복지의 확대를 설명하는 데 유용하다.
⑤ 사회양심이론은 인도주의에 입각한 사회적 의무감이 복지정책을 확대할 수 있다고 본다.

해설 마샬은 시민권에 근거하여 복지국가 이론모형을 제시하면서, 시민권을 사회구성원으로 인정받는 일종의 지위로 보았다.

정답 01 ① 02 ① 03 ⑤ 04 ③

사회복지 정책모형

05 사회복지 이념에 관한 설명으로 옳지 않은 것은? [9회]

① 제3의 길 : 근로와 복지가 연계될 필요가 있다.
② 케인즈주의 : 시장실패에 대해 국가가 적절히 개입해야 한다.
③ 페이비언 사회주의 : 가족 등 비공식부문의 역할이 상대적으로 중요하다.
④ 마르크스주의 : 복지국가는 자본과 노동계급 간 갈등의 결과이다.
⑤ 반집합주의 : 사회복지는 개인의 자유와 선택을 제한한다.

해설 페이비언 사회주의는 국가가 개입하므로 공식부문의 역할이 상대적으로 중요하다.

사회복지 정책모형

06 조지와 윌딩이 말한 '신우파'에 관한 설명으로 옳은 것을 모두 고른 것은? [12회]

ㄱ. 국가 개입은 경제적 비효율 초래
ㄴ. 민영화를 통한 정부 역할 축소
ㄷ. 전통적 가치와 국가 권위의 회복 강조
ㄹ. 노동 무능력자에 대한 국가 책임 인정

① ㄱ, ㄴ, ㄷ ② ㄱ, ㄷ
③ ㄴ, ㄹ ④ ㄹ
⑤ ㄱ, ㄴ, ㄷ, ㄹ

해설 신우파는 반집합주의로 자유를 중요시하고 불평등을 인정하는 잔여적 성격을 가지고 있다. 정부가 시장에 개입하기보다는 시장에 더 많은 역할을 할 수 있도록 해야 한다는 입장이다.

사회복지정책의 개요

07 사회복지정책의 기능으로 옳지 않은 것은? [13회]

① 사회통합 ② 최저생활유지
③ 능력에 따른 배분 ④ 개인의 잠재능력 향상
⑤ 소득 재분배

해설 능력에 따른 배분은 사회복지의 보편주의에 속하지 않는다.

영국의 역사

08 영국 사회복지의 역사에 관한 설명으로 옳은 것을 모두 고른 것은? [9회]

ㄱ. 스핀햄랜드법은 가족수당제도의 시초로 불린다.
ㄴ. 공장법은 아동의 노동 여건을 개선하였다.
ㄷ. 1834년 신구빈법은 전국적으로 구빈 행정구조를 통일하였다.
ㄹ. 1911년 국민보험법은 건강보험과 실업보험으로 구성되었다.

① ㄱ, ㄴ, ㄷ ② ㄱ, ㄷ
③ ㄱ, ㄹ ④ ㄷ, ㄹ
⑤ ㄱ, ㄴ, ㄷ, ㄹ

해설 영국의 사회복지역사에 대한 내용으로 모두 옳은 내용이다.

한국의 역사

09 우리나라의 근로장려세제에 관한 설명으로 옳지 않은 것은? [12회]

① 자녀수별로 급여액, 급여의 증가율, 급여의 감소율 등을 차등화하였다.
② 고용노동부가 주무 부처이다.
③ 저소득층의 소득증대와 근로유인을 목표로 한다.
④ 미국의 EITC 제도를 모델로 하였다.
⑤ 우리나라 근로장려세제의 모형은 점증구간, 평탄구간, 점감구간으로 되어 있다.

해설 근로장려세제는 국세청이 운영한다.

정답 05 ③ 06 ⑤ 07 ③ 08 ⑤ 09 ②

사회복지 정책모형

10 **복지국가 유형화 연구의 연구자와 유형을 옳게 연결한 것은?** [13회]

① 티트머스(R. Titmuss)는 '사회적 시장경제'와 '사회주의적 시장경제'로 구분하였다.
② 미쉬라(R. Mishra)는 '분화된 복지국가'와 '통합된 복지국가'로 구분하였다.
③ 퍼니스와 틸톤(N. Furniss & T. Tilton)은 '소극적 국가'와 '적극적 국가', '사회투자국가'로 구분하였다.
④ 조지와 윌딩(V. George & P. Wilding)은 '프롤레타리아 복지국가'와 '부르주아 복지국가'로 구분하였다.
⑤ 윌렌스키와 르보(H. Wilensky & C. Lebeaus)는 '선발 복지국가'와 '후발 복지국가'로 구분하였다.

해설 ① 티트머스는 보완적 모형, 산업적 성취수행 모형, 제도적 재분배 모형으로 구분하였다.
③ 퍼니스와 틸톤은 적극적 국가, 사회보장국가, 사회복지국가로 구분하였다.
④ 조지와 윌딩은 반집합주의, 소극적 집합주의, 페이비언 주의, 마르크스주의로 구분하였다.
⑤ 윌렌스키와 르보는 보완적 모형, 제도적 모형으로 구분하였다.

할당체계

11 **할당의 원리에 관한 설명으로 옳지 않은 것은?** [12회]

① 귀속적 욕구의 원리에서 욕구는 규범적 기준에 의해 정해진다.
② 공헌 혹은 피해 집단에 속하는가에 따른 할당은 보상의 원리에 해당한다.
③ 진단적 구분은 재화 혹은 서비스의 필요성에 대한 전문가의 판단에 의존한다.
④ 귀속적 욕구의 원리는 보편주의보다는 선별주의 할당원리에 가깝다.
⑤ 자산조사 원리는 욕구에 대한 경제적 기준과 개인별 할당이라는 두 가지 조건에 근거한다.

해설 귀속적 욕구는 일정한 조건을 구비하고 있는 자는 모두를 대상자로 선정해야 한다는 대상자 선정 기준으로, 보편적 방법에 해당한다.

사회복지정책의 가치

12 **사회복지정책의 가치에 관한 설명으로 옳은 것은?** [13회]

① 결과의 평등 정책보다 기회의 평등 정책은 빈자(貧者)들의 적극적 자유를 증진하는 데 유리하다.
② 적극적 자유는 타인의 간섭이나 구속으로부터의 자유를 의미한다.
③ 결과의 평등 정책은 부자들의 소극적 자유는 침해하지 않는다.
④ 열등처우의 원칙은 형평의 가치를 반영한 것이다.
⑤ 긍정적 차별(Positive Discrimination)은 형평의 가치를 저해한다.

해설 수급을 받는 자는 최하 임금을 받는 자보다 더 열등해야 한다는 것이 열등처우원칙으로 형평성을 반영했다고 할 수 있다.

재정체계

13 **우리나라 사회복지재원에 관한 설명으로 옳은 것은?** [14회]

① 사회보장의 주된 재원은 사회보장세이다.
② 국민연금기금은 특별회계에 해당하는 예산이다.
③ 공공부조 시행에 필요한 모든 비용은 중앙정부가 부담한다.
④ 국고보조금은 중앙정부 각 부처가 지방자치단체에 지원하는 재원이다.
⑤ 일반회계예산은 기금에 비해 운용의 신축성은 높으나 재원의 범위는 좁다.

해설 ① 사회보장의 주된 재원은 조세이다.
② 국가의 재정지출은 일반회계, 특별회계, 기금으로 구분되며, 기금은 특별회계에 해당되지 않는다.
③ 공공부조에 드는 비용의 전부 또는 일부는 국가와 지방자치단체가 부담한다.
⑤ 일반회계예산은 운용의 신축성은 낮고, 재원의 범위는 넓다.

정답 10 ② 11 ④ 12 ④ 13 ④

사회복지정책 결정모형

14 **정책결정 이론모형에 관한 설명으로 옳은 것은?** [12회]

① 합리모형 : 인간의 제한적 합리성을 전제로 하여 정책대안을 선택한다.
② 만족모형 : 주어진 상황에서 목표달성을 극대화하는 최선의 정책대안을 찾아낼 수 있다.
③ 점증모형 : 과거의 정책을 약간 수정한 정책결정이 이루어지고, 여론의 반응에 따라 정책 수정을 반복한다.
④ 최적모형 : '조직화된 무정부상태' 속에서 정책이 우연히 결정된다.
⑤ 쓰레기통 모형 : 합리적 요소와 초합리적 요소를 바탕으로 한 질적 모형이다.

해설 ① 합리모형 : 이성과 고도의 합리성에 따라 최적의 대안을 선택한다.
② 만족모형 : 제한된 합리성을 전제로 자신이 만족스러운 정도면 대안을 선택한다.
④ 최적모형 : 합리적 요소와 초합리적 요소를 바탕으로 한 질적 모형이다.
⑤ 쓰레기통 모형 : 문제, 해결, 선택기회, 참여자 등 우연히 한 곳에 모여질 때 대안이 결정된다.

사회복지정책의 개요

15 **사회복지정책에 관한 설명으로 옳지 않은 것은?** [14회]

① 사회복지정책은 국민의 복지 증진을 위해 복지국가가 사용하는 수단이다.
② 개인의 잠재능력 향상, 사회통합은 소득재분배와 함께 사회복지정책의 주된 기능이다.
③ 사회복지정책은 사회구성원의 기본욕구를 해결하기 위한 정책이므로 가치중립적이어야 한다.
④ 북유럽 국가들의 사회복지정책은 영미권 국가들의 사회복지정책에 비해 보편주의 · 연대주의적 성격이 강하다.
⑤ 사회복지정책을 통한 결과의 평등 지향은 일부 사회구성원의 소극적 자유를 침해하는 결과를 가져올 수 있다.

해설 사회복지정책은 인간존엄성을 기본으로 하기 때문에 가치중립적이 아니라 가치지향적이어야 한다.

사회복지정책의 개요

16 **소득재분배의 유형과 관계집단을 연결한 것으로 옳은 것을 모두 고른 것은?** [9회]

ㄱ. 수직적 재분배 – 고소득층 대(對) 저소득층
ㄴ. 수평적 재분배 – 고위험집단 대(對) 저위험집단
ㄷ. 세대 간 재분배 – 현세대 대(對) 미래세대
ㄹ. 세대 내 재분배 – 노령세대 대(對) 근로세대

① ㄱ, ㄴ, ㄷ
② ㄱ, ㄷ
③ ㄴ, ㄹ
④ ㄷ, ㄹ
⑤ ㄱ, ㄴ, ㄷ, ㄹ

해설 ㄹ. 노령세대 대(對) 근로세대는 세대 간 재분배이다.

정답 14 ③ 15 ③ 16 ①

7 과목 사회복지행정론

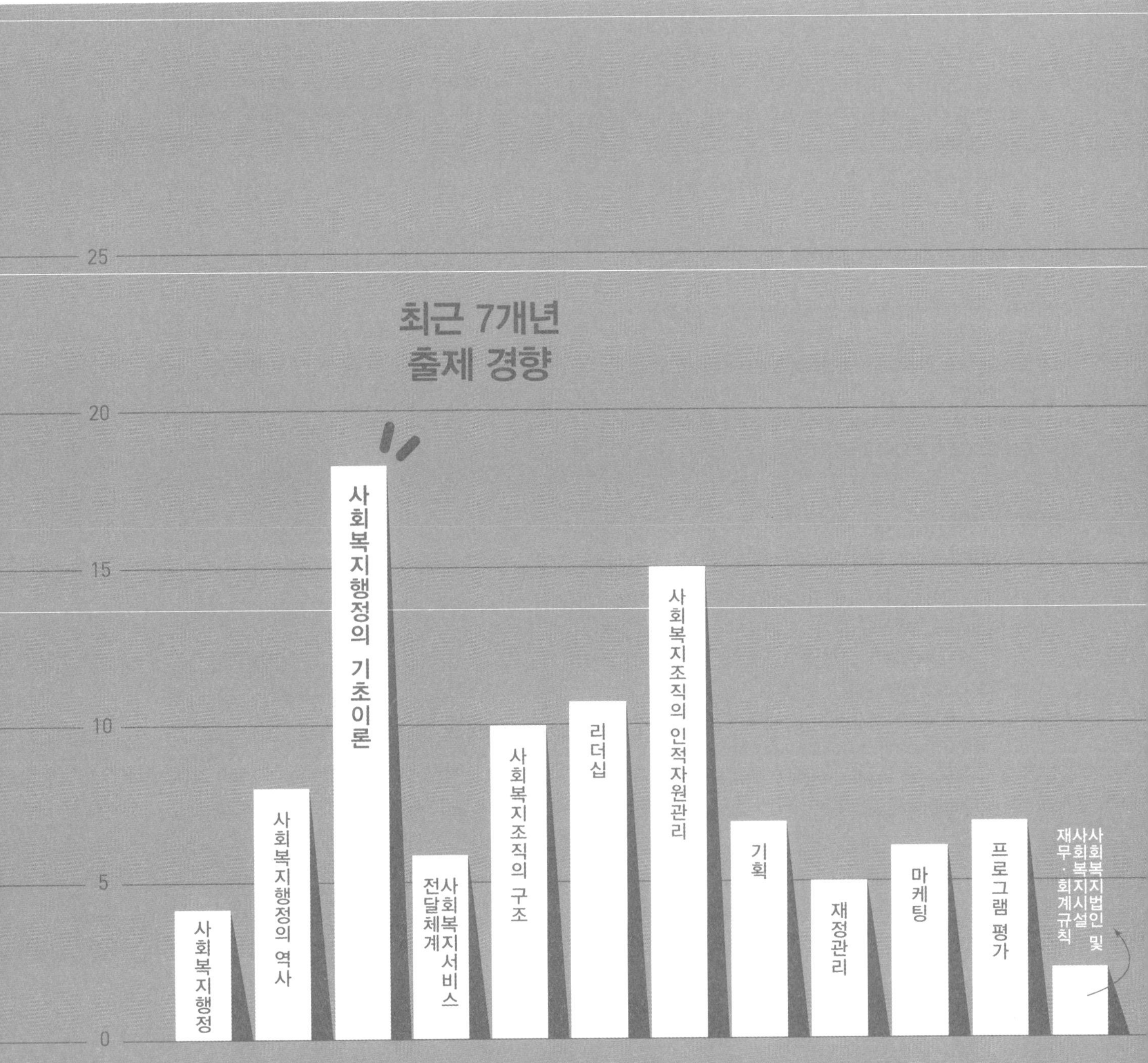

25
최근 7개년
출제 경향
20
15
10
5
0
사회복지행정
사회복지행정의 역사
사회복지행정의 기초이론
사회복지서비스 전달체계
사회복지조직의 구조
리더십
사회복지조직의 인적자원관리
기획
재정관리
마케팅
프로그램 평가
사회복지법인 및 사회복지시설 재무·회계규칙

1 사회복지행정

KEYWORD 01 사회복지행정의 특징 9 10 11 12 16 17 18 21 22 23

01 하젠펠드의 사회복지조직의 특성

① 사회복지조직은 클라이언트와 직접 접촉하고 활동한다.
② 사회복지조직의 목표는 인간을 대상으로 하여 모호하고 애매하며 문제점이 있다.
③ 사회복지조직의 원료는 사회적 · 도덕적 정체성을 지닌 인간이다.
④ 사회복지조직은 복잡한 인간이 대상이므로 사용되는 기술이 복잡하고 불확실하다.
⑤ 사회복지조직의 핵심활동은 직원과 클라이언트와의 관계이다.
⑥ 목표가 모호하고 애매하여 효과성과 효율성 표준척도가 없다.
⑦ 공공의 이익을 위해서 사회로부터 후원을 받는다.
⑧ 사회복지조직은 외부 환경과 관계에서 가치와 이해관계에 갈등이 있어 어려움을 겪는다.

학습 가이드

1. 사회복지행정이 가지고 있는 여러 특성들이 매년 출제되고 있으므로 심도 있는 학습이 필요합니다.
2. 사회복지행정과 일반행정을 구분할 수 있어야 하고, 하젠펠트가 주장한 사회복지행정조직의 특성도 중요합니다.

02 사회복지행정과 일반행정의 차이점

① 사회복지행정은 일반행정과 관리에 관한 지식을 초월하는 범위를 가진다.
② 사회복지행정은 전문 사회복지사의 직무수행에 크게 의존한다.
③ 사회복지행정은 지역사회 내 클라이언트의 욕구 충족을 위한 독특한 성격의 서비스를 산출한다.
④ 사회복지행정가는 사회복지 조직의 운영에 있어 지역사회에 대한 책임을 갖고 지역사회와 밀접한 관련을 가져야 한다.
⑤ 사회복지행정은 행정가 또는 관리자를 포함한 모든 구성원들이 행정에 참여하며 이 과정이 조직의 목표달성에 크게 영향을 미친다.

일방행정은 정부를 중심으로 이루어지는 전체 활동을 의미하며, 교통행정, 법무행정, 세무행정, 인사행정 등으로 구분된다.

03 사회복지행정의 특징

① 국가의 이념, 개발 방향, 정책 등의 내용에 따라 결정된다.
② 사회적으로 인지된 욕구충족을 위한 방법으로 적용한다.
③ 사회복지행정은 이윤추구 및 가격관리를 목적으로 하지 않고, 대상자와 지역사회에 대한 윤리, 공적 책임, 전문인력 관리 등에 주안점을 둔다.
④ 사회복지행정은 복지정책의 목표를 달성하는 이행수단 · 방법의 선택, 서비스 제공조직과 기구에 관심을 가진다.

TIP
사회복지조직은 인간을 대상으로 서비스를 제공합니다.

핵심문제

01 사회복지행정의 특징에 관한 설명으로 옳은 것은? [21회]

① 서비스 성과를 평가하기 어렵다.
② 사회복지행정가는 가치중립적이어야 한다.
③ 서비스 효율성은 고려하지 않는다.
④ 재정관리는 사회복지행정에 포함되지 않는다.
⑤ 직무환경에 관계없이 획일적으로 운영된다.

정답 ①

해설 사회복지조직은 인간을 대상으로 하여 목표가 모호하고 애매하다. 목표가 모호하고 애매하여 효과성과 효율성 표준척도가 없기 때문에 서비스 성과를 평가하기 어렵다.

02 사회복지조직의 특성에 관한 설명으로 옳지 않은 것은? [22회]

① 사회복지사의 전문성과 자율성을 인정한다.
② 클라이언트와 사회복지사의 관계에 따라 서비스의 효과성이 좌우된다.
③ 서비스의 효과성을 객관적으로 입증하기가 용이하다.
④ 다양한 상황에서 윤리적 딜레마와 가치 선택에 직면한다.
⑤ 조직의 목표가 명확하거나 구체적이기 어렵다.

정답 ③

해설 사회복지조직은 클라이언트와 직접 접촉하고 활동한다. 복잡한 인간이 대상이므로 사용되는 기술이 복잡하고 불확실하여 목표가 모호하고 애매하며 효과성과 효율성 표준척도가 없기 때문에 서비스의 효과성을 객관적으로 입증하기 어렵다.

2 사회복지행정의 역사

KEYWORD 02 사회복지행정의 역사 10 11 13 15 16 17 18 20 21 22 23

학습 가이드

최근 한국의 사회복지정책들의 제정연도에 따른 순서와 변화에 대한 문제들이 사회복지행정론뿐 아니라 다른 과목에서도 자주 출제되고 있으므로 각 정책들과 제정연도를 확실히 암기해 두는 것이 좋습니다.

연도	주요 내용
1981년	한국사회사업가협회가 사회복지사 윤리강령을 채택하여 사회복지사의 전문직으로서의 기본 요소를 갖추고, 사회복지 영역에서 전문가의 책임과 역할을 크게 인식하기 시작
1987년	사회복지전문요원제도가 시행되어 공공복지행정의 체계 마련
1991년	「사회복지사업법」 개정을 통해 사회복지전담공무원과 복지사무전담기구(사회복지사무소)를 설치할 수 있는 법적 근거 마련

연도	주요 내용
1995년	전국 5개 지역에서 보건소에 사회복지기능을 통합한 보건복지사무소 시범 사업
1997년	사회복지시설 평가 의무화
1998년	사회복지공동모금회 설립
2000년	「국민기초생활 보장법」 시행(「국민기초생활 보장법」 제정은 1999년)
2003년	제1회 사회복지사 1급 자격 국가시험 시행
2004년	사회복지사무소 시범사업 시행
2005년	시군구에서 지역사회복지협의체 운영 시작
2006년	주민생활지원서비스 전달체계 실시(주민생활지원국 설치)
2007년	주민생활지원서비스 전달체계 3단계 실시 – 도 · 농 복합, 시 · 군 · 구 중심, 동사무소를 동주민센터로 명칭변경(50개 군)
2008년	드림 스타트 사업 시행
2010년	사회복지 통합 관리망 구축 '행복e음' 시행
2011년	사회서비스 이용권(전자 바우처) 시행
2012년	희망복지지원단 시행
2013년	'사회보장 정보 시스템' 개통
2015년	사회보장정보원 출범, 사회복지협의체가 사회보장협의체로 전환
2016년	동주민센터를 행정복지센터로 명칭 변경, 동 복지허브화, 읍면동 지역사회보장협의체 발족
2019년	사회서비스원 설립

보건복지사무소, 사회복지사무소, 희망복지지원단의 경우 자주 출제되고 있으므로 실행 연도를 꼭 암기해야 합니다.

2000년대 이후 정책 시행 연도를 꼭 암기합니다.

바우처 특징

① 이용권 제공으로 상품을 이용할 수 있는 구매력을 제공

② 제한된 범위 안에서 선택 허용 : 정책목적이나 취지에 따라 선택권을 조정 및 통제 가능

- 구매하는 상품의 종류, 양, 범위 등 제한 가능
- 이용의 합리성 제고를 위한 자부담(본인부담금) 도입
- 현물급여보다는 이용자의 선택권을 보장

③ 사업

- 노인돌봄종합 서비스
- 가사간병방문지원사업
- 언어발달지원사업
- 임신출산진료비지원제도
- 장애인활동지원사업
- 발달재활 서비스
- 발달장애인부모상담 서비스

핵심문제

01 한국 사회복지행정의 역사에 관한 설명으로 옳지 않은 것은? [21회]

① 1950~1960년대 사회복지서비스는 주로 외국 원조단체들에 의해 제공되었다.
② 1970년대 「사회복지사업법」 제정으로 사회복지시설에 대한 제도적 지원과 감독의 근거가 마련되었다.
③ 1980년대에 사회복지전문요원제도가 도입되었다.
④ 1990년대에 사회복지시설 평가제도가 도입되었다.
⑤ 2000년대에 사회복지관에 대한 정부 보조금 지원이 제도화되었다.

정답 ⑤

해설 사회복지관에 대한 정부 보조금 지원이 제도화된 시기는 1987년이다.

02 한국 사회복지행정의 역사에 관한 설명으로 옳지 않은 것은? [22회]

① 6.25 전쟁 이후 외국원조기관을 중심으로 사회복지시설이 설립되었다.
② 1960년대 외국원조기관 철수 후 자생적 사회복지단체들이 성장했다.
③ 1980년대 후반부터 지역사회 이용시설 중심의 사회복지기관이 증가했다.
④ 1980년대 후반부터 사회복지전문요원이 배치되기 시작했다.
⑤ 1990년대 후반에 사회복지시설 설치기준이 허가제에서 신고제로 바뀌었다.

정답 ②

해설 1970년 초 새마을운동 이후 경제가 발전하면서 외국 민간 원조기관들이 철수하고 「사회복지사업법」이 제정되면서 사회복지단체들이 성장할 수 있었다.

3 사회복지행정의 기초이론

KEYWORD 03 고전이론 11 12 13 15 16 17 18 19 20 21 22 23

학습 가이드

1. 폐쇄체계이론인 관료제이론, 과학적 관리론, 인간관계론이 시험에 자주 출제되고 있어 특성을 확실히 암기해야 합니다.
2. 관료제이론과 과학적 관리론의 내용이 유사하므로 서로 비교하는 문제에 대비해야 합니다.

01 관료제

① 특징

㉠ 합리적인 규칙과 효율성을 강조하여 정해져 있는 규칙을 따라야 한다.
㉡ 공적인 지위에 따른 위계적인 권위구조를 가진다.
㉢ 고도의 전문성이 요구된다.
㉣ 구성원보다는 규칙이나 규정을 우선시한다.

② 단점

㉠ 항상 틀에 박힌 일정한 방식이나 태도를 취하는 매너리즘에 빠져 독창성을 잃는다.
㉡ 전문화로 인하여 자신의 업무 외에는 할 수 없다.
㉢ 구성원이 현상만 유지하면 된다는 식의 무사안일주의에 빠진다.
㉣ 사람보다는 규칙과 규정을 중요하게 생각하여 목적과 수단이 바뀌게 되는 목적전치에 빠진다. 목적을 달성하기 위한 규칙이 목적 자체가 된다.
㉤ 레드테이프(Red Tape)는 문서처리에 지나친 형식을 강조한다.
㉥ 사적 관계를 배제해 몰인간성을 강조한다.
㉦ 크리밍 현상이 나타날 수 있다.

③ 관료제적 병폐

㉠ 할거주의 : 자신이 속한 파벌이나 지역의 형편만 앞세우고 다른 지역에 대해 배려하지 않는 경향이다.
㉡ 매너리즘 : 담당자들이 단순한 행동이 계속 반복되어 창의적인 행동을 하지 않고 고정된 일처리를 하는 현상이다.
㉢ 레드테이프 : 지나친 형식주의로 업무의 절차를 복잡하게 하여 업무를 지연시켜 효율성을 저해시키는 현상이다.
㉣ 크리밍 : 사회복지조직들이 프로그램의 성공 가능성이 높은 클라이언트만 선발하고, 비협조적이거나 어려울 것 같은 클라이언트를 선발하지 않는 것이다.
㉤ 리스트럭처링(Restructuring) : 구조조정으로 기업의 기존 사업구조나 조직구조를 보다 효과적으로 그 기능 또는 효율을 높이고자 실시하는 구조개혁 작업을 말한다.
㉥ 다운사이징(Downsizing) : 조직의 효율성을 향상시키기 위해 의도적으로 조직 내의 인력이나 직무, 부서 등의 규모를 축소시키는 방법이다.

TIP

관료제적 병폐는 단독으로 시험에 출제되고 있으므로 용어에 대한 개념을 잘 파악하고 있어야 합니다.

02 과학적 관리론

① 특징

㉠ 업무에 필요한 동작에 대한 소요시간을 표준화하여 적정한 1일 업무를 분업한다.

㉡ 표준화된 분업을 확립하여 성과와 임금을 연계하여 성과에 따른 임금을 제시한다.

㉢ 객관화, 분업화를 통하여 업무의 능률성을 강조한다.

㉣ 생산성을 강조하여 구성원의 신체적 능력을 중요하게 강조한다.

② 단점

㉠ 과정은 무시하고 성과만 강조한다.

㉡ 상부에서 정한 목적이 일치되지 않을 경우 문제가 발생한다.

㉢ 구성원이 임금에만 반응할 것이라고 간주한다.

㉣ 인간관계나 환경이 조직에 미치는 영향을 무시한다.

03 인간관계론

① 특징

㉠ 메이요는 구성원의 만족을 주는 요인을 실험하여 금전이나 작업환경이 생산성을 향상시키지 못한다는 것을 발견한다.

㉡ 구성원의 작업능률은 다른 구성원과의 인간관계에 크게 좌우된다.

㉢ 조직의 비공식적 집단이 생산성과 업무 태도에 영향을 미친다.

㉣ 구성원의 경제적인 욕구나 동기에 따른 행동보다도 비경제적 요인인 사회적, 심리적 욕구나 동기가 행동에 영향을 미친다.

② 단점

㉠ 임금, 환경, 목적 등을 무시하고 오로지 인간관계에만 치우쳤다.

㉡ 조직 안에서 발생할 수 있는 정치 · 경제적 과정을 무시했다.

㉢ 인간의 비합리적이고 정서적인 측면만 강조하였다.

TIP

폐쇄체계이론들의 공통점은 생산성 향상입니다. 관료제이론은 규정과 규칙, 과학적 관리론은 1인 업무량과 성과금 제시, 인간관계론은 인간관계를 통한 생상성 향상을 우선으로 합니다.

TIP

인간관계론에서 주장하는 인간관계는 비공식적 관계에서 나타나는 인간관계입니다.

핵심문제

01 사회복지조직에서 활용되고 있는 관료제의 역기능으로 옳지 않은 것은? [18회]

① 조직 운영규정 자체가 목적으로 인식될 수 있다.
② 조직변화가 어렵다.
③ 부서 이기주의가 나타날 수 있다.
④ 서비스가 최저수준에 머무를 수 있다.
⑤ 조직의 복잡한 규칙을 적용하면서 창조성이 향상된다.

정답 ⑤

해설 관료제는 무사안일주의로 창조성과는 거리가 멀다.

02 테일러(F. W. Taylor)의 과학적 관리론에 관한 설명으로 옳은 것을 모두 고른 것은? [22회]

ㄱ. 직무의 과학적 분석 : 업무시간과 동작의 체계적 분석
ㄴ. 권위의 위계구조 : 권리와 책임을 수반하는 권위의 위계
ㄷ. 경제적 보상 : 직무성과에 따른 인센티브 제공
ㄹ. 사적 감정의 배제 : 공식적인 원칙과 절차 중시

① ㄱ, ㄴ
② ㄱ, ㄷ
③ ㄴ, ㄹ
④ ㄱ, ㄴ, ㄷ
⑤ ㄱ, ㄷ, ㄹ

정답 ②

해설 과학적 관리론은 업무에 필요한 동작에 대한 소요시간을 표준화하여 적정한 1일 업무를 분업한다. 표준화된 분업을 확립하고 성과와 임금을 연계하여 성과에 따른 임금을 제시하고 객관화, 분업화를 통하여 업무의 능률성을 강조한다.
ㄴ. 권위의 위계구조 : 권리와 책임을 수반하는 권위의 위계를 중시하는 이론은 관료제이론이다.
ㄹ. 사적 감정의 배제 : 공식적인 원칙과 절차 중시하는 이론은 관료제이론이다.

03 메이요(E. Mayo)가 제시한 인간관계이론에 관한 설명으로 옳은 것은? [22회]

① 생산성은 근로조건과 환경에 의해서만 좌우된다.
② 심리적 요인은 생산성 향상에 영향을 미친다.
③ 사회적 상호작용은 생산성 향상에 부정적인 영향을 미친다.
④ 공식적인 부서의 형성은 생산성 향상으로 이어진다.
⑤ 근로자는 집단 구성원이 아닌 개인으로서 행동하고 반응한다.

정답 ②

해설 인간관계론은 구성원의 경제적인 욕구나 동기에 따른 행동보다도 비경제적 요인인 사회적 · 심리적 욕구나 동기가 행동에 영향을 미치고 구성원의 작업능률은 다른 구성원과의 인간관계에 크게 좌우된다.
① 생산성은 인간관계에 의해서만 좌우된다.
③ 사회적 상호작용은 생산성 향상에 긍정적인 영향을 미친다.
④ 비공식적인 부서의 형성은 생산성 향상으로 이어진다.
⑤ 근로자는 개인이 아닌 집단 구성원으로서 행동하고 반응한다.

KEYWORD 04 현대조직이론 10 11 13 14 15 16 17 18 19 20 21 22 23

 학습 가이드

1. 현대조직이론 중 목표관리제의 내용과 총체적 품질관리의 내용이 비슷하므로 차이점을 찾아낼 수 있어야 합니다.
2. 최근 서브퀄(SERVQUAL) 모형에 대한 문제가 자주 출제되고 있으므로 정의를 확실히 공부해야 합니다.

목표관리제와 총체적 품질관리는 전 직원이 참여한다는 공통점이 있지만 목표관리제는 목표에, 총체적 품질관리는 품질관리에 전 직원이 참여합니다.

서브퀄(SERVQUAL)의 경우 단독으로 출제되는 문제보다는 여러 이론과 함께 출제됩니다.

01 목표관리제

① 모든 구성원이 참여하여 조직의 공통목표를 명확히 한다.
② 결과지향적 방법으로 전 구성원의 협조를 강조한다.
③ 구성원에게 책임을 부여하여 생산성을 높이려고 한다.
④ 구성원이 의사결정에 참여하여 사기를 높여준다.
⑤ 장기 · 질적 목표보다는 단기 · 양적 목표에 치중한다.
⑥ 목표는 성과지향적 · 현실적 · 긍정적이며 측정이 가능하다.

02 총체적 품질관리

① 고객 만족을 위하여 모든 조직 구성원이 협력하여 품질의 개선과 향상을 위해 노력한다.
② 개인의 노력보다는 구성원 전원의 다양한 협력활동이 고품질로 나타난다.
③ 품질의 질은 고객이 평가한다.
④ 품질의 변이를 미리 예측하여 사전에 방지한다.
⑤ 품질에 중점을 둔 관리기법으로 고객중심적인 관리체계이다.
⑥ 서비스의 품질은 초기단계에서부터 고려된다.
⑦ 고객의 욕구를 조사하며, 의사결정은 욕구조사 분석에 기반한다.

총체적 품질관리의 주요 품질차원

신속성, 즉응성(응답성), 확신성, 공감성(감정이입), 가시성(유형성) 등

03 서브퀄(SERVQUAL)

① 유형성
㉠ 클라이언트 눈에 보이는 사회복지기관의 시설에 대한 부분으로 사회복지기관이 사용하는 장비나 시설의 외형을 의미한다.
㉡ 현대적인 장비를 갖추고 있는지, 직원들이 잘 준비되어 있는지, 시설이나 자료들이 시각적으로 도움을 주는지 등으로 판단한다.
예 건물, 장비, 간판, 인테리어 등

② 신뢰성
㉠ 사회복지기관이 클라이언트에게 약속한 서비스를 잘 지고 있는지, 사회복지기관이 클라이언트에게 약속한 서비스를 믿을 수 있는지를 의미하고 지속성과 예측성과 연관된다.
㉡ 시간을 잘 지키는지, 문제를 잘 해결하는지, 올바른 서비스를 제공하는지 등으로 판단한다.
예 클라이언트와 한 약속한 시간을 지킴

③ 반응성

㉠ 사회복지기관이 클라이언트에게 얼마나 즉각적인 서비스를 제공하고 있는지를 의미한다.

㉡ 사회복지사가 도와줄 용의가 있는지, 신속한 서비스를 제공하는지 등으로 판단한다.

예 클라이언트에 대한 서비스가 신속하게 이루어짐

④ 확신성

㉠ 사회복지기관에서 일을 하는 사회복지사의 능력이나 사회복지기관의 자원을 의미한다.

㉡ 사회복지사가 클라이언트에게 신뢰감을 주는지, 지속적으로 친절을 베푸는지, 질문에 답변할 능력이 있는지 등으로 판단한다.

예 사회복지사가 전문지식이나 기술, 전문자격을 갖추고 있음

⑤ 공감성

㉠ 클라이언트에 대한 배려와 개별적 관심, 클라이언트의 이익을 고려한 맞춤형 서비스를 제공할 수 있는지를 의미한다.

㉡ 사회복지사가 개별적인 관심을 주는지, 클라이언트의 특별한 요구를 이해하는지 등으로 판단한다.

예 클라이언트에 맞춤형 서비스를 제공함

핵심문제

01 사회복지조직의 서비스 질 관리에 관한 설명으로 옳은 것은? [21회]

① 서비스 질 관리를 위하여 위험관리가 필요하다.
② 총체적 품질관리(TQM)는 기업의 소비자 만족을 극대화하기 위한 기법이므로 사회복지기관에 적용하기에는 적합하지 않다.
③ 총체적 품질관리는 지속적인 개선보다는 현상유지에 초점을 둔다.
④ 서브퀄(SERVQUAL)의 요소에 확신성(Asurance)은 포함되지 않는다.
⑤ 서브퀄에서 유형성(Tangible)은 고객 요청에 대한 즉각적 반응을 말한다.

정답 ①

해설 ② 총체적 품질관리(TQM)는 고객 만족을 위하여 모든 조직 구성원이 협력하여 품질의 개선과 향상을 위해 노력하는 기법으로 사회복지기관에 적용 가능하다. 클라이언트는 많은 기관들 중에 선택하기에 사회복지지관은 클라이언트 만족을 위해 프로그램의 품질을 향상시켜야 한다.
③ 총체적 품질관리는 현상유지에 초점을 두기보다는 지속적인 개선에 초점을 둔다. 품질의 변이를 미리 예측하여 사전에 방지한다.
④ 서브퀄(SERVQUAL)은 확신성, 신뢰성, 반응성, 공감성, 유형성으로 이루어진다.
⑤ 서브퀄에서 유형성(Tngible)은 서비스 제공 혹은 상품생산을 위해 사용된 장비나 물리적인 시설 등의 외형(외관) 혹은 미적 상태와 연관된다. 고객 요청에 대한 즉각적 반응은 반응성이다.

02 총체적 품질관리(TQM)에 관한 설명으로 옳지 않은 것은? [20회]

① 지속적인 품질개선을 강조하는 일련의 과정이다.
② 자료와 사실에 기반한 의사결정을 중시한다.
③ 좋은 품질이 무엇인지는 고객이 결정한다.
④ 집단의 노력보다는 개인의 노력이 품질향상에 더 기여한다고 본다.
⑤ 조직 구성원에 대한 훈련을 강조한다.

정답 ④

해설 개인의 노력보다는 집단의 노력이 품질향상에 더 기여한다고 본다.

03 패러슈라만 등(A. Parasuraman, V. A. Zeithaml & L. L. Berry)의 SERVQUAL 구성원에 해당하는 질문을 모두 고른 것은? [22회]

ㄱ. 약속한 대로 서비스를 제공했는가?
ㄴ. 안전하게 서비스를 제공했는가?
ㄷ. 자신감을 가지고 정확하게 서비스를 제공했는가?
ㄹ. 위생적이고 정돈된 시설에서 서비스를 제공했는가?

① ㄱ, ㄹ
② ㄴ, ㄷ
③ ㄴ, ㄹ
④ ㄱ, ㄴ, ㄷ
⑤ ㄱ, ㄷ, ㄹ

정답 ⑤

해설 SERVQUAL(서브퀄)은 Service와 Quality의 합성어로 서비스 행위에 대한 고객의 기대와 실제로 고객이 경험한 서비스에 대한 인식을 비교하여 일치하는 정도와 방향을 측정하는 서비스 품질을 관리하는 기법이다. 서브퀄의 요인은 유형성, 신뢰성, 대응성, 확신성, 공감성이 있다.
ㄱ. 약속한 대로 서비스를 제공했는가는 신뢰성이다.
ㄷ. 자신감을 가지고 정확하게 서비스를 제공했는가는 확신성이다.
ㄹ. 위생적이고 정돈된 시설에서 서비스를 제공했는가는 유형성이다.

4 사회복지서비스 전달체계

KEYWORD 05 전달체계 구축의 주요 원칙 10 11 12 13 14 15 16 17 19 22 23

01 포괄성의 원칙

대상자의 욕구는 다양하기 때문에 욕구를 해결하기 위해 다양한 서비스가 제공되어야 한다.

02 평등성의 원칙

성별, 연령, 소득, 종교, 정치, 지위 등과 관계없이 모든 대상자에게 차별 없이 제공되어야 한다.

03 통합성의 원칙

대상자의 문제는 복잡하고 연관되어 있기에 필요한 서비스가 서로 연관되어 제공되어야 한다.

04 전문성의 원칙

서비스는 전문가가 직접 제공해야 한다.

05 접근성의 원칙

거리와 비용은 대상자가 쉽게 접근할 수 있어야 한다.

06 지속성의 원칙

대상자가 지역사회 내에서 서비스를 계속적으로 받을 수 있어야 한다.

07 적절성의 원칙

대상자에게 제공되는 서비스의 양과 질, 제공기간은 목표를 달성할 수 있도록 충분해야 한다.

08 책임성의 원칙

대상자에게 제공되는 서비스 전달은 최선의 노력을 다해야 한다.

학습 가이드

1. 사회복지서비스 전달체계는 사회복지정책론에서도 출제되고 있는 만큼 꼭 암기해야 하는 부분입니다.
2. 지역사회복지관의 기본원칙과 구분할 수 있어야 합니다.

TIP

- 책임성 : 최선의 노력을 했는지를 의미
- 노력성 : 프로그램을 위해 동원된 자원 정도를 의미

핵심문제

01 사회복지전달체계 구축 시 고려해야 할 사항으로 옳지 않은 것은? [19회]

① 통합성 : 서비스의 중복과 누락을 방지하고 다양한 서비스를 통합적으로 제공해야 한다.
② 포괄성 : 클라이언트의 다양한 욕구 중 한 가지 욕구를 해결하기 위하여 전문가 집단이 개입하는 방식이다.
③ 적절성 : 사회복지서비스의 양과 질이 서비스 수요자의 욕구 충족과 서비스 목표달성에 적합해야 한다.
④ 접근성 : 서비스 이용자에게 공간, 시간, 정보, 재정 등의 제약이 없는 서비스 제공을 의미한다.
⑤ 전문성 : 충분한 사회복지전문가의 확보가 필요하다.

정답 ②

해설 대상자의 욕구는 다양하기 때문에 욕구를 해결하기 위해 다양한 서비스가 제공되어야 한다. 따라서 다양한 욕구 중 한 가지 욕구만 해결하지 않는다.

02 사회복지전달체계 구축 원칙에 관한 설명으로 옳지 않은 것은? [22회]

① 서비스 비용 부담을 낮춤으로써 접근성을 높일 수 있다.
② 서비스 간 연계성을 강화함으로써 연속성을 높일 수 있다.
③ 양 · 질적으로 이용자 욕구에 부응함으로써 적절성을 높일 수 있다.
④ 최소 비용으로 최대 효과를 얻음으로써 전문성을 높일 수 있다.
⑤ 이용자의 요구나 불만을 파악함으로써 책임성을 높일 수 있다.

정답 ④

해설 전문성은 전문가가 직접 서비스를 제공해야 한다는 것이다. 최소 비용으로 최대 효과를 얻는 것은 효율성이다.

5 사회복지조직의 구조

KEYWORD 06 사회복지조직의 구조 15 17 18 19 20 21 22 23

학습 가이드

1. 조직의 종류에 대한 특성과 장 · 단점을 정확히 파악하여 조직의 차이점을 찾을 수 있도록 학습해야 합니다.
2. 사회복지 조직의 환경관리 전략의 특성들을 파악하여 대처할 수 있어야 합니다.

01 공식조직

조직의 정관이나 운영규정에 의하여 임명되고 선출된 이사회, 행정책임자, 직원 및 위원회 등의 배열이고, 가시적으로 조직의 기구도표에 배열된 지위와 관계를 의미한다.

02 비공식조직

조직 안에서 친한 구성원들끼리 인간관계를 맺기 위해 자연스럽게 발생한 집단이다.

① 장점

㉠ 의사소통의 통로가 된다.

㉡ 구성원들의 응집력을 유지시켜 준다.

㉢ 구성원들의 스트레스를 배출시켜 준다.

② 단점

㉠ 조직의 목적이 전치될 수 있어 조직의 분열을 초래한다.

㉡ 비공식적인 방법으로 비합리적인 의사결정을 할 수 있다.

03 수직조직

상하 명령복종 관계의 계층적이고 목표달성 중심의 구조를 가진 조직이다. 조직의 목표달성에 직접적으로 기여하고 결정권과 집행권을 가진다. 운영비용이 적게 드는 소규모 조직에 적합하다.

① 장점

㉠ 권한과 책임이 분명하여 신속한 결정이 가능하다.

㉡ 업무수행이 효율적이고 조직의 안정성을 확보할 수 있다.

㉢ 업무에 대한 책임의 한계가 명백하고 통제력을 발휘할 수 있다.

② 단점

㉠ 독단적이고 주관적인 의사결정으로 인하여 어려움이 생긴다.

㉡ 대규모 조직의 경우 조직의 장의 업무가 과중된다.

㉢ 인재를 잃으면 업무는 마비된다.

04 수평조직

조직이 목표달성을 위한 원활한 기능을 하기 위해 지원, 조정, 자문, 권고, 기획, 통제 등의 기능을 수행하는 조직이다.

① 장점

㉠ 전문가의 전문지식과 기술을 활용하여 합리적인 지시가 가능하다.

㉡ 조직의 장의 과중된 업무에 도움을 줄 수 있어 대규모 조직에 유리하다.

㉢ 통솔범위가 확대되어 객관적인 의사결정이 가능하다.

㉣ 자문위원회, 운영위원회, 기획관리실 등이 속한다.

② 단점

㉠ 책임을 다른 사람에게 전가시킬 수 있다.

㉡ 행정이 지연되어 급한 문제에 결정하는 데 어려움이 있다.

㉢ 알력과 불화가 생기고 행정비용이 증가한다.

3. 조직에 대한 한 부분을 물어보는 문제보다는 전체적인 내용을 물어보는 문제가 출제됩니다.

TIP

• 공식조직 : 조직의 조직표에 나타나는 조직
• 비공식조직 : 조직의 조직표에 나타나지 않는 조직

TIP

수평조직은 외부인사로 구성되어 전문가의 지식을 얻을 수 있으나 정식 직원이 아니므로 책임소재에서 자유롭습니다.

05 매트릭스(행렬) 조직

업무의 효율성을 높이기 위해 구성원이 부서에 소속되어 있으나 특정한 업무를 위해 프로젝트 팀에 편입되는 조직이다. 한 사람이 두 개의 라인을 통해 업무를 수행하고 프로젝트가 끝나면 원래 조직의 업무만 수행한다.

① 장점

㉠ 구성원이 환경에 신속한 대응이 가능하다.
㉡ 전문가에 의해 업무가 진행되므로 권력이 분산될 수 있다.
㉢ 효율적인 업무로 인하여 직무만족도가 높다.

② 단점

㉠ 두 개의 라인으로 인해 권한과 책임의 소지가 생긴다.
㉡ 이중 업무로 인하여 스트레스와 역할에 대한 갈등이 생긴다.
㉢ 운영하기 위해서 많은 인원이 필요해 작은 규모의 조직은 운영하기 어렵다.

TIP
매트릭스 조직은 특별한 사업을 해결하기 위해 전문가들을 모아 만든 조직으로 사업이 종료되면 조직도 없어집니다.

06 조직문화

① 사회복지서비스 체계의 규범과 전통, 가치와 신념으로서 종합적인 역할을 한다.
② 사회복지서비스 제공자의 상황인식에 중요한 역할을 한다.
③ 조직구성원의 형태와 인식 그리고 태도를 통해서 조직효과성과 연결하는 역할을 한다.

매몰비용과 기회비용

- 매몰비용 : 이미 사용되어서 다시 되돌릴 수 없는 비용
- 기회비용 : 하나를 선택하고 다른 하나를 포기하는 경우 포기한 하나의 가치의 비용

예 A를 선택하고 B를 포기하는 경우 포기한 B의 비용은 기회비용이다.

핵심문제

01 조직구조 유형 중 태스크포스(TF)에 관한 설명으로 옳은 것을 모두 고른 것은? [20회]

ㄱ. 팀 형식으로 운영하는 조직이다.
ㄴ. 특정 목표달성을 위한 업무에 전문가들을 배치한다.
ㄷ. 환경의 변화에 대응하기 위해서 만든 조직의 성격이 강하다.

① ㄱ
② ㄴ
③ ㄱ, ㄷ
④ ㄴ, ㄷ
⑤ ㄱ, ㄴ, ㄷ

정답 ⑤

해설 태스크포스(TF)는 프로젝트 팀이라고도 하고 각 전문가 간의 커뮤니케이션과 조정을 쉽게 하고, 밀접한 협동관계를 형성하여 직위의 권한보다 능력이나 지식의 권한으로 행동하여 성과에 대한 책임이 명확하고 행동력을 가지고 있다. 특정한 과제를 성취하기 위해 필요한 전문가에 의해 기한이 정해진 임시조직을 말한다.

02 조직문화에 관한 설명으로 옳지 않은 것은? [22회]

① 조직의 정체성을 결정하는 일련의 가치와 신념이다.
② 조직과 일체감을 갖게 함으로써 구성원의 정체감 형성에 기여한다.
③ 조직의 믿음과 가치가 깊게 공유될 때 조직문화는 더 강해진다.
④ 경직된 조직문화는 불확실한 환경에 대처하도록 돕는다.
⑤ 조직 내에서 자연적으로 생길 수 있다.

정답 ④

해설 건강한 조직문화는 성과를 창출하고 위기에 슬기롭게 대처하는 힘이 되지만, 경직된 조직문화는 조직을 위기에 빠뜨리고 쇠락시킨다. 경직된 조직문화는 불확실한 환경에 대처할 수 없다.

6 리더십

KEYWORD 07 리더십 10 11 12 14 18 19 20 21 22 23

01 리더십 이론

① 특성이론(1940~1950년대)
   ㉠ 성공적이지 못한 리더로부터 성공적인 리더를 구별할 수 있는 분명한 일련의 특성이 존재한다.
   ㉡ 성격, 자신감, 신체적 특성, 사회성, 지능 등을 리더의 특성으로 보았다.
   ㉢ 업무를 대하는 리더의 일관성이 부족하다.
   ㉣ 모든 리더만이 가지고 있는 보편적 특성을 발견하지 못하였다.

② 행동이론(1950~1960년대)
   ㉠ 리더십의 가장 중요한 측면은 리더의 특성이 아니라 다양한 상황에서 리더가 행동하는 것이다. 성공적인 리더는 특별한 리더십 행동 유형에 의해 성공하지 못한 리더와 구별된다.

학습 가이드

리더십 이론에 대한 내용을 정확히 학습할 필요가 있습니다. 대부분의 문제가 리더십 이론에서 출제되고 있지만 새로운 이론인 서번트 리더십의 특성을 학습해야 합니다.

특성이론은 이순신 장군과 같이 다른 사람들보다 뛰어난 개인이 발휘하는 리더십입니다.

ⓛ 오하이오 연구 : 구조 주도와 배려가 모두 높은 리더가 다른 유형들보다 하위자들의 성과와 만족을 가져오는 경향이 있음을 발견하였다.

ⓒ 미시간 연구 : 구성원 중심적 리더들이 집단 생산성 및 직무만족이 높다는 것을 발견하였다.

ⓔ 관리격자이론 : 인간에 대한 관심과 생산에 대한 관심의 두 가지 요인을 토대로 리더십 이론을 전개하였으며, 격자는 횡축과 종축을 따라 각각 5개의 위치가 설정되었다.

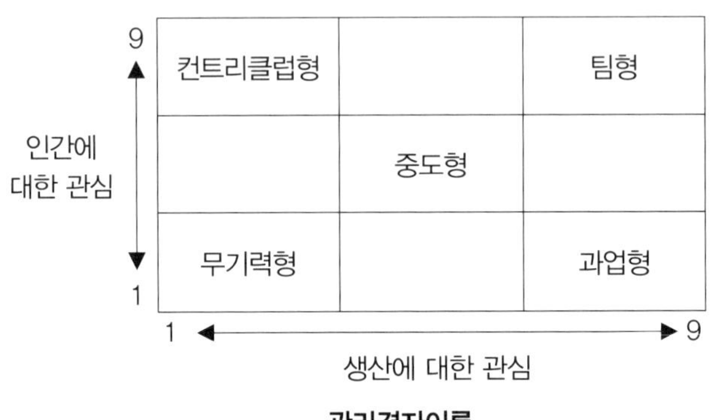

관리격자이론

TIP
행동이론은 히딩크 감독과 같이 리더의 행동이 조직을 어떻게 변화시킬 수 있는지 보여주는 리더십입니다.

③ 상황이론(1970년대)

㉠ 리더의 효과성은 그 자신의 행동 유형에 의해 결정될 뿐만 아니라 리더십의 환경을 둘러싸고 있는 상황에 의해 결정된다.

ⓛ 상황 요소들은 리더와 하위자의 특성, 과업의 성격, 집단의 구조, 강화의 형태를 포함한다.

ⓒ 상황에 의존하여 상황에 따라 리더십이 달라져 막연하고 추상적이다.

ⓔ 피들러(Fiedler)의 상황적합이론 : 과업지향적 리더십은 리더십 상황이 리더에게 유리하거나 불리한 경우에 효과적이고 관계지향적 리더십은 리더십 상황이 리더에게 유리하지도 불리하지도 않은 경우에 효과적이다.

ⓜ 허시와 블랜차드(Hersey & Blanchard)의 상황적 리더십 이론 : 구성원의 성숙도가 낮은 경우 지시형 리더십, 과업지향적 행동이 효과적이고 성숙도가 높은 경우 위임형 리더십, 관계지향적 행동이 효과적이다.

상황이론은 정주영 회장과 같이 변화하는 상황이나 처해진 상황에 맞게 발휘하는 리더십입니다.

④ 변혁적 · 거래적 이론(1990년대)

㉠ 지도자 행동의 영감적이고 상징적인 비합리적 측면을 중시하는 접근으로 카리스마적 지도성, 영감적 지도성이라고도 한다.

ⓛ 거래적 지도성이 지도자가 부하에게 순종을 요구하고 그 대가로 보상을 제공한다.

ⓒ 변혁적 지도성은 지도자가 부하 직원에게 잠재능력을 개발하도록 도움을 주고 내재적 만족감을 갖게 한다.

변혁적 리더십은 조직구성원이 목표달성을 위해 스스로 변화할 수 있도록 하는 자율적이고 혁신적인 리더십입니다.

㉣ 리더십은 지도자와 추종자 간의 협력 과정을 통해 형성된다.

⑤ 서번트 리더십(Servant Leadership)

㉠ 리더는 권위주의자가 아닌 봉사하는 하인으로 구성원을 섬김의 대상으로 본다.

㉡ 리더의 헌신으로 인하여 구성원과 함께 조직의 목표를 달성한다.

㉢ 인간존중을 바탕으로 리더가 구성원에게 봉사하여 구성원의 잠재력을 발휘할 수 있게 도와준다.

㉣ 리더와 구성원은 수직적 관계가 아니라 수평적 관계에 가까워 책임을 위임하고 구성원을 지원한다.

02 리더십 유형

① 지시적 리더십

㉠ 모든 의사결정을 지도자가 독단적으로 결정하고 구성원에게 명령과 복종만 요구한다.

㉡ 신속한 결정이 가능하여 위기상황에 적합하다.

㉢ 구성원의 참여는 불가능하고 모든 결정은 리더가 결정한다.

㉣ 리더의 독단적 결정이 가능하여 구성원의 사기가 저하된다.

② 참여적 리더십

㉠ 모든 의사결정에 구성원의 참여시켜 함께 검토하여 해결한다.

㉡ 구성원의 참여가 가능하여 구성원의 사기가 높다.

㉢ 신속한 결정을 하지 못해 위기상황에 사용하지 못하고 지연 가능성이 있다.

③ 자율적(위임적) 리더십

㉠ 모든 의사결정 권한을 구성원에게 위임하여 구성원이 문제를 해결한다.

㉡ 고도의 전문화된 전문가 중심의 조직에 적합하다.

㉢ 구성원 간 정보제공이 어렵고 위계질서가 무너지기 쉽다.

TIP

리더십의 요소에는 지속성(끈기), 시간관리, 타협, 관대함(유연성), 창의성 등이 있으며 지시성은 포함되지 않습니다.

핵심문제

01 사회복지조직의 혁신에 관한 설명으로 옳은 것은? [21회]

① 변혁적 리더십은 부하 직원의 변화를 필요로 하지 않는다.
② 혁신은 목표를 더 효과적으로 달성하기 위한 인위적이고 계획적인 활동이다.
③ 사회환경 변화와 조직 혁신은 무관하다.
④ 조직 내부환경을 고려하지 않고 변화를 추진할 때 혁신이 성공한다.
⑤ 변혁적 리더십은 조직보다는 개인의 사적 이익을 강조한다.

정답 ②

해설 ① 변혁적 리더십은 높은 도덕적 가치와 이상에 호소하여 조직성원의 의식을 변화시킨다. 리더가 부하들에게 장기적 비전을 제시하고 그 비전에 매진하도록 한다.
③ 사회환경에 따라 조직 혁신은 달라질 수 있으므로 조직 혁신은 사회환경 변화와 연관이 있다.
④ 조직 내부환경을 고려하지 않고 변화를 추진할 때 혁신에 실패할 수 있다.
⑤ 변혁적 리더십은 높은 도덕적 가치와 이상에 호소하여 조직성원의 의식을 변화시켜 조직이익을 강조한다.

02 섬김 리더십(Servant Leadership)에 관한 설명으로 옳은 것을 모두 고른 것은? [22회]

ㄱ. 인간 존중, 정의, 정직성, 공동체적 윤리성 강조	ㄴ. 가치의 협상과 계약
ㄷ. 청지기(Stewardship) 책무 활동	ㄹ. 지능, 사회적 지위, 교육 정도, 외모 강조

① ㄱ, ㄷ
② ㄴ, ㄹ
③ ㄷ, ㄹ
④ ㄱ, ㄴ, ㄷ
⑤ ㄱ, ㄴ, ㄷ, ㄹ

정답 ①

해설 서번트(섬김) 리더십은 리더는 권위주의자가 아니라 봉사하는 하인으로, 구성원을 섬김의 대상으로 보고 리더의 헌신으로 인하여 구성원과 함께 조직의 목표를 달성한다.
ㄴ. 가치의 협상과 계약을 중시하는 리더십은 거래 - 변혁적 리더십이다.
ㄹ. 지능, 사회적 지위, 교육 정도, 외모를 강조하는 리더십은 특성이론이다.

7 사회복지조직의 인적자원관리

KEYWORD 08 인적자원관리 9 10 11 13 16 17 18 19 20 21 23

학습 가이드

1. 인적자원관리에 대한 전체적인 내용을 파악하여야 하며 인적자원관리 방식인 직무분석, 직무기술서, 직무명세서를 구분할 수 있어야 합니다.

01 인적자원관리

인적자원관리는 인사관리라고도 불리며, 조직의 유지를 위해 조직이 필요로 하는 인사를 채용, 개발, 유지, 활용하는 일련의 관리활동체계를 말한다.

① 직무분석

㉠ 직무에 대한 업무내용과 책임을 종합적으로 분류하는 것으로, 직무를 구성하고 있는 일과 해당 직무의 내용 및 직무의 수행을 위한 직무조건을 조직적으로 밝히는 절차이다.

㉡ 직무를 수행하는 직원에게 요구되는 기술로 직원의 지식, 기술, 능력 등을 결정하는 과정이다.

㉢ 직무명세서와 직무기술서는 직무분석이 이루어진 후에 작성하게 된다.

② 직무기술서(직위기술서, 직무해설서)

㉠ 직무 자체에 대한 기술로 직무분석의 결과에 의거하여 직무수행과 관련된 과업 및 직무행동을 일정한 양식에 따라 기술한 문서이다.

㉡ 작업조건을 파악하여 작성하고 직무수행을 위한 책임과 행동을 명시한다.

㉢ 직무의 성격, 내용, 수행방법 등을 정리한 문서이다.

③ 직무명세서

㉠ 직무요건이나 자격요건만을 분리하여 구체적으로 작성한 문서이다.

㉡ 직무를 수행할 수 있도록 필요한 인적 요건을 중심으로 기술한 것이다.

㉢ 직무명세서는 직무기술서가 작성되면 직무기술서에 기초하여 작성된다.

직원능력개발의 방법

신디케이트, 패널 토의, 포럼, 역할연기, 임시대역, 사례발표, 계속교육, OJT, Off－JT 등이 있다.

인적자원관리 순서

인사계획 수립 → 모집·선발 → 훈련 · 개발 → 업무평가 → 보상 → 인력유지 → 인사계획 재수립

인적자원관리의 모집 · 선발 순서

충원계획 수립 → 직무분석 → 직무기술서, 직무명세서 작성 → 모집공고 → 시험실시 → 선발 → 합격 고지

02 슈퍼비전

① 슈퍼비전의 모형

㉠ 직렬 슈퍼비전 : 발달된 동료집단 슈퍼비전으로 두 명의 사회복지사가 동등한 자격으로 슈퍼비전을 제공하는 모형이다.

㉡ 개인교습 모델 : 슈퍼바이저와 슈퍼바이지가 일대일 관계로 슈퍼비전을 제공하는 모형이다.

㉢ 집단 슈퍼비전 : 한 명의 슈퍼바이저와 다수의 슈퍼바이지로 구성된 모형이다.

㉣ 팀 슈퍼비전 : 다양한 구성원들로 구성되고 동등한 입장에서 서로 슈퍼비전을 제공하는 모형이다.

㉤ 동료집단 슈퍼비전 : 슈퍼바이저가 없는 상태에서 슈퍼바이지로만 구성된 모형이다.

슈퍼바이저의 조건

접근의 용이성, 풍부한 지식, 진지한 자세, 실천기술과 경험, 솔직성, 긍정적인 보상 등이 있다.

2. 인적자원관리의 기본적인 개념을 파악하고 있는지 물어보는 문제가 자주 출제되고 있으므로 기본에 충실해야 합니다.

신디케이트

10명 내외의 소집단으로 나눈 후 각 집단별로 동일한 문제를 토의하여 해결방안을 작성하고, 다시 전체가 모인자리에서 각 집단별로 문제 해결방안을 발표하고 토론하여 하나의 합리적인 문제해결방안을 모색하는 방법이다.

TIP
슈퍼비전의 경우 슈퍼바이저와 슈퍼바이지로 구성되어 상하관계가 있음을 전제로 합니다.

② 슈퍼비전의 기능
㉠ 행정적 슈퍼비전 : 부하 직원에게 직무를 위임하고 업무계획 이해시켜 행정적 업무를 돕는 역할이다.
예 업무위임, 업무협조, 업무계획 등
㉡ 교육적 슈퍼비전 : 부하 직원에게 교육과 정보제공을 통하여 전문적 지식과 기술을 증진시키는 역할이다.
예 학습, 훈련, 정보제공, 조언 등
㉢ 지지적 슈퍼비전 : 부하 직원에게 동기와 사기를 높여 스스로 업무를 수행할 수 있도록 용기를 주고 지지해 주는 역할이다.
예 스트레스 발생 방지, 신뢰형성 등

03 소진

평소 업무에 헌신적이었던 직원이 스트레스를 경험하여 직무에서 멀어져가는 것을 의미한다. 그 결과로 클라이언트에 대한 비인간적 태도, 근무태만, 서비스의 질 하락이 나타난다.

① **열성단계** : 희망과 정열을 다하여 시간과 노력을 들이는 단계이다.
② **침체단계** : 보수와 근무시간과 같은 환경에 더 많은 관심을 가지고 개인적인 욕구에 초점을 두는 단계이다.
③ **좌절단계** : 직무에 대한 회의가 생겨 클라이언트를 기피하고 피로와 통증을 호소하는 단계이다.
④ **무관심단계** : 신체적 · 정신적으로 에너지가 고갈되어 클라이언트에 대해 관심이 없어지고 직업을 떠나는 단계이다.

핵심문제

01 사회복지 슈퍼비전에 관한 설명으로 옳지 않은 것은? [21회]

① 행정적 기능, 교육적 기능, 지지적 기능이 있다.
② 소진 발생 및 예방에 영향을 미친다.
③ 동료집단 간에는 슈퍼비전이 수행되지 않는다.
④ 슈퍼바이저는 직속상관이나 중간관리자가 주로 담당한다.
⑤ 직무를 수행하면서 훈련을 받을 수 있다는 장점이 있다.

정답 ③

해설 동료집단 슈퍼비전은 슈퍼바이저가 없는 상태에서 슈퍼바이지로만 구성된 모형이다.

02 다음에서 설명하는 인적자원개발 방법은? [22회]

> • 짧은 시간에 많은 사람을 대상으로 교육내용을 체계적으로 전달할 때 사용
> • 직원들에게 사회복지시설 평가제도에 대한 이해를 높여서 기관평가에 좋은 결과를 얻도록 하기 위하여 사용

① 멘토링 ② 감수성 훈련 ③ 역할연기
④ 소시오 드라마 ⑤ 강의

정답 ⑤

해설 강의는 학문이나 기술의 일정한 내용을 체계적으로 설명하여 가르치는 행위로 짧은 시간에 많은 사람에게 교육내용을 전달할 때 사용한다.
① 멘토링은 경험과 지식이 많은 사람이 스승의 역할을 하여 지도와 조언으로 그 대상자의 실력과 잠재력을 향상시키는 것이다.
② 감수성 훈련은 사람들과 서로 집단 토론을 통하여 소통을 하며 자신과 상대방에 대한 인식을 높이는 훈련이다.
③ 역할연기는 현실에 일어나는 장면을 설정하고 여러 명의 사람들이 각자가 맡은 역을 연기하여 비슷한 체험을 통해 일이 실제로 일어났을 때 올바르게 대처할 수 있게 하는 훈련이다.
④ 소시오드라마는 동의된 사회적 상황을 참가자들이 자발적으로 연기하는 집단행동 방법으로 사람들이 그들의 생각과 느낌을 표현하고 문제를 해결하고 그들의 가치를 명확히 하는 것이다.

KEYWORD 09 동기부여 9 15 16 17 18 20 22 23

01 매슬로우(Maslow)의 욕구단계이론

① **생리적 욕구** : 음식 · 물과 같은 식욕, 성욕, 수면욕, 더위나 추위에서의 보호, 배설 등과 같은 인간의 기본적이고 강한 욕구이다.
② **안전의 욕구** : 환경 내의 불안, 공포, 고통, 환경 등에서 보호를 받으려고 하는 욕구이다.
③ **소속과 사랑의 욕구** : 다른 사람들과 우정 · 사랑을 나누고 어울려 생활하고 싶은 욕구이다.
④ **자존감의 욕구** : 자기 자신과 다른 사람들로부터 존경받고 싶은 욕구이다.
⑤ **자아실현의 욕구** : 자신의 꿈을 이루는 사람으로 자기 스스로 할 수 있는 모든 것을 한 사람, 자신이 원하는 사람이 되고자 하는 욕구이다.

학습 가이드
동기부여 학자들의 이론을 구별할 수 있도록 확실하게 암기해야 합니다.

02 브래드쇼(Bradshow)의 욕구 유형

① 규범적 욕구(Normative Need)
㉠ 전문가들이 바람직한 욕구충족의 수준을 정해놓고 이 수준과 실제 상태와 비교하여 파악하는 욕구를 말한다.

㉡ 장점 : 쉽게 수량화할 수 있어 구체적인 표적을 제시할 수 있다.
㉢ 단점 : 사람과 시간에 따라 규정 기준이 상이할 수 있다.

② 인지적 욕구(감촉된 욕구, Felt Need)
㉠ 욕구상태에 있는 자신의 느낌에 의해 인식되는 욕구로 개인의 인식의 정도에 따라 욕구가 상이할 수 있다.
㉡ 장점 : 당사자의 욕구를 파악할 수 있다.
㉢ 단점 : 스스로 인지하지 못할 경우 실제 욕구를 알 수 없고 개인에 따라 욕구 수준이 달라진다.

③ 표현적 욕구(Expressed Need)
㉠ 느껴진 욕구가 행동으로 표현된 욕구로 서비스를 받기 위해 신청한 사람들이나 대기자 명단을 통해 알 수 있다.
㉡ 장점 : 욕구를 파악할 수 있어 서비스를 크기를 결정할 수 있다.
㉢ 단점 : 욕구를 표현하지 않으면 서비스를 받을 수 없고 욕구를 표현했다 하더라도 모두 서비스를 원하는 것은 아니다.

④ 비교적 욕구(Comparative Need)
㉠ 다른 사람들과 비교하여 알게 된 욕구로 비교 상대가 어떤 집단인지에 따라 달라진다.
㉡ 장점 : 욕구의 규모와 내용을 파악할 수 있다.
㉢ 단점 : 주관적으로 집단을 선정하기 어렵다.

03 맥클리랜드(McClelland)의 성취동기이론

① **성취욕구** : 어려운 일을 성취하려는 욕구로 자신의 능력을 발휘하려는 욕구이다.
② **권력욕구** : 다른 사람을 통제 · 지시하여 영향력을 행사하려는 욕구이다.
③ **친교욕구** : 다른 사람과 좋은 관계를 맺고 유지하려는 욕구이다.

맥클리랜드는 높은 성취동기의 사람들로 구성된 조직이나 사회의 경제발전이 빠르며, 성취동기가 높은 사람들은 좀 더 훌륭한 경영자로서 성공한다고 주장하였습니다.

04 알더퍼(Alderfer)의 ERG이론

① **존재 욕구** : 인간이 자신의 존재를 확보하는 데 필요한 욕구로 임금, 작업환경과 같은 물리적 욕구는 인간에게 가장 기본적이다.
② **관계 욕구** : 인간이 타인과 관계를 맺고 유지하려는 욕구로 가족, 동료, 이웃 등을 포함한 타인과의 우정 · 사랑 같이 가족이나 타인과 관련된다.
③ **성장 욕구** : 자신의 능력을 개발하여 발휘하는 욕구로 타인과 비교하여 얻는 자존감이 아니라 스스로 얻게 되는 자존감이다.

TIP

알더퍼는 세 수준의 욕구가 동시에 작용할 수 있다고 보았습니다.

05 아담스(Adams)의 형평성이론

① 개인의 행위는 타인과의 관계에서 공정성(공평성)을 유지하는 방향으로 동기부여가 된다.

② 노력과 보상 간의 공정성이 동기부여의 핵심요소이다.

06 허즈버그(Herzberg)의 동기-위생이론(2요인 이론)

① 허즈버그는 인간이 이원적 욕구구조, 즉 불만을 일으키는 요인과 만족을 일으키는 요인을 가진다는 욕구충족요인 이원론을 제시하였다.

② **동기요인(직무)** : 직무만족과 관련된 보다 직접적인 요인으로서 동기요인이 충족되지 않아도 불만족은 생기지 않으나, 동기요인을 좋게 하면 일에 대해 만족하게 되어 직무성과가 올라간다.

③ **위생요인(환경)** : 일과 관련된 환경요인으로서 위생요인을 좋게 하는 것은 불만족을 감소시킬 수는 있으나, 만족감을 산출할 힘은 갖고 있지 못하다.

매슬로우의 욕구이론	맥그리거의 X, Y이론	아지리스의 성숙 · 미성숙 이론	알더퍼의 ERG 이론	허즈버그의 동기-위생이론
자아실현의 욕구	Y	성숙	성장	동기
존경의 욕구 소속의 욕구 안전의 욕구 생리적 욕구	X	미성숙	관계, 존재	위생

동기부여이론의 비교

TIP
허즈버그는 인간의 만족과 불만족이 별개의 차원에서 야기된다는 것을 발견하고 욕구충족지원설을 주장했습니다.

내용이론과 과정이론

- 내용이론 : 매슬로우의 욕구위계이론, 허즈버그의 동기위행이론, 알더퍼의 ERG이론, 맥클리랜드의 성취동기이론, 맥그리거의 XY이론
- 과정이론 : 아담스의 형평성이론, 브룸의 기대이론, 로크의 목표설정이론

핵심문제

01 동기부여이론에 관한 설명으로 옳은 것은? [20회]

① 알더퍼(C. Alderfer)의 ERG이론은 고순위 욕구가 충족되지 못하면 저순위 욕구를 더욱 원하게 된다는 좌절퇴행(Frustration Regression) 개념을 제시한다.
② 맥그리거(D. McGregor)의 X · Y이론은 조직에 대한 기대와 현실 간 차이가 동기수준을 결정한다는 점을 강조한다.
③ 허즈버그(F. Herzberg)의 동기-위생요인 이론은 불만 초래 요인을 동기요인으로 규정한다.
④ 맥클리랜드(D. McClelland)의 성취동기이론은 조직 공정성을 성취동기 고취를 위한 핵심요소로 간주한다.
⑤ 매슬로우(A. Maslow)의 욕구단계 이론은 욕구가 존재, 관계, 성장욕구의 세 단계로 구성된다고 주장한다.

 ①

해설 ② 맥그리거(D. McGregor)의 X이론은 인간은 본래 일을 싫어한다고 규정하고 Y이론은 인간은 본래 일을 좋아한다고 규정한다. 조직에 대한 기대와 현실 간 차이가 동기수준을 결정한다는 점을 강조하는 이론은 브룸의 기대이론이다.

③ 허즈버그(F. Herzberg)의 동기-위생요인 이론의 동기요인은 만족 요인으로, 심리적 성장과 만족을 성취하려는 욕구이다.

④ 조직 공정성을 성취동기 고취를 위한 핵심요소로 간주하는 이론은 아담스의 공평성이론이다.

⑤ 매슬로우(A. Maslow)의 욕구단계 이론은 생리적 욕구, 안전의 욕구, 소속과 사랑의 욕구, 존경의 욕구, 자아실현의 욕구로 구성된다. 존재, 관계, 성장욕구의 세 단계로 구성된 이론은 알더퍼의 ERG이론이다.

02 사회복지행정가 A는 직원의 불만족 요인을 낮추기 위하여 급여를 높이고, 업무환경 개선을 위한 사무실 리모델링을 진행하여 조직의 성과를 높이고자 하였다. 이때 적용한 이론은? [22회]

① 브룸(V. H. Vroom)의 기대이론
② 허즈버그(F. Herzberg)의 동기위생이론
③ 스위스(K. E. Swiss)의 TQM이론
④ 맥그리거(D. McGregor)의 XY이론
⑤ 아담스(J. S. Adams)의 형평성 이론

정답 ②

해설 허즈버그는 인간의 만족과 불만족이 별개의 차원에서 야기된다는 것을 발견하고 욕구충족지원설을 주장하였다. 동기요인은 만족요인으로 심리적 성장과 만족을 성취하려는 욕구로 충족되지 않아도 불만이 없지만 충족되면 만족되어 직무성과가 올라간다. 위생요인은 불만족 요인으로 불만은 고통에 의해 생겨나고 고통은 환경적인 문제들이 원인으로 위생요인이 좋으면 불만족을 감소시킬 수 있으나 만족감을 높이지는 못한다.

8 기획

KEYWORD 10 기획 10 11 13 15 16 18 22 23

 학습 가이드

1. 기획의 특징과 필요성, 유형 등에 대한 전체적인 내용을 파악하고 있어야 합니다.
2. 시간별 활동 계획도표와 프로그램 평가 검토기법에 대한 정의를 정확히 구분할 수 있어야 합니다.

01 기획의 특징

① 미래지향적이고 계속적인 과정이다.
② 목표달성을 위한 수단적 과정이다.
③ 목표지향적인 동시에 과정지향적이다.
④ 연속적이며 동태적인 과업이다.

02 기획기법

① 시간별 활동계획기법(간트 차트)

㉠ 사업시작부터 완료까지 기간을 막대모양으로 표시한 도표로 세로축에는 세부

목표와 활동, 프로그램 기입하고 가로축에는 일별 또는 월별 기간을 기입하는 기법이다.

㉡ 단순한 사업에 유용하고 계획대로 진행되는지 확인이 쉽다.

㉢ 활동 간의 상호관계를 도표로 나타낼 수 없어 활동 간 상관관계를 파악하기 어렵다.

② 프로그램 평가 검토기법

㉠ 최종목표를 달성하는 데 필요한 최단기간을 제시할 수 있는 기법이다.

단기기획은 1년 미만의 기획이고 장기기획은 1년 이상의 기획이다.

㉡ 세부목표 또는 활동의 상호관계와 시간계획을 연결시켜 나타낸다.

㉢ 개별 활동들을 앞당기거나 늦추는 것이 전체 프로그램에 미칠 영향력을 파악할 수 있다.

㉣ 필요한 과업과 소요시간 등을 도표로 나타내어 전체과정을 쉽게 파악할 수 있다.

㉤ 완성된 그림이 복잡할 경우 작성에 많은 시간이 소요되고 이해가 어렵다.

㉥ 임계경로 : 작업수행을 위해 최소한으로 확보해야 할 시간을 의미한다.

계획(Plan), 실행(Do), 확인(Check), 조정(Action)의 사이클에 따른 프로그램 기획기법은 방침관리기법(PDCA)이다.

③ 방침관리기법

조직의 목표를 달성하고 문제를 해결하기 위해 조직의 자원동원에 중점을 두며, 목표를 달성하기 위해 전체 조직원의 노력을 적절하게 조정하기 위해 사용한다.

TIP
기획은 동태적으로 수정이 가능하지만 계획은 정태적이어서 수정이 불가능합니다.

TIP
시간별 활동계획도표는 헨리 간트에 의해 개발된 기법으로 간트 차트(Gantt Chart)라고도 불립니다.

TIP
프로그램 평가 검토기법의 임계경로(임계통로)는 시험에서 자주 출제되고 있으므로 정의와 계산법을 잘 파악하고 있어야 합니다.

핵심문제

01 시간별 활동계획도표의 설명으로 옳은 것을 모두 고른 것은? [18회]

ㄱ. 시간별 활동계획의 설계는 확인－조정－계획－실행의 순환적 과정으로 이루어진다.
ㄴ. 헨리간트에 의해 최초로 개발되었다.
ㄷ. 목표달성 기한을 정해놓고 목표달성을 위해 설정된 주요활동과 시간계획을 연결시켜 도표로 나타낸 것이다.
ㄹ. 활동과 활동 사이의 상관관계를 파악하기 힘들다.

① ㄱ, ㄴ　② ㄱ, ㄷ　③ ㄴ, ㄷ
④ ㄴ, ㄹ　⑤ ㄷ, ㄹ

정답 ④

해설 ㄱ. 확인－조정－계획－실행의 순환적 과정으로 이루어지는 것은 방침관리기법이다.
ㄷ. 목표달성 기한을 정해놓고 목표달성을 위해 설정된 주요활동과 시간계획을 연결시켜 도표로 나타낸 것은 프로그램 평가 검토 기법이다.

02 다음 설명에 해당하는 프로그램 관리기법은? [22회]

- 프로그램 진행 일정을 관리하는 목적으로 많이 활용됨
- 프로그램을 구성하는 활동들 간 상호관계와 연계성을 명확하게 보여줌
- 임계경로와 여유시간에 대한 정보를 파악할 수 있음

① 프로그램 평가 검토기법(PERT)
② 간트 차트(Gantt Chart)
③ 논리모델(Logic Model)
④ 임팩트모델(Impact Model)
⑤ 플로우 차트(Flow Chart)

정답 ①

해설 프로그램 평가 검토기법(PERT)는 최종목표를 달성하는 데 필요한 최단기간을 제시할 수 있는 기법으로 세부목표 또는 활동의 상호관계와 시간계획을 연결시켜 나타낸다.

9 재정관리

KEYWORD 11 예산 모형 9 10 12 14 15 18 19 21

학습 가이드
예산에 대한 4가지 모형의 특성이 출제되고 있으므로 모형별로 구분할 수 있어야 합니다.

01 품목별 예산

① 특징

㉠ 예산의 통제기능을 충족시키기 위해 구입하고자 하는 품목별로 편성하는 예산이다.

㉡ 전년도 예산을 근거로 하여 일정한 양만큼 증가시켜 나가는 점진주의적 특성을 가지고 있다.

㉢ 품목별로 비용을 처리하기에 회계자에게 유리하여 사회복지기관에서 가장 많이 사용된다.

② 장점

㉠ 지출 근거를 검토할 수 있어 불필요한 예산통제에 효과적이다.

㉡ 규모가 크지 않거나 예산통제에 목적이 있는 프로그램에 사용된다.

③ 단점

㉠ 프로그램에 대한 내용을 알 수 없어 중복되는 활동으로 효율성이 떨어진다.

㉡ 작년과 비교하여(점진적인 방법) 예산을 증감하므로 신축성이 떨어진다.

㉢ 예산의 증감에 대한 정보가 불충분하다.

예산통제의 원칙

개별화의 원칙, 강제의 원칙, 예외의 원칙, 보고의 원칙, 개정의 원칙, 효율성의 원칙, 의미의 원칙, 피드백의 원칙, 생산성의 원칙 등이 있다.

02 성과주의 예산

① 특징

㉠ 조직의 활동을 기능별 또는 프로그램별로 나눈 후 다시 세부 프로그램으로 나누고 각 세부 프로그램의 원가를 업무량을 계산하여 편성하는 관리지향 예산이다.

㉡ 효율성을 중시하고 장기적인 계획은 고려하지 않는다.

㉢ 과정중심 예산으로 관리자에게 유리하고 '단위원가×업무량=예산'으로 계산한다.

② 장점

㉠ 프로그램을 파악할 수 있어 예산분배를 합리적으로 할 수 있다.

㉡ 프로그램 통제가 가능하여 프로그램의 효율성을 높일 수 있다.

③ 단점

단위원가를 책정하는 것이 어렵고 효율성에 치중하여 프로그램 효과성을 무시한다.

TIP

성과주의 예산방법은 1회성 프로그램에 많이 사용합니다.

03 기획 예산

① 특징

㉠ 목표를 달성하기 위해 장기적인 계획을 세우고 매년 기본계획을 실행하기 위해 프로그램별로 예산을 편성한다.

㉡ 목표를 먼저 설정하고 정해진 목표를 달성하기 위해 계획을 수립하여 계획에 맞게 예산을 배정한다.

② 장점

㉠ 현실성 있는 장기계획을 작성하여 신뢰성이 확보된다.

㉡ 목표와 프로그램을 분명히 이해할 수 있어 프로그램의 효과성을 높일 수 있다.

③ 단점

㉠ 사업에 대한 모든 정보를 가지고 있어야 한다는 점에서 현실적으로 어렵고 모든 권한이 중앙집권화된다.

㉡ 3년 이상의 장기계획과 1년 예산을 연결하여 변화에 대응하기 어렵다.

㉢ 결과에만 치우쳐 과정은 상대적으로 무시된다.

TIP

기획 예산방법은 중앙집권적 특징을 가지고 있으며 장기적 프로그램에 많이 사용하고 장기적인 계획과 단기적인 예산을 활용합니다.

04 영기준 예산

① 특징

㉠ 전년도 예산과는 무관하게 프로그램의 효율성을 평가하여 우선순위를 정하고 우선순위가 높은 프로그램에 먼저 예산을 편성한다.

TIP
영기준 예산방법은 예산 신청 기관에서 각각 3가지 이상의 예산 요청안을 제출하면 그중 가장 합리적인 예산안을 선택하는 방법으로 사회복지공동모금회에서 사용하는 분배방법입니다.

㉡ 프로그램의 목표와 수행능력을 매년 새로 고려한다.
㉢ 별다른 조치 없이 사업기간이 지나면 사업이 폐지된다.

② 장점
㉠ 효율성이 떨어지는 사업에는 예산을 집행하지 않아 예산낭비를 방지한다.
㉡ 예산을 절약하여 자금 배분에 탄력성을 기할 수 있다.
㉢ 프로그램의 효과성과 효율성을 기할 수 있다.

③ 단점
㉠ 장기적인 계획에 의한 프로그램은 수행하는 것이 어렵다.
㉡ 합리성만 강조하여 정치적 · 심리적 요인은 무시된다.
㉢ 시간과 비용이 많이 들고 우선순위를 정하기가 어렵다.

핵심문제

01 예산에 관한 설명으로 옳은 것은? [21회]

① 영기준 예산(Zero Based Budgeting)은 전년도 예산 내역을 반영하여 수립한다.
② 계획 예산(Planning Programming Budgeting System)은 국가의 단기적 계획 수립을 위한 장기적 예산편성 방식이다.
③ 영기준 예산(Zero Based Budgeting)은 비용－편익분석, 비용－효과분석을 거치지 않고 수립한다.
④ 성과주의 예산(Performance Budgeting)은 전년도 사업의 성과를 고려하지 않고 수립한다.
⑤ 품목별 예산(Line Item Budgeting)은 수입과 지출을 항목별로 명시하여 수립한다.

정답 ⑤

해설 ① 영기준 예산(Zero Based Budgeting)은 전년도 예산과는 무관하게 프로그램의 효율성을 평가하여 우선순위를 정하고 우선순위가 높은 프로그램에 먼저 예산을 편성한다.
② 계획 예산(Planning Programming Budgeting System)은 목표를 달성하기 위해 장기적인 계획을 세우고 매년 기본계획을 실행하기 위해 프로그램별로 예산을 편성한다.
③ 영기준 예산(Zero Based Budgeting)은 비용 － 편익분석, 비용 － 효과분석을 거쳐 수립한다.
④ 성과주의 예산(Performance Budgeting)은 조직의 활동을 기능별 또는 프로그램별로 나눈 후 다시 세부 프로그램으로 나누고 각 세부 프로그램의 원가를 업무량을 계산하여 편성하는 예산이다.

02 예산에 관한 설명으로 옳지 않은 것은? [19회]

① 영기준 예산(Zero Based Budgeting)은 예산의 효율성을 중요시한다.
② 영기준 예산(Zero Based Budgeting)은 전년도 예산을 고려하지 않는다.
③ 성과주의 예산(Performance Budgeting)은 업무에 중점을 두는 관리지향의 예산제도이다.
④ 기획예산제도(Planning programming Budgeting System)는 미래의 비용을 고려하지 않는다.
⑤ 품목별 예산(Line Item Budgeting)은 전년도 예산을 근거로 한다.

정답 ④

해설 기획예산은 목표를 달성하기 위해 장기적인 계획을 세우고 매년 기본계획을 실행하기 위해 프로그램별로 예산을 편성하는 것으로, 미래의 비용을 고려한다.

10 마케팅

KEYWORD 12 마케팅 12 14 15 17 18 19 20 21 22 23

01 마케팅 4믹스

① 상품(제품, Product) : 어떤 상품(서비스)을 제공할 것인가?

② 가격(Price) : 가격(서비스 비용)을 어떻게 결정할 것인가?

③ 촉진(판촉, Promotion) : 서비스의 유용성을 어떻게 전달할 것인가?

④ 유통(장소, Place) : 얼마나 쉽게 클라이언트가 조직을 찾을 수 있는가?

02 마케팅 과정

기관 분석 → 시장조사 → 마케팅 목표설정 → 시장분석 → 마케팅 설정 → 마케팅 실행 → 마케팅 평가 순으로 이루어진다.

기관 분석

기관의 상황을 SWOT[강점(Strength), 약점(Weakness), 기회(Opportunity), 위험(Threat)] 분석을 통해 체계적으로 파악합니다.

SMART 원칙의 종류

구체적(Specific), 측정 가능(Measurable), 측정 가능(Achievable), 현실성(Realistic), 시간제한적(Timely)입니다.

03 마케팅 설정

① 다이렉트 마케팅 : 잠재적 후원자에게 기관의 소식지나 후원자료, 서비스에 대한 정보를 우편으로 발송하여 후원자를 개발하는 기법이다.

② 고객관계관리 마케팅 : 고객에 대한 정보를 수집 · 분석하고 고객의 특성에 맞는 맞춤서비스를 제공하여 후원자를 개발하는 기법이다.

③ 기업연계 마케팅 : 기관은 후원을 받고 기업은 세제혜택과 이미지 개선의 측면을 강조한 전략으로 기업과 기관이 서로 Win－Win하는 기법이다.

학습 가이드

1. 마케팅에 대한 내용은 매회 출제되고 있는 만큼 전체적인 내용을 파악하고 있는 것이 중요합니다. 마케팅 4믹스, 마케팅 설정방법이 시험에서 자주 출제됩니다.
2. 최근에는 새롭게 만들어진 마케팅 기법들이 출제되고 있으므로 새로운 마케팅 기법에도 대비해야 합니다.

마케팅

개인과 조직의 목표달성을 위해 교환하고자 하는 재화와 용역 및 아이디어의 개념, 가격 결정, 홍보, 분배 등을 기획하고 실행하는 과정

TIP

사회복지조직은 재정확보, 비영리기관들의 확대와 경쟁, 서비스 개발과 수행성과 등에 대한 책임성으로 인해 마케팅이 필요합니다.

TIP

고객관계관리 마케팅(맞춤형 서비스)과 데이터베이스 마케팅(데이터베이스화)의 차이점을 확실히 구분해야 합니다.

크라우드 펀딩

창의적 아이템을 가진 초기 기업가를 비롯한 자금수요자가 중개업자(온라인소액투자중개업자)의 온라인플랫폼에서 집단지성(The Wisdom of Crowds)을 활용하여 다수의 소액투자자로부터 자금을 조달하는 방법

④ 데이터베이스 마케팅 : 고객(클라이언트, 후원자, 자원봉사자)의 나이, 주소, 성별, 선호도 등 정보를 데이터베이스화하여 관리하고 후원자를 개발하는 기법이다.

⑤ 사회 마케팅 : 공익을 실현하기 위해 사회문제 해결을 위한 실천에 관심을 갖는 기법이다.

⑥ 인터넷 마케팅 : 이메일이나 배너를 통해 정보를 전달하거나 기관을 홍보하여 후원자를 개발하는 기법이다.

핵심문제

01 마케팅 믹스 4P에 관한 설명으로 옳은 것을 모두 고른 것은? [21회]

ㄱ. 유통(Place) : 고객이 서비스를 쉽게 이용할 수 있도록 하는 조직적 활동
ㄴ. 가격(Price) : 판매자가 이윤 극대화를 위하여 임의로 설정하는 금액
ㄷ. 제품(Product) : 고객의 욕구를 충족시키기 위하여 제공하는 재화나 서비스
ㄹ. 촉진(Promotion) : 판매 실적에 따라 직원을 승진시키는 제도

① ㄱ, ㄴ
② ㄱ, ㄷ
③ ㄱ, ㄴ, ㄷ
④ ㄴ, ㄷ, ㄹ
⑤ ㄱ, ㄴ, ㄷ, ㄹ

정답 ②

해설 ㄴ. 가격(Price) : 판매자가 이윤 극대화를 위하여 임의로 설정하는 금액이 아니라 클라이언트가 서비스를 받기 위해 지불해야 하는 비용이다.
ㄹ. 촉진(Promotion) : 판매 실적에 따라 직원을 승진시키는 제도가 아니라 홍보전략이다.

02 사회복지 마케팅 기법에 관한 설명으로 옳지 않은 것은? [22회]

① 다이렉트 마케팅은 방송이나 잡지 등 대중매체를 활용하는 방식이다.
② 기업연계 마케팅은 명분마케팅이라고도 한다.
③ 데이터베이스 마케팅은 이용자에 대한 각종 정보를 수집, 분석하여 활용하는 방식이다.
④ 사회 마케팅은 대중에 대한 캠페인 등을 통해 행동변화를 유도하는 방식이다.
⑤ 고객관계관리 마케팅은 개별 고객특성에 맞춘 서비스를 지속적으로 제공하는 방식이다.

정답 ①

해설 다이렉트 마케팅은 잠재적 후원자에게 기관의 소식지나 후원자료, 서비스에 대한 정보를 우편으로 발송하여 후원자를 개발하는 기법이다. 방송이나 잡지 등 대중매체를 활용하는 방식은 뉴미디어 마케팅이다.

11 프로그램 평가

KEYWORD 13 프로그램 평가 9 11 12 13 14 15 16 17 19 20 23

01 프로그램 평가기준

① 노력성 : 프로그램을 위해 동원된 자원 정도를 의미하고 사회복지사의 참여시간, 인적 · 물적 자원 등을 평가한다.
② 효과성 : 서비스의 목표를 얼마나 달성했는지를 평가한다.
③ 효율성 : 투입에 비해 산출이 얼마나 높은지를 평가한다. 이때 비용－효과분석과 비용－편익분석을 실시한다.
④ 서비스의 질 : 클라이언트의 욕구수준에 맞는 서비스를 제공했는가를 평가한다.
⑤ 공평성(형평성) : 클라이언트에게 동일한 기회와 제공여부를 평가한다.
⑥ 영향성 : 프로그램이 클라이언트의 문제를 해결하는 데 미치는 영향을 평가한다.
⑦ 과정 : 미리 정해진 절차나 규정에 맞게 서비스가 제공되는지를 평가한다.

학습 가이드

1. 프로그램 평가기준은 사회복지정책론과 사회복지조사론에서도 출제되고 있는 부분입니다.
2. 논리모델의 개념과 사례를 정리하여 학습합니다.

02 프로그램 평가의 논리모델

① 투입 : 프로그램에 투입되는 인적 · 물적 자원을 의미한다.
예 이용자, 봉사자, 예산, 장비 등
② 전환 또는 활동 : 프로그램을 실행하는 동안 사회복지사의 활동을 의미한다.
예 상담, 치료, 훈련 등
③ 산출 : 프로그램에 참여한 실적을 의미한다.
예 프로그램 참가자 수, 프로그램 참여 횟수 등
④ 성과 또는 결과 : 프로그램에 참여한 클라이언트가 프로그램을 통하여 얻는 이익을 의미한다.
예 능력향상, 변화행동, 행동수정 등
⑤ 영향 : 프로그램 활동으로 인하여 원하던 혹은 원하지 않던 변화가 나타났는지를 의미한다.
예 관심분야의 확대, 바람직한 관계의 지속

논리모델은 체계이론을 기본으로 만들어졌으며 목표 → 투입 → 전환 → 산출 → 성과 순으로 이루어집니다.

TIP
최근 산출과 성과의 개념을 바꿔 출제되는 비중이 높아졌습니다.

03 평가의 유형

① 형성평가 : 프로그램 운영 도중에 실시하는 평가로 서비스의 전달체계를 향상 또는 효과성을 증진시키기 위해 실시하는 방법이다.
② 총괄평가 : 프로그램이 목적을 달성했는지, 프로그램을 지속할지, 중단할지를 프로그램의 종료 후에 실시하는 방법이다.

TIP
모니터링 평가도 형성평가에 속합니다.

③ 효과성 평가 : 프로그램의 목표를 얼마나 달성했는가를 평가하는 방법이다.
④ 효율성 평가 : 프로그램 수행에 있어 비용의 적절성을 평가하는 방법이다.
⑤ 메타평가 : 프로그램이 끝난 후 평가를 실시하고 이후에 평가를 다시 평가하는 방법이다.

04 프로그램 대상자 선정방법

① 일반인구 : 지역 전체의 인구를 말한다.
② 위험인구 : 일반인구 중에서 사회문제에 노출되어 프로그램을 통하여 문제를 해결하려는 사람들을 말한다.
③ 표적인구 : 위험인구 중에서 프로그램을 참여자격을 갖춘 사람들을 말한다.
④ 클라이언트인구 : 표적인구 중에서 실제로 프로그램에 참여하는 사람들을 말한다.

핵심문제

01 프로그램 평가에 관한 설명으로 옳은 것을 모두 고른 것은? [21회]

ㄱ. 비용-효과분석은 프로그램의 비용과 결과의 금전적 가치를 고려하지 않는다.
ㄴ. 비용-편익분석은 프로그램의 비용과 결과를 금전적 가치로 환산하여 평가한다.
ㄷ. 노력성 평가는 프로그램 수행에 투입된 인적 · 물적 자원 등을 기준으로 평가한다.
ㄹ. 효과성 평가는 프로그램의 목표달성 정도를 평가한다.

① ㄱ, ㄴ
② ㄱ, ㄷ
③ ㄴ, ㄹ
④ ㄴ, ㄷ, ㄹ
⑤ ㄱ, ㄴ, ㄷ, ㄹ

정답 ④

해설 비용-효과분석은 프로그램을 분석할 때 비용과 효과를 동시에 비교하여 고려하는 방법으로 같은 효과가 나올 경우 비용이 저렴한 프로그램을 선택한다.

02 논리모델을 적용하여 치매부모부양 가족원 스트레스 완화 프로그램을 설계했을 때, 옳은 것을 모두 고른 것은? [17회]

ㄱ. 투입 : 스트레스 완화 프로그램 실행 비용 1,500만 원
ㄴ. 활동 : 프로그램 참여자의 스트레스 완화
ㄷ. 산출 : 상담전문가 10인
ㄹ. 성과 : 치매부모부양 가족원 삶의 질 향상

① ㄱ
② ㄱ, ㄹ
③ ㄴ, ㄷ
④ ㄷ, ㄹ
⑤ ㄴ, ㄷ, ㄹ

정답 ②

해설 ㄴ. 활동 : 프로그램을 실행하는 동안 사회복지사의 활동을 의미한다. (예) 상담, 치료, 훈련 등
ㄷ. 산출 : 프로그램에 참여한 실적을 의미한다. (예) 프로그램 참가자 수, 프로그램 참여 횟수 등

12 사회복지법인 및 사회복지시설 재무 · 회계 규칙

KEYWORD 14 사회복지법인 및 사회복지시설 재무 · 회계 규칙
9 10 11 16 17 18 20 22 23

01 예산과 결산(제11조, 제20조)

예산에 첨부하여야 할 서류	결산보고서에 첨부해야 할 서류
• 예산총칙 • 세입 · 세출명세서 • 추정재무상태표 • 추정수지계산서 • 임직원 보수 일람표 • 예산을 의결한 이사회 회의록 또는 예산을 보고받은 시설운영위원회 회의록 사본	• 세입 · 세출결산서 • 과목 전용조서 • 예비비 사용조서 • 재무상태표 • 수지계산서 • 현금 및 예금명세서 • 유가증권명세서 • 미수금명세서 • 재고자산명세서 • 그 밖의 유동자산명세서 • 고정자산(토지 · 건물 · 차량운반구 · 비품 · 전화가입권)명세서 • 부채명세서(차입금 · 미지급금 포함) • 각종 충당금 명세서 • 기본재산 수입명세서(법인만 해당) • 사업수입명세서 • 정부보조금명세서 • 후원금수입 및 사용결과보고서(전산파일 포함) • 후원금 전용계좌의 입출금내역 • 인건비명세서 • 사업비명세서 • 그 밖의 비용명세서(인건비 및 사업비 제외) • 감사보고서 • 법인세 신고서(수익사업이 있는 경우만 해당)

 학습 가이드

최근 들어 사회복지법인 및 사회복지시설 재무 · 회계 규칙에 대한 문제가 자주 출제되고 있습니다. 예산과 결산 등에 대한 내용을 잘 파악해야 합니다.

TIP

• 세입 : 회계 연도의 모든 수입
• 세출 : 회계 연도의 모든 지출

02 회계(제21조, 제23조)

① 수입 및 지출사무의 관리

㉠ 법인의 대표이사와 시설의 장은 법인과 시설의 수입 및 지출에 관한 사무를 관리한다.

㉡ 법인의 대표이사와 시설의 장은 수입 및 지출원인행위에 관한 사무를 각각 소속직원에게 위임할 수 있다.

회계 연도는 1년으로 1월 1일~12월 31일로 되어 있으나 어린이집의 경우 3월 1일~2월 말일에 종료합니다.

② 회계의 방법

회계는 단식부기에 의한다. 다만, 법인회계와 수익사업회계에 있어서 복식부기의 필요가 있는 경우에는 복식부기에 의한다.

③ 장부의 종류

㉠ 현금출납부
㉡ 총계정원장
㉢ 재산대장
㉣ 비품관리대장

03 후원금(제41조의2, 제41조5)

① **후원금의 범위** : 법인의 대표이사와 시설의 장은 후원금의 수입 · 지출 내용과 관리에 명확성이 확보되도록 하여야 한다. 시설거주자가 받은 개인결연후원금을 당해인이 정신질환 기타 이에 준하는 사유로 관리능력이 없어 시설의 장이 이를 관리하게 되는 경우에도 또한 같다.

② **후원금의 수입 및 사용내용 통보** : 법인의 대표이사와 시설의 장은 연 1회 이상 해당 후원금의 수입 및 사용내용을 후원금을 낸 법인 · 단체 또는 개인에게 통보하여야 한다. 이 경우 법인이 발행하는 정기간행물 또는 홍보지 등을 이용하여 일괄 통보할 수 있다.

③ **후원금의 용도 외 사용금지** : 법인의 대표이사와 시설의 장은 후원금을 후원자가 지정한 사용용도 외의 용도로 사용하지 못한다.

04 감사(제42조)

법인의 감사는 당해 법인과 시설에 대하여 매년 1회 이상 감사를 실시하여야 한다.

핵심문제

01 사회복지법인 및 시설 재무 · 회계 규칙상 사회복지관에서 예산서류를 제출할 때 첨부하는 서류가 아닌 것은? [20회]

① 예산총칙
② 세입 · 세출 명세서
③ 사업수입 명세서
④ 임직원 보수 일람표
⑤ 예산을 의결한 이사회 회의록 또는 예산을 보고받은 시설운영위원회 회의록 사본

정답 ③

해설 예산에 첨부하여야 할 서류는 예산총칙, 세입 · 세출명세서, 추정대차대조표, 추정수지계산서, 임직원 보수 일람표, 당해 예산을 의결한 이사회 회의록 또는 해당 예산을 보고받은 시설운영위원회 회의록 사본이다. 사업수입 명세서는 예산서류를 제출할 때 첨부하는 서류에 포함되지 않는다.

02 사회복지조직의 재정관리에 관한 설명으로 옳지 않은 것은? [22회]

① 「사회복지법인 및 사회복지시설 재무 · 회계 규칙」을 따른다.
② 사회복지법인과 시설은 매년 1회 이상 감사를 실시한다.
③ 시설운영 사회복지법인인 경우, 시설회계와 법인회계는 통합하여 관리한다.
④ 사회복지법인의 회계 연도는 정부의 회계 연도를 따른다.
⑤ 사회복지법인이 설치 · 운영하는 시설의 경우 시설운영위원회에 보고하고 법인 이사회의 의결을 통해 예산편성을 확정한다.

정답 ③

해설 사회복지법인 및 사회복지시설 재무 · 회계 규칙 제6조(회계의 구분)에 따라 회계는 법인의 업무전반에 관한 회계(법인회계)와 법인이 설치 운영하는 사회복지시설에 관한 회계 및 법인이 수행하는 수익사업회계로 구분해야 한다.

빈출문제로 마무리하기

사회복지행정의 특징

01 사회복지행정에 관한 설명으로 옳지 않은 것은?[9회]

① 사회사업적 지식, 기술, 가치 등을 의도적으로 적용한다.
② 사회복지정책과 사회복지실천보다 상위의 개념이다.
③ 사회복지정책을 서비스로 전환시키는 과정이다.
④ 목표달성을 위한 내부적 조정과 협력과정이다.
⑤ 클라이언트와 조직에 대한 변화를 초래한다.

해설 정책을 실천으로 옮기는 과정이 행정이다.

재정관리

02 계획예산제도에 관한 설명으로 옳지 않은 것은?[12회]

① 목표개발에서부터 시작된다.
② 조직의 통합적 운영이 편리하다.
③ 조직품목과 예산이 직접 연결되지 않아 환산작업에 어려움이 있다.
④ 단위원가계산이 쉬워 단기적 예산변경이 유리하다.
⑤ 의사결정에 있어서 과학적이고 합리적인 기법을 활용한다.

해설 단위원가계산이 쉬워 단기적 예산변경이 유리한 예산은 성과주의 예산이다.

사회복지행정의 역사

03 다음은 무엇에 대한 설명인가? [13회]

- 현재 대부분의 시군구에 설치되어 있다.
- 민관협력을 통한 맞춤형 사례관리를 지향한다.
- 지역단위 복지서비스 통합제공의 컨트롤타워 역할을 의도한다.
- 사회보장정보시스템을 활용한다.

① 사회복지사무소
② 사회복지협의회
③ 희망복지지원단
④ 보건복지콜센터
⑤ 지역사회복지협의체

해설 희망복지지원단이란 복합적 욕구를 가진 대상자에게 통합사례관리를 제공하고, 지역 내 자원 및 방문형 서비스 사업 등을 총괄·관리함으로써 지역단위 통합서비스 제공의 중추적 역할을 수행하는 전담조직이다.

조직

04 조직구조에 관한 설명으로 옳지 않은 것은? [14회]

① 수평적 분화에서는 통제의 범위를, 수직적 분화에서는 조정과 의사소통의 수준을 고려하여 설계한다.
② 업무의 표준화는 조직운영의 경제성과 예측성을 높이기 위한 활동이다.
③ 정보가 과다하게 집중되어 있는 상황에서 의사결정의 집권화는 실패 가능성을 줄일 수 있다.
④ 공식적 권한의 집중·분산은 조직관리의 효과성·효율성과 연관되어 있다.
⑤ 공식화는 구성원들의 업무 편차를 줄이는 데 효과적이다.

해설 정보가 과다하게 집중되어 있는 상황에서는 의사결정의 집권화보다는 다양화를 통해 정보를 효과적으로 다루어 실패 가능성을 줄여야 한다.

정답 01 ② 02 ④ 03 ③ 04 ③

사회복지행정의 특징

05 일반행정과 비교하여 사회복지행정의 특징이 아닌 것은? [9회]

① 클라이언트의 욕구충족을 기본으로 한다.
② 인간의 가치와 관계성을 기반으로 한다.
③ 자원의 외부의존도가 높다.
④ 전문인력인 사회복지사에 대한 의존도가 높다.
⑤ 실천표준기술의 확립으로 효과성 측정이 용이하다.

해설 사회복지서비스의 활동효과를 타당하게 측정할 수 있는 표준척도가 없다.

마케팅

06 아동학대 예방 운동과 같이 대중의 행동변화를 통해 공익을 실현하기 위한 마케팅 기법은? [12회]

① 기업연계 마케팅
② 사회 마케팅
③ 데이터베이스 마케팅
④ 고객관계관리 마케팅
⑤ 인터넷 마케팅

해설 주민과 지역사회의 행동을 변화시키거나 공익을 실현하기 위한 마케팅은 사회 마케팅이다.

프로그램 평가

07 평가에 관한 설명으로 옳지 않은 것은? [14회]

① 평가의 부작용으로 새로운 시도를 어렵게 할 수 있다.
② 형성평가는 프로그램의 수정 · 변경 · 중단에 대한 여부를 결정한다.
③ 평가의 목적 중 하나는 사회적 요구를 파악하는 것이다.
④ 평가는 서비스에 대한 책임성을 향상시킬 수 있다.
⑤ 비용-편익(Cost-benefit)분석은 효과성을 측정하여 타 프로그램과의 비교를 포함한다.

해설 비용편익분석은 효율성을 측정하고 비용효과분석은 효과성을 측정한다.

사회복지행정의 특징

08 휴먼서비스 사회복지행정의 특성을 결정하는 요소가 아닌 것은? [13회]

① 환경에의 의존성
② 대립적 가치의 상존성
③ 조직 간 연계의 중요성
④ 성과평가의 용이성
⑤ 인본주의적 가치지향성

해설 평가를 위해 사회복지행정을 실시하지는 않는다.

조직이론

09 총체적 품질관리(Total Quality Management)에 관한 설명으로 옳지 않은 것은? [9회]

① 서비스 이용자를 대상으로 욕구조사 실시
② 기획 단계부터 서비스 품질을 고려
③ 서비스의 변이(Variation) 가능성을 예방하는 노력
④ 최고 관리자를 품질의 최종 결정자로 간주
⑤ 투입과 과정에 대한 지속적 개선 노력

해설 품질에 대해 정의를 내리는 사람은 고객이다.

조직이론

10 사회복지서비스들 사이의 파편화(Fragmentation)와 단절을 줄이는 방법에 해당하지 않는 것은? [14회]

① 사회복지 제공자 네트워크 구축
② 사례관리 강화
③ 서비스 분화
④ 욕구를 종합적으로 파악
⑤ 서비스 연계기제 마련

해설 파편화(분산)와 단절을 줄이는 방법은 통합하는 것인데 서비스 분화는 파편화를 의미한다.

정답 05 ⑤ 06 ② 07 ⑤ 08 ④ 09 ④ 10 ③

인적자원 관리

11 **사회복지서비스 기관에서의 슈퍼비전에 관한 설명으로 옳지 않은 것은?** [13회]

① 카두신(A. Kadushin)은 슈퍼비전을 행정적, 지지적, 교육적 기능으로 설명한다.
② 긍정적 슈퍼비전은 사회복지사의 소진 예방에 도움을 준다.
③ 슈퍼바이지(Supervisee) 간 동료 슈퍼비전은 인정되지 않는다.
④ 사회복지사의 관리 및 통제의 수단으로도 활용된다.
⑤ 슈퍼비전의 질은 슈퍼바이저의 역량에 좌우된다.

해설 슈퍼비전의 종류는 대인교사 모델, 사례 상담, 집단 슈퍼비전, 동료집단 슈퍼비전, 팀 슈퍼비전으로 나뉜다.

기획

12 **기획에 관한 설명으로 옳지 않은 것은?** [12회]

① 미래에 일어날 일을 예측하며 과거 오류의 재발을 방지한다.
② 프로그램 수행의 책임성을 높이는 데 도움이 된다.
③ 프로그램의 효율성, 효과성 및 합리성을 증진시킨다.
④ 프로그램 수행과정의 불확실성이 증가된다.
⑤ 전문화된 지식체계에 기반을 둔다.

해설 기획으로 인해 수행과정의 불확실성이 줄어든다.

사회복지행정의 역사

13 **우리나라 사회복지행정의 변화에 관한 설명으로 옳지 않은 것은?** [14회]

① 1987년부터 사회복지전문요원이 배치되기 시작
② 1995년 분권교부세를 도입, 재정분권이 본격화
③ 1997년 사회복지시설의 설치가 허가제에서 신고제로 변경 결정
④ 2000년대 사회 서비스 이용권(바우처) 사업이 등장
⑤ 2000년대 중반 이후 지역사회복지계획 수립

해설 분권교부세는 2005년에 도입되어 2014년까지 실시되었다.

동기부여

14 **브래드쇼(J. Bradshaw)의 다차원적 욕구 규정에 관한 설명으로 옳지 않은 것은?** [13회]

① 규범적(Normative) 욕구는 지역 주인의 원함(Wants)에서 파악된 문화적 규준을 따른다.
② 비교적(Comparative) 욕구는 집단 간 상대적 수준의 차이를 고려한다.
③ 느껴진(Felt) 욕구는 잠재적 대상자들이 스스로 인지하는 것을 기준으로 삼는다.
④ 표현된(Expressed) 욕구는 대기자 명단 등에 나타난 사람들의 요구 행위를 근거로 한다.
⑤ 위의 욕구들이 중첩될수록 프로그램화의 필요성은 증가한다.

해설 규범적 욕구는 전문가에 의해 알게 된 욕구를 의미한다.

프로그램 평가

15 **소수의 이해관계자(12~15명)를 모아 자유롭게 의견을 개진하고 토론하게 하여 문제를 깊이 파악할 수 있는 욕구조사 방법은?** [12회]

① 델파이 ② 지역사회 공개토론회
③ 명목집단기법 ④ 서베이 조사
⑤ 초점집단조사

해설 소수의 사람을 모아서 의견을 듣고 토론하는 방법은 초점집단기법이다.

프로그램 평가

16 **프로그램 논리모델에서 산출(Outputs)을 나타내는 기준으로 적절하지 않은 것은?** [9회]

① 이용자의 서비스 참여 횟수
② 서비스 종료 여부
③ 서비스에 소요된 비용
④ 서비스 제공자와 이용자 간 접촉 건수
⑤ 이용자가 서비스를 활용한 총 시간

해설 산출은 사회복지 프로그램 활동에서 생성된 서비스 및 생산물이므로 서비스에 소요된 비용은 투입이다.

정답 11 ③ 12 ④ 13 ② 14 ① 15 ⑤ 16 ③

8과목 사회복지법제론

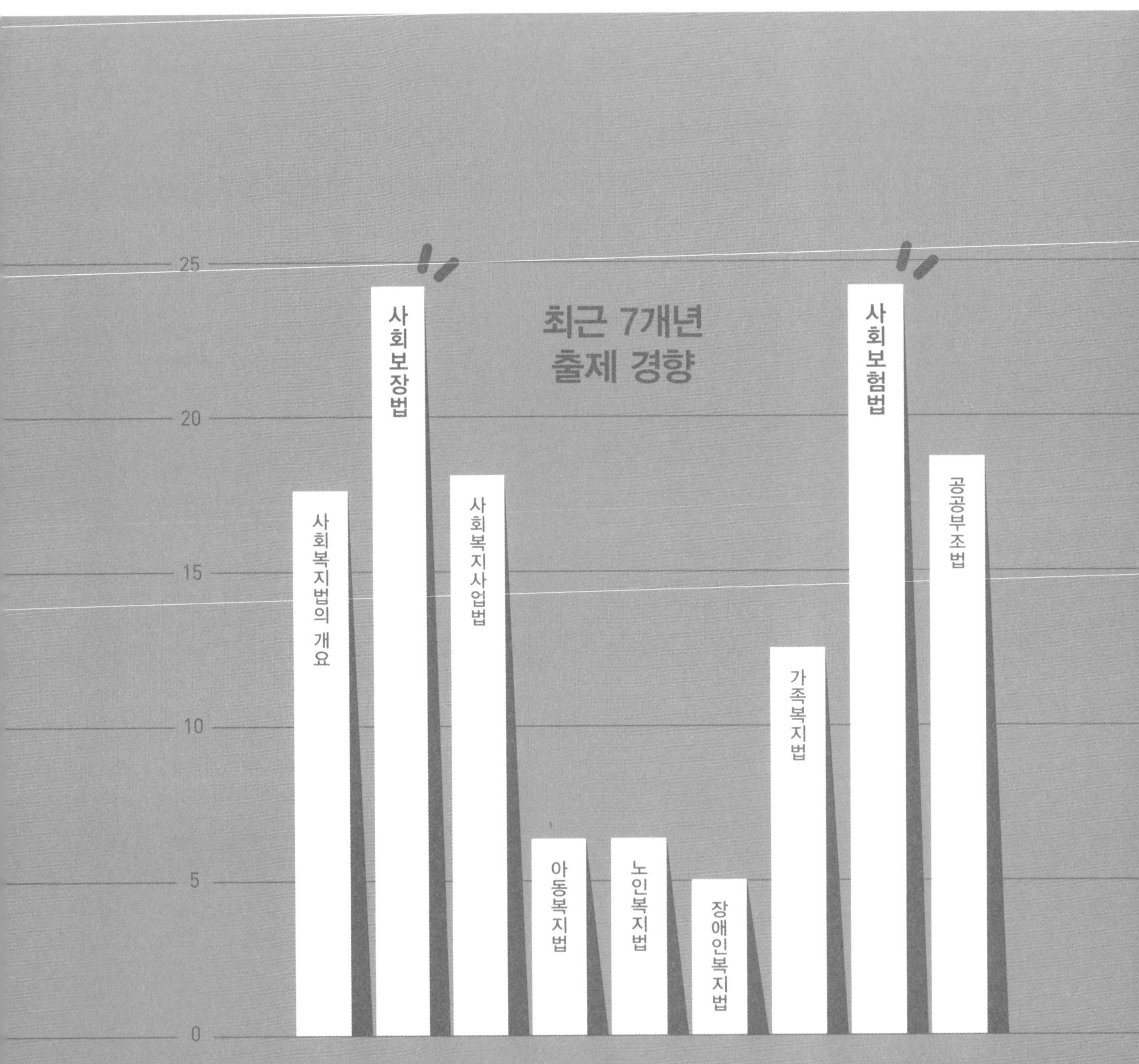

최근 7개년 출제 경향
25
20
15
10
5
0
사회복지법의 개요
사회보장법
사회복지사업법
아동복지법
노인복지법
장애인복지법
가족복지법
사회보험법
공공부조법

1 사회복지법의 개요

KEYWORD 01 헌법 14 17 18 21

01 「헌법」 제34조

① 모든 국민은 인간다운 생활을 할 권리를 가진다.
② 국가는 사회보장 · 사회복지의 증진에 노력할 의무를 진다.
③ 국가는 여자의 복지와 권익의 향상을 위하여 노력하여야 한다.
④ 국가는 노인과 청소년의 복지향상을 위한 정책을 실시할 의무를 진다.
⑤ 신체장애자 및 질병 · 노령 기타의 사유로 생활능력이 없는 국민은 법률이 정하는 바에 의하여 국가의 보호를 받는다.
⑥ 국가는 재해를 예방하고 그 위험으로부터 국민을 보호하기 위하여 노력하여야 한다.

학습 가이드

사회복지법의 근원이 되는 「헌법」 제34조에 나오는 사회복지 대상은 꼭 암기해야 합니다.

「헌법」 제34조는 사회보장에 관한 법률들이 제정될 수 있는 근거가 됩니다.

핵심문제

01 「헌법」 제34조 규정의 일부이다. ㄱ~ㄷ에 들어갈 내용으로 옳은 것은? [21회]

> • 국가는 (ㄱ) · (ㄴ)의 증진에 노력할 의무를 진다.
> • 신체장애자 및 질병 · 노령 기타의 사유로 생활능력이 없는 국민은 (ㄷ)이 정하는 바에 의하여 국가의 보호를 받는다.

① ㄱ : 사회보장, ㄴ : 사회복지, ㄷ : 법률
② ㄱ : 사회보장, ㄴ : 공공부조, ㄷ : 법률
③ ㄱ : 사회복지, ㄴ : 공공부조, ㄷ : 헌법
④ ㄱ : 사회복지, ㄴ : 사회복지서비스, ㄷ : 헌법
⑤ ㄱ : 공공부조, ㄴ : 사회복지서비스, ㄷ : 법률

정답 ①

해설
• 「헌법」 제34조 제2항 국가는 사회보장 · 사회복지의 증진에 노력할 의무를 진다.
• 「헌법」 제34조 제5항 신체장애자 및 질병 · 노령 기타의 사유로 생활능력이 없는 국민은 법률이 정하는 바에 의하여 국가의 보호를 받는다.

02 「헌법」 제34조 규정의 일부이다. ( ) 안에 들어갈 내용이 순서대로 옳은 것은? [18회]

- 국가는 사회보장 · ( )의 증진에 노력할 의무를 진다.
- 신체장애자 및 질병 · 노령 기타의 사유로 생활능력이 없는 국민은 ( )이 정하는 바에 의하여 국가의 보호를 받는다.

① 공공부조, 헌법
② 공공부조, 법률
③ 사회복지, 헌법
④ 사회복지, 법률
⑤ 자원봉사, 법률

정답 ④

해설
- 「헌법」 제34조 제2항 국가는 사회보장 · 사회복지의 증진에 노력할 의무를 진다.
- 「헌법」 제34조 제5항 신체장애자 및 질병 · 노령 기타의 사유로 생활능력이 없는 국민은 법률이 정하는 바에 의하여 국가의 보호를 받는다.

KEYWORD 02 법원 9 10 11 13 14 16 17 19 20 21 22 23

학습 가이드

법원의 성문법과 불문법에 대한 특징은 계속 출제되고 있으므로 구분할 수 있어야 합니다.

TIP

성문법은 종이에 적혀 있는 법으로 눈으로 확인이 가능합니다.

TIP

법률은 국회에서 제정된 법, 명령은 대통령령, 규칙은 총리령과 부령을 의미합니다.

01 성문법

① 헌법

㉠ 국가의 통치구조의 원리를 규정하고 국민의 기본권을 보장하는 국가의 근본규범이다.

㉡ 행복추구권(제10조), 교육받을 권리(제31조), 근로의 권리(제32조), 노동 기본3권(제33조), 인간다운 생활을 할 권리(제34조), 쾌적한 환경에서 생활할 권리(제35조), 혼인과 가정생활, 모성보호 및 조건 등(제36조)을 규정하고 있다.

② 법률

㉠ 국회에서 제정되어 대통령이 공포한 법을 의미한다.

㉡ 사회복지의 구체적 서비스와 내용을 규정하고 있는 법률로서 사회보장기본법, 사회보험법, 공공부조법, 사회복지서비스법 등이 있다.

③ 명령(시행령), 규칙(시행규칙)

㉠ 국회의 의결을 거치지 않고 행정기관에 의하여 제정된 법을 의미한다.

㉡ 시행령 : 대통령의 명령을 의미하는 것으로 기본법에 규정이 있어야만 가능하다.(위임명령, 집행명령)

㉢ 시행규칙 : 총리령 또는 부령으로 보통 총리나 장관의 명령을 의미하며 기본법에 규정이 있어야 한다.

④ 자치법규(조례, 규칙)

㉠ 지방자치단체의 지역 안에서만 효력을 가진다.

㉡ 조례 : 지방자치단체의 의회가 법령에 반하지 않는 범위 내에서 그 권한에 속하는 사항에 대하여 의결로서 제정한 것이다.

㉢ 규칙 : 지방자치단체의 장이 법령과 조례에 반하지 않는 범위 내에서 그 권한에 속하는 사항에 대하여 제정한 것이다.

⑤ 국제조약 및 국제법규

㉠ 국제조약 : 국제적 권리의무의 발생을 목적으로 국제법상의 주체인 국가 간에 맺은 문서에 의한 합의로 헌법」에 의해 체결 · 공포된 조약과 일반적으로 승인된 국제법규는 국내법과 같은 효력을 발생한다.

㉡ 국제법규 : 국제관습과 우리나라가 체결당사자가 아닌 조약으로서 국제사회에 의하여 그 규범성이 일반적으로 승인된 것이다.

TIP
우리나라의 법에는 상위법 우선의 법칙, 신법 우선의 법칙, 특별법 우선의 법칙이 있습니다.

자치법규는 해당 지방자치단체에서만 효력이 있고 다른 지방자치단체에서는 아무런 효력이 없습니다.

02 불문법

성문법과 같이 입법기관에 의하여 문서로서 제정 · 공포되지 아니한 법을 말하는 것으로, 인간생활에 필요한 규율을 규범화하기 위하여 전부를 성문화한다는 것은 불가능하므로 불문법이 필요하다고 본다.

① **관습법** : 장기간에 걸쳐 사회적 관행으로 준수되어 온 사회생활의 규범이 불문의 형태로서 국가에 의해 승인되어 강행되는 법으로, 「민법」 제1조 및 「상법」 제1조에서는 법원으로 인정하고 있다.

② **판례법** : 법원의 판결을 의미하며 유사한 사건에 동일 취지의 판결이 반복되므로 일정한 법적규범을 가지게 되며 대법원의 판결에 의하여 형성된다.

③ **조리** : 건전한 상식으로 판단할 수 있는 사물의 이치, 도리, 합리적 원리를 말하며, 일반사회인이 보통 인정한다고 생각되는 객관적 원리 또는 법칙이다.

성문법에 처벌규정이 없는 경우에 한하여 불문법으로 처벌이 가능합니다.

핵심문제

01 자치법규에 관한 설명으로 옳지 않은 것은? [21회]

① 지방의회는 규칙 제정권을 갖고 지방자치단체의 장은 조례 제정권을 갖는다.
② 시 · 군 및 자치구의 조례는 시 · 도의 조례를 위반해서는 아니 된다.
③ 사회복지시설의 설치 · 운영 및 관리는 주민의 복지증진과 관련된 지방자치단체의 사무이다.
④ 지방자치단체는 법령의 범위 안에서 자치에 관한 규정을 제정할 수 있다.
⑤ 주민은 지방자치단체의 조례를 제정할 것을 청구할 수 있다.

정답 ①

해설 지방의회는 조례 제정권을 갖고 지방자치단체의 장은 규칙 제정권을 갖는다. 조례가 규칙보다 상위법이다.

02 우리나라 사회복지법의 법원에 관한 설명으로 옳은 것은? [22회]

① 관습법은 사회복지법의 법원이 될 수 없다.
② 법률은 정부의 의결을 거쳐 제정 · 공포된 법을 말한다.
③ 지방자치단체의 조례는 성문법원이다.
④ 명령은 행정기관이 제정한 법규로 국회의 의결을 거쳐야 한다.
⑤ 일반적으로 승인된 국제법규는 사회복지법의 법원에 포함되지 않는다.

정답 ③

해설 지방자치단체의 조례는 지방자치단체의 의회가 법령에 반하지 않는 범위 내에서 그 권한에 속하는 사항에 대하여 의결로서 제정한 것으로 성문법원에 해당한다.
① 관습법은 불문법으로 사회복지법의 법원이다.
② 법률은 국회에서 제정되어 대통령이 공포한 법을 의미한다.
④ 명령은 대통령의 명령을 의미하는 것으로 기본법에 규정이 있어야만 가능하다.
⑤ 일반적으로 승인된 국제법규는 사회복지법의 법원에 포함된다.

KEYWORD 03 우리나라의 사회복지 관련 주요 입법 역사

10 13 14 16 17 18 19 20 21 22 23

학습 가이드

1. 법 제정 연도는 시험에 자주 출제되고 있으므로 꼭 암기해야 합니다. 사회복지법제론뿐 아니라 다른 과목에서도 출제되고 있습니다.
2. 사회복지법의 역사적 변천에 대한 내용도 꼭 암기해야 합니다.

TIP

- 사회보험법 : 공무원연금법, 군인연금법, 산업재해보상보험법, 국민연금법, 고용보험법, 노인장기요양보험법
- 공공부조법 : 재해구호법, 사학연금법, 의료급여법, 긴급복지지원법, 장애인연금법, 기초연금법

01 사회복지 입법

시기	제정 연도	법명
1960년대	1960년	공무원연금법
	1961년	생활보호법, 아동복리법
	1962년	재해구호법
	1963년	군인연금법, 산업재해보상보험법, 의료보험법
1970년대	1970년	사회복지사업법
	1974년	사학연금법
1980년대	1981년	아동복지법, 노인복지법
	1986년	국민연금법, 최저임금법
	1988년	보호관찰법
	1989년	모자복지법, 장애인복지법

시기	제정 연도	법명
1990년대	1990년	장애인고용촉진 등에 관한 법률
	1991년	영유아보육법, 청소년기본법
	1993년	고용보험법
	1995년	사회보장기본법
	1997년	청소년보호법, 가정폭력방지 및 피해자보호 등에 관한 법률
	1999년	국민건강보험법, 사회복지공동모금회법, 국민기초생활 보장법
2000년대	2000년	장애인고용촉진 및 직업재활법
	2001년	의료급여법
	2004년	건강가정기본법
	2005년	저출산 · 고령사회기본법, 자원봉사활동기본법, 긴급복지지원법
	2007년	장애인차별금지 및 권리구제 등에 관한 법률 노인장기요양보험법, 한부모가족지원법
	2008년	다문화가족지원법
	2009년	국민연금과 직역연금의 연계에 관한 법률
2010년대	2010년	장애인연금법, 성폭력방지 및 피해자보호 등에 관한 법률
	2011년	장애인활동 지원에 관한 법률, 장애아동 복지지원법
	2011년	노숙인 등의 복지 및 자립지원에 관한 법률
	2014년	기초연금법, 사회보장급여의 이용 · 제공 및 수급권자 발굴에 관한 법률
	2016년	정신건강증진 및 정신질환자 복지서비스 지원에 관한 법률
	2018년	아동수당법
2020년대	2022년	사회서비스 지원 및 사회서비스원 설립 · 운영에 관한 법률

02 법의 변천

① 조선구호령(1944) → 생활보호법(1961) → 국민기초생활 보장법(1999)
② 의료보호법(1977) → 의료급여법(2001)
③ 기초노령연금법(2007) → 기초연금법(2014)
④ 국민복지연금법(1973) → 국민연금법(1986)
⑤ 의료보험법(1963. 12) → 국민의료보험법(1997) → 국민건강보험법(1999)
⑥ 아동복리법(1961) → 아동복지법(1981)
⑦ 심신장애자복지법(1981) → 장애인복지법(1989)
⑧ 모자복지법(1989) → 모 · 부자복지법(2002) → 한부모가족지원법(2007)
⑨ 입양촉진및절차에관한특례법(1995) → 입양특례법(2011)
⑩ 정신보건법(1995) → 정신건강증진 및 정신질환자 복지서비스 지원에 관한 법률(2016)

핵심문제

01 법률의 제정 연도가 빠른 순서대로 옳게 나열된 것은? [21회]

ㄱ. 「국민기초생활 보장법」
ㄴ. 「산업재해보상보험법」
ㄷ. 「사회복지사업법」
ㄹ. 「고용보험법」
ㅁ. 「노인복지법」

① ㄱ－ㄴ－ㄷ－ㄹ－ㅁ
② ㄴ－ㄱ－ㅁ－ㄷ－ㄹ
③ ㄴ－ㄷ－ㅁ－ㄹ－ㄱ
④ ㄷ－ㄱ－ㄹ－ㅁ－ㄴ
⑤ ㄷ－ㅁ－ㄴ－ㄹ－ㄱ

정답 ③

해설 ㄱ. 「국민기초생활 보장법」은 1999년에 제정되었다.
ㄴ. 「산업재해보상보험법」은 1963년에 제정되었다.
ㄷ. 「사회복지사업법」은 1970년에 제정되었다.
ㄹ. 「고용보험법」은 1993년에 제정되었다.
ㅁ. 「노인복지법」은 1981년에 제정되었다.

02 법률의 제정 연도가 가장 최근인 것은? [22회]

① 「아동복지법」
② 「노인복지법」
③ 「장애인복지법」
④ 「한부모가족지원법」
⑤ 「다문화가족지원법」

정답 ⑤

해설 ① 「아동복지법」은 1981년 제정되었다.
② 「노인복지법」은 1981년에 제정되었다.
③ 「장애인복지법」은 1989년에 제정되었다.
④ 「한부모가족지원법」은 2007년에 제정되었다.
⑤ 「다문화가족지원법」은 2008년에 제정되었다.

2 사회보장법

KEYWORD 04 **사회보장기본법** 9 10 11 12 13 14 15 16 17 18 19 20 21 22 23

학습 가이드

「사회보장기본법」은 다수의 문항이 계속 출제되고 있으므로 정의, 수급권, 사회보장위원회 등의 내용을 숙지해야 합니다.

TIP

사회보장서비스를 받기 위해서는 신청과 함께 금융정보, 신용정보, 보험정보를 제출해야 합니다.

01 정의

① **사회보장** : 출산, 양육, 실업, 노령, 장애, 질병, 빈곤 및 사망 등의 사회적 위험으로부터 모든 국민을 보호하고 국민 삶의 질을 향상시키는 데 필요한 소득 · 서비스를 보장하는 사회보험, 공공부조, 사회서비스를 말한다.

② **사회보험** : 국민에게 발생하는 사회적 위험을 보험의 방식으로 대처함으로써 국민의 건강과 소득을 보장하는 제도를 말한다.

③ **공공부조** : 국가와 지방자치단체의 책임하에 생활유지능력이 없거나 생활이 어려운 국민의 최저생활을 보장하고 자립을 지원하는 제도를 말한다.

④ **사회서비스** : 국가 · 지방자치단체 및 민간부문의 도움이 필요한 모든 국민에게 복지, 보건의료, 교육, 고용, 주거, 문화, 환경 등의 분야에서 인간다운 생활을 보장하고 상담, 재활, 돌봄, 정보의 제공, 관련 시설의 이용, 역량 개발, 사회참여 지원 등을 통하여 국민의 삶의 질이 향상되도록 지원하는 제도를 말한다.

⑤ **평생사회안전망** : 생애주기에 걸쳐 보편적으로 충족되어야 하는 기본욕구와 특정한 사회위험에 의하여 발생하는 특수욕구를 동시에 고려하여 소득 · 서비스를 보장하는 맞춤형 사회보장제도를 말한다.

⑥ **사회보장 행정데이터** : 국가, 지방자치단체, 공공기관 및 법인이 법령에 따라 생성 또는 취득하여 관리하고 있는 자료 또는 정보로서 사회보장정책 수행에 필요한 자료 또는 정보를 말한다.

02 수급권

① 사회보장급여의 신청

㉠ 사회보장급여를 받으려는 사람은 관계 법령에서 정하는 바에 따라 국가나 지방자치단체에 신청하여야 한다. 다만, 관계 법령에서 따로 정하는 경우에는 국가나 지방자치단체가 신청을 대신할 수 있다.

㉡ 사회보장급여를 신청하는 사람이 다른 기관에 신청한 경우에는 그 기관은 지체없이 이를 정당한 권한이 있는 기관에 이송하여야 한다. 이 경우 정당한 권한이 있는 기관에 이송된 날을 사회보장급여의 신청일로 본다.

② 사회보장수급권의 보호

사회보장수급권은 관계 법령에서 정하는 바에 따라 다른 사람에게 양도하거나 담보로 제공할 수 없으며, 이를 압류할 수 없다.

③ 사회보장수급권의 제한
  ㉠ 사회보장수급권은 제한되거나 정지될 수 없다. 다만, 관계 법령에서 따로 정하고 있는 경우에는 그러하지 아니한다.
  ㉡ 사회보장수급권이 제한되거나 정지되는 경우에는 제한 또는 정지하는 목적에 필요한 최소한의 범위에 그쳐야 한다.

④ 사회보장수급권의 포기
  ㉠ 사회보장수급권은 정당한 권한이 있는 기관에 서면으로 통지하여 포기할 수 있다.
  ㉡ 사회보장수급권의 포기는 취소할 수 있다.
  ㉢ 사회보장수급권을 포기하는 것이 다른 사람에게 피해를 주거나 사회보장에 관한 관계 법령에 위반되는 경우에는 사회보장수급권을 포기할 수 없다.

TIP
사회보장수급권은 「사회보장기본법」에서 정하는 개별 법률의 규정에 따라 받을 수 있는 급여에 대한 권리를 말합니다.

03 사회보장위원회

① 위원회는 위원장 1명, 부위원장 3명과 행정자치부장관, 고용노동부장관, 여성가족부장관, 국토교통부장관을 포함한 30명 이내의 위원으로 구성한다.
② 위원장은 국무총리가 되고 부위원장은 기획재정부장관, 교육부장관 및 보건복지부장관이 된다.
③ 위원회의 위원은 다음에 해당하는 사람으로 한다.
  ㉠ 대통령령으로 정하는 관계 중앙행정기관의 장
  ㉡ 근로자를 대표하는 사람
  ㉢ 사용자를 대표하는 사람
  ㉣ 사회보장에 관한 학식과 경험이 풍부한 사람
  ㉤ 변호사 자격이 있는 사람
④ 위원의 임기는 2년으로 한다. 다만, 공무원인 위원의 임기는 그 재임 기간으로 하고, 위원이 기관 · 단체의 대표자 자격으로 위촉된 경우에는 그 임기는 대표의 지위를 유지하는 기간으로 한다.
⑤ 보궐위원의 임기는 전임자 임기의 남은 기간으로 한다.
⑥ 위원회를 효율적으로 운영하고 위원회의 심의 · 조정사항을 전문적으로 검토하기 위하여 위원회에 실무위원회를 두며, 실무위원회에 분야별 전문위원회를 둘 수 있다.

국가에서 운영하는 위원회는 국무총리 소속으로 합니다.

04 운영원칙

① 국가와 지방자치단체가 사회보장제도를 운영할 때에는 이 제도를 필요로 하는 모든 국민에게 적용하여야 한다.
② 국가와 지방자치단체는 사회보장제도의 급여 수준과 비용 부담 등에서 형평성을 유지하여야 한다.

③ 국가와 지방자치단체는 사회보장제도의 정책 결정 및 시행 과정에 공익의 대표자 및 이해관계인 등을 참여시켜 이를 민주적으로 결정하고 시행하여야 한다.

④ 국가와 지방자치단체가 사회보장제도를 운영할 때에는 국민의 다양한 복지 욕구를 효율적으로 충족시키기 위하여 연계성과 전문성을 높여야 한다.

⑤ 사회보험은 국가의 책임으로 시행하고, 공공부조와 사회서비스는 국가와 지방자치단체의 책임으로 시행하는 것을 원칙으로 한다. 다만 국가와 지방자치단체의 재정 형편 등을 고려하여 이를 협의 · 조정할 수 있다.

05 비용의 부담

① 사회보장비용의 부담은 각각의 사회보장제도의 목적에 따라 국가, 지방자치단체 및 민간부문 간에 합리적으로 조정되어야 한다.

② 사회보험에 드는 비용은 사용자, 피용자 및 자영업자가 부담하는 것을 원칙으로 하되, 관계 법령에서 정하는 바에 따라 국가가 그 비용의 일부를 부담할 수 있다.

③ 공공부조 및 관계 법령에서 정하는 일정 소득 수준 이하의 국민에 대한 사회서비스에 드는 비용의 전부 또는 일부는 국가와 지방자치단체가 부담한다.

④ 부담 능력이 있는 국민에 대한 사회서비스에 드는 비용은 그 수익자가 부담함을 원칙으로 하되, 관계 법령에서 정하는 바에 따라 국가와 지방자치단체가 그 비용의 일부를 부담할 수 있다.

핵심문제

01 「사회보장기본법」상 사회보장수급권에 관한 설명으로 옳지 않은 것은? [21회]

① 사회보장급여를 받으려는 사람은 국가나 지방자치단체에 신청하는 것을 원칙으로 하고 있다.
② 사회보장수급권은 다른 사람에게 양도하거나 담보로 제공할 수 없다.
③ 사회보장수급권은 원칙적으로 제한되거나 정지될 수 없다.
④ 사회보장수급권은 구두로 통지하여 포기할 수 있다.
⑤ 사회보장수급권의 포기는 취소할 수 있다.

정답 ④

해설 사회보장수급권은 구두로 통지하여 포기할 수 없고, 정당한 권한이 있는 기관에 서면으로 통지하여 포기할 수 있다.

02 「사회보장기본법」상 사회보장에 관한 국민의 권리에 대한 설명으로 옳지 않은 것을 모두 고른 것은? [22회]

> ㄱ. 지방자치단체는 최저보장수준과 최저임금을 매년 공표하여야 한다.
> ㄴ. 사회보장수급권은 구두로 통지하여 포기할 수 있다.
> ㄷ. 사회보장수급권이 제한되는 경우에는 제한하는 목적에 필요한 최소한의 범위에 그쳐야 한다.
> ㄹ. 사회보장수급권을 포기하는 것이 다른 사람에게 피해를 주게 되는 경우 사회보장수급권을 포기할 수 없다.

① ㄱ, ㄴ ② ㄴ, ㄹ ③ ㄱ, ㄷ, ㄹ
④ ㄴ, ㄷ, ㄹ ⑤ ㄱ, ㄴ, ㄷ, ㄹ

정답 ①

해설 ㄱ. 「사회보장기본법」 제10조 2항 : 국가는 관계 법령에서 정하는 바에 따라 최저보장수준과 최저임금을 매년 공표하여야 한다.
ㄴ. 「사회보장기본법」 제14조 1항 : 사회보장수급권은 정당한 권한이 있는 기관에 서면으로 통지하여 포기할 수 있다.

KEYWORD 05 사회보장급여의 이용 · 제공 및 수급권자 발굴에 관한 법률

16 17 18 19 20 21 22 23

학습 가이드

「사회보장급여의 이용 · 제공 및 수급권자 발굴에 관한 법률」은 지역사회복지론에서 중복이 되는 부분으로, 사회보장계획과 사회보장협의체의 내용을 이해해야 합니다.

TIP

- 수급권자 : 수급을 받을 권리가 있는 자
- 수급자 : 수급을 받는 자

01 정의

① **사회보장급여** : 보장기관이 「사회보장기본법」에 따라 제공하는 현금, 현물, 서비스 및 그 이용권을 말한다.
② **수급권자** : 「사회보장기본법」에 따른 사회보장급여를 제공받을 권리를 가진 사람을 말한다.
③ **수급자** : 사회보장급여를 받고 있는 사람을 말한다.
④ **지원대상자** : 사회보장급여를 필요로 하는 사람을 말한다.
⑤ **보장기관** : 관계 법령 등에 따라 사회보장급여를 제공하는 국가기관과 지방자치단체를 말한다.

 우리나라의 사회보장은 급여를 받기 위해 신청을 해야 하는 신청주의이다. 그러나 「국민기초생활 보장법」, 「긴급복지지원법」, 「장애인연금법」, 「사회보장급여의 이용 · 제공 및 수급권자발굴에 관한 법률」은 신청주의와 직권주의를 병행한다.

02 금융정보 등의 제공

중앙행정기관의 장 또는 지방자치단체의 장은 지원대상자와 그 부양의무자에 대하여 금융정보 등에 대한 조사가 필요한 경우 금융정보, 신용정보, 보험정보의 자료 또는 정보의 제공에 대하여 동의한다는 서면을 받아야 한다.

03 발굴조사의 실시 및 실태점검

보건복지부장관은 지원대상자 발굴체계의 운영실태를 매년 정기적으로 점검하고 개선방안을 마련하여야 한다.

04 지역사회보장에 관한 계획의 수립

특별시장 · 광역시장 · 특별자치시장 · 도지사 · 특별자치도지사 및 시장 · 군수 · 구청장은 지역사회보장에 관한 계획을 4년마다 수립하고, 매년 지역사회보장계획에 따라 연차별 시행계획을 수립하여야 한다.

05 지역사회보장계획의 내용

시 · 군 · 구 지역사회보장계획은 다음의 사항을 포함하여야 한다.

① 지역사회보장 수요의 측정, 목표 및 추진전략
② 지역사회보장의 목표를 점검할 수 있는 지표의 설정 및 목표
③ 지역사회보장의 분야별 추진전략, 중점 추진사업 및 연계협력 방안
④ 지역사회보장 전달체계의 조직과 운영
⑤ 사회보장급여의 사각지대 발굴 및 지원 방안
⑥ 지역사회보장에 필요한 재원의 규모와 조달 방안
⑦ 지역사회보장에 관련한 통계 수집 및 관리 방안
⑧ 지역 내 부정수급 발생 현황 및 방지대책

06 시 · 도사회보장위원회

① 시 · 도지사는 시 · 도의 사회보장 증진을 위하여 시 · 도사회보장위원회를 둔다.
② 시 · 도사회보장위원회는 다음의 업무를 심의 · 자문한다.
㉠ 시 · 도의 지역사회보장계획 수립 · 시행 및 평가에 관한 사항
㉡ 시 · 도의 지역사회보장조사 및 지역사회보장지표에 관한 사항
㉢ 시 · 도의 사회보장급여 제공에 관한 사항
㉣ 시 · 도의 사회보장 추진과 관련한 중요 사항
㉤ 읍 · 면 · 동 단위 지역사회보장협의체의 구성 및 운영에 관한 사항
㉥ 사회보장과 관련된 서비스를 제공하는 관계 기관 · 법인 · 단체 · 시설과의 연계 · 협력 강화에 관한 사항

07 지역사회보장협의체

① 시장 · 군수 · 구청장은 지역의 사회보장을 증진하고, 사회보장과 관련된 서비스를 제공하는 관계 기관 · 법인 · 단체 · 시설과 연계 · 협력을 강화하기 위하여 해당 시 · 군 · 구에 지역사회보장협의체를 둔다.
② 지역사회보장협의체는 다음의 업무를 심의 · 자문한다.
㉠ 시 · 군 · 구의 지역사회보장계획 수립 · 시행 및 평가에 관한 사항

TIP
우리나라 법에 대한 이의신청은 대부분 90일 이내이지만 「긴급복지지원법」의 이의신청은 30일 이내입니다.

TIP
지역사회보장계획 수립은 시 · 군 · 구 → 시 · 도 → 보건복지부 순으로 올라갑니다.

㉡ 시 · 군 · 구의 지역사회보장조사 및 지역사회보장지표에 관한 사항
㉢ 시 · 군 · 구의 사회보장급여 제공에 관한 사항
㉣ 시 · 군 · 구의 사회보장 추진에 관한 사항
㉤ 읍 · 면 · 동 단위 지역사회보장협의체의 구성 및 운영에 관한 사항

핵심문제

01 「사회보장급여의 이용 · 제공 및 수급권자의 발굴에 관한 법률」의 내용으로 옳은 것은? [21회]

① 시장 · 군수 · 구청장은 중앙생활보장위원회를 둔다.
② 보건복지부장관은 사회보장급여 부정수급 실태조사를 3년마다 실시하고 그 결과를 공개하여야 한다.
③ "수급권자"란 사회보장급여를 제공하는 국가기관과 지방자치단체를 말한다.
④ 보장기관의 업무담당자는 지원대상자가 심신미약 등 대통령령으로 정하는 경우에 해당하면 지원대상자의 동의하에서만 직권으로 사회보장급여의 제공을 신청할 수 있다.
⑤ 보장기관의 장은 지원대상자 발굴체계의 운영실태를 3년마다 점검하고 개선방안을 마련하여야 한다.

정답 ②

해설 보건복지부장관은 속임수 등의 부정한 방법으로 사회보장급여를 받거나 타인으로 하여금 사회보장급여를 받게 한 경우에 대하여 보장기관이 효과적인 대책을 세울 수 있도록 그 발생현황, 피해사례 등에 관한 실태조사를 3년마다 실시하고, 그 결과를 공개하여야 한다(「사회보장급여의 이용 · 제공 및 수급권자 발굴에 관한 법률」 제19조의2 제1항).

① 시장 · 군수 · 구청장은 지역의 사회보장을 증진하고, 사회보장과 관련된 서비스를 제공하는 관계 기관 · 법인 · 단체 · 시설과 연계 · 협력을 강화하기 위하여 해당 시 · 군 · 구에 지역사회보장협의체를 둔다(「사회보장급여의 이용 · 제공 및 수급권자 발굴에 관한 법률」 제14조 제1항).
③ "수급권자"란 사회보장급여를 제공받을 권리를 가진 사람을 말한다. 사회보장급여를 제공하는 국가기관과 지방자치단체는 보장기관이다(「사회보장급여의 이용 · 제공 및 수급권자 발굴에 관한 법률」 제2조 제2항).
④ 보장기관의 업무담당자는 지원대상자가 심신미약 또는 심신상실 등 대통령령으로 정하는 경우에 해당하면 지원대상자의 동의 없이 직권으로 사회보장급여의 제공을 신청할 수 있다. 이 경우 보장기관의 업무담당자는 직권 신청한 사실을 보장기관의 장에게 지체없이 보고하여야 한다(「사회보장급여의 이용 · 제공 및 수급권자 발굴에 관한 법률」 제5조 제3항).
⑤ 보건복지부장관은 지원대상자 발굴체계의 운영 실태를 매년 정기적으로 점검하고 개선방안을 마련하여야 한다(「사회보장급여의 이용 · 제공 및 수급권자 발굴에 관한 법률」 제12조의2 제2항).

02 「사회보장급여의 이용 · 제공 및 수급권자 발굴에 관한 법률」의 내용으로 옳지 않은 것은? [22회]

① 보장기관은 지역의 사회보장 수준이 균등하게 실현될 수 있도록 노력하여야 한다.
② 「청소년 기본법」에 따른 청소년상담사는 지원대상자의 사회보장급여를 신청할 수 있다.
③ 보장기관의 장은 위기가구를 발굴하기 위하여 노력하여야 한다.
④ 정부는 한국사회보장정보원의 설립 · 운영에 필요한 비용을 출연할 수 없다.
⑤ 특별자치시 지역사회보장계획은 사회보장급여 담당 인력의 양성 및 전문성 제고 방안을 포함하여야 한다.

정답 ④

해설 정부는 사회보장급여의 이용 및 제공이 원활히 이루어질 수 있도록 한국사회보장정보원의 설립 · 운영에 필요한 비용을 출연하거나 지원할 수 있다(「사회보장급여법」 제29조 제4항).
① 보장기관은 지역의 사회보장 수준이 균등하게 실현될 수 있도록 노력하여야 한다(「사회보장급여법」 제4조 제6항).
② 「청소년기본법」에 따른 청소년상담사는 지원대상자의 사회보장급여를 신청할 수 있다(「사회보장급여법」 제5조 제1항).
③ 보장기관의 장은 위기가구를 발굴하기 위하여 노력하여야 한다(「사회보장급여법」 제9조의2 제1항).
⑤ 특별자치시 지역사회보장계획은 사회보장급여 담당 인력의 양성 및 전문성 제고 방안을 포함하여야 한다(「사회보장급여법」 제36조 제3항).

3 사회복지사업법

KEYWORD 06 사회복지사업 13 18 19 20 21 22 23

01 기본이념

① 사회복지를 필요로 하는 사람은 누구든지 자신의 의사에 따라 서비스를 신청하고 제공받을 수 있다.
② 사회복지법인 및 사회복지시설은 공공성을 가지며 사회복지사업을 시행하는 데 있어서 공공성을 확보하여야 한다.
③ 사회복지사업을 시행하는 데 있어서 사회복지를 제공하는 자는 사회복지를 필요로 하는 사람의 인권을 보장하여야 한다.
④ 사회복지서비스를 제공하는 자는 필요한 정보를 제공하는 등 사회복지서비스를 이용하는 사람의 선택권을 보장하여야 한다.

학습 가이드

「사회복지사업법」에 대한 문제는 한 부분을 의미하지 않으므로 전체적인 내용을 파악해야 합니다.

02 사회복지사업

① 「국민기초생활 보장법」
② 「아동복지법」
③ 「노인복지법」
④ 「장애인복지법」
⑤ 「한부모가족지원법」
⑥ 「영유아보육법」
⑦ 「성매매방지 및 피해자보호 등에 관한 법률」
⑧ 「정신건강증진 및 정신질환자 복지서비스 지원에 관한 법률」
⑨ 「성폭력방지 및 피해자보호 등에 관한 법률」
⑩ 「국내입양에 관한 특별법」 및 「국제입양에 관한 법률」

사회복지사업에 포함되지 않는 법은 사회보험법, 고용촉진, 처벌에 관한 법입니다.

⑪ 「일제하 일본군위안부 피해자에 대한 생활안정지원 및 기념사업 등에 관한 법률」
⑫ 「사회복지공동모금회법」
⑬ 「장애인 · 노인 · 임산부 등의 편의증진 보장에 관한 법률」
⑭ 「가정폭력방지 및 피해자보호 등에 관한 법률」
⑮ 「농어촌주민의 보건복지증진을 위한 특별법」
⑯ 「식품등 기부 활성화에 관한 법률」
⑰ 「의료급여법」
⑱ 「기초연금법」
⑲ 「긴급복지지원법」
⑳ 「다문화가족지원법」
㉑ 「장애인연금법」
㉒ 「장애인활동 지원에 관한 법률」
㉓ 「노숙인 등의 복지 및 자립지원에 관한 법률」
㉔ 「보호관찰 등에 관한 법률」
㉕ 「장애아동 복지지원법」
㉖ 「발달장애인 권리보장 및 지원에 관한 법률」
㉗ 「청소년복지 지원법」
㉘ 「건강가정기본법」
㉙ 「북한이탈주민의 보호 및 정착지원에 관한 법률」
㉚ 「자살예방 및 생명존중문화 조성을 위한 법률」
㉛ 「장애인 · 노인 등을 위한 보조기기 지원 및 활용촉진에 관한 법률」

03 사회복지사업법 용어

지역사회복지	주민의 복지증진과 삶의 질 향상을 위하여 지역사회 차원에서 전개하는 사회복지를 말한다.
사회복지법인	사회복지사업을 할 목적으로 설립된 법인을 말한다.
사회복지시설	사회복지사업을 할 목적으로 설치된 시설을 말한다.
사회복지관	지역사회를 기반으로 일정한 시설과 전문인력을 갖추고 지역주민의 참여와 협력을 통하여 지역사회의 복지문제를 예방하고 해결하기 위하여 종합적인 복지서비스를 제공하는 시설을 말한다.
사회복지서비스	국가 · 지방자치단체 및 민간부문의 도움을 필요로 하는 모든 국민에게 「사회보장기본법」에 따른 사회서비스 중 사회복지사업을 통한 서비스를 제공하여 삶의 질이 향상되도록 제도적으로 지원하는 것을 말한다.
보건의료서비스	국민의 건강을 보호 · 증진하기 위하여 보건의료인이 하는 모든 활동을 말한다.

04 사회복지사 자격증의 발급

① 보건복지부장관은 사회복지에 관한 전문지식과 기술을 가진 사람에게 사회복지사 자격증을 발급할 수 있다.

② 사회복지사의 등급은 1급 · 2급으로 하되, 정신건강 · 의료 · 학교 영역에 대해서는 영역별로 정신건강사회복지사 · 의료사회복지사 · 학교사회복지사의 자격을 부여할 수 있다.

③ 사회복지사 1급 자격은 국가시험에 합격한 사람에게 부여하고, 정신건강사회복지사 · 의료사회복지사 · 학교사회복지사의 자격은 1급 사회복지사의 자격이 있는 사람 중에서 보건복지부령으로 정하는 수련기관에서 수련을 받은 사람에게 부여한다.

④ 보건복지부장관은 사회복지사 자격증을 발급받거나 재발급받으려는 사람에게 보건복지부령으로 정하는 바에 따라 수수료를 내게 할 수 있다.

⑤ 사회복지사 자격증을 발급받은 사람은 다른 사람에게 그 자격증을 빌려주어서는 아니 되고, 누구든지 그 자격증을 빌려서는 아니 된다.

사회복지사업법 시행령 제6조(사회복지사의 채용) 제1항

사회복지법인 또는 사회복지시설을 설치 · 운영하는 자는 해당 법인 또는 시설에서 다음에 해당하는 업무에 종사하는 자를 사회복지사로 채용하여야 한다.

① 사회복지프로그램의 개발 및 운영업무
② 시설거주자의 생활지도업무
③ 사회복지를 필요로 하는 사람에 대한 상담업무

사회복지사의 결격사유와 사회복지사 의무채용 제외시설

• 사회복지사의 결격사유

① 피성년후견인
② 금고 이상의 실형을 선고받고 그 집행이 끝나거나(집행이 끝난 것으로 보는 경우를 포함한다) 집행이 면제되지 아니한 사람
③ 금고 이상의 형의 집행유예를 선고받고 그 유예기간 중에 있는 사람
④ 법원의 판결에 따라 자격이 상실되거나 정지된 사람
⑤ 마약 · 대마 또는 향정신성의약품의 중독자
⑥ 「정신건강증진 및 정신질환자 복지서비스 지원에 관한 법률」에 따른 정신질환자. 다만, 전문의가 사회복지사로서 적합하다고 인정하는 사람은 그러하지 아니한다.

• 사회복지사 의무채용 제외시설

① 「노인복지법」에 따른 노인여가복지시설(노인복지관은 제외한다)
② 「장애인복지법」에 따른 장애인 지역사회재활시설 중 수화통역센터, 점자도서관, 점자도서 및 녹음서 출판시설
③ 「영유아보육법」에 따른 어린이집
④ 「성매매방지 및 피해자보호 등에 관한 법률」에 따른 성매매피해자 등을 위한 지원시설 및 같은 법에 따른 성매매피해상담소
⑤ 「정신건강증진 및 정신질환자 복지서비스 지원에 관한 법률」에 따른 정신요양시설 및 정신재활시설
⑥ 「성폭력방지 및 피해자보호 등에 관한 법률」에 따른 성폭력피해상담소

TIP

사회복지기관에서 사회복지사를 채용하는 경우 시 · 군 · 구청장에게 신고하는 것이 아니라 임면을 보고해야 합니다.

핵심문제

01 「사회복지사업법」상 사회복지사에 관한 설명으로 옳지 않은 것은? [21회]

① 사회복지사의 등급은 1급 · 2급으로 한다.
② 보건복지부장관은 정신건강사회복지사 · 의료사회복지사 · 학교사회복지사의 자격을 부여할 수 있다.
③ 보건복지부장관은 사회복지사가 거짓이나 그 밖의 부정한 방법으로 자격을 취득한 경우 그 자격을 1년의 범위에서 정지할 수 있다.
④ 사회복지법인에 종사하는 사회복지사는 정기적으로 보수교육을 받아야 한다.
⑤ 자신의 사회복지사 자격증은 타인에게 빌려주어서는 아니 된다.

정답 ③

해설 보건복지부장관은 사회복지사가 거짓이나 그 밖의 부정한 방법으로 자격을 취득한 경우 무조건 그 자격을 취소한다.

02 「사회복지사업법」상 사회복지사업 관련 법률을 모두 고른 것은? [22회]

ㄱ. 「아동복지법」	ㄴ. 「장애인복지법」
ㄷ. 「국민기초생활 보장법」	ㄹ. 「기초연금법」

① ㄱ, ㄴ ② ㄷ, ㄹ ③ ㄱ, ㄴ, ㄷ
④ ㄱ, ㄴ, ㄹ ⑤ ㄱ, ㄴ, ㄷ, ㄹ

정답 ⑤

해설 사회보험법, 고용촉진, 처벌의 용어가 포함되면 「사회복지사업법」에 포함되지 않는다.

KEYWORD 07 사회복지법인 9 10 11 12 13 15 16 17 18 20 22 23

학습 가이드

사회복지법인에 대한 부분은 꾸준히 출제되고 있는 부분이므로 사회복지법인에 대한 전체적인 내용(허가, 임원 등)을 파악하고 있어야 합니다.

사회복지법인의 설립은 시 · 도지사의 허가를 받아야 합니다. 입양시설과 정신요양시설도 허가사항입니다.

01 법인의 설립허가

사회복지법인을 설립하려는 자는 대통령령으로 정하는 바에 따라 시 · 도지사의 허가를 받아야 한다.

02 정관

① 법인의 정관에는 다음의 사항이 포함되어야 한다.
목적, 명칭, 주된 사무소의 소재지, 사업의 종류, 자산 및 회계에 관한 사항, 임원의 임면 등에 관한 사항, 회의에 관한 사항, 수익을 목적으로 하는 사업이 있는 경우 그에 관한 사항, 정관의 변경에 관한 사항, 존립시기와 해산 사유를 정한 경우에는 그 시기와 사유 및 남은 재산의 처리방법, 공고 및 공고방법에 관한 사항

② 법인이 정관을 변경하려는 경우에는 시 · 도지사의 인가를 받아야 한다.

03 임원

① 법인은 대표이사를 포함한 이사 7명 이상과 감사 2명 이상을 두어야 한다.

② 법인은 이사 정수의 3분의 1이상을 다음에 해당하는 사람 중 3배수로 추천한 사람 중에서 선임하여야 한다.

㉠ 시도사회보장위원회

㉡ 사회보장협의체

③ 이사회의 구성에 있어서 대통령령으로 정하는 특별한 관계에 있는 사람이 이사 현원의 5분의 1을 초과할 수 없다.

④ 이사의 임기는 3년으로 하고 감사의 임기는 2년으로 하며, 각각 연임할 수 있다.

⑤ 외국인인 이사는 이사 현원의 2분의 1 미만이어야 한다.

⑥ 법인은 임원을 임면하는 경우에는 보건복지부령으로 정하는 바에 따라 지체없이 시 · 도지사에게 보고하여야 한다.

⑦ 감사는 이사와 특별한 관계에 있는 사람이 아니어야 하며, 감사 중 1명은 법률 또는 회계에 관한 지식이 있는 사람 중에서 선임하여야 한다.

TIP
대표이사를 포함한 이사 7명에는 2명 이상의 사외이사가 포함되어야 합니다.

04 임원의 보충

이사 또는 감사 중에 결원이 생겼을 때에는 2개월 이내에 보충하여야 한다.

TIP
임원의 결원이 생겼을 때 2개월 이내에 보충하지 못할 경우 사외이사로 임명해야 합니다.

05 임원의 겸직 금지

① 이사는 법인이 설치한 사회복지시설의 장을 제외한 그 시설의 직원을 겸할 수 없다.

② 감사는 법인의 이사, 법인이 설치한 사회복지시설의 장 또는 그 직원을 겸할 수 없다.

06 설립허가 취소

시 · 도지사는 법인이 다음에 해당할 때에는 기간을 정하여 시정명령을 하거나 설립허가를 취소할 수 있다. 다만, 사위 기타 부정한 방법으로 설립허가를 받을 때에는 설립허가를 취소하여야 한다.

07 남은 잔여재산의 처리

해산한 법인의 남은 재산은 정관으로 정하는 바에 따라 국가 또는 지방자치단체에 귀속된다.

08 합병

① 법인은 시 · 도지사의 허가를 받아 이 법에 따른 다른 법인과 합병할 수 있다. 다만, 주된 사무소가 서로 다른 시 · 도에 소재한 법인 간의 합병의 경우에는 보건복지부장관의 허가를 받아야 한다.

② 법인이 합병하는 경우 합병 후 존속하는 법인이나 합병으로 설립된 법인은 합병으로 소멸된 법인의 지위를 승계한다.

핵심문제

01 「사회복지사업법」상 사회복지법인(이하 '법인')에 관한 설명으로 옳지 않은 것은? [20회]

① 법인이 설치한 사회복지시설의 장과 직원은 그 법인의 이사를 겸할 수 없다.
② 파산선고를 받고 복권되지 아니한 사람은 임원이 될 수 없다.
③ 법인은 대표이사를 포함한 이사 7명 이상과 감사 2명 이상을 두어야 한다.
④ 이사회는 안건, 표결수 등을 기재한 회의록을 작성하여야 한다.
⑤ 해산한 법인의 남은 재산은 정관으로 정하는 바에 따라 국가 또는 지방자치단체에 귀속된다.

정답 ①

해설 「사회복지사업법」 제21조(임원의 겸직 금지) 제1항
이사는 법인이 설치한 사회복지시설의 장을 제외한 그 시설의 직원을 겸할 수 없다.

02 「사회복지사업법」상 사회복지법인(이하 '법인')에 관한 설명으로 옳지 않은 것은? [22회]

① 정관에는 회의에 관한 사항이 포함되어야 한다.
② 법인은 사회복지사업의 운영에 필요한 재산을 소유하여야 한다.
③ 감사 중에 결원이 생겼을 때 3개월 이내에 보충하여야 한다.
④ 법인은 임원을 임면하는 경우에 지체없이 시·도지사에게 보고하여야 한다.
⑤ 법인이 목적사업 외의 사업을 하였을 때 설립허가가 취소될 수 있다.

정답 ③

해설 「사회복지사업법」 제20조
감사 중에 결원이 생겼을 때 2개월 이내에 보충하여야 한다.

KEYWORD 08 사회복지시설 10 12 13 16 17 19 20 21 22 23

학습 가이드

사회복지시설은 꾸준히 출제되고 있는 부분이므로 전체적인 내용을 파악하고 있어야 합니다.

01 사회복지시설의 설치

① 국가나 지방자치단체는 사회복지시설을 설치·운영할 수 있다.
② 국가 또는 지방자치단체 외의 자가 시설을 설치·운영하려는 경우에는 보건복지부령으로 정하는 바에 따라 시장·군수·구청장에게 신고하여야 한다. 다만, 폐쇄명령을 받고 3년이 지나지 아니한 자는 시설의 설치·운영 신고를 할 수 없다.
③ 시설을 설치·운영하는 자는 보건복지부령으로 정하는 재무·회계에 관한 기준에 따라 시설을 투명하게 운영하여야 한다.
④ 국가나 지방자치단체가 설치한 시설은 필요한 경우 사회복지법인이나 비영리법인에 위탁하여 운영하게 할 수 있다.

02 보험가입 의무

① 화재로 인한 손해배상책임

② 화재 외의 안전사고로 인하여 생명 · 신체에 피해를 입은 보호대상자에 대한 손해배상 책임

03 시설장

① 시설장은 상근하여야 한다.

② 성폭력범죄 또는 아동 · 청소년 대상 성범죄를 저지른 사람으로서 형 또는 치료감호를 선고받고 확정된 후 그 형 또는 치료감호의 전부 또는 일부의 집행이 끝나거나 집행이 유예 · 면제된 날부터 10년이 지나지 아니한 사람은 시설장은 될 수 없다. → 종사자도 같음

04 시설 수용인원의 제한

① 각 시설의 수용인원은 300명을 초과할 수 없다.

② 수용인원 300명을 초과할 수 있는 사회복지시설은 다음의 어느 하나에 해당하는 시설로 한다.

㉠ 「노인복지법」에 따른 노인주거복지시설 중 양로시설과 노인복지주택

㉡ 「노인복지법」에 따른 노인의료복지시설 중 노인요양시설

㉢ 보건복지부장관이 사회복지시설의 종류, 지역별 사회복지시설의 수, 지역별 · 종류별 사회복지서비스 수요 및 사회복지사업 관련 종사자의 수 등을 고려하여 정하여 고시하는 기준에 적합하다고 시장 · 군수 · 구청장이 인정하는 사회복지시설

05 시설의 서비스 최저기준

서비스 최저기준에는 다음의 사항이 포함되어야 한다.

① 시설 이용자의 인권
② 시설의 환경
③ 시설의 운영
④ 시설의 안전관리
⑤ 시설의 인력관리
⑥ 지역사회 연계
⑦ 서비스의 과정 및 결과
⑧ 그 밖에 서비스 최저기준 유지에 필요한 사항

TIP

시설에서 제공하는 서비스의 최저기준은 사회복지시설의 평가기준과 같습니다.

06 시설의 평가

보건복지부장관과 시 · 도지사는 보건복지부령으로 정하는 바에 따라 시설을 정기적으로 평가하고, 그 결과를 공표하거나 시설의 감독 · 지원 등에 반영할 수 있으며 시설 거주자를 다른 시설로 보내는 등의 조치를 할 수 있다. 보건복지부장관 및 시 · 도지사는 법에 따라 3년마다 시설에 대한 평가를 실시하여야 한다.

「사회복지사업법」 시행규칙 제27조의2(시설평가)

① 보건복지부장관 및 시 · 도지사는 법에 따라 3년마다 시설에 대한 평가를 실시하여야 한다.
② 시설의 평가기준은 「사회복지사업법」에 따른 서비스 최저기준을 고려하여 보건복지부장관이 정한다.
③ 보건복지부장관과 시 · 도지사는 평가의 결과를 해당 기관의 홈페이지 등에 게시하여야 한다.

핵심문제

01 「사회복지사업법」상 사회복지시설에 관한 설명으로 옳은 것은? [21회]

① 사회복지시설 운영위원회는 심의 · 의결기구이다.
② 사회복지시설은 손해배상책임의 면책사업자이다.
③ 사회복지시설의 장은 비상근으로 근무할 수 있다.
④ 사회복지시설은 둘 이상의 사회복지사업을 통합하여 수행할 수 있다.
⑤ 지방자치단체는 사회복지시설을 설치 · 운영하여서는 아니 된다.

정답 ④

해설 **「사회복지사업법」 제34조의2(시설의 통합 설치 · 운영 등에 관한 특례)**
이 법 또는 법률에 따른 시설을 설치 · 운영하려는 경우에는 지역특성과 시설분포의 실태를 고려하여 이 법 또는 법률에 따른 시설을 통합하여 하나의 시설로 설치 · 운영하거나 하나의 시설에서 둘 이상의 사회복지사업을 통합하여 수행할 수 있다. 이 경우 국가 또는 지방자치단체 외의 자는 통합하여 설치 · 운영하려는 각각의 시설이나 사회복지사업에 관하여 해당 관계 법령에 따라 신고하거나 허가 등을 받아야 한다.

02 「사회복지사업법」상 사회복지시설(이하 '시설')에 관한 설명으로 옳지 않은 것은? [22회]

① 사회복지관은 직업 및 취업 알선이 필요한 지역주민에게 사회복지서비스를 우선 제공하여야 한다.
② 지방자치단체는 시설의 책임보험 가입에 드는 비용의 전부를 보조할 수 없다.
③ 국가는 시설을 운영할 수 있다.
④ 시설 종사자의 근무환경 개선에 관한 사항은 운영위원회에서 심의한다.
⑤ 회계부정이 발견되었을 때 보건복지부장관은 시설의 폐쇄를 명할 수 있다.

정답 ②

해설 **「사회복지사업법」 제34조 제2항**
국가나 지방자치단체는 예산의 범위에서 책임보험 또는 책임공제의 가입에 드는 비용의 전부 또는 일부를 보조할 수 있다.

4 아동복지법

KEYWORD 09 아동복지법 9 10 11 12 13 16 17 18 19 20 21 22 23

01 정의

① **아동** : 18세 미만인 사람을 말한다.

② **보호자** : 친권자, 후견인, 아동을 보호·양육·교육하거나 그러한 의무가 있는 자 또는 업무·고용 등의 관계로 사실상 아동을 보호·감독하는 자를 말한다.

③ **보호대상아동** : 보호자가 없거나 보호자로부터 이탈된 아동 또는 보호자가 아동을 학대하는 경우 등 그 보호자가 아동을 양육하기에 적당하지 아니하거나 양육할 능력이 없는 경우의 아동을 말한다.

④ **지원대상아동** : 아동이 조화롭고 건강하게 성장하는 데에 필요한 기초적인 조건이 갖추어지지 아니하여 사회적·경제적·정서적 지원이 필요한 아동을 말한다.

⑤ **아동학대** : 보호자를 포함한 성인이 아동의 건강 또는 복지를 해치거나 정상적 발달을 저해할 수 있는 신체적·정신적·성적 폭력이나 가혹행위를 하는 것과 아동의 보호자가 아동을 유기하거나 방임하는 것을 말한다.

02 아동정책기본계획의 수립

① 보건복지부장관은 아동정책의 효율적인 추진을 위하여 5년마다 아동정책기본계획을 수립하여야 한다.

② 보건복지부장관은 기본계획을 수립할 때에는 미리 관계 중앙행정기관의장과 협의하여야 한다.

③ 기본계획은 아동정책조정위원회의 심의를 거쳐 확정한다.

03 아동정책조정위원회

아동의 권리증진과 건강한 출생 및 성장을 위하여 종합적인 아동정책을 수립하고 관계 부처의 의견을 조정하며 그 정책의 이행을 감독하고 평가하기 위하여 국무총리 소속으로 아동정책조정위원회를 둔다.

04 아동종합실태조사

보건복지부장관은 3년마다 아동의 양육 및 생활환경, 언어 및 인지 발달, 정서적·신체적 건강, 아동안전, 아동학대 등 아동의 종합실태를 조사하여 그 결과를 공표하고, 이를 기본계획과 시행계획에 반영하여야 한다. 다만, 보건복지부장관은 필요한 경우 보건복지부령으로 정하는 바에 따라 분야별 실태조사를 할 수 있다.

학습 가이드

「아동복지법」에서는 어느 한 부분이 출제되기보다 전체의 내용을 이해하고 있는지 물어보는 문항들이 출제되고 있으므로 전체적인 내용을 파악하는 것이 중요합니다. 또한 최근에 개정된 법 부분을 학습해야 합니다.

우리나라의 사회복지는 아동복지에서 출발합니다. 최초의 사회복지서비스법은 1961년 제정된 「아동복리법」입니다. 이후 1981년에 「아동복지법」이 제정되었습니다.

아동정책조정위원회는 국무총리 소속이며 이외에 장애인정책조정위원회, 다문화정책조정위원회가 있습니다.

05 아동보호구역에서의 고정형 영상정보처리기기 설치

① 「도시공원 및 녹지 등에 관한 법률」에 따른 도시공원
② 「영유아보육법」에 따른 어린이집, 육아종합지원센터, 시간제보육서비스지정기관
③ 「초 · 중등교육법」에 따른 초등학교 및 특수학교
④ 「유아교육법」에 따른 유치원

핵심문제

01 「아동복지법」상 보호가 필요한 아동을 발견하고 양육환경을 개선할 수 있도록 지원하기 위하여 이용할 수 있는 자료와 정보에 해당하는 것을 모두 고른 것은? [21회]

> ㄱ. 「국민건강보험법」 제41조제1항 각 호에 따른 요양급여 실시 기록
> ㄴ. 「국민건강보험법」 제52조에 따른 영유아건강검진 실시 기록
> ㄷ. 「초 · 중등교육법」 제25조에 따른 학교생활기록 정보
> ㄹ. 「전기사업법」 제14조에 따른 단전 가구정보

① ㄱ, ㄴ, ㄷ
② ㄱ, ㄴ, ㄹ
③ ㄱ, ㄷ, ㄹ
④ ㄴ, ㄷ, ㄹ
⑤ ㄱ, ㄴ, ㄷ, ㄹ

정답 ⑤

해설 ㄱ. 「국민건강보험법」 제41조 제1항 각호에 따른 요양급여 실시 기록
ㄴ. 「국민건강보험법」 제52조에 따른 영유아건강검진 실시 기록
ㄷ. 「초 · 중등교육법」 제25조에 따른 학교생활기록 정보
ㄹ. 「전기사업법」 제14조에 따른 단전, 「수도법」 제39조에 따른 단수, 「도시가스사업법」 제19조에 따른 단가스 가구정보

02 「아동복지법」의 내용으로 옳지 않은 것은? [22회]

① 지방자치단체는 아동이 항상 이용할 수 있는 아동전용시설을 설치하도록 노력하여야 한다.
② 시 · 도지사 또는 시장 · 군수 · 구청장은 보호조치 중인 보호대상아동의 양육상황을 분기별로 점검하여야 한다.
③ 아동정책조정위원회 위원장은 국무총리가 된다.
④ 아동위원은 명예직으로 하되, 아동위원에 대하여는 수당을 지급할 수 있다.
⑤ 보건복지부장관은 아동정책의 효율적인 추진을 위하여 5년마다 아동정책기본계획을 수립하여야 한다.

정답 ②

해설 **「아동복지법」 제15조의3 제1항**
시 · 도지사 또는 시장 · 군수 · 구청장은 보호조치 중인 보호대상아동의 양육상황을 보건복지부령으로 정하는 바에 따라 매년 점검하여야 한다.

5 노인복지법

KEYWORD 10 노인복지법 9 10 11 12 13 14 15 16 19 20 22 23

01 정의

① **부양의무자** : 배우자(사실상의 혼인관계에 있는 자를 포함한다)와 직계비속 및 그 배우자(사실상의 혼인관계에 있는 자를 포함한다)를 말한다.

② **보호자** : 부양의무자 또는 업무 · 고용 등의 관계로 사실상 노인을 보호하는 자를 말한다.

③ **노인학대** : 노인에 대하여 신체적 · 정신적 · 정서적 · 성적 폭력 및 경제적 착취 또는 가혹행위를 하거나 유기 또는 방임을 하는 것을 말한다.

02 노인실태조사

보건복지부장관은 노인의 보건 및 복지에 관한 실태조사를 3년마다 실시하고 그 결과를 공표하여야 한다.

03 노인일자리전담기관의 설치 · 운영

① **노인인력개발기관** : 노인일자리개발 · 보급사업, 조사사업, 교육 · 홍보 및 협력사업, 프로그램인증 · 평가사업 등을 지원하는 기관

② **노인일자리지원기관** : 지역사회 등에서 노인일자리의 개발 · 지원, 창업 · 육성 및 노인에 의한 재화의 생산 · 판매 등을 직접 담당하는 기관

③ **노인취업알선기관** : 노인에게 취업 상담 및 정보를 제공하거나 노인일자리를 알선하는 기관

④ 국가 또는 지방자치단체는 노인일자리전담기관을 설치 · 운영하거나 그 운영의 전부 또는 일부를 법인 · 단체 등에 위탁할 수 있다.

04 노인복지시설의 종류

노인여가시설	경로당, 노인복지관, 노인교실
노인보호전문기관	국가는 지역 간의 연계체계를 구축하고 노인학대를 예방하기 위해 중앙노인보호전문기관, 지방노인보호전문기관 설치
노인의료시설	노인요양시설, 노인요양공동생활가정
노인재가복지시설	주야간보호, 단기보호, 방문요양, 방문목욕, 방문간호, 복지용품, 재가지원서비스센터

학습 가이드

1. 「노인복지법」에서는 어느 한 부분이 출제되기보다 전체의 내용을 이해하고 있는지 물어보는 문항들이 출제되고 있으므로 전체적인 내용을 파악하는 것이 중요합니다.
2. 노인복지시설에 대한 내용은 무조건 암기해야 합니다.

TIP

「노인복지법」에 따른 노인의료복지시설과 재가복지시설은 시 · 군 · 구청장에게 신고해야 하나 「노인장기요양보험법」에 따른 장기요양기관은 시 · 군 · 구청장에게 지정을 받아야 합니다.

노인주거시설	양로시설, 노인공동생활가정, 노인복지주택
노인일자리지원기관	노인의 능력과 적성에 맞는 일자리지원사업을 전문적 · 체계적으로 수행하기 위한 전담기관
학대피해노인전용쉼터	국가와 지방자치단체는 노인학대로 인하여 피해를 입은 노인을 일정 기간 보호하고 심신 치유 프로그램을 제공하기 위하여 학대피해노인 전용쉼터

05 금지행위

누구든지 65세 이상의 사람에 대하여 다음의 어느 하나에 해당하는 행위를 하여서는 아니 된다.

① 노인의 신체에 폭행을 가하거나 상해를 입히는 행위
② 노인에게 성적 수치심을 주는 성폭행 · 성희롱 등의 행위
③ 자신의 보호 · 감독을 받는 노인을 유기하거나 의식주를 포함한 기본적 보호 및 치료를 소홀히 하는 방임행위
④ 노인에게 구걸을 하게 하거나 노인을 이용하여 구걸하는 행위
⑤ 노인을 위하여 증여 또는 급여된 금품을 그 목적 외의 용도에 사용하는 행위
⑥ 폭언, 협박, 위협 등으로 노인의 정신건강에 해를 끼치는 정서적 학대행위

06 요양보호사의 직무 · 자격증의 교부

① 노인복지시설의 설치 · 운영자는 보건복지부령으로 정하는 바에 따라 노인 등의 신체활동 또는 가사활동 지원 등의 업무를 전문적으로 수행하는 요양보호사를 두어야 한다.
② 요양보호사가 되려는 사람은 요양보호사를 교육하는 기관에서 교육과정을 마치고 시 · 도지사가 실시하는 요양보호사 자격시험에 합격하여야 한다.
③ 시 · 도지사는 요양보호사 자격시험에 합격한 사람에게 요양보호사 자격증을 교부하여야 한다.
④ 시 · 도지사는 요양보호사 자격시험에 응시하고자 하는 사람과 자격증을 교부 또는 재교부받고자 하는 사람에게 보건복지부령으로 정하는 바에 따라 수수료를 납부하게 할 수 있다.

핵심문제

01 「노인복지법」의 내용으로 옳지 않은 것은? [20회]

① 노인복지주택 입소자격자는 60세 이상의 노인이다.
② 보건복지부장관은 요양보호사가 거짓으로 자격증을 취득한 경우 그 자격을 취소하여야 한다.
③ 누구든지 노인학대를 알게 된 때에는 노인보호전문기관 또는 수사기관에 신고할 수 있다.
④ 노인일자리전담기관에는 노인인력개발기관, 노인취업알선기관, 노인일자리지원기관이 있다.
⑤ 지방자치단체는 65세 이상의 자에 대하여 건강진단과 보건교육을 실시할 수 있다.

정답 ②

해설 시 · 도지사는 요양보호사가 거짓으로 자격증을 취득한 경우 그 자격을 취소하여야 한다.

02 「노인복지법」의 내용으로 옳은 것은? [22회]

① 노인복지주택에 입소할 수 있는 자는 65세 이상의 노인으로 한다.
② 국가는 지역 간의 연계체계를 구축하고 노인학대를 예방하기 위하여 중앙노인보호전문기관을 설치 · 운영하여야 한다.
③ 노인취업알선기관은 지역사회 등에서 노인에 의한 재화의 생산판매 등을 직접 담당하는 기관이다.
④ 노인요양공동생활가정은 노인들에게 일상생활에 필요한 편의를 제공함을 목적으로 하는 노인주거복지시설이다.
⑤ 지역노인보호전문기관은 시 · 군 · 구에 둔다.

정답 ②

해설
① 노인복지주택에 입소할 수 있는 자는 60세 이상의 노인으로 한다(「노인복지법」 제33조의2 제1항).
③ 노인취업알선기관은 노인에게 취업 상담 및 정보를 제공하거나 노인일자리를 알선하는 기관이다(「노인복지법」 제23조의2 제1항).
④ 노인요양공동생활가정은 치매 · 중풍 등 노인성 질환 등으로 심신에 상당한 장애가 발생하여 도움을 필요로 하는 노인에게 가정과 같은 주거여건과 급식 · 요양, 그 밖에 일상생활에 필요한 편의를 제공함을 목적으로 하는 시설이다(「노인복지법」 제34조 제1항).
⑤ 지역노인보호전문기관은 시 · 도에 둔다(「노인복지법」 제39조의5 제2항).

6 장애인복지법

KEYWORD 11 장애인복지법 9 10 11 12 13 14 15 16 18 19 20 23

학습 가이드

「장애인복지법」에서는 어느 한 부분이 출제되기보다 전체의 내용을 이해하고 있는지 물어보는 문항들이 출제되고 있으므로 전체적인 내용을 파악하는 것이 중요합니다.

장애인학대에는 아동학대와 달리 정서적 학대와 언어적 학대, 경제적 착취가 포함됩니다.

01 정의

① **장애인** : 신체적 · 정신적 장애로 오랫동안 일상생활이나 사회생활에서 상당한 제약을 받는 자를 말한다.

㉠ 신체적 장애 : 주요 외부 신체 기능의 장애, 내부기관의 장애 등을 말한다.

㉡ 정신적 장애 : 발달장애 또는 정신 질환으로 발생하는 장애를 말한다.

② **장애인학대** : 장애인에 대하여 신체적 · 정신적 · 정서적 · 언어적 · 성적 폭력이나 가혹행위, 경제적 착취, 유기 또는 방임을 하는 것을 말한다.

02 장애인정책조정위원회

장애인 종합정책을 수립하고 관계 부처 간의 의견을 조정하며 그 정책의 이행을 감독 · 평가하기 위하여 국무총리 소속하에 장애인정책조정위원회를 둔다.

03 장애인의 날

장애인에 대한 국민의 이해를 깊게 하고 장애인의 재활의욕을 높이기 위하여 매년 4월 20일을 장애인의 날로 하며, 장애인의 날부터 1주간을 장애인 주간으로 한다.

04 실태조사

보건복지부장관은 장애인 복지정책의 수립에 필요한 기초 자료로 활용하기 위하여 3년마다 장애실태조사를 실시하여야 한다.

05 장애인정책종합계획

보건복지부장관은 장애인의 권익과 복지증진을 위하여 관계 중앙행정기관의 장과 협의하여 5년마다 장애인정책종합계획을 수립 · 시행하여야 한다.

06 장애인 등록

① 장애인, 그 법정대리인 또는 대통령령이 정하는 보호자는 장애 상태와 그 밖에 보건복지부령이 정하는 사항을 특별자치시장 · 특별자치도지사 · 시장 · 군수 또는 구청장에게 등록하여야 하며, 특별자치시장 · 특별자치도지사 · 시장 · 군수 · 구청장은 등록을 신청한 장애인이 기준에 맞으면 장애인등록증을 내주어야 한다.

② 특별자치시장 · 특별자치도지사 · 시장 · 군수 · 구청장은 등록증을 받은 장애인의 장애 상태의 변화에 따른 장애 정도 조정을 위하여 장애 진단을 받게 하는 등 장애인이나 법정대리인 등에게 필요한 조치를 할 수 있다.

③ 장애인의 장애 인정과 정도 사정에 관한 업무를 담당하게 하기 위하여 보건복지부에 장애판정위원회를 둘 수 있다.

07 장애수당

① 국가와 지방자치단체는 장애인의 장애 정도와 경제적 수준을 고려하여 장애로 인한 추가적 비용을 보전하게 하기 위하여 장애수당을 지급할 수 있다. 다만, 「국민기초생활 보장법」에 따른 생계급여 또는 의료급여를 받는 장애인에게는 장애수당을 반드시 지급하여야 한다.

② 「장애인연금법」에 따른 중증장애인에게는 장애수당을 지급하지 아니한다.

08 장애아동수당과 보호수당

① 국가와 지방자치단체는 장애아동에게 보호자의 경제적 생활수준 및 장애아동의 장애 정도를 고려하여 장애로 인한 추가적 비용을 보전하게 하기 위하여 장애아동수당을 지급할 수 있다.

② 국가와 지방자치단체는 장애인을 보호하는 보호자에게 그의 경제적 수준과 장애인의 장애 정도를 고려하여 장애로 인한 추가적 비용을 보전하게 하기 위하여 보호수당을 지급할 수 있다.

TIP
장애수당, 장애아동수당, 보호수당은 「장애인복지법」상의 급여이고, 장애인연금은 「장애인연금법」상의 급여입니다.

09 장애인복지시설

① **장애인 거주시설** : 거주공간을 활용하여 일반가정에서 생활하기 어려운 장애인에게 일정기간 동안 거주 · 요양 · 지원 등의 서비스를 제공하는 동시에 지역사회생활을 지원하는 시설

② **장애인 지역사회재활시설** : 장애인을 전문적으로 상담 · 치료 · 훈련하거나 장애인의 일상생활, 여가활동 및 사회참여활동 등을 지원하는 시설

③ **장애인 직업재활시설** : 일반 작업환경에서는 일하기 어려운 장애인이 특별히 준비된 작업환경에서 직업훈련을 받거나 직업생활을 할 수 있도록 하는 시설

④ **장애인 의료재활시설** : 장애인을 입원 또는 통원하게 하여 상담, 진단 · 판정, 치료 등 의료재활서비스를 제공하는 시설

⑤ **그 밖에 대통령령으로 정하는 시설(장애인생산품 판매시설)** : 장애인생산품의 판매활동을 대행하고, 장애인생산품에 관한 상담, 홍보, 판로개척 및 정보제공 등을 실시하는 시설

TIP
장애인시설의 경우 타 복지시설과 달리 장애유형, 등급 등으로 구분되어 설치됩니다.

「장애인복지법 시행령」 제30조(장애수당 등의 지급대상자)

1. 장애수당을 지급받을 수 있는 사람은 18세 이상으로서 장애인으로 등록한 사람 중 「국민기초생활 보장법」에 따른 수급자 또는 차상위계층으로서 장애로 인한 추가적 비용 보전이 필요한 사람으로 한다. 다만, 장애아동수당을 지급받는 사람은 제외한다.

2. 장애아동수당을 지급받을 수 있는 사람은 다음의 요건을 모두 갖춘 사람으로 한다.
   ① 18세 미만(해당 장애인이 「초 · 중등교육법」에 학교에 재학 중인 사람으로서 「장애인연금법」에 따른 수급자가 아닌 경우에는 20세 이하의 경우를 포함한다)일 것
   ② 장애인으로 등록하였을 것
   ③ 「국민기초생활 보장법」에 따른 수급자 또는 차상위계층으로서 장애로 인한 추가적 비용 보전이 필요할 것
3. 보호수당을 지급받을 수 있는 사람은 다음의 요건을 모두 갖춘 사람으로 한다.
   ① 「국민기초생활 보장법」에 따른 수급자일 것
   ② 중증 장애로 다른 사람의 도움이 없이는 일상생활을 영위하기 어려운 18세 이상(해당 장애인이 20세 이하로서 「초 · 중등교육법」에 따른 고등학교와 이에 준하는 특수학교 또는 각종학교에 재학 중인 경우는 제외한다)의 장애인을 보호하거나 부양할 것

핵심문제

01 「장애인복지법」에 근거하여 설치 또는 설립하는 것이 아닌 것은? [18회]

① 장애인 거주시설
② 한국장애인개발원
③ 장애인권익옹호기관
④ 발달장애인지원센터
⑤ 장애인자립생활지원센터

정답 ④

해설 발달장애인지원센터는 「발달장애인 권리보장 및 지원에 관한 법률」에 의해 설립되었다.

02 「장애인복지법」의 내용으로 옳은 것은? [20회]

① 「난민법」 제2조 제2호에 따른 난민인정자는 장애인등록을 할 수 있다.
② 보건복지부장관은 3년마다 장애인정책종합계획을 수립 · 시행하여야 한다.
③ 보건복지부장관은 5년마다 장애실태조사를 실시하여야 한다.
④ 보건복지부장관은 피해장애인의 임시 보호 및 사회복귀 지원을 위하여 장애인 쉼터를 설치 · 운영할 수 있다.
⑤ 장애인복지시설의 장은 장애인 거주시설에서 제공하여야 하는 서비스의 최저기준을 마련하여야 한다.

정답 ①

해설
② 「장애인복지법」 제10조의2(장애인정책종합계획) 제1항에 따라 보건복지부장관은 장애인의 권익과 복지증진을 위하여 관계 중앙행정기관의 장과 협의하여 5년마다 장애인정책종합계획을 수립 · 시행하여야 한다.
③ 「장애인복지법」 제31조(실태조사) 제1항에 따라 보건복지부장관은 장애인 복지정책의 수립에 필요한 기초 자료로 활용하기 위하여 3년마다 장애실태조사를 실시하여야 한다.
④ 「장애인복지법」 제59조의13(피해장애인 쉼터 등) 제1항에 따라 특별시장 · 광역시장 · 특별자치시장 · 도지사 · 특별자치도지사는 피해장애인의 임시 보호 및 사회복귀 지원을 위하여 장애인 쉼터를 설치 · 운영할 수 있다.
⑤ 「장애인복지법」 제60조의3(장애인 거주시설의 서비스 최저기준) 제1항에 따라 보건복지부장관은 장애인 거주시설에서 제공하여야 하는 서비스의 최저기준을 마련하여야 하며, 장애인복지실시기관은 그 기준이 충족될 수 있도록 필요한 조치를 취하여야 한다.

7 가족복지법

KEYWORD 12 가정폭력방지 및 피해자보호 등에 관한 법률 12 13 15 16 17 18 23

01 정의

① **가정폭력** : 가정구성원 사이의 신체적, 정신적 또는 재산상 피해를 수반하는 행위를 말한다.

② **가정폭력행위자** : 가족폭력범죄를 범한 사람 및 가정구성원인 공범을 말한다.

③ **피해자** : 가정폭력으로 인하여 직접적으로 피해를 입은 자를 말한다.

④ **아동** : 18세 미만인 자를 말한다.

학습 가이드

「가정폭력방지 및 피해자보호 등에 관한 법률」에 대한 정의, 정의 및 연령, 복지 조치, 시설 등을 구분할 수 있도록 학습해야 합니다.

02 가정폭력 실태조사

여성가족부장관은 3년마다 가정폭력에 대한 실태조사를 실시하여 그 결과를 발표하고, 이를 가정폭력을 예방하기 위한 정책수립의 기초자료로 활용하여야 한다.

03 보호시설의 종류

① 보호시설의 종류는 다음과 같다.

㉠ 단기보호시설 : 피해자 등을 6개월의 범위에서 보호하는 시설

㉡ 장기보호시설 : 피해자 등에 대하여 2년의 범위에서 자립을 위한 주거편의 등을 제공하는 시설

㉢ 외국인보호시설 : 외국인 피해자 등을 2년의 범위에서 보호하는 시설

㉣ 장애인보호시설 : 「장애인복지법」의 적용을 받는 장애인인 피해자 등을 2년의 범위에서 보호하는 시설

② 단기보호시설의 장은 그 단기보호시설에 입소한 피해자 등에 대한 보호기간을 여성가족부령으로 정하는 바에 따라 각 3개월의 범위에서 두 차례 연장할 수 있다.

TIP

「가정폭력방지 및 피해자보호 등에 관한 법률」상 상담소 설치 시에는 시 · 군 · 구청장에게 신고해야 하나, 보호시설 설치 시에는 시 · 군 · 구청장의 인가를 받아야 합니다.

04 보호시설에 대한 보호비용 지원

국가나 지방자치단체는 보호시설에 입소한 피해자나 피해자가 동반한 가정구성원의 보호를 위하여 필요한 경우 다음의 보호비용을 보호시설의 장 또는 피해자에게 지원할 수 있다.

① 생계비

② 아동교육지원비

③ 아동양육비

④ 직업훈련비

⑤ 퇴소 시 자립지원금

핵심문제

01 「가정폭력방지 및 피해자보호 등에 관한 법률」의 내용으로 옳지 않은 것은? [17회]

① 단기보호시설은 피해자 등을 6개월의 범위에서 보호하는 시설이다.
② 국가는 가정폭력 관련 상담소의 설치 · 운영에 드는 경비의 전부를 보조하여야 한다.
③ 여성가족부장관 또는 시 · 도지사는 긴급전화센터를 설치 · 운영하여야 한다.
④ 가정폭력의 예방과 방지에 관한 교육 및 홍보는 가정폭력 관련 상담소의 업무에 해당한다.
⑤ 사회복지법인은 시장 · 군수 · 구청장의 인가를 받아 가정폭력피해자 보호시설을 설치 · 운영할 수 있다.

정답 ②

해설 국가는 가정폭력 관련 상담소의 설치 · 운영에 드는 경비의 일부를 보조하여야 한다.

02 「가정폭력방지 및 피해자보호 등에 관한 법률」의 내용으로 옳지 않은 것은? [18회]

① 이 법에서의 "아동"이란 18세 미만인 자를 말한다.
② 국가인권위원회 위원장은 3년마다 가정폭력에 대한 실태조사를 실시하여야 한다.
③ 시 · 지사는 외국어 서비스를 제공하는 긴급전화센터를 따로 설치 · 운영할 수 있다.
④ 지방자치단체는 가정폭력 관련 상담소를 외국인, 장애인 등 대상별로 특화하여 운영할 수 있다.
⑤ 지방자치단체는 가정폭력 관련 상담원 교육훈련시설을 설치 · 운영할 수 있다.

정답 ②

해설 국가인원위원회 위원장이 아니라 여성가족부장관은 3년마다 가정폭력에 대한 실태조사를 실시해야 한다. 실태조사 실시와 기본계획 수립은 장관의 업무이다.

KEYWORD 13 성폭력방지 및 피해자보호 등에 관한 법률 15 17 18 19

학습 가이드

「성폭력방지 및 피해자보호 등에 관한 법률」의 정의 및 보호시설과 상담소의 내용을 구분할 수 있도록 학습해야 합니다.

01 정의

① **성폭력** : 「성폭력범죄의 처벌 등에 관한 특례법」에 규정된 죄에 해당하는 행위를 말한다.
② **성폭력행위자** : 「성폭력범죄의 처벌 등에 관한 특례법」에 해당하는 죄를 범한 사람을 말한다.
③ **성폭력피해자** : 성폭력으로 인하여 직접적으로 피해를 입은 사람을 말한다.

02 성폭력 실태조사

여성가족부장관은 성폭력의 실태를 파악하고 성폭력방지에 관한 정책을 수립하기 위하여 3년마다 성폭력 실태조사를 하고 그 결과를 발표하여야 한다.

03 성폭력 추방 주간

성폭력에 대한 사회적 경각심을 높이고 성폭력을 예방하기 위하여 1년 중 1주간을 성폭력 추방 주간으로 한다.

04 상담소의 설치 · 운영

① 국가 또는 지방자치단체는 성폭력피해상담소를 설치 · 운영할 수 있다.

② 국가 또는 지방자치단체 외의 자가 상담소를 설치 · 운영하려면 특별자치시장 · 특별자치도지사 또는 시장 · 군수 · 구청장에게 신고하여야 한다.

05 보호시설의 설치 · 운영

① 국가 또는 지방자치단체는 성폭력피해자보호시설을 설치 · 운영할 수 있다.

② 「사회복지사업법」에 따른 사회복지법인이나 그 밖의 비영리법인은 특별자치시장 · 특별자치도지사 또는 시장 · 군수 · 구청장의 인가를 받아 보호시설을 설치 · 운영할 수 있다.

③ 국가 또는 지방자치단체는 보호시설의 설치 · 운영을 대통령령으로 정하는 기관 또는 단체에 위탁할 수 있다.

06 보호시설의 입소기간

보호시설의 종류별 입소기간은 다음과 같다.

① **일반보호시설** : 1년 이내. 다만, 1년 6개월의 범위에서 한 차례 연장할 수 있다.

② **장애인보호시설** : 2년 이내. 다만, 피해회복에 소요되는 기간까지 연장할 수 있다.

③ **특별지원 보호시설** : 19세가 될 때까지. 다만, 2년의 범위에서 한 차례 연장할 수 있다.

④ **외국인보호시설** : 1년 이내. 다만, 피해회복에 소요되는 기간까지 연장할 수 있다.

⑤ **자립지원 공동생활시설** : 2년 이내. 다만, 2년의 범위에서 한 차례 연장할 수 있다.

⑥ **장애인 자립지원 공동생활시설** : 2년 이내. 다만, 2년의 범위에서 한 차례 연장할 수 있다.

핵심문제

01 「성폭력방지 및 피해자보호 등에 관한 법률」상 성폭력피해자보호시설의 종류가 아닌 것은? [18회]

① 일반보호시설
② 상담지원시설
③ 외국인보호시설
④ 특별지원 보호시설
⑤ 자립지원 공동생활시설

정답 ②

해설 성폭력피해자 보호시설의 종류는 일반보호시설, 장애인보호시설, 특별지원보호시설, 외국인보호시설, 자립지원공동생활시설, 장애인 자립지원공동생활시설로 구분된다. 상담지원시설은 없다.

02 「성폭력방지 및 피해자보호 등에 관한 법률」의 내용으로 옳지 않은 것은? [19회]

① 피해자의 의사에 반하여 피해자 상담을 할 수 있다.
② 보호시설의 장이나 종사자는 업무상 알게 된 비밀을 누설해서는 아니 된다.
③ 보호시설에 대한 보호비용의 지원 방법 및 절차 등에 필요한 사항은 여성가족부령으로 정한다.
④ 시장 · 군수 · 구청장은 민간의료시설을 피해자 등의 치료를 위한 전담의료기관으로 지정할 수 있다.
⑤ 국가 또는 지방자치단체는 이 법 제27조제2항에 따른 치료 등 의료 지원에 필요한 경비의 전부 또는 일부를 지원할 수 있다.

정답 ①

해설 「성폭력방지 및 피해자보호 등에 관한 법률」 제24조(피해자등의 의사 존중)에는 상담소, 보호시설 및 통합지원센터의 장과 종사자는 피해자 등이 분명히 밝힌 의사에 반하여 상담 및 보호시설 업무 등을 할 수 없다고 명시되어 있다.

KEYWORD 14 다문화가족지원법 10 15 16 18

학습 가이드

「다문화가족지원법」의 다문화에 대한 정의를 구분할 수 있도록 학습해야 합니다.

01 정의

① "다문화가족"이란 다음의 어느 하나에 해당하는 가족을 말한다.
  ㉠ 「재한외국인 처우 기본법」의 결혼이민자와 「국적법」의 규정에 따라 대한민국 국적을 취득한 자로 이루어진 가족
  ㉡ 「국적법」에 따라 대한민국 국적을 취득한 자와 규정에 따라 대한민국 국적을 취득한 자로 이루어진 가족
② "결혼이민자 등"이란 다문화가족의 구성원으로서 다음의 어느 하나에 해당하는 자를 말한다.
  ㉠ 「재한외국인 처우 기본법」의 결혼이민자
  ㉡ 「국적법」에 따라 귀화허가를 받은 자

02 실태조사

여성가족부장관은 다문화가족의 현황 및 실태를 파악하고 다문화가족 지원을 위한 정책수립에 활용하기 위하여 3년마다 다문화가족에 대한 실태조사를 실시하고 그 결과를 공표하여야 한다.

03 기본계획

여성가족부장관은 다문화가족 지원을 위하여 5년마다 다문화가족정책에 관한 기본계획을 수립하여야 한다.

04 다문화가족지원센터의 설치 · 운영

① 국가와 지방자치단체는 다문화가족지원센터를 설치 · 운영할 수 있다.
② 국가 또는 지방자치단체는 지원센터의 설치 · 운영을 대통령령으로 정하는 법인이나 단체에 위탁할 수 있다.
③ 국가 또는 지방자치단체 아닌 자가 지원센터를 설치 · 운영하고자 할 때에는 미리 시 · 도지사 또는 시장 · 군수 · 구청장의 지정을 받아야 한다.

최근 다문화가족지원센터와 건강가정지원센터를 합쳐 가족센터로 지정하고 있습니다.

핵심문제

01 「다문화가족지원법」의 내용으로 옳은 것은? [16회]

① 여성가족부장관은 다문화가족 지원을 위하여 3년마다 다문화가족정책에 관한 기본계획을 수립하여야 한다.
② 다문화가족의 삶의 질 향상과 사회통합에 관한 중요 사항을 심의 · 조정하기 위하여 여성가족부장관 소속으로 다문화가족정책위원회를 둔다.
③ 지방자치단체는 다문화가족의 현황 및 실태를 파악하고 다문화가족 지원을 위한 정책수립에 활용하기 위하여 5년마다 다문화가족에 대한 실태조사를 실시하고 그 결과를 공표하여야 한다.
④ 시 · 도에는 다문화가족 지원을 담당할 기구와 공무원을 두어야 한다.
⑤ 기업은 다문화가족에 대한 사회적 차별 및 편견을 예방하고 사회구성원이 문화적 다양성을 인정하고 존중할 수 있도록 홍보와 교육 및 재정상 필요한 조치를 하여야 한다.

정답 ④

해설 ① 여성가족부장관은 다문화가족 지원을 위하여 5년마다 다문화가족정책에 관한 기본계획을 수립하여야 한다(「다문화가족지원법」 제3조의2 제1항).
② 다문화가족의 삶의 질 향상과 사회통합에 관한 중요 사항을 심의 · 조정하기 위하여 국무총리 소속으로 다문화가족정책위원회를 둔다(「다문화가족지원법」 제3조의4 제1항).
③ 여성가족부장관은 다문화가족의 현황 및 실태를 파악하고 다문화가족 지원을 위한 정책수립에 활용하기 위하여 3년마다 다문화가족에 대한 실태조사를 실시하고 그 결과를 공표하여야 한다(「다문화가족지원법」 제4조 제1항).
⑤ 국가와 지방자치단체는 다문화가족에 대한 사회적 차별 및 편견을 예방하고 사회구성원이 문화적 다양성을 인정하고 존중할 수 있도록 다문화 이해교육을 실시하고 홍보 등 필요한 조치를 하여야 한다(「다문화가족지원법」 제5조 제1항).

02 「다문화가족지원법」의 내용으로 옳지 않은 것은? [18회]

① 다문화가족은 대한민국 국적을 취득한 자로 이루어진 가족이어야 한다.
② 다문화가족이 이혼 등의 사유로 해체된 경우에도 그 구성원이었던 자녀에 대하여 이 법을 적용한다.
③ 다문화가족지원센터는 결혼이민자 등에 대한 한국어 교육 업무를 수행한다.
④ 국가와 지방자치단체는 다문화가족에 대해 가족생활교육 등을 추진하는 경우, 문화의 차이를 고려한 전문적인 서비스가 제공될 수 있도록 노력하여야 한다.
⑤ 여성가족부장관은 5년마다 다문화가족정책에 관한 기본계획을 수립하여야 한다.

정답 ①

해설 다문화가족은 대한민국 국적을 취득한 자로 이루어진 가족뿐 아니라 결혼이민자, 귀화허가를 받은 자도 다문화가족이 될 수 있다.

KEYWORD 15 한부모가족지원법 9 10 11 14 17 19 20 21 22 23

 학습 가이드

「한부모가족지원법」의 정의 및 연령, 복지 조치, 시설 등을 구분할 수 있도록 학습해야 합니다.

복지 급여로 아동교육지원비를 지급하고, 복지 자금으로 아동교육비를 대여합니다.

01 정의

① "모" 또는 "부"란 다음의 어느 하나에 해당하는 자로서 아동인 자녀를 양육하는 자를 말한다.

㉠ 배우자와 사별 또는 이혼하거나 배우자로부터 유기된 자

㉡ 정신이나 신체의 장애로 장기간 노동능력을 상실한 배우자를 가진 자

㉢ 교정시설 · 치료감호시설에 입소한 배우자 또는 병역복무 중인 배우자를 가진 사람

㉣ 미혼자(사실혼 관계에 있는 자는 제외한다)

② **청소년 한부모** : 24세 이하의 모 또는 부를 말한다.

③ **아동** : 18세 미만(취학 중인 경우에는 22세 미만을 말하되, 「병역법」에 따른 병역의무를 이행하고 취학 중인 경우에는 병역의무를 이행한 기간을 가산한 연령 미만을 말한다)의 자를 말한다.

02 실태조사

여성가족부장관은 한부모가족 지원을 위한 정책수립에 활용하기 위하여 3년마다 한부모가족에 대한 실태조사를 실시하고 그 결과를 공표하여야 한다.

03 복지 급여의 내용

국가나 지방자치단체는 복지 급여의 신청이 있으면 다음의 복지 급여를 실시하여야 한다.

① 생계비

② 아동교육지원비

③ 아동양육비

04 복지 자금의 대여

국가나 지방자치단체는 한부모가족의 생활안정과 자립을 촉진하기 위하여 다음의 자금을 대여할 수 있다.

① 사업에 필요한 자금

② 아동교육비

③ 의료비

④ 주택자금

05 한부모가족복지시설

① **출산지원시설** : 다음의 어느 하나에 해당하는 자의 임신 · 출산 및 그 출산아동(3세 미만에 한정한다)의 양육을 위하여 주거 등을 지원하는 시설
   ㉠ 「한부모가족지원법」에서 정의하는 모
   ㉡ 혼인 관계에 있지 아니한 자로서 출산 전 임신부
   ㉢ 혼인 관계에 있지 아니한 자로서 출산 후 해당 아동을 양육하지 아니하는 모
② **양육지원시설** : 6세 미만 자녀를 동반한 한부모가족에게 자녀를 양육할 수 있도록 주거 등을 지원하는 시설
③ **생활지원시설** : 18세 미만(취학 중인 경우에는 22세 미만을 말하되, 「병역법」에 따른 병역의무를 이행하고 취학 중인 경우에는 병역의무를 이행한 기간을 가산한 연령 미만을 말한다) 자녀를 동반한 한부모가족에게 자립을 준비할 수 있도록 주거 등을 지원하는 시설
④ **일시지원시설** : 배우자(사실혼 관계에 있는 사람을 포함한다)가 있으나 배우자의 물리적 · 정신적 학대로 아동의 건전한 양육이나 모 또는 부의 건강에 지장을 초래할 우려가 있을 경우 일시적 또는 일정 기간 동안 모와 아동, 부와 아동, 모 또는 부에게 주거 등을 지원하는 시설
⑤ **한부모가족복지상담소** : 한부모가족에 대한 위기 · 자립 상담 또는 문제해결 지원 등을 목적으로 하는 시설

핵심문제

01 다음이 설명하는 「한부모가족지원법」상의 한부모가족복지시설은? [21회]

배우자(사실혼 관계에 있는 사람을 포함한다)가 있으나 배우자의 물리적 · 정신적 학대로 아동의 건전한 양육이나 모의 건강에 지장을 초래할 우려가 있을 경우 일시적 또는 일정 기간 동안 모와 아동 또는 모에게 주거와 생계를 지원하는 시설

① 일시지원복지시설
② 부자가족복지시설
③ 모자가족복지시설
④ 한부모가족복지상담소
⑤ 미혼모자가족복지시설

정답 ①

해설 일시지원복지시설은 배우자(사실혼 관계에 있는 사람을 포함한다)가 있으나 배우자의 물리적 · 정신적 학대로 아동의 건전한 양육이나 모의 건강에 지장을 초래할 우려가 있을 경우 일시적 또는 일정기간 동안 모와 아동 또는 모에게 주거와 생계를 지원하는 시설이다.

02 「한부모가족지원법」의 내용으로 옳은 것은? [22회]

① 여성가족부장관은 5년마다 한부모가족에 대한 실태조사를 실시하고 그 결과를 공표하여야 한다.
② "청소년 한부모"란 18세 이하의 모 또는 부를 말한다.
③ 교육부장관은 청소년 한부모가 학업을 계속할 수 있도록 여성가족부장관에게 협조를 요청하여야 한다.
④ "모" 또는 "부"에는 아동인 자녀를 양육하는 미혼자(사실혼 관계에 있는 자는 제외한다)도 해당된다.
⑤ 한부모가족에 대한 국민의 이해와 관심을 제고하기 위하여 매년 9월 7일을 한부모가족의 날로 한다.

정답 ④

해설 ① 여성가족부장관은 한부모가족 지원을 위한 정책수립에 활용하기 위하여 3년마다 한부모가족에 대한 실태조사를 실시하고 그 결과를 공표하여야 한다(「한부모가족지원법」 제6조 제1항).
② "청소년 한부모"란 24세 이하의 모 또는 부를 말한다(「한부모가족지원법」 제4조 제1의2항).
③ 여성가족부장관은 청소년 한부모가 학업을 계속할 수 있도록 교육부장관에게 협조를 요청하여야 한다(「한부모가족지원법」 제17조의2 제4항).
⑤ 한부모가족에 대한 국민의 이해와 관심을 제고하기 위하여 매년 5월 10일을 한부모가족의 날로 한다(「한부모가족지원법」 제5조의4 제1항).

8 사회보험

KEYWORD 16 산업재해보상보험법 17 18 19 20 21 23

학습 가이드

1. 「산업재해보상보험법」은 정의, 업무상 재해의 인정, 급여의 종류를 잘 이해하는 것이 중요합니다.
2. 급여의 유형과 권리구제에 대한 내용을 꼭 파악해야 합니다.

「산업재해보상보험법」에서는 장해라는 단어를 씁니다. 그러나 타법에서는 모두 장애라는 단어를 쓰고 있으므로 주의해야 합니다.

01 정의

① 업무상의 재해 : 업무상의 사유에 따른 근로자의 부상 · 질병 · 장해 또는 사망을 말한다.
② 치유 : 부상 또는 질병이 완치되거나 치료의 효과를 더 이상 기대할 수 없고 그 증상이 고정된 상태에 이르게 된 것을 말한다.
③ 장해 : 부상 또는 질병이 치유되었으나 정신적 또는 육체적 훼손으로 인하여 노동능력이 상실되거나 감소된 상태를 말한다.
④ 중증요양상태 : 업무상의 부상 또는 질병에 따른 정신적 또는 육체적 훼손으로 노동능력이 상실되거나 감소 된 상태로서 그 부상 또는 질병이 치유되지 아니한 상태를 말한다.
⑤ 진폐 : 분진을 흡입하여 폐에 생기는 섬유증식성 변화를 주된 증상으로 하는 질병을 말한다.
⑥ 출퇴근 : 취업과 관련하여 주거와 취업장소 사이의 이동 또는 한 취업장소에서 다른 취업장소로의 이동을 말한다.

02 보험료

사업장 단위(사업주 100% 부담) 보수 총액기준으로 업종별 보험료 산출하여 개별실적요율을 반영하여 인상하거나 인하한다.

03 가입자

1인 이상의 모든 사업장은 가입자가 된다.

04 급여

장해급여	장해등급(1~14등급) 일시금이나 연금을 지급한다.
간병급여	상시, 수시로 간병이 필요한 경우 지급한다.
유족급여	유족(배우자>자녀>부모>손자녀 순)에게 지급하고 연금이나 일시금 중 하나를 선택한다.
상병보상연금	최초 요양개시 후 2년경과 시점부터 휴업급여 대신 상병보상연금을 지급한다. • 부상이나 질병이 치유되지 아니한 상태 • 부상이나 질병에 따른 중증요양상태의 정도가 중증요양상태등급 기준에 해당할 것 • 요양으로 인하여 취업하지 못하였을 것
특별급여	사업주의 고의 과실, 합의 전제하에 손해배상을 실시하고 민법에 한한다.
장례비	근로자가 사망하면 평균임금의 120일분을 유족에게 지급한다.
휴업급여	요양으로 인하여 취업하지 못한 기간에 대해 평균임금에 70%를 지급하고 3일 이내에는 지급하지 않는다.
직업재활급여	장해근로자에게는 직업훈련수당, 직업훈련비용을 지급하고 원 직장에 복귀시킨 사업주에게 직장복귀지원금, 직장적응훈련비, 재활운동비를 지급한다.
요양급여	업무상으로 질병이나 부상을 당한 경우 근로자에게 지급한다. 간병포함(청구가능)되고 3일 이내에는 지급하지 않는다.

05 전달체계

보험명	공단	소속	위원회
산재보험	근로복지공단	고용노동부	산재보험 및 예방심의위원회

TIP
다른 보험과 달리 간병급여가 있는 보험은 「산업재해보상보험법」 뿐입니다.

TIP
장애급여, 상병급여, 상병수당, 상해급여 장제비, 휴직급여는 해당되지 않는다.

TIP
요양급여와 휴업급여는 4일부터 받을 수 있으므로 3일까지는 급여를 받을 수 없습니다.

06 권리구제

산재재해 보상보험	1차	심사청구(근로복지공단) – 산재보험심사위원회
	2차	재심사청구(고용노동부) – 산재보험재심사위원회

핵심문제

01 「산업재해보상보험법」의 내용으로 옳지 않은 것은? [20회]

① "업무상의 재해"란 업무상의 사유에 따른 근로자의 부상 · 질병 · 장해 또는 사망을 말한다.
② 보험급여에는 간병급여, 상병보상연금, 실업급여 등이 있다.
③ 근로복지공단은 법인으로 한다.
④ "출퇴근"이란 취업과 관련하여 주거와 취업장소 사이의 이동 또는 한 취업장소에서 다른 취업장소로의 이동을 말한다.
⑤ 요양급여는 근로자가 업무상의 사유로 부상을 당하거나 질병에 걸린 경우에 그 근로자에게 지급한다.

정답 ②

해설 실업급여는 고용보험의 급여이다.

02 산업재해보상보험법령상 유족급여에 관한 설명으로 옳지 않은 것은? [21회]

① 근로자가 업무상의 사유로 사망한 경우 유족에게 지급한다.
② 유족보상연금 수급권자가 2명 이상 있을 때 그중 1명을 대표자로 선임할 수 있다.
③ 근로자와 「주민등록법」상 세대를 같이 하고 동거하던 유족으로서 근로자의 소득으로 생계의 상당 부분을 유지하고 있던 사람은 유족에 해당한다.
④ 근로자의 소득으로 생계의 전부를 유지하고 있던 유족으로서 학업으로 주민등록을 달리하였거나 동거하지 않았던 사람은 유족에 해당되지 않는다.
⑤ 유족보상연금 수급 권리는 배우자 · 자녀 · 부모 · 손자녀 · 조부모 및 형제자매의 순서로 한다.

정답 ④

해설 **「산업재해보상보험법 시행령」 제61조 2항**
근로자의 소득으로 생계의 전부 또는 상당 부분을 유지하고 있던 유족으로서 학업 · 취업 · 요양, 그 밖에 주거상의 형편 등으로 주민등록을 달리하였거나 동거하지 않았던 사람도 유족에 해당된다.

KEYWORD 17 국민연금법 17 19 20 22

01 정의

① 사업장가입자 : 사업장에 고용된 근로자 및 사용자로서 국민연금에 가입된 자를 말한다.
② 지역가입자 : 사업장가입자가 아닌 자로서 국민연금에 가입된 자를 말한다.
③ 임의가입자 : 사업장가입자 및 지역가입자 외의 자로서 국민연금에 가입된 자를 말한다.
④ 임의계속가입자 : 국민연금 가입자 또는 가입자였던 자가 가입자로 된 자를 말한다.
⑤ 부담금 : 사업장가입자의 사용자가 부담하는 금액을 말한다.
⑥ 기여금 : 사업장가입자가 부담하는 금액을 말한다.
⑦ 수급권자 : 수급권을 가진 자를 말한다.
⑧ 수급자 : 급여를 받고 있는 자를 말한다.

02 보험료

① 사업장가입자 : 기준소득월액×4.5%
② 지역가입자 : 기준소득월액×9%

03 가입자

사업장가입자	사업의 종류, 근로자의 수 등을 고려하여 사업장의 18세 이상 60세 미만인 근로자와 사용자
지역가입자	사업장가입자가 아닌 자로서 18세 이상 60세 미만인 자
임의가입자	사업장가입자, 지역가입자 외의 자로서 18세 이상 60세 미만인 자는 국민연금공단에 가입을 신청한 가입자
임의계속가입자	65세가 될 때까지 국민연금공단에 가입을 신청하면 임의계속가입자가 될 수 있다. • 연금 보험료를 납부한 사실이 없는 자 • 노령연금 수급권자로서 급여를 지급받고 있는 자 • 반환일시금을 지급받은 자

04 취득 시기와 상실 시기

① 사업장가입자

취득	다음의 어느 하나에 해당하게 된 날에 자격을 취득한다. ① 사업장에 고용된 때 또는 그 사업장의 사용자가 된 때 ② 당연적용사업장으로 된 때

학습 가이드

「국민연금법」에서는 자격과 급여에 대한 내용이 자주 출제되고 있으므로 확실히 내용을 파악해야 합니다.

TIP

우리나라의 경우 연금을 중복으로 가입할 수 없어 특수직 연금을 납부하고 있는 사람은 국민연금에 가입할 수 없습니다.

상실	① 다음의 어느 하나에 해당하게 된 날의 다음 날에 자격을 상실한다. • 사망한 때 • 국적을 상실하거나 국외로 이주한 때 • 사용관계가 끝난 때 • 60세가 된 때 ② 국민연금 가입 대상 제외자에 해당하게 된 날에 자격을 상실한다.

② 지역가입자

취득	다음의 어느 하나에 해당하게 된 날에 자격을 취득한다. ① 사업장가입자의 자격을 상실한 때 ② 국민연금 가입 대상 제외자에 해당하지 아니하게 된 때 ③ 배우자가 별도의 소득이 있게 된 때 ④ 18세 이상 27세 미만인 자가 소득이 있게 된 때
상실	① 다음의 어느 하나에 해당하게 된 날의 다음 날에 자격을 상실한다. • 사망한 때 • 국적을 상실하거나 국외로 이주한 때 • 배우자로서 별도의 소득이 없게 된 때 • 60세가 된 때 ② 다음의 어느 하나에 해당하게 된 날에 자격을 상실한다. • 국민연금 가입 대상 제외자에 해당하게 된 때 • 사업장가입자의 자격을 취득한 때

지역가입자 제외대상

① 다음에 해당하는 자의 배우자로서 별도의 소득이 없는 자
- ㉠ 국민연금 가입 대상에서 제외되는 자
- ㉡ 사업장가입자, 지역가입자 및 임의계속가입자
- ㉢ 노령연금 수급권자 및 퇴직연금 등 수급권자

② 퇴직연금 등 수급권자

③ 18세 이상 27세 미만인 자로서 학생이거나 군 복무 등의 이유로 소득이 없는 자

④ 「국민기초생활 보장법」에 따른 생계급여 수급자 또는 의료급여 수급자

⑤ 1년 이상 행방불명된 자

③ 임의가입자

취득	가입 신청이 수리된 날에 자격을 취득한다.
상실	① 다음의 어느 하나에 해당하게 된 날의 다음 날에 자격을 상실한다. • 사망한 때 • 국적을 상실하거나 국외로 이주한 때 • 탈퇴 신청이 수리된 때 • 60세가 된 때 • 대통령령으로 정하는 기간 이상 계속하여 연금보험료를 체납한 때

상실	② 다음의 어느 하나에 해당하게 된 날에 자격을 상실한다. • 사업장가입자 또는 지역가입자의 자격을 취득한 때 • 국민연금 가입대상 제외자에 해당하게 된 때

05 급여

노령연금		가입기간이 10년 이상인 가입자 또는 가입자였던 자에 대하여는 60세(특수직종근로자는 55세)가 된 때부터 생존하는 동안 노령연금을 지급한다.
장애연금		가입자 또는 가입자였던 자가 질병이나 부상으로 신체상 또는 신상의 장애가 있고 장애 정도를 결정하는 기준이 되는 날부터 그 장애가 계속되는 기간 동안 장애 정도에 따라 장애연금을 지급한다.
유족연금		가입자가 사망하면 그 유족에게 유족연금을 지급한다.
일시금	사망	가입자가 사망한 때에 유족이 없으면 그 배우자 · 자녀 · 부모 · 손자녀 · 조부모 · 형제자매 또는 4촌 이내 방계혈족에게 사망일시금을 지급한다.
	반환	가입자 또는 가입자였던 자가 다음의 어느 하나에 해당하게 되면 본인이나 그 유족의 청구에 의하여 반환일시금을 지급받을 수 있다.

06 전달체계

보험명	공단	소속	위원회
국민연금	국민연금공단	보건복지부	국민연금심의위원회

07 권리구제

국민연금	1차	심사청구(국민연금공단) – 국민연금심사위원회
	2차	재심사청구(보건복지부) – 국민연금재심사위원회

핵심문제

01 「국민연금법」상 급여의 종류에 해당하는 것을 모두 고른 것은? [20회]

ㄱ. 노령연금　　ㄴ. 장애인연금　　ㄷ. 장해급여
ㄹ. 장애연금　　ㅁ. 반환일시금

① ㄱ, ㄴ, ㄹ　　② ㄱ, ㄴ, ㅁ　　③ ㄱ, ㄷ, ㅁ
④ ㄱ, ㄹ, ㅁ　　⑤ ㄴ, ㄷ, ㄹ

정답 ④

해설 장애인연금은 「장애인 연금법」의 종류이고 장해급여는 「산업재해보상보험법」의 종류이다.

02 「국민연금법」의 내용으로 옳은 것은? [22회]

① 가입자의 가입 종류가 변동되면 그 가입자의 가입기간은 각 종류별 가입기간을 합산한 기간으로 한다.
② 국민연금사업은 기획재정부장관이 맡아 주관한다.
③ "수급권자"란 이 법에 따른 급여를 받을 권리를 말한다.
④ 국내에 거주하는 국민으로서 18세 이상 65세 미만인 자는 국민연금 가입 대상이 된다.
⑤ 「국민연금법」을 적용할 때 배우자에는 사실상의 혼인관계에 있는 자는 포함되지 않는다.

정답 ①

해설 가입자의 가입 종류가 변동되면 그 가입자의 가입기간은 각 종류별 가입기간을 합산한 기간으로 한다(「국민연금법」 제20조).
② 국민연금사업은 보건복지부장관이 맡아 주관한다(「국민연금법」 제2조).
③ "수급권자"란 수급권을 가진 자를 말한다(「국민연금법」 제3조 제1항의15).
④ 국내에 거주하는 국민으로서 18세 이상 60세 미만인 자는 국민연금 가입 대상이 된다(「국민연금법」 제6조).
⑤ 「국민연금법」을 적용할 때 배우자에는 사실상의 혼인관계에 있는 자도 포함된다(헌법재판소 2015헌바182결정).

KEYWORD 18 고용보험법 17 18 19 20 21 22 23

학습 가이드

「고용보험법」에서는 보험료와 보험급여에 대한 내용이 자주 출제되고 있고, 특히 실업급여에 내용은 매회 출제되고 있으므로 꼭 암기해야 합니다.

대통령령으로 정하는 소정의 근로시간은 주 15시간, 월 60시간 미만입니다.

01 정의

① **이직** : 피보험자와 사업주 사이의 고용관계가 끝나게 되는 것을 말한다.
② **실업** : 근로의 의사와 능력이 있음에도 불구하고 취업하지 못한 상태에 있는 것을 말한다.
③ **실업의 인정** : 직업안정기관의 장이 수급자격자가 실업한 상태에서 적극적으로 직업을 구하기 위하여 노력하고 있다고 인정하는 것을 말한다.
④ **일용근로자** : 1개월 미만 동안 고용되는 사람을 말한다.

02 보험료

① 고용안정직업능력개발 → 사업주 100% 부담[보수총액×(0.25~0.85%)]
② **실업급여사업** : 근로자(0.9%)+사업주(1.15%)×보수총액
③ 육아휴직급여 · 출산전후휴가급여 · 육아기 근로시간 단축급여 → 실업급여 재원으로 충당

03 가입자

가입자	근로자를 사용하는 모든 사업 또는 사업장에 적용한다.
적용 제외	① 소정근로시간이 대통령령으로 정하는 시간 미만인 사람 ② 「국가공무원법」과 「지방공무원법」에 따른 공무원. 다만, 별정직공무원, 임기제공무원의 경우는 본인의 의사에 따라 고용보험에 가입할 수 있다. ③ 「사립학교교직원 연금법」의 적용을 받는 사람 ④ 65세 이후에 고용되거나 자영업을 개시한 사람에게는 고용안정 · 직업능력개발 사업을 적용하되 실업급여와 육아휴직 급여는 적용하지 아니한다.

04 급여

구직급여	구직급여의 수급 요건 : 이직한 근로자인 피보험자가 다음의 요건을 모두 갖춘 경우 • 기준기간 동안의 피보험 단위 기간이 합산하여 180일 이상일 것 • 근로의 의사와 능력이 있음에도 불구하고 취업하지 못한 상태에 있을 것 • 이직사유가 수급자격의 제한 사유에 해당하지 아니할 것 • 재취업을 위한 노력을 적극적으로 할 것	
취업촉진 수당	조기재취업 수당	수급자격자가 안정된 직업에 재취직하거나 스스로 영리를 목적으로 하는 사업을 영위하는 경우로서 대통령령으로 정하는 기준에 해당하면 지급한다.
	직업능력 개발 수당	직업능력개발 수당은 수급자격자가 직업안정기관의 장이 지시한 직업능력개발 훈련 등을 받는 경우에 그 직업능력개발 훈련 등을 받는 기간에 대하여 지급한다.
	광역구직 활동비	광역 구직활동비는 수급자격자가 직업안정기관의 소개에 따라 광범위한 지역에 걸쳐 구직 활동을 하는 경우로서 직업안정기관의 장이 필요하다고 인정하면 지급할 수 있다.
	이주비	이주비는 수급자격자가 취업하거나 직업안정기관의 장이 지시한 직업능력개발 훈련 등을 받기 위하여 그 주거를 이전하는 경우로서 직업안정기관의 장이 필요하다고 인정하면 지급할 수 있다.

05 전달체계

보험명	공단	소속	위원회
고용보험	• 근로복지공단(보험관련) • 고용센터(실업급여지원)	고용노동부	고용보험위원회

06 권리구제

고용보험	1차	심사청구(고용노동부) – 고용보험심사관
	2차	재심사청구(고용노동부) – 고용보험심사위원회

핵심문제

01 「고용보험법」의 내용으로 옳은 것은? [22회]

① "실업의 인정"이란 근로의 의사와 능력이 있음에도 불구하고 취업하지 못한 상태에 있는 것을 말한다.
② "일용근로자"란 3개월 미만 동안 고용되는 사람을 말한다.
③ 지방자치단체는 매년 보험사업에 드는 비용의 일부를 일반회계에서 부담하여야 한다.
④ 고용보험기금은 고용노동부장관이 관리 · 운용한다.
⑤ 실업급여를 받을 권리는 양도 또는 압류하거나 담보로 제공할 수 있다.

정답 ④

해설 고용보험기금은 고용노동부장관이 관리 · 운용한다(「고용보험법」 제79조 제1항).
① "실업의 인정"이란 직업안정기관의 장이 수급자격자가 실업한 상태에서 적극적으로 직업을 구하기 위하여 노력하고 있다고 인정하는 것을 말한다(「고용보험법」 제2조 제4항).
② "일용근로자"란 1개월 미만 동안 고용되는 사람을 말한다(「고용보험법」 제2조 제6항).
③ 국가는 매년 보험사업에 드는 비용의 일부를 일반회계에서 부담하여야 한다(「고용보험법」 제5조 제1항).
⑤ 실업급여를 받을 권리는 양도 또는 압류하거나 담보로 제공할 수 없다(「고용보험법」 제38조 제1항).

02 「고용보험법」상 실업급여의 종류로 취업촉진 수당에 해당하는 것을 모두 고른 것은? [22회]

ㄱ. 이주비	ㄴ. 광역 구직활동비
ㄷ. 직업능력개발 수당	ㄹ. 조기재취업 수당

① ㄱ, ㄴ, ㄷ
② ㄱ, ㄴ, ㄹ
③ ㄱ, ㄷ, ㄹ
④ ㄴ, ㄷ, ㄹ
⑤ ㄱ, ㄴ, ㄷ, ㄹ

정답 ⑤

해설 「고용보험법」상 취업촉진 수당에는 조기재취업 수당, 직업능력개발 수당, 광역 구직활동비, 이주비가 있다(「고용보험법」 제64~67조).

KEYWORD 19 국민건강보험법 17 18 19 20 22 23

학습 가이드

「국민건강보험법」에 대한 전체적인 내용이 자주 출제되고 있습니다.

01 정의

① **근로자** : 직업의 종류와 관계없이 근로의 대가로 보수를 받아 생활하는 사람으로서 공무원 및 교직원을 제외한 사람을 말한다.
② **사용자** : 다음의 어느 하나에 해당하는 자를 말한다.
㉠ 근로자가 소속되어 있는 사업장의 사업주

㉡ 공무원이 소속되어 있는 기관의 장으로서 대통령령으로 정하는 사람
㉢ 교직원이 소속되어 있는 사립학교(「사립학교교직원 연금법」에 규정된사립학교를 말한다)를 설립 · 운영하는 자

02 보험료

① 직장가입자 : 보수월액×보험료율
② 지역가입자 : 보험료부과점수×금액

03 가입자

소득이나 재산이 있는 자

① 지역가입자 : 세대원
② 직장가입자 : 피부양자(배우자, 직계존속, 직계비속 및 그 배우자, 형제자매, 배우자의 직계존속, 배우자의 직계비속 및 그 배우자)

TIP
국민건강보험에서 직장가입자 배우자의 형제 · 자매는 피부양자에서 제외됩니다.

04 급여

법정 급여	• 요양급여 : 현물, 간병비 불포함, 가장 많은 부분을 차지 • 요양비 : 현금, 요양기관이 아닌 곳에서 치료 또는 출산 시 지급 • 건강검진 : 현물(서비스), 암 · 일반 · 영유아 검강검진, 2년 1회 실시 원칙 • 장애인보장구 급여비 : 현금, 장애인의 보장구착용 시 보장구 구입비 일부 보전
부가 급여	• 상병수당 : 일반적 재해, 질병 시 소득보전 • 임신출산진료비지원 : 바우처

부가급여 중 하나인 상병수당은 서울 종로구, 경기 부천시, 충남 천안시, 전남 순천시, 경북 포항시, 경남 창원시, 경기 안양시, 경기 용인시, 대구 달서구, 전북 익산시에서 시범사업을 실시하고 있습니다.

05 전달체계

보험명	공단	소속	위원회
건강보험	건강보험공단	보건복지부	건강보험정책심의위원회

06 권리구제

건강보험	1차	이의신청(건강보험공단) – 이의신청위원회
	2차	심판청구(보건복지부) – 건강보험분쟁조정위원회

이의신청 시 심사청구와 재심사청구를 하는 타 보험과 달리 국민건강보험은 이의신청과 심판청구를 합니다.

핵심문제

01 「국민건강보험법」상 건강보험심사평가원의 업무에 해당하는 것은? [20회]

① 요양급여의 적정성 평가
② 가입자의 자격 관리
③ 보험급여의 관리
④ 보험급여 비용의 지급
⑤ 보험료의 부과 · 징수

정답 ①

해설 ②~⑤는 국민건강보험공단의 업무이다.

02 「국민건강보험법」의 내용으로 옳지 않은 것은? [22회]

① 「의료급여법」에 따라 의료급여를 받는 사람은 건강보험의 가입자가 될 수 없다.
② 보건복지부장관은 국민건강보험종합계획에 따라 연도별 시행계획에 따른 추진실적을 매년 평가하여야 한다.
③ 건강보험 가입자는 국내에 거주하지 아니하게 된 날에 그 자격을 잃는다.
④ 건강보험정책에 관한 사항을 심의 · 의결하기 위하여 보건복지부장관 소속으로 건강보험정책심의위원회를 둔다.
⑤ 건강보험 지역가입자는 직장가입자와 그 피부양자를 제외한 가입자를 말한다.

정답 ③

해설 건강보험 가입자는 국내에 거주하지 아니하게 된 날의 다음 날에 그 자격을 잃는다(「국민건강보험법」 제10조 제1항).

KEYWORD 20 노인장기요양보험법 17 18 20 21 22 23

학습 가이드

「노인장기요양보험법」에서는 장기요양급여의 종류, 보험료, 권리구제가 자주 출제되고 있습니다.

01 정의

① **노인** : 65세 이상의 노인 또는 65세 미만의 자로서 치매 · 뇌혈관성 질환 등 노인성 질병을 가진 자를 말한다.
② **장기요양급여** : 6개월 이상 동안 혼자서 일상생활을 수행하기 어렵다고 인정되는 자에게 신체활동 · 가사활동의 지원 또는 간병 등의 서비스나 이에 갈음하여 지급하는 현금 등을 말한다.

02 보험료

건강보험료액×노인장기요양보험료액

03 가입자

건강보험가입자로 함(단, 의료급여 수급권자도 장기요양신청 가능)

04 급여

재가급여	• 방문요양 : 수급자의 가정 등을 방문하여 신체활동 및 가사활동 등을 지원하는 장기요양급여 • 방문목욕 : 목욕설비를 갖춘 장비를 이용하여 수급자의 가정 등을 방문하여 목욕을 제공하는 장기요양급여 • 방문간호 : 간호사 등이 의사, 한의사 또는 치과의사의 지시서에 따라 수급자의 가정 등을 방문하여 간호, 진료의 보조, 요양에 관한 상담 또는 구강위생 등을 제공하는 장기요양급여 • 주 · 야간보호 : 수급자를 하루 중 일정한 시간 동안 장기요양기관에 보호하여 신체활동 지원 및 심신기능의 유지 · 향상을 위한 교육 · 훈련 등을 제공하는 장기요양급여 • 단기보호 : 수급자를 일정기간 동안 장기요양기관에 보호하여 신체활동 지원 및 심신기능의 유지 · 향상을 위한 교육 · 훈련 등을 제공하는 장기요양급여 • 기타재가급여 : 수급자의 일상생활 · 신체활동 지원 및 인지기능의 유지 · 향상에 필요한 용구를 제공하거나 가정을 방문하여 재활에 관한 지원 등을 제공하는 장기요양급여
시설급여	장기요양기관에 장기간 입소한 수급자에게 신체활동 지원 및 심신기능의 유지 · 향상을 위한 교육 · 훈련 등을 제공하는 장기요양급여
특별현금급여	• 가족요양비 : 수급자가 가족으로부터 방문요양에 상당한 장기요양급여를 받은 때 기준에 따라 해당 수급자에게 가족요양비를 지급할 수 있다. • 특례요양비 : 장기요양기관이 아닌 노인요양시설 등의 기관 또는 시설에서 재가급여 또는 시설급여에 상당한 장기요양급여를 받은 경우 기준에 따라 해당 장기요양급여비용의 일부를 해당 수급자에게 특례요양비로 지급할 수 있다. • 요양병원간병비 : 수급자가 「의료법」에 따른 요양병원에 입원한 때 기준에 따라 장기요양에 사용되는 비용의 일부를 요양병원간병비로 지급할 수 있다.

TIP
재가급여는 수급자가 장기요양급여비용의 100분의 15를 부담하고, 시설급여는 수급자가 장기요양급여비용의 100분의 20을 부담합니다.

05 전달체계

보험명	공단	소속	위원회
노인장기요양보험	건강보험공단	보건복지부	장기요양위원회

06 권리구제

노인장기요양보험	1차	심사청구(건강보험공단) – 장기요양심사위원회
	2차	재심사청구(보건복지부) – 장기요양심판위원회

핵심문제

01 「노인장기요양보험법」의 내용으로 옳은 것은? [20회]

① 장기요양보험사업은 보건복지부장관이 관장한다.
② "장기요양급여"란 장기요양등급판정 결과에 따라 1개월 이상 동안 혼자서 일상생활을 수행하기 어렵다고 인정되는 자에게 신체활동 · 가사활동의 지원 또는 간병 등의 서비스를 말한다.
③ 장기요양기관은 수급자에게 재가급여 또는 시설급여를 제공한 경우 시 · 도지사에게 장기요양급여비용을 청구하여야 한다.
④ "노인등"이란 60세 이상의 노인 또는 60세 미만의 자로서 치매 · 뇌혈관성 질환 등 대통령령으로 정하는 노인성 질병을 가진 자를 말한다.
⑤ 재가급여에는 방문요양, 방문목욕, 특별현금급여가 있다.

정답 ①

해설 ② "장기요양급여"란 장기요양등급판정 결과에 따라 6개월 이상 동안 혼자서 일상생활을 수행하기 어렵다고 인정되는 자에게 신체활동 · 가사활동의 지원 또는 간병 등의 서비스나 이에 갈음하여 지급하는 현금 등을 말한다.
③ 장기요양기관은 수급자에게 재가급여 또는 시설급여를 제공한 경우 공단에 장기요양급여비용을 청구하여야 한다.
④ "노인등"이란 65세 이상의 노인 또는 65세 미만의 자로서 치매 · 뇌혈관성 질환 등 대통령령으로 정하는 노인성 질병을 가진 자를 말한다.
⑤ 재가급여에는 방문요양, 방문목욕, 방문간호, 주 · 야간보호, 단기보호, 기타재가급여가 있다. 특별현금급여는 포함되지 않는다.

02 「노인장기요양보험법」의 내용으로 옳지 않은 것은? [22회]

① "노인등"이란 65세 이상의 노인 또는 65세 미만의 자로서 치매 · 뇌혈관성 질환 등 대통령령으로 정하는 노인성 질병을 가진 자를 말한다.
② 장기요양급여는 노인 등이 가족과 함께 생활하면서 가정에서 장기요양을 받는 재가급여를 우선적으로 제공하여야 한다.
③ 장기요양보험사업은 보건복지부장관이 관장한다.
④ 장기요양급여를 받고 있는 수급자는 장기요양등급의 내용을 변경하여 장기요양급여를 받고자 하는 경우 국민건강보험공단에 변경신청을 하여야 한다.
⑤ 재가급여에는 방문요양, 방문목욕, 특별현금급여가 포함된다.

정답 ⑤

해설 재가급여에는 방문요양, 방문목욕, 방문간호, 주 · 야간보호, 단기보호, 기타재가급여(복지용품)가 포함된다(「노인장기요양보험법」 제23조 제1항).

9 공공부조

KEYWORD 21 국민기초생활 보장법 9 10 11 12 13 14 15 16 17 18 19 20 21 22 23

01 정의

① **수급권자** : 급여를 받을 수 있는 자격을 가진 사람을 말한다.

② **수급자** : 급여를 받는 사람을 말한다.

③ **최저보장수준** : 국민의 소득 · 지출 수준과 수급권자의 가구 유형 등 생활실태, 물가상승률 등을 고려하여 급여의 종류별로 공표하는 금액이나 보장수준을 말한다.

④ **최저생계비** : 국민이 건강하고 문화적인 생활을 유지하기 위하여 필요한 최소한의 비용으로서 보건복지부장관이 계측하는 금액을 말한다.

⑤ **소득인정액** : 보장기관이 급여의 결정 및 실시 등에 사용하기 위하여 산출한 개별가구의 소득평가액과 재산의 소득환산액을 합산한 금액을 말한다.

⑥ **기준 중위소득** : 보건복지부장관이 급여의 기준 등에 활용하기 위하여 중앙생활보장위원회의 심의 · 의결을 거쳐 고시하는 국민 가구소득의 중위값을 말한다.

02 급여의 기본원칙

① 급여는 수급자가 자신의 생활의 유지 · 향상을 위하여 그의 소득, 재산, 근로능력 등을 활용하여 최대한 노력하는 것을 전제로 이를 보충 · 발전시키는 것을 기본원칙으로 한다.

② 부양의무자의 부양과 다른 법령에 따른 보호는 이 법에 따른 급여에 우선하여 행하여지는 것으로 한다. 다만, 다른 법령에 따른 보호의 수준이 이 법에서 정하는 수준에 이르지 아니하는 경우에는 나머지 부분에 관하여 이 법에 따른 급여를 받을 권리를 잃지 아니한다.

03 소득인정액의 산정

① **개별가구의 소득평가액** : 개별가구의 실제 소득에도 불구하고 보장기관이 급여의 결정 및 실시 등에 사용하기 위하여 산출한 금액으로 근로소득, 사업소득, 재산소득, 이전소득을 합한 개별가구의 실제 소득에서 장애 · 질병 · 양육 등 가구 특성에 따른 지출요인, 근로를 유인하기 위한 요인, 그 밖에 추가적인 지출요인에 해당하는 금액을 감하여 산정한다.

② **재산의 소득환산액** : 개별가구의 재산가액에서 기본재산액 및 부채를 공제한 금액에 소득환산율을 곱하여 산정한다. 이 경우 소득으로 환산하는 재산의 범위는 일반재산(금융재산 및 자동차를 제외한 재산), 금융재산, 자동차를 의미한다.

학습 가이드

1. 「국민기초생활 보장법」에서는 어느 한 부분이 출제되기보다 전체의 내용을 이해하고 있는지 물어보는 문항들이 출제되고 있으므로 전체적인 내용을 파악하는 것이 중요합니다.
2. 「국민기초생활 보장법」은 정의와 급여의 내용을 꼭 암기해야 합니다.

2015년 「국민기초생활 보장법」이 개정되면서 최저보장수준을 사용하기 시작하였습니다.

소득인정액을 산정할 때 퇴직금과 같은 일회성 소득은 포함되지 않습니다.

04 급여

교육급여	• 수급자에게 입학금, 수업료, 학용품비, 그 밖의 수급품 지급 • 교육부장관의 소관 • 기준 중위소득의 100분의 50 이상
주거급여	• 수급자에게 주거 안정에 필요한 임차료, 수선유지비, 그 밖의 수급품 지급 • 국토교통부장관의 소관
장제급여	수급자가 사명한 경우 사체의 검안 · 운반 · 화장 또는 매장, 그 밖의 장제조치
자활급여	자활급여는 수급자의 자활을 돕기 위하여 급여 실시
의료급여	• 건강한 생활을 유지하는 데 필요한 각종 검사 및 치료 등을 지급 • 보건복지부장관의 소관 • 기준 중위소득의 100분의 40 이상
생계급여	• 의복, 음식물 및 연료비와 그 밖에 일상생활에 기본적으로 필요한 금품 지급 • 보건복지부장관의 소관 • 기준 중위소득의 100분의 32 이상 • 생계급여의 방법 : 금전지급, 정기적으로 매월 지급, 수급자에게 직접지급
해산급여	수급자에게 조산, 분만 전과 분만 후에 필요한 조치와 보호

핵심문제

01 「국민기초생활 보장법」상 보장기관에 관한 설명으로 옳은 것은? [21회]

① 교육급여 및 의료급여는 시 · 도교육감이 실시한다.
② 생계급여는 수급자의 거주지를 관할하는 시 · 도지사와 시장 · 군수 · 구청장이 실시한다.
③ 보장기관은 위기개입상담원을 배치하여야 한다.
④ 생활보장위원회는 자문기구이다.
⑤ 소관 중앙행정기관의 장은 5년마다 기초생활보장 시행계획을 수립하여야 한다.

정답 ②

해설 ① 교육급여는 교육부장관 소관으로 한다(「국민기초생활 보장법」 제12조 제2항).
③ "보장기관"이란 이 법에 따른 급여를 실시하는 국가 또는 지방자치단체를 말한다. 보장기관이 위기개입상담원을 배치하여야 한다는 내용은 없다(「국민기초생활 보장법」 제2조 제4항).
④ 보건복지부에 두는 생활보장위원회는 심의 · 의결하는 기구이지, 자문기구가 아니다(「국민기초생활 보장법」 제20조 제2항).
⑤ 소관 중앙행정기관의 장은 수급자의 최저생활을 보장하기 위하여 3년마다 소관별로 기초생활보장 기본계획을 수립하여 보건복지부장관에게 제출하여야 한다(「국민기초생활 보장법」 제20조의2).

02 「국민기초생활 보장법」상 급여의 종류와 방법에 관한 설명으로 옳은 것은? [22회]

① 생계급여는 물품으로는 지급할 수 없다.
② 생계급여는 수급자에게 주거 안정에 필요한 임차료, 수선유지비, 그 밖의 수급품을 지급하는 것으로 한다.
③ 장제급여는 자활급여를 받는 수급자가 사망한 경우 장제조치를 하는 것으로 한다.
④ 자활급여는 관련 비영리법인에 위탁하여 실시할 수 있다.
⑤ 교육급여는 보건복지부장관의 소관으로 한다.

정답 ④

해설 자활급여는 관련 공공기관·비영리법인·시설과 그 밖에 대통령령으로 정하는 기관에 위탁하여 실시할 수 있다(「국민기초생활 보장법」 제15조 제2항).
① 생계급여는 금전을 지급하는 것으로 한다(「국민기초생활 보장법」 제9조 제1항).
② 주거급여는 수급자에게 주거 안정에 필요한 임차료, 수선유지비, 그 밖의 수급품을 지급하는 것으로 한다(「국민기초생활 보장법」 제11조 제1항).
③ 장제급여는 생계급여, 주거급여, 의료급여를 받는 수급자가 사망한 경우 장제조치를 하는 것으로 한다(「국민기초생활 보장법」 제14조 제1항).
⑤ 교육급여는 교육부장관의 소관으로 한다(「국민기초생활 보장법」 제12조 제2항).

KEYWORD 22 긴급복지지원법 17 18 20 21

01 위기상황

① 주소득자가 사망, 가출, 행방불명, 구금시설에 수용되는 등의 사유로 소득을 상실한 경우
② 중한 질병 또는 부상을 당한 경우
③ 가구 구성원으로부터 방임 또는 유기되거나 학대 등을 당한 경우
④ 가정폭력을 당하여 가구 구성원과 함께 원만한 가정생활을 하기 곤란하거나 가구 구성원으로부터 성폭력을 당한 경우
⑤ 화재 또는 자연재해 등으로 인하여 거주하는 주택 또는 건물에서 생활하기 곤란하게 된 경우
⑥ 주소득자 또는 부소득자의 휴업, 폐업 또는 사업장의 화재 등으로 인하여 실질적인 영업이 곤란하게 된 경우
⑦ 주소득자 또는 부소득자의 실직으로 소득을 상실한 경우

02 기본원칙

① **선지원 후조사 원칙** : 지원은 위기상황에 처한 사람에게 일시적으로 신속하게 지원하는 것을 기본원칙으로 한다.

 **학습 가이드**

「긴급복지지원법」에서는 어느 한 부분이 출제되기보다 전체의 내용을 이해하고 있는지 물어보는 문항들이 출제되고 있으므로 전체적인 내용을 파악하는 것이 중요합니다. 위기상황의 정의, 긴급지원의 기본원칙은 꼭 이해하고 있어야 합니다.

1교시 사회복지기초
2교시 사회복지실천
3교시 사회복지정책과 제도

② 타 법률 지원 우선의 원칙 : 「재해구호법」, 「국민기초생활 보장법」, 「의료급여법」, 「사회복지사업법」, 「가정폭력방지 및 피해자보호 등에 관한 법률」, 「성폭력방지 및 피해자보호 등에 관한 법률」 등 다른 법률에 따라 이 법에 따른 지원 내용과 동일한 내용의 구호 · 보호 또는 지원을 받고 있는 경우에는 이 법에 따른 지원을 하지 아니한다.

③ 가구단위 지원의 원칙 : 가구단위 지원을 원칙으로 하지만 의료지원, 교육지원과 그 밖의 지원 중 해산비, 장제비는 개인단위로 지원한다.

④ 단기 지원의 원칙 : 위기상황에 처한 사람을 단기로 신속하게 지원한다. 다만 위기상황이 계속될 경우 연장하여 지원한다.

TIP
지원이 종료되면 동일한 위기상황으로 다시 지원받을 수 없습니다. 다만, 지원이 종료된 때부터 2년이 경과한 후에는 동일한 위기사유로 다시 지원받을 수 있습니다.

TIP
본인의 귀책이 없는 외국인도 「긴급복지지원법」상의 긴급지원 대상자가 될 수 있습니다.

03 긴급지원 종류 및 내용

구분		지원 내용	횟수
금전 또는 현물 등의 직접지원	생계지원	식료품비 · 의복비 등 생계유지에 필요한 비용 또는 현물 지원	6회
	의료지원	각종 검사 및 치료 등 의료서비스 지원	2회
	주거지원	임시거소 제공 또는 이에 해당하는 비용 지원	12회
	사회복지시설 이용 지원	「사회복지사업법」에 따른 사회복지시설 입소 또는 이용 서비스 제공이나 이에 필요한 비용 지원	6회
	교육지원	초 · 중 · 고등학생의 수업료, 입학금, 학교운영지원비 및 학용품비 등 필요한 비용 지원	4회
	그 밖의 지원	연료비나 그 밖에 위기상황의 극복에 필요한 비용 또는 현물지원	6회
민간기관 · 단체와의 연계 등의 지원		「대한적십자사 조직법」에 따른 대한적십자사, 「사회복지공동모금회법」에 따른 사회복지공동모금회 등의 사회복지기관 · 단체와의 연계 지원과 상담 · 정보제공, 그 밖의 지원	제한 없음

04 지원요청 및 신고

① 긴급지원대상자와 친족, 그 밖의 관계인은 구술 또는 서면 등으로 관할 시장 · 군수 · 구청장에게 이 법에 따른 지원을 요청할 수 있다.

② 누구든지 긴급지원대상자를 발견한 경우에는 관할 시장 · 군수 · 구청장에게 신고하여야 한다.

③ 다음의 어느 하나에 해당하는 사람은 진료 · 상담 등 직무수행 과정에서 긴급지원대상자가 있음을 알게 된 경우에는 관할 시장 · 군수 · 구청장에게 이를 신고하고, 긴급지원대상자가 신속하게 지원을 받을 수 있도록 노력하여야 한다.

㉠ 「의료법」에 따른 의료기관의 종사자
㉡ 「유아교육법」, 「초 · 중등교육법」 및 「고등교육법」에 따른 교원, 직원, 산학겸임교사, 강사
㉢ 「사회복지사업법」에 따른 사회복지시설의 종사자
㉣ 「국가공무원법」 및 「지방공무원법」에 따른 공무원
㉤ 「장애인활동 지원에 관한 법률」에 따른 활동지원기관의 장 및 그 종사자와 활동지원인력
㉥ 「학원의 설립 · 운영 및 과외교습에 관한 법률」에 따른 학원의 운영자 · 강사 · 직원 및 교습소의 교습자 · 직원
㉦ 「건강가정기본법」에 따른 건강가정지원센터의 장과 그 종사자
㉧ 「청소년 기본법」에 따른 청소년시설 및 청소년단체의 장과 그 종사자
㉨ 「청소년 보호법」에 따른 청소년 보호 · 재활센터의 장과 그 종사자
㉩ 「평생교육법」에 따른 평생교육기관의 장과 그 종사자
㉪ 그 밖에 긴급지원대상자를 발견할 수 있는 자로서 보건복지부령으로 정하는 자

핵심문제

01 「긴급복지지원법」의 내용으로 옳지 않은 것은? [18회]

① 주거지가 불분명한 자도 긴급지원대상자가 될 수 있다.
② 국내에 체류하는 모든 외국인은 긴급지원대상자가 될 수 없다.
③ 위기사항에 처한 사람에게 일시적으로 신속하게 지원하는 것을 기본원칙으로 한다.
④ 누구든지 긴급지원대상자를 발견한 경우에는 관할 시장 · 군수 · 구청장에게 신고하여야 한다.
⑤ 국가 및 지방자치단체는 위기사황에 처한 사람에 대한 발굴조사를 연 1회 이상 정기적으로 실시하여야 한다.

정답 ②

해설 국내에 체류하고 있는 외국인 중 대통령령으로 정하는 사람이 위기상황에 처한 사람으로서 지원이 긴급하게 필요한 사람에 해당하는 경우 긴급지원대상자가 된다.

02 「긴급복지지원법」상 "위기상황"에 해당하는 사유를 모두 고른 것은? [21회]

ㄱ. 주소득자가 사망, 가출, 행방불명 등으로 소득을 상실하여 생계유지가 어렵게 된 경우
ㄴ. 본인이 중한 질병 또는 부상을 당하여 생계유지가 어렵게 된 경우
ㄷ. 본인이 가구 구성원으로부터 방임 등을 당하여 생계유지가 어렵게 된 경우
ㄹ. 본인이 가구 구성원으로부터 성폭력을 당하여 생계유지가 어렵게 된 경우

① ㄱ, ㄴ, ㄷ
② ㄱ, ㄴ, ㄹ
③ ㄱ, ㄷ, ㄹ
④ ㄴ, ㄷ, ㄹ
⑤ ㄱ, ㄴ, ㄷ, ㄹ

정답 ⑤

해설 **긴급복지지원법 제2조(정의)**

이 법에서 "위기상황"이란 본인 또는 본인과 생계 및 주거를 같이 하고 있는 가구 구성원이 다음에 해당하는 사유로 인하여 생계유지 등이 어렵게 된 것을 말한다.

1. 주 소득자가 사망, 가출, 행방불명, 구금시설에 수용되는 등의 사유로 소득을 상실한 경우 → ㄱ
2. 중한 질병 또는 부상을 당한 경우 → ㄴ
3. 가구 구성원으로부터 방임 또는 유기되거나 학대 등을 당한 경우 → ㄷ
4. 가정폭력을 당하여 가구 구성원과 함께 원만한 가정생활을 하기 곤란하거나 가구 구성원으로부터 성폭력을 당한 경우 → ㄹ
5. 화재 또는 자연재해 등으로 인하여 거주하는 주택 또는 건물에서 생활하기 곤란하게 된 경우
6. 주소득자 또는 부소득자의 휴업, 폐업 또는 사업장의 화재 등으로 인하여 실질적인 영업이 곤란하게 된 경우
7. 주소득자 또는 부소득자의 실직으로 소득을 상실한 경우
8. 보건복지부령으로 정하는 기준에 따라 지방자치단체의 조례로 정한 사유가 발생한 경우

KEYWORD 23 기초연금법 17 18 19 20 22 23

학습 가이드

「기초연금법」은 수급권자의 범위, 수급권의 상실, 시효에 대한 내용을 파악하고 있어야 합니다.

특수직 연금을 받는 공무원, 사학교 직원, 군인, 별정우체국 연금을 받는 자와 그 배우자는 기초연금 수급권이 없습니다.

01 기초연금 수급권자의 범위

① 기초연금은 65세 이상인 사람으로서 소득인정액이 보건복지부장관이 정하여 고시하는 금액 이하인 사람에게 지급한다.

② 보건복지부장관은 선정기준액을 정하는 경우 65세 이상인 사람 중 기초연금 수급자가 100분의 70 수준이 되도록 한다.

02 기초연금액의 감액

본인과 그 배우자가 모두 기초연금 수급권자인 경우에는 각각의 기초연금액에서 기초연금액의 100분의 20에 해당하는 금액을 감액한다.

03 기초연금 지급의 정지

특별자치시장 · 특별자치도지사 · 시장 · 군수 · 구청장은 기초연금 수급자가 다음의 경우에 해당하면 그 사유가 발생한 날이 속하는 달의 다음 달부터 그 사유가 소멸한 날이 속하는 달까지는 기초연금의 지급을 정지한다.

① 기초연금 수급자가 금고 이상의 형을 선고받고 교정시설 또는 치료감호시설에 수용되어 있는 경우

② 기초연금 수급자가 행방불명되거나 실종되는 등 대통령령으로 정하는 바에 따라 사망한 것으로 추정되는 경우

③ 기초연금 수급자의 국외 체류기간이 60일 이상 지속되는 경우. 이 경우 국외 체류 60일이 되는 날을 지급 정지의 사유가 발생한 날로 본다.

04 기초연금 수급권의 상실

기초연금 수급권자는 다음에 해당하게 된 때에 기초연금 수급권을 상실한다.

① 사망한 때

② 국적을 상실하거나 국외로 이주한 때

③ 기초연금 수급권자에 해당하지 아니하게 된 때

TIP
기초연금 지급의 정지와 기초연금 수급권의 상실 이유를 확실히 암기해야 합니다.

05 기초연금 수급권의 보호

① 기초연금 수급권은 양도하거나 담보로 제공할 수 없으며, 압류 대상으로 할 수 없다.

② 기초연금으로 지급받은 금품은 압류할 수 없다.

06 이의신청

① 결정이나 그 밖에 이 법에 따른 처분에 이의가 있는 사람은 특별자치시장 · 특별자치도지사 · 시장 · 군수 · 구청장에게 이의신청을 할 수 있다.

② 이의신청은 그 처분이 있음을 안 날부터 90일 이내에 서면으로 하여야 한다. 다만, 정당한 사유로 인하여 그 기간 이내에 이의신청을 할 수 없었음을 증명한 때에는 그 사유가 소멸한 때부터 60일 이내에 이의신청을 할 수 있다.

07 시효

환수금을 환수할 권리와 기초연금 수급권자의 권리는 5년간 행사하지 아니하면 시효의 완성으로 소멸한다.

핵심문제

01 「기초연금법」상 기초연금의 지급정지 사유에 해당하는 것을 모두 고른 것은? [20회]

ㄱ. 기초연금 수급자가 금고 이상의 형을 선고받고 교정시설 또는 치료감호시설에 수용되어 있는 경우
ㄴ. 기초연금 수급자가 행방불명되거나 실종되는 등 대통령령으로 정하는 바에 따라 사망한 것으로 추정되는 경우
ㄷ. 기초연금 수급권자가 국적을 상실한 때
ㄹ. 기초연금 수급자의 국외 체류기간이 60일 이상 지속되는 경우

① ㄱ, ㄴ
② ㄷ, ㄹ
③ ㄱ, ㄴ, ㄷ
④ ㄱ, ㄴ, ㄹ
⑤ ㄱ, ㄴ, ㄷ, ㄹ

정답 ④

해설 ㄷ. 기초연금 수급권자가 국적을 상실한 때에는 기초연금의 수급권을 상실하게 된다.

02 「기초연금법」의 내용으로 옳은 것을 모두 고른 것은? [22회]

ㄱ. 본인과 그 배우자가 모두 기초연금 수급권자인 경우에는 각각의 기초연금액에서 기초연금액의 100분의 20에 해당하는 금액을 감액한다.
ㄴ. 기초연금 수급권자의 권리는 3년간 행사하지 아니하면 시효의 완성으로 소멸한다.
ㄷ. 기초연금 수급자가 대통령령으로 정하는 바에 따라 사망한 것으로 추정되는 경우 수급권을 상실한다.

① ㄱ
② ㄱ, ㄴ
③ ㄱ, ㄷ
④ ㄴ, ㄷ
⑤ ㄱ, ㄴ, ㄹ

정답 ①

해설 ㄴ. 환수금을 환수할 권리와 기초연금 수급권자의 권리는 5년간 행사하지 아니하면 시효의 완성으로 소멸한다(「기초연금법」 제23조).
ㄷ. 기초연금 수급자가 대통령령으로 정하는 바에 따라 사망한 것으로 추정되는 경우 수급권을 정지한다(「기초연금법」 제16조 제1항).

KEYWORD 24 의료급여법 15 20 22 23

학습 가이드

「의료급여법」은 수급권자 구분에 대한 내용을 파악하고 있어야 합니다.

01 정의

① 수급권자 : 법에 따라 의료급여를 받을 수 있는 자격을 가진 사람을 말한다.
② 의료급여기관 : 수급권자에 대한 진료 · 조제 또는 투약 등을 담당하는 의료기관 및 약국 등을 말한다.

02 수급권자

① 「국민기초생활 보장법」에 따른 의료급여 수급자
② 「재해구호법」에 따른 이재민으로서 보건복지부장관이 의료급여가 필요하다고 인정한 사람
③ 「의사상자 등 예우 및 지원에 관한 법률」에 따라 의료급여를 받는 사람
④ 「국내입양에 관한 특별법」에 따라 국내에 입양된 18세 미만의 아동
⑤ 「독립유공자예우에 관한 법률」, 「국가유공자 등 예우 및 지원에 관한 법률」 및 「보훈보상대상자 지원에 관한 법률」의 적용을 받고 있는 사람과 그 가족으로서 국가보훈처장이 의료급여가 필요하다고 추천한 사람 중에서 보건복지부장관이 의료급여가 필요하다고 인정한 사람

⑥ 「무형문화재 보전 및 진흥에 관한 법률」에 따라 지정된 국가무형문화재의 보유자와 그 가족으로서 문화재청장이 의료급여가 필요하다고 추천한 사람 중에서 보건복지부장관이 의료급여가 필요하다고 인정한 사람

⑦ 「북한이탈주민의 보호 및 정착지원에 관한 법률」의 적용을 받고 있는 사람과 그 가족으로서 보건복지부장관이 의료급여가 필요하다고 인정한 사람

⑧ 「5 · 18민주화운동 관련자 보상 등에 관한 법률」에 따라 보상금 등을 받은 사람과 그 가족으로서 보건복지부장관이 의료급여가 필요하다고 인정한 사람

⑨ 「노숙인 등의 복지 및 자립지원에 관한 법률」에 따른 노숙인 등으로서 보건복지부장관이 의료급여가 필요하다고 인정한 사람

⑩ 그 밖에 생활유지 능력이 없거나 생활이 어려운 사람으로서 대통령령으로 정하는 사람

03 의료급여의 내용

수급권자의 질병 · 부상 · 출산 등에 대한 의료급여의 내용은 다음과 같다.

① 진찰 · 검사
② 약제 · 치료재료의 지급
③ 처치 · 수술과 그 밖의 치료
④ 예방 · 재활
⑤ 입원
⑥ 간호
⑦ 이송과 그 밖의 의료목적 달성을 위한 조치

TIP
의료급여의 내용은 건강보험에서 부담하는 급여와 같습니다.

04 의료급여기관

① 「의료법」에 따라 개설된 의료기관
② 「지역보건법」에 따라 설치된 보건소 · 보건의료원 및 보건지소
③ 「농어촌 등 보건의료를 위한 특별조치법」에 따라 설치된 보건진료소
④ 「약사법」에 따라 개설등록된 약국 및 설립된 한국희귀 · 필수의약품센터

05 서류의 보존

① 의료급여기관은 의료급여가 끝난 날부터 5년간 급여비용의 청구에 관한 서류를 보존하여야 한다.

② 약국 등 보건복지부령으로 정하는 의료급여기관은 처방전을 급여비용을 청구한 날부터 3년간 보존하여야 한다.

핵심문제

01 「의료급여법」상 의료급여의 내용에 해당하지 않는 것은? [20회]

① 진찰 · 검사
② 예방 · 재활
③ 입원
④ 간호
⑤ 화장 또는 매장 등 장제 조치

정답 ⑤

해설 화장 또는 매장 등 장제 조치는 「의료급여법」의 급여에 속하지 않는다.

02 「의료급여법」의 내용으로 옳은 것은? [22회]

① 시 · 도지사는 의료급여증을 발급하여야 한다.
② 급여비용의 재원을 충당하기 위하여 보건복지부에 의료급여기금을 설치한다.
③ 보건복지부에 두는 의료급여심의위원회는 의료급여의 수가에 관한 사항을 심의한다.
④ 시 · 도지사는 상환받은 대지급금을 의료급여기금에 납입하여야 한다.
⑤ 수급권자가 의료급여를 거부한 경우 시 · 도지사는 의료급여를 중지해야 한다.

정답 ③

해설 보건복지부에 두는 의료급여심의위원회는 의료급여의 수가에 관한 사항을 심의한다(「의료급여법」 제6조 제2항).

① 시장 · 군수 · 구청장은 수급자가 신청하는 경우 의료급여증을 발급하여야 한다(「의료급여법」 제8조 제1항).
② 급여비용의 재원을 충당하기 위하여 시 · 도에 의료급여기금을 설치한다(「의료급여법」 제25조 제1항).
④ 대지급금을 상환받은 시장 · 군수 · 구청장은 이를 의료급여기금에 납입하여야 한다(「의료급여법」 제21조 제3항).
⑤ 시장 · 군수 · 구청장은 수급권자가 의료급여를 거부한 경우에는 수급권자가 속한 가구원 전부에 대하여 의료급여를 중지하여야 한다(「의료급여법」 제17조 제2항).

빈출문제로 마무리하기

의료급여법

01 의료급여법령에 관한 설명으로 옳지 않은 것은? [13회]

① 「국민기초생활 보장법」에 따른 수급자는 의료급여 수급권자이다.
② 수급권자가 다른 법령에 따라 의료급여를 받고 있는 경우에는 「의료급여법」에 따른 의료급여를 하지 아니한다.
③ 관할 시장 군수 구청장은 수급권자가 되려는 자의 인정 신청이 없더라도 직권으로 수급권자를 정할 수 있다.
④ 「지역보건법」에 따라 설치된 보건지소는 제1차 의료급여기관이다.
⑤ 의료급여기관은 의료급여를 하기 전에 수급권자에게 본인부담금을 청구하여서는 아니 된다.

해설 의료급여는 직권주의가 아닌 신청주의이다.

다문화가족지원법

02 「다문화가족지원법」상 다문화가족정책에 관한 기본계획의 수립에 대한 설명으로 옳지 않은 것은? [9회]

① 여성가족부장관은 5년마다 기본계획을 수립하여야 한다.
② 여성가족부장관은 관계 기관의 장에게 기본계획의 수립에 필요한 자료의 제출을 요구할 수 있다.
③ 기본계획에는 다문화가족 지원을 위한 재원 확보 및 배분에 관한 사항이 포함되어야 한다.
④ 여성가족부장관이 기본계획을 수립할 때에는 미리 지방자치단체의 장과 협의하여야 한다.
⑤ 기본계획은 다문화가족정책위원회의 심의를 거쳐 확정한다.

해설 지방자치단체의 장이 아니라 관계 중앙행정기관의 장과 협의한다.

사회보장기본법

03 「사회보장기본법」의 내용으로 옳지 않은 것은? [14회]

① 국내에 거주하는 외국인에게 사회보장제도를 적용할 때에는 상호주의의 원칙에 따르되, 관계법령에서 정하는 바에 따른다.
② 국가는 사회보장제도의 안정적인 운영을 위하여 중장기 사회보장 재정추계를 매년 실시하고 이를 공표하여야 한다.
③ 국가와 지방자치단체는 가정이 건전하게 유지되고 그 기능이 향상되도록 노력하여야 한다.
④ 사회보장에 관한 다른 법률을 제정하거나 개정하는 경우에는 이 법에 부합되도록 하여야 한다.
⑤ 사회보장에 관한 기본계획은 다른 법령에 따라 수립되는 사회보장에 관한 계획에 우선하며 그 계획의 기본이 된다.

해설 국가는 사회보장제도의 안정적인 운영을 위하여 중장기 사회보장 재정추계를 격년 실시하고 이를 공표하여야 한다.

사회복지사업법

04 사회복지사업법령상 사회복지사업의 근거가 되는 법이 아닌 것은? [13회]

① 「아동복지법」
② 「국민연금법」
③ 「장애인복지법」
④ 「다문화가족지원법」
⑤ 「노인복지법」

해설 사회보험법은 「사회복지사업법」에 포함되지 않는다.

정답 01 ③ 02 ④ 03 ② 04 ②

사회복지사업법

05 사회복지사업법령상 사회복지법인에 관한 설명으로 옳지 않은 것은? [13회]

① 사회복지법인의 정관에는 사업의 종류가 포함되어야 한다.
② 사회복지법인을 설립하려는 자는 시도지사에게 신고하여야 한다.
③ 사회복지법인은 대표이사를 포함한 이사 7명 이상과 감사 2명 이상을 두어야 한다.
④ 이사는 사회복지법」이 설치한 사회복지시설의 장을 제외한 그 시설의 직원을 겸할 수 없다.
⑤ 사회복지법인은 사회복지사업의 운영에 필요한 재산을 소유하여야 한다.

해설 사회복지법인을 설립하려는 자는 시도지사의 허가를 받아야 한다.

사회보장기본법

06 사회보장기본법령의 내용으로 옳지 않은 것은? [12회]

① 국가와 지방자치단체는 모든 국민이 건강하고 문화적인 생활을 유지할 수 있도록 사회보장급여의 수준 향상을 위하여 노력하여야 한다.
② 국가는 관계 법령에서 정하는 바에 따라 최저생계비와 최저임금을 매년 공표하여야 한다.
③ 사회보장수급권의 포기는 취소할 수 없다.
④ 사회보장급여를 신청하는 사람이 다른 기관에 신청한 경우에는 그 기관은 지체 없이 이를 정당한 권한이 있는 기관에 이송하여야 한다.
⑤ 사회보장수급권이 정지되는 경우에는 정지하는 목적에 필요한 최소한의 범위에 그쳐야 한다.

해설 사회보장수급권은 정당한 권한이 있는 기관에 서면으로 통지하여 포기할 수 있고 포기를 취소할 수 있다.

국민연금법

07 국민연금법령에 관한 설명으로 옳지 않은 것은? [13회]

① 부담금이란 사업장가입자가 부담하는 금액을 말한다.
② 가입자는 사업장가입자, 지역가입자, 임의가입자 및 임의계속가입자로 구분한다.
③ 가입자의 가입 종류가 변동되면 그 가입자의 가입기간은 각 종류별 가입기간을 합산한 기간으로 한다.
④ 국민연금공단은 법인으로 한다.
⑤ 연금액은 지급사유에 따라 기본연금액과 부양가족연금액을 기초로 산정한다.

해설 부담금이란 사업장가입자의 사용자가 부담하는 금액을 말한다.

사회보장기본법

08 외국과의 사회보장협정에 관한 규정을 두고 있는 법은? [12회]

① 「국민연금법」
② 「고용보험법」
③ 「국민건강보험법」
④ 「노인장기요양보험법」
⑤ 「국민기초생활 보장법」

해설 「국민연금법」 제127조(외국과의 사회보장협정)
대한민국이 외국과 사회보장협정을 맺은 경우에는 이 법에도 불구하고 국민연금의 가입, 연금보험료의 납부, 급여의 수급요건, 급여액의 산정, 급여의 지급 등에 관하여 그 사회보장협정에서 정하는 바에 따른다.

정답 05 ② 06 ③ 07 ① 08 ①

헌법

09 「헌법」 제34조에서 규정하고 있지 않은 것은? [14회]

① 국가는 사회보장 · 사회복지의 증진에 노력할 의무를 진다.
② 국가는 여자의 복지와 권익의 향상을 위하여 노력하여야 한다.
③ 국가는 노인과 청소년의 복지향상을 위한 정책을 실시할 의무를 진다.
④ 국가는 장애인 및 질병 · 연령의 사유로 근로능력이 없는 모든 국민을 경제적으로 보호할 의무를 진다.
⑤ 국가는 재해를 예방하고 그 위험으로부터 국민을 보호하기 위하여 노력하여야 한다.

해설 국가는 신체장애자 및 질병 · 노령 기타의 사유로 생활능력이 없는 국민은 법률이 정하는 바에 의하여 국가의 보호를 받는다.

노인복지법

10 노인복지법령상 노인복지시설의 종류에 해당하는 것을 모두 고른 것은? [12회]

ㄱ. 노인여가복지시설
ㄴ. 재가노인복지시설
ㄷ. 노인주거복지시설
ㄹ. 노인보호전문기관

① ㄱ, ㄴ, ㄷ ② ㄱ, ㄷ
③ ㄴ, ㄹ ④ ㄹ
⑤ ㄱ, ㄴ, ㄷ, ㄹ

해설 노인시설에는 노인주거복지시설, 노인의료복지시설, 노인여가복지시설, 재가노인복지시설, 노인보호전문기관이 있다.

고용보험법

11 「고용보험법」상 구직급여에 관한 설명으로 옳지 않은 것은? [11회]

① 급여를 지급받으려는 자는 이직 후 지체 없이 직업안정기관에 출석하여 실업을 신고하여야 한다.
② 급여를 받으려면 이직일 이전 18개월간 피보험 단위기간이 통산하여 180일 이상이어야 한다.
③ 자기 사정으로 자영업을 하기 위하여 이직한 경우에는 수급자격이 있다.
④ 직무와 관련된 법률을 위반하여 금고 이상의 형을 선고받고, 그 사유로 해고된 자는 수급자격이 없는 것으로 본다.
⑤ 직업안정기관의 장은 부정한 방법으로 급여를 받은 자에게 그 급여의 반환은 명할 수 있다.

해설 개인사정으로 이직한 경우에는 수급자격이 없다.

법원

12 법률의 제정에 관한 「헌법」의 내용으로 옳지 않은 것은? [14회]

① 입법권은 국회에 속한다.
② 국회의원과 정부는 법률안을 제출할 수 있다.
③ 국회에서 의결된 법률안은 정부에 이송되어 15일 이내에 대통령이 공포한다.
④ 법률은 특별한 규정이 없는 한 공포한 날로부터 20일을 경과함으로써 효력을 발생한다.
⑤ 대통령은 법률안을 수정하여 재의를 요구할 수 있다.

해설 대통령은 법률안의 일부에 대하여 또는 법률안을 수정하여 재의를 요구할 수 없다.

국민기초생활 보장법

13 국민기초생활 보장법령에 따른 급여의 종류에 해당하지 않는 것은? [12회]

① 생계급여 ② 휴업급여
③ 주거급여 ④ 의료급여
⑤ 교육급여

정답 09 ④ 10 ⑤ 11 ③ 12 ⑤ 13 ②

해설 국민기초생활 보장법령의 급여는 생계급여, 주거급여, 의료급여, 교육급여, 해산급여, 장제급여, 자활급여이다.

아동복지법

14 「아동복지법」의 내용으로 옳지 않은 것은? [14회]

① 아동을 15세 미만인 사람으로 정의하고 있다.
② 보호자로부터 이탈된 아동은 보호대상아동에 포함된다.
③ 보호자가 아동을 학대하는 등 그 보호자가 아동을 양육하기에 적당하지 아니한 경우 그 아동은 보호대상아동에 포함된다.
④ 보호자를 포함한 성인이 아동의 정상적 발달을 저해할 수 있는 성적 폭력이나 가혹행위를 하는 것은 아동학대에 포함된다.
⑤ 아동의 보호자가 아동을 방임하는 것은 아동학대에 포함된다.

해설 「아동복지법」상 아동은 18세 미만의 자이다.

노인장기요양보험법

15 노인장기요양보험법령상 장기요양인정 신청에 관한 설명으로 옳지 않은 것은? [9회]

① 장기요양보험가입자 또는 그 피부양자는 장기요양인정 신청을 할 수 있다.
② 장기요양인정 신청자는 원칙적으로 의사소견서를 제출하여야 한다.
③ 보건복지부장관이 정하여 고시하는 도서, 벽지 지역에 거주하는 자는 의사소견서를 제출하지 아니할 수 있다.
④ 장기요양등급 변경을 원하는 수급자는 장기요양인정의 갱신신청을 하여야 한다.
⑤ 신청자가 직접 신청할 수 없는 사유가 있을 때에는 그 가족이나 친족, 그 밖의 이해관계인이 대리신청할 수 있다.

해설 갱신신청이 아니라 변경신청을 해야 한다.

가정폭력방지 및 피해자보호 등에 관한 법률

16 가정폭력방지 및 피해자보호 등에 관한 법령상 가정폭력피해자 보호시설에 관한 설명으로 옳은 것은? [13회]

① 단기보호시설은 가정폭력피해자를 2년의 범위에서 보호하는 시설을 말한다.
② 보호시설에는 상담원, 생활지도원, 취사원, 관리인을 두어야 한다.
③ 국가나 지방자치단체는 보호시설을 설치 · 운영하여야 한다.
④ 보호시설의 장은 입소자가 거짓이나 그 밖의 부정한 방법으로 입소한 경우에는 퇴소를 명하여야 한다.
⑤ 보호시설의 장은 가정폭력피해자에 대한 숙식제공 등 보호시설의 업무로 인한 비용이 전부 또는 일부를 가정폭력행위자로부터 구상할 수 있다.

해설 ① 단기보호시설은 가정폭력피해자를 6개월 범위에서 보호하는 시설을 말한다.
② 보호시설에는 상담원을 두어야 하며 시설 규모에 따라 생활지도원, 취사원, 관리원 등의 종사자를 둘 수 있다.
③ 국가나 지방자치단체는 보호시설을 설치 · 운영할 수 있다.
④ 보호시설의 장은 입소자가 거짓이나 그 밖의 부정한 방법으로 입소한 경우에는 퇴소를 명할 수 있다.

정답 14 ① 15 ④ 16 ⑤

MEMO

MEMO

MEMO

MEMO

사회복지사 1급 핵심요약집

발행일 | 2024. 5. 10 초판발행
2025. 5. 30 개정 1판1쇄

저 자 | 노 민 래
발행인 | 정 용 수
발행처 | 예문사

주 소 | 경기도 파주시 직지길 460(출판도시) 도서출판 예문사
TEL | 031) 955－0550
FAX | 031) 955－0660
등록번호 | 11－76호

정가 : 27,000원

ISBN 978-89-274-5855-5 13330